한명근
박혜미
지음

한국기독교박물관
근대 자료를 통해 보는

전환시대의 기억

선인

책을 내면서

　숭실대학교 한국기독교박물관은 약 7천여 점에 이르는 서지 유물을 소장하고 있다. 이 유물들은 한국 기독교의 수용과 전파, 근대 지식 형성의 과정, 그리고 일제강점기 독립운동의 역사 등을 보여주는 기록들로, 한국 근대사의 생생한 증언이라고 할 수 있다.

　소장 유물 중 일부는 수증과 구입을 통해 확보되었으나, 대부분은 매산(梅山) 김양선(金良善) 선생이 기증한 자료이다. 평양 숭실대학 출신의 교육자이자 민족운동가로도 활약했던 그는 평생에 걸쳐 기독교 자료와 민족사의 기록을 수집·보존하는 일에 헌신하였다. 초기 성서와 찬송가, 교리서 등 기독교 자료는 물론 한말 정치·경제 자료, 근대 교과서, 신문·잡지 등 한국학 자료, 일제 식민통치 관련 자료, 해외 한국학 자료에 이르기까지 다양한 분야의 자료가 그의 손을 거쳐 오늘날까지 전해지고 있다. 매산 선생의 혜안과 역사적 책임 의식이 담긴 이 유산은 우리 박물관이 존재하는 이유이자 박물관 정체성의 핵심이라 해도 과언이 아닐 것이다.

　본서는 박물관이 소장하고 있는 서지 유물 중에서 근대전환기, 즉 19세기 후반부터 20세기 초반에 이르는 시기에 생산된 주요 자료들을 선별하여 그 성격을 유형별로 분류하고 체계적으로 정리한 것이다. 이 작업은 지난 2019년 박물관에서 작업한 논고[한명근, 「한국기독교박물관 소장 근대 자료의 내용과 성격」, 『한국기독

교박물관 자료를 통해 본 근대의 수용과 변용』]에 바탕을 두고 있다. 당시의 글이 박물관 소장 근대 자료를 총체적으로 조망한 시도였다면, 본서는 그 문제의식을 계승하되 자료군을 확장하고 시각 자료를 보완하는 한편 최신 연구 성과를 반영하였다. 또한 공동 집필을 통해 해제의 깊이를 더하고 내용의 완성도를 높였다.

본서의 발간은 박물관이 보유한 귀중한 유산을 학계와 대중에게 널리 공유하려는 실천의 일환이자, 문화유산의 보존과 활용이라는 박물관의 책무를 다하기 위한 노력의 결실이다. 아울러 박물관 설립자이신 매산 선생의 헌신과 공헌을 기억하고 현창하고자 하는 뜻도 함께 담겨있다.

아무쪼록 이 책이 한국 근대사와 기독교 역사에 관심 있는 연구자들과 일반 독자들에게 유익한 자료가 되기를 바라며, 이를 계기로 박물관 소장 자료에 대한 연구와 활용이 더욱 활발해지기를 기대한다.

끝으로 자료 정리와 집필 과정에서 아낌없는 지원을 보내주신 송만영 관장님을 비롯한 박물관 직원 선생님들, 그리고 황민호 교수님께 감사드린다. 무엇보다도 박물관 설립자이자 이 모든 작업의 시작이 되어주신 매산 김양선 선생께 깊은 존경과 감사의 마음을 올린다.

2026년 1월 한명근, 박혜미

차례

머리말

개화기 이후 생산된 근대 자료[01]는 전통과 현대를 잇는 문명의 상징물이라 할 수 있다. 본서에서 다루는 근대 자료는 시기상으로 1876년 개항 이후 1945년 해방될 때까지의 역사를 담은 것으로, 형태상으로는 건조물과 기념물, 가옥, 생활유물 등 유형의 문화유산을 제외한 역사기록물이다. 또한 공공·민간 영역을 불문하고 당대의 정치·사회 변화를 반영하는 각종 간행물과 문서 등 문헌자료를 포괄한다.

본 연구는 숭실대학교 한국기독교박물관(이하 '박물관') 소장 자료를 대상으로 한다. 이들 자료는 박물관의 정체성과 직결되어 있을 뿐 아니라 근대 문명의 수용과 일제 식민지배라는 특수한 역사적 변혁기의 시대상을 증거하는 중요한 기록이다. 박물관 소장 근대 자료는 발행 주체별로 정부 등 국가기관, 민간, 종교·사회단체, 일제 식민통치기관, 개인 등으로 분류할 수 있으며, 형태별로는 행

01 근대 전환기 공사립 기관 및 개인에 의해 간행되었거나 생산된 자료를 통칭한다. 자료를 소장하고 있는 기관에 따라 이를 박물관이나 역사관에서는 '유물'로, 국사편찬위원회와 같은 연구편찬기관에서는 '사료 또는 자료'로, 국립중앙도서관에서는 '기록'으로, 국가기록원의 경우 '기록물'이라는 용어를 사용한다. 이처럼 보존 관리, 활용하는 주체에 따라 그 용어가 달리 사용되고 있지만, 본서에서는 공적이나 사적인 기관, 또는 개인이 발행했거나 생산한 자료로서 근대이행기 정치사회직 의미를 담고 있는 지료를 '근대 자료'로 통칭하고자 한다.

정문서를 포함한 일반문서와 소장 자료의 대다수를 차지하는 단행본, 신문·잡지 등 다양한 출판물이 있다. 또한 주제별로는 천주교 및 개신교의 수용과 확산을 촉진했던 기독교 자료, 국내 한국학 자료, 일제 침략과 저항의 과정에서 생산된 식민통치 자료, 외국인의 시각이 반영된 한국학 관련 자료 등으로 분류할 수 있다. 박물관 소장 자료는 근대사의 전반을 이해하는 데 중요한 가치를 지니지만, 자료가 파편적으로 존재하는 한계가 있어 이를 총체적으로 분류하고 정리하는 작업이 쉽지 않음을 밝혀둔다.

근대 한국학 자료

매산 김양선 선생과

1

1. 매산 김양선 선생과 근대 한국학 자료

박물관에서 소장하고 있는 근대 자료의 성격을 이해하기 위해서는 먼저 박물관의 설립 배경과 자료의 입수 경위를 살펴보지 않을 수 없다. 박물관의 설립자는 매산 김양선 선생이다. 매산 선생은 평양 숭실전문학교와 평양신학교 졸업 후 장로교 목사로 목회하였고, 1954년 서울에서 재건된 숭실대학 사학과 교수로 부임하여 1970년 소천할 때까지 16년간 후학 양성에 주력하였다. 한편 해방 직후인 1948년 4월 16일, 일제에 의해 훼손된 기독교 정신을 복원하고 말살된 민족의 혼을 되살리고자 남산의 조선신궁 터에 '기독교박물관'과 '매산고고관'을 설립하였다.[01] 이 두 박물관은 1967년 숭실대학 '한국기독교박물관'으로 새롭게 출발하였다.

매산 선생은 일찍부터 우리 문화와 문화유산에 관심을 가졌다. 그는 "문화재의 참된 가치와 의의는 신문화 창조의 바탕이 되는 데 있고, 근대화나 주체문화의 창조는 역사의 전통 위에 서야 한다."고 보았다. 또한 "우리의 문화재는 우수한 문화를 창조하는 소재와 원동력이며, 신문화 창조의 바탕이 되는 문화재는 국가의 것이 되기에 앞서 국민의 것이 되어야 한다."고 생각하였다.[02]

01 유영렬, 「매산 김양선의 생애와 민족의식」, 『崇實大學校 韓國基督敎博物館誌』 창간호, 2004, p.116.
02 김양선, 「新國民文化의 創造」, 『政經研究』 27호, 1967.4.9., pp.37~38.

(왼쪽) 남산 기독교박물관(1950년대 이전)
(오른쪽) 남산 기독교박물관·매산고고관 정문 앞에서 매산 선생 부부의 모습

이렇듯 매산 선생은 문화유산이 새로운 문화 창조의 밑거름이 된다고 여기고 전통시대 역사자료와 근대 기독교 자료를 수집하였다. 특히 숭실전문학교 3학년 재학 중이던 시절, 양주동 교수가 한국고가(韓國古歌)를 연구하면서 자료 수집에 열중하는 모습을 지켜보며 깊은 영향을 받았다. 그는 한국교회사를 연구하는 일이 자기에게 주어진 운명이라면 우리 고유의 문화유산을 찾아 연구하는 것도 자신이 해야 할 시대적 임무라고 확신하였다.[03] 이러한 깨달음 속에서 집안에 소장되어 있는 5백 점 이상의 초기 한국 개신교 출판물을 정리하고 목록을 작성하였는데,[04] 이는 그의 문화유산 수집 활동의 서막이 되었다. 매산 선생은 "보물이 있는 곳에 네 마음도 있느니라"는 성경 말씀처럼, 보물을 가진 사람의 마음이 자연히 그 보물에 가듯이 문화유산의 귀중함을 깨닫고 소유욕을 갖게 되

---

03 유영렬, 『한국기독교 사학자 김양선』, 숭실대학교 출판부, 2001, p.21.
04 김양선, 「受難과 榮光의 遺物을 찾아 -基督教博物館을 마련하기까지-」, 『新東亞』46호, 1968.6, p.311.

제1장

일러두기

1. 본서에서 사용한 부호는 다음과 같다.
   『　』 단행본(해외 원서), 총서명, 잡지, 신문
   「　」 논문, 시, 기고문, 선언문, 도서의 장이나 절
   〈　〉 독립운동 자료
   ‘　’ 강조 또는 주목할 어구, 표제, 권수제
   “　” 인용문, 대화문
2. 숭실대학교 한국기독교박물관 소장 유물 가운데 1876년 개항 이후부터 1945년 해방 이전까지 생산된 한국 근대 문헌 자료를 대상으로 분석하였다.
3. 한명근, 「한국기독교박물관 소장 근대 자료의 내용과 성격」(『한국기독교박물관 자료를 통해 본 근대의 수용과 변용』, 2019)을 수정·보완한 것이며, 박물관 발행도서인 『한국기독교박물관 소장 기독교 자료 해제』(2007), 『한국기독교박물관 소장 과학·기술 자료 해제』(2009), 『한국기독교박물관 소장 한국학 자료 해제』(2010), 『한국기독교박물관 소장 민족운동 자료 해제』(2012) 등을 주로 참고하였다.
4. 박물관 소장 자료일 경우, (　　　) 내에 ‘생산연도’와 ‘유물번호(IA○○○○)’를 기재하였다.
5. 유물명의 경우 원문을 그대로 기재하였다.
6. 자료의 크기를 기재할 경우, 가로×세로로 표기하였다.

전환시대의 기억

KB262371

었다고 하였다.[05]

매산 선생이 연구 활동을 하며 집중적으로 수집한 자료는 비단 개신교회사에 국한되지 않았다. 그는 한국교회사 연구를 시작하면서 연구범위를 개신교에서 천주교로 확장시켰고, 나아가 한국사와 고고학 분야까지 관심을 넓혀갔다. 한국기독교사는 근세사와 밀접한 관계를 가지고 있으며 특히 기독교의 동방전래를 해명하기 위해 고고학 연구가 필요하다고 판단하였다.[06] 이러한 연구 활동은 한국의 민족문화와 기독교 관련 자료 수집으로 이어졌다. 그리고 수집된 자료가 쌓이자 박물관을 설립하여 한국기독교문화 자료를 상설 전시함으로써 기독교 사회봉사의 미점(美点)을 전국민에게 알려주고 싶은 희망으로 발전하였다.[07]

이와 같이 매산 선생이 중점적으로 수집한 자료는 우리 민족문화의 우수성을 보여줄 수 있는 자료, 한국 기독교 역사를 조망할 수 있는 자료, 그리고 식민지 정책에 대항한 민족의 주체성과 관련된 자료가 대부분이었다. 이는 곧 한국 근대화와 관련된 것이기도 했다. 그는 한국 근대화의 의미를 서구 문명, 즉 과학문명의 수용을 통한 물질문명의 발전보다는 기독교라는 정신문명의 확산에 더 큰 비중을 두었다. 물질문명과 정신문명은 병행하여 발전해야 하지만, 정신문명이 물질문명을 선도해야 한다고 보았다. 또한 한말과 일제강점기 한국 근대화 과정에서 프로테스탄트 교회가 주도적인 역할을 했다고 인식하였다. 즉 그는 선교사가 근대 의료사업과 교

---

05 김양선, 「新國民文化의 創造」, p.39.
06 김양선, 「受難과 螢光의 遺物을 찾아 -基督敎博物館을 마련하기까지-」, p.312.
07 김양선, 위의 글, p.313.

육사업을 선도했으며, 한국교회가 한글의 발전, 근대 신문·잡지의 창간, 농촌진흥운동, 독립운동 등에 중요한 역할을 수행했다고 평가하였다. 또한 기독교 사상의 확산이 계급 타파, 여성 해방, 근로정신, 자립정신과 같은 사회사상으로 발전되어 갔다고 보았다.[08] 요컨대 한국교회가 정치적 격변기에 한민족의 정신적 지주가 되었고, 기독교 사상은 한국 근대화의 기반이 되었다고 인식하였다.

그리하여 매산 선생은 "신교육, 개혁운동, 독립운동에서 기독교의 공헌이나 업적을 세밀히 밝혀 일반사학계에 발표"하는 일을 게을리하지 않았다. 그의 기독교 역사 연구의 특징은 한국기독교사의 주어가 한국과 한국인, 한국교회라는 주체적인 관점에서 복음 수용을 해석하려 했다는 점에 있다. 이뿐만 아니라 교파의 편협성을 뛰어넘어 대승적인 자세로 교회사를 바라보았다는 점은 그만의 초교파적이고 객관적인 연구 방법론이기도 했다.[09] 매산 선생은 기독교가 민족 문제와 어떻게 결합되어 작동했는지에 깊은 관심을 두었으며, 이를 통해 한국 사회를 분석하고 진단하고자 했다. 즉 그의 연구 초점은 기독교가 한말 개화운동과 일제강점기 민족운동에 어떠한 역할을 감당했는가를 살펴봄으로써 한국기독교의 민족교회론적 위상을 제고하는 데에 맞춰져 있었다.[10]

매산 선생은 최초의 한글 성경 번역 작업에 참여한 외조부 백

---

08 김양선, 「基督教가 韓國近代化에 미친 影響」, 『崇大學報』 1965년 3월 15일자.

09 박정신, 「교회사학자, 김양선은 어디 있는가」, 『한국기독교역사연구소 소식지』 31호, 1998, p.5.

10 윤경로, 「梅山 金良善과 韓國基督教史 研究」, 『崇實大學校 韓國基督教博物館誌』 창간호, 2004, p.129.

유물 기증식(왼쪽부터 김형남 학장, 김양선 관장, 한경직 이사장)

홍준 전도사와 아버지 김관근 목사가 소장하던 성경, 찬송가, 신앙 교리서 등을 근간하여 주일공과, 기독교 신문·잡지 등 기독교 관련 서적과 전도지, 주보 등 각 교회에서 사용하던 자료까지 폭넓게 수집하였다.[11] 그에게 있어 한국교회사 자료 수집과 보존 및 연구는 평생의 소임이자 숙명이었다.

해방 이후 매산 선생은 민족문화와 관련된 자료의 수집과 연구에 주력하였다. 사재를 털어 전통사회의 고고·미술 자료, 근대사회로의 유입과 관련된 서양의 과학기술문명 자료, 실학 자료, 한국 고지도 및 세계 지도 등 다양한 영역의 자료를 적극적으로 수집하였다. 특히 이 가운데 독립운동 판결문과 사법·경찰기관과 관련된 자료 등 일제의 식민통치와 관련한 희귀자료는 박물관 소장 근대

11   임병태, 「한국기독교박물관 설립자 김양선 교수」, 『인물로 본 숭실 100년』, 1997, p.278.

소장인 '山澤'

자료를 대표하는 것이다. 이들 자료의 입수 경위는 명확하지 않으나 자료 대부분이 조선총독부 검사로 재직하며 수많은 독립운동가에게 유죄판결을 내렸던 일본인 검사 山澤佐一郎[12]의 소장품이었을 가능성이 크다. 박물관 소장 자료에는 그의 所藏印 '山澤'이 찍혀 있어, 산택 검사가 개인적으로 보관하던 자료를 매산 선생이 입수한 것으로 추정된다.

이처럼 매산 선생이 수집한 자료는 기독교 자료를 근간으로 하여, 기독교의 유입과 관련된 서학 및 실학 자료, 근대 과학기술 자료, 민족의 독립운동 자료, 그리고 한민족의 연원을 파악할 수 있는 고고·미술 자료로 구분할 수 있다. 이는 근대로의 이행기에 한국 기독교와 민족의 역사적 흐름을 집약적으로 보여주는 자료라고 할 수 있다.[13]

매산 선생은 이러한 자료들을 보존·전시하기 위해 한국기독교박물관을 설립하였다. 1967년 7월에는 문화유산이 특정 개인이나 기관의 소유가 아니라 국민의 공동 유산이 되어야 한다는 신념에 따라, 자신이 수집한 유물을 모교인 숭실대학교에 기증하였다.

---

12 1889년 일본 니가타현에서 출생했다. 1915년 교토제국대학 법학과를 졸업하고 1916년 10월 도쿄지방재판소에서 검사로 근무하였다. 1917년 2월 경성지방법원 검사로 임명되어 조선에서 활동하기 시작했다. 1919년 9월~1935년 광주지방법원 검사국, 1936~1939년 고등법원 검사국, 1940~1942년 경성지방법원 검사국을 거쳐 1943~1945년 평양복심법원 검사국에서 활동하였다(「조선총독부직원록자료」; 「근현대인물자료」, 『국사편찬위원회 한국사데이터베이스』).

13 유영렬, 「매산 김양선의 생애와 민족의식」, p.117.

이에 따라 한국기독교박물관은 숭실대학교 부설 기관으로 새롭게 출범하게 되었다. 본서에서 다루는 한국기독교박물관 소장 자료는 매산의 기독교 정신과 근대화에 대한 인식, 문화유산을 바라보는 철학의 총체로서 지금까지 이어져 오고 있는 것이다.

한국기독교박물관은 2004년 4월, 첨단 설비를 갖춘 전시실과 수장고를 갖춘 신축박물관으로 이전하였다. 이때부터 매산 선생의 학문적 유산을 계승하고 소장 유물을 학계에 소개하여 연구에 활용할 수 있도록 자료 간행작업을 진행하였다. 먼저 지류유물을 주제별로 분류한 목록집을 발간하여 자료의 기본 정보를 제공하였고[14] 중요자료를 네 영역으로 구분하여 해제집을 발간하였다.[15] 이와 함께 학계의 공개 요구가 높은 일부 희귀자료를 영인 해제하여 관련 연구자들에게 보급하는 사업을 진행하고 있다.[16] 이 외에도 박물관에서 소장하고 있는 숭실 설립자 베어드 박사의 저작물을 모

---

14 한국기독교박물관, 『한국기독교박물관 소장 고문헌 목록』, 2005.
15 『한국기독교박물관 소장 기독교 자료 해제』, 2007.
    『한국기독교박물관 소장 과학·기술 자료 해제』, 2009.
    『한국기독교박물관 소장 한국학 자료 해제』, 2010.
    『한국기독교박물관 소장 민족운동 자료 해제』, 2012.
16 『기산箕山 김준근金俊根 조선풍속도』, 2008, 2023.
    『한국기독교박물관 소장 燕行圖』, 2009.
    『기산箕山 김준근金俊根의 기독교 미술 〈텬로력뎡〉삽도』, 2009.
    『기독교 민족사회주의자 김창준金昌俊 유고』, 2011.
    『월남 이상재 선생 옥사기록 공소산음 共嘯散吟』, 2012.
    『한국기독교박물관 소장 興宣大院君筆帖』, 2014.
    『한국기독교박물관 소장 中士奇洪大容手札帖』, 2016.
    『한국기독교박물관 소장 古稱燕士』, 2016.

아 『베어드 총서』라는 이름으로 영인자료집을 발간하였다.[17]

본서는 박물관 소장 문헌 자료 가운데[18] 개항 이후부터 1945년까지의 역사 자료를 선별하고 기존에 간행된 목록, 해제, 영인자료집을 기본 텍스트로 삼아 기독교 자료, 한국학 자료, 일제 식민통치 자료, 해외 한국학 자료 등 네 개의 영역으로 분류하여 정리하였다.

소장 자료는 형태, 내용, 발행처, 시기 등이 다양하여 명확한 범주로 분류하는 데 근본적인 한계가 존재한다. 그럼에도 자료의 특성을 고려하고 연구의 편의를 위해 위 네 개의 영역으로 정리하였음에 대한 양해를 구한다.

---

17 베어드총서 1, 『명심도』, 2013.
  베어드총서 2, 『신도쾌락비결』, 2013.
  베어드총서 3, 『사복음대지 합부』, 2013.
  베어드총서 4, 『예수사적그림』, 2014.
  베어드총서 5, 『평민의 복음』, 2014.
  베어드총서 6, 『싯별젼』, 2014.
  베어드총서 7, 『고영규젼』, 2014.
  베어드총서 8, 『이긔는 싱명』, 2014.
  베어드총서 10, 『쟝자로인론』, 2015.

18 한국기독교박물관에서 소장하고 있는 문헌자료는 조선 중기 이후 해방까지 고문서, 고서, 서화류, 근대인쇄물류 등으로 구분되며, 이 중 2025년 3월 현재 박물관에서 등록한 문헌자료는 총 7,277점에 달한다. 이를 박물관 유물 분류기준에 의해 고서류 2,796점, 고문서류 1,267점, 근대 자료류 2,875점, 서화류 40점, 지도류 121점, 시청각류 178점이다. 이를 시기상으로 구분하여 본서에서 다루고 있는 1876년부터 1945년까지의 자료는 약 4,400여 점으로 박물관 소장 자료의 약 50%에 해당된다. 이 가운데 발행 주체와 내용이 분명한 인쇄물을 중심으로 선별하였고 사진과 엽서 등 일부 자료는 분석 대상에서 제외하였다. 본서에서 다루고 있는 자료 대부분은 근대 인쇄기술에 의해 단행본 형태로 출판된 것이며, 필사본과 등사본도 일부 포함되어 있다.

2

기독교 자료

2. 기독교 자료

한국 근대사회로의 전환 과정에서 근대 문명이 주체적 수용과 변용을 거쳐 확산되는 특징을 이해하기 위해서는, 극심한 정치적 격변을 겪었던 1876년 개항 이후부터 1910년 일제 식민지 체제로 변질되기까지 35년간 생산된 자료를 검토하는 것이 필요하다. 전통사회에서 근대사회로 이행하는 과도기이자 식민지화 과정이 진행된 시기에, 간행물은 국민의 의식 형성에 지배적인 영향을 미친 중요한 지표였다. 이 시기에 간행된 출판물은 근대 전환기의 시대적 과제를 반영할 뿐만 아니라, 새로운 사회로의 전환과 근대 문명의 수용 및 발전을 측정하는 척도로 기능하였기 때문이다.[01]

근대 활판인쇄술의 도입은 전통사회에서 근대사회로의 이행을 재촉하는 문화혁명이라 할 만큼 한국사회를 획기적으로 변화시키는 계기가 되었다. 근대 인쇄기술의 도입으로 신서적이 대량으로 보급되었다. 신서적은 근대사회로의 이행기에 "서구사조를 직·간접적으로 소개한 서적 또는 그 영향을 받아 국내에서 제작·보급된 서적 일반"[02]을 의미한다. 즉 19세기 후반에서 20세기 초반에 이르

---

01 이하 글은 한명근, 「開化期(1876~1905) 신서적의 발간과 그 특징」, 『崇實史學』 20(숭실대학교 숭실사학회, 2007.12.)을 참조하였다.

02 李鍾國, 「韓國의 近代 印刷出版文化 研究」, 『印刷出版文化의 起源과 發達에 관한 研究論文集』, (社)韓國出版學會, 1996, p.81.

는 시기, 새로운 사회에 대한 국민들의 지향과 시대적 요청에 따라 근대 인쇄기술로 재발간되거나 새롭게 창작·번역 출간된 발행물을 지칭한다.[03] 이러한 신서적은 국민 계몽과 근대 의식의 성장, 민족운동의 흐름에 일정한 영향을 미쳤음을 부정할 수 없다.[04] 더구나 한글로 간행된 신서적의 대량 인쇄는 한글의 대중화와 한국인의 언어 및 문자생활의 변화를 일으켰으며, 개화기 신서적 출판의 선도적 위치에 있던 성서, 찬송가, 각종 신앙 교리서 등의 보급은 근대 문명의 수용을 촉진하는 역할을 하였다.

　근대 인쇄기술의 도입 초기, 기독교계는 신서적 출판을 주도하였다. 1876년 개항 이후부터 본격적인 식민지화의 길을 걷기 시작한 1905년까지 발행된 서적 296종을 주제별로 구분하여 그 특징을 살펴보면,[05] 전체 서적 가운데 천주교 서적을 포함한 기독교 서적이 63.9%로 전체의 2/3에 가까운 비중을 차지하였다. 그 다음으로 법률·농업·산술 등 근대 학문 관련 서적이 17.9%, 한국 및 세계 역사·지리서가 14.5%, 기타 복간된 전통유학서 등 문집류가 3.7%를 차지하였다.

　발행주체별로 보면, 기독교 서적 전문출판사에서 발간한 서적이 76.1%인 반면, 대한제국 학부에서 교육용 교과서용으로 발간한 서적 및 법부, 무관학교 등에서 발간한 관찬 서적은 13.8%에 불과하다. 이를 통해 근대 이행기 신서적의 내용과 발행처 대부분이 기독교계와 밀접하게 관련되었음을 알 수 있다.

03　한명근, 위의 글, p.18.
04　한명근, 위의 글, p.27.
05　이하 내용은 한명근, 위의 글, pp.34~46에서 요약 정리하였다.

이렇듯 기독교 자료는 근대 문명이 한국사회에 어떻게 수용되고 어떠한 방식으로 발전해갔는지를 보여주는 상징적인 자료라 할 수 있다. 본 장에서 살펴볼 성경, 찬송가, 각종 주석서와 신앙교리서, 기독교 신문·잡지 등의 신앙서적류와 개신교계의 교육선교 일환으로 간행된 근대 교과서 등의 문헌자료는 새로운 근대 문화 창출에 기여한 바가 크다고 할 것이다.

1) 성경

한국의 기독교 문서는 1882년부터 중국 奉天[06]에서 간행된 한글 번역 성서를 그 효시로 한다. 이때부터 발간된 기독교 문서의 종류는 매우 포괄적이어서 형식분류조차 하기 힘들 정도이다. 성경, 찬송가를 비롯해 전도문서와 신앙서적, 신학서적, 주일학교 공과 등 교육서, 회의록, 종교와 사회문화 관련 출판물, 그리고 기독교신문 및 잡지 등이 광범위하게 생산·유통되었다.

박물관은 기독교의 수용과 성장 및 발전과정에서 생산된 다양한 영역의 자료를 소장하고 있는데, 이를 성경, 찬송가, 신앙교리서, 주일학교 공과, 교회회의록, 한국교회사 관련 자료, 기독교 신문·잡지, 천주교 자료로 대별하여 살펴보고자 한다.[07]

한국에서 기독교가 본격적으로 수용되기 이전에 이미 중국으

---

06 현재의 瀋陽.
07 본서의 「3. 기독교 자료」는 숭실대학교 한국기독교박물관, 『한국기독교박물관 소장 기독교 자료 해제』(2007)를 토대로 작성하였다.

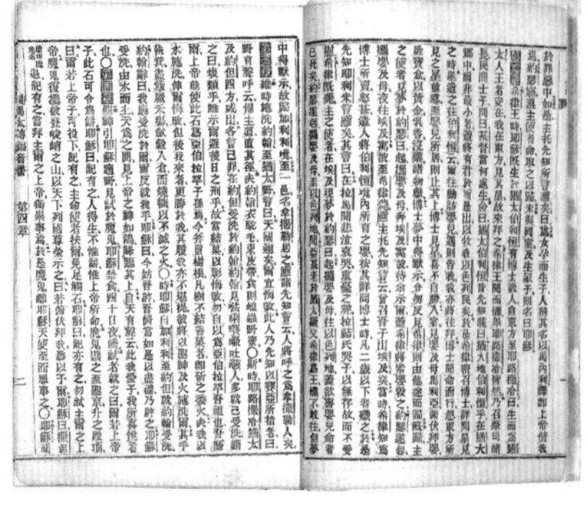

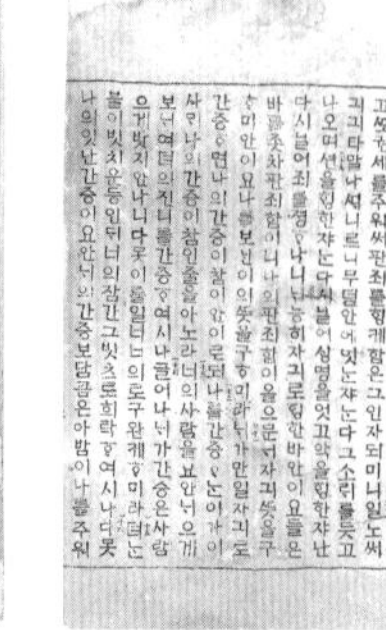

『신약전서』　　　　　　　　『예수셩교셩셔요안닉복음』

로부터 한문성경이 전래되었다. 1866년 제너럴셔먼호를 통해 대동강에 도착한 토마스(R. J. Thomas) 목사가 순교 직전 한문성경인 『新約全書』(1858, IA0029)를 전하면서, 한문성경이 본격 유입되었다. 이어 중국의 『新約全書』(1864, IA0015)과 『舊約全書』(1870년대, IA3848)와 일본에서 발행된 『新約全書』(1880, IA3847), 『新約全書馬可傳』(1877, IA1201), 『舊新約聖經』(1908, IA4233) 등도 국내에 유입되었다.

한글 기독교 문서의 보급은 중국에서 선교 활동을 하던 스코틀랜드 연합교회 목사 존 로스(J. Ross, 羅約翰)에 의해 이뤄졌다. 로스는 봉천에서 1881년 『예수셩교문답』, 1882년 『예수셩교요령』을 간행하여 기독교 문서 발간의 시작을 알렸고,[08] 바로 이어서 1882년 최초의 한글 성서인 『예수셩교셩셔누가복음』을 발간하였다. 이른바 '로스역(Ross Version) 성서' 또는 '예수셩교본'으로 불리는 초기 한글 성경은 백홍준, 서상륜, 이응찬 등이 번역하고 국내에 보급하

---

08   한명근, 앞의 글, p.28.

였으며, 총 12종에 이른다.[09] 박물관은 『예수셩교셩셔요안니복음』
(1883, IA4187), 『예수셩교셩셔누가복음』(1883, IA0014), 『예수셩교셩셔
데자힝젹』(1883, IA4185), 『예수셩교셩셔맛디복음』(1884, IA0001), 『예수
셩교젼셔』(1887, IA4200), 『예수셩교셩셔맛디복음』(1892, IA0003) 등 6점
을 소장하고 있다.

　　『예수셩교셩셔요안니복음』은 1882년 5월 초판본 2,000부가
발간되었고, 이듬해인 1883년 10월 추가로 5,000부가 간행되었다.
초판본은 본문 39장, 강명편 1장으로 구성되어 있는 반면[10] 1883
년도본은 본문 54장이며, 마지막 55장은 강명편으로 단어를 해설
하고 있으나 결실된 부분이 많다. 1882년 속표지 제목은 "예수셩
교요안니복음젼셔"인데 반해 1883년도본은 "예수셩교셩셔요안니
복음"으로 되어 있다. 또한 1882년도본에 의도적으로 삭제되었던
'간음한 여인 이야기' 구절이 1883년도본부터는 다시 포함되어
있다.[11]

09　1882년 『예수셩교셩셔누가복음』 3,000부를 발행한 이래 『예수셩교셩셔요안니복음』
　　(1882, 서북방언판) 2,000부, 『예수셩교셩셔요안니복음』(1882, 서울방언판) 1,000부,
　　『예수셩교셩셔요안니복음』(1883) 5,000부, 『예수셩교셩셔누가복음 데자힝젹』(1883)
　　3,000부, 『예수셩교셩셔맛디복음』(1884)과 『예수셩교셩셔말코복음』(1884년 전반기),
　　『예수셩교셩셔말코복음』(1884년 후반기)을 각 5,000부, 『예수셩교셩셔요안니복음이비
　　쇼셔신』(1885) 10,000부, 『예수셩교셩셔맛디복음』(1886) 10,000부를 발행하였다. 1887
　　년에는 신약전서 『예수셩교젼셔』가 완역되어 5,000부 발행되었다. 이후 1892년 『예수셩
　　교셩셔맛디복음』 5,000부가 최종 발행되어 로스역 성서는 일단락 되었다(강순애, 「한글
　　성서 「예수셩교요안니복음젼셔」 발굴본(1882~1883년)에 관한 서지적 연구」, 『서지학연
　　구』 제44집, 2009, p.169; 박형신, 「로스역 한글성경의 보급과 현재 소장본에 대한 연구」,
　　『한국기독교와역사』 제57호, 2022, p.99).
10　강순애, 위의 글, p.169.
11　박형신, 「존 로스 번역본 『예수셩교요안니복음젼셔』 초판(1882)의 '간음한 여인 이야
　　기'(요7:53~8:11) 삭제 문제」, 『한국교회사학회지』 제43집, 2016, pp.61~92.

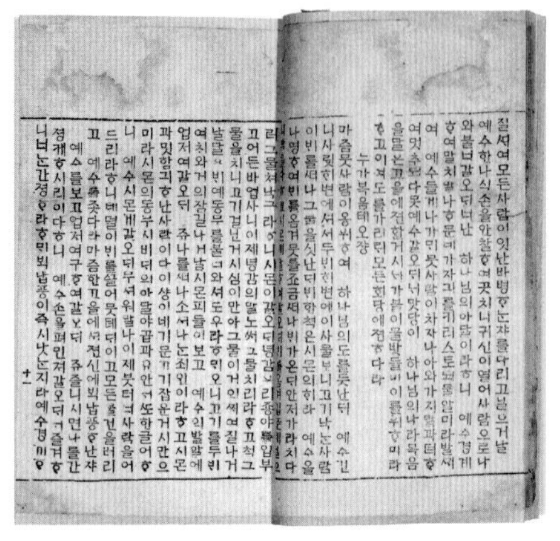

『예수셩교셩셔누가복음』   『예수셩교젼서』

『예수셩교셩셔누가복음』은 1883년 원래 합본으로 출판된『예수셩교셩셔누가복음·뎨자힝적』을 두 권으로 분리하여 장정한 것이다.[12] 초판 목활자본으로 총 55장으로 되어 있다. 띄어쓰기가 되어 있지 않지만 신의 명칭을 '하나님'으로 표기하였고 '하나님', '예수', '쥬' 앞에 글씨를 한 칸 띄어 쓰는 間字의 특징이 있다. 앞부분에 일부 결실된 부분이 있으나, 전체적으로 보존 상태가 양호한 편이다.

『예수셩교셩셔뎨자힝적』은 사도행전 제28장을 수록한 복음서로, 본문은 54장으로 구성되어 있으며, '하나님', '쥬', '예수', '셩

---

12 김양선은 자신의 논문「Ross Version과 한국 Protestantism」(1967)에서 "필자는 Ross Version의 번역자의 한 사람인 백홍준의 외손자로서 대대로 전하여 내려오는 외조부의 수역본 Ross Version 한글 복음서들과『예수셩교젼서』를 소장하고 있다"고 밝히면서 논문 뒤편에 그 소장본들의 이미지를 제공하였다. 그 이미지들 가운데『누가복음』(1883)과『뎨자힝적』(1883)은 원래 합본으로 출판된 것을 분리한 것으로서, 현재 박물관 소장 상황과 일치한다(박형신, 위의 글, 2022, p.125).

령’ 앞에 한 칸을 띄어 썼다. 본문 전체적으로 결실 부위가 많이 발견된다. 1884년 발행된 『예수셩교셩셔맛디복음』은 본문 40장으로 이루어져 있으나 전체적으로 결실 부분이 많아 내용 파악이 어려운 상태이다. 이전 로스역

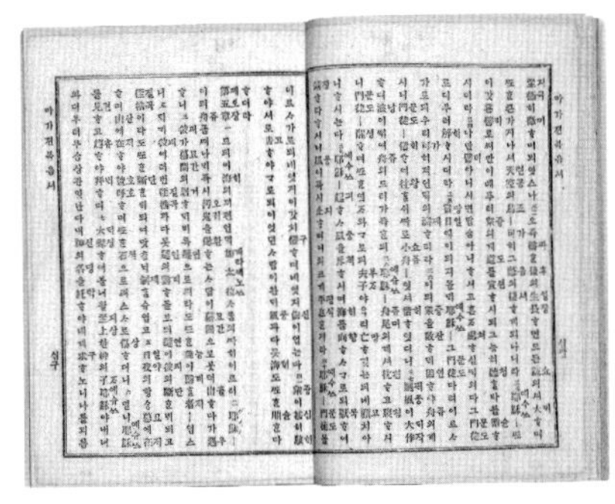

『신약마가젼복음셔언히』

처럼 띄어쓰기가 이루어지지 않았으며, 한 칸 앞을 띄우는 간자의 특징도 보이지 않는다. 1892년 발행된 『예수셩교셩셔맛디복음』은 1884년도 판을 수정하여 재판한 것으로, 보존상태가 매우 양호하다. 본문 46장과 ‘밥팀례’, ‘할례’, ‘사밧일’ 등 성경 어휘를 해설한 강명편 1장으로 구성되어 있다. 로스역 성서의 마지막 발행본이며 이후부터는 성서번역위원회를 중심으로 성경 번역이 본격화되어 갔다.

1887년 발행된 『예수셩교젼셔』는 이러한 로스역 단편 성서들이 모여 발행된 신약전서로, 총 830면으로 구성되어 있다. 이는 1900년 성서번역위에 의해 간행된 『신약전서』의 기초 자료가 되었다.

한편 로스역 성서가 중국 봉천에서 제작·인쇄되던 시기에 일본 요코하마에서 이수정에 의해 『신약마가젼복음셔언히』(1885, IA4186)가 간행되었다. 1882년 수신사 일행으로 일본에 간 이수정은 미국 성서공회 일본지부 총무인 루미스(H. Loomis) 선교사의 요청으로 성경 번역에 착수하여 1884년 한문 구절 끝에 토를 단 『懸吐漢

韓新約聖書』 5종을 간행하고 이어 1885년 마가복음을 국한문체로 번역하여 『신약마가젼복음셔언히』를 발행하였다.

한문 옆에 한글을 병기하는 형식을 취하였으며, 거라사(Gerasenes)를 '계라셰노쓰(加太拉)'로 번역하는 등 성서 원어 발음을 따르려는 특징을 보인다. 이 성서는 언더우드(H. G. Underwood, 元杜尤)와 아펜젤러(H. G. Appenzeller, 亞扁薛羅)가 1885년 4월 인천에 도착할 때 가져온 것으로 알려져 있다.[13]

이처럼 중국 심양에서 발행된 로스역 성서와 일본 요코하마에서 발행된 이수정의 성서와 같은 초기 한글성서는 외국 선교사의 입국 이전에 모국어로 된 성경을 자발적으로 번역하여 보급함으로써 자생적인 신앙공동체가 형성되었음을 입증하는 중요한 자료이다.

1885년 언더우드, 아펜젤러 선교사 입국 이후 한글 성경 번역이 활발해져 개인번역본과 함께 1887년 조직된 성서번역위원회 (Committee for Translation the Bible into the Korean Language)의 번역 성서가 다수 등장하였다.

1887년 2월 서울에서 활동하던 언더우드, 아펜젤러, 알렌(H. N. Allen, 安連), 스크랜튼(W. B. Scranton, 施蘭敦), 헤론(J. W. Heron, 蕙論) 등은 성서 개정작업의 필요성에 따라 성서번역위원회를 결성하였다. 그러나 이 위원회는 조직화되지 못한 채 운영되다가 1893년에 이르러서야 상임성서실행위원회(Permanent Executive Bible Committee)가 설치됨으로써 체계적인 성경 번역이 본격화되었다.

13　한영제 편, 『한국 성서 찬송가 100년』, 기독교문사, 1992, p.18.

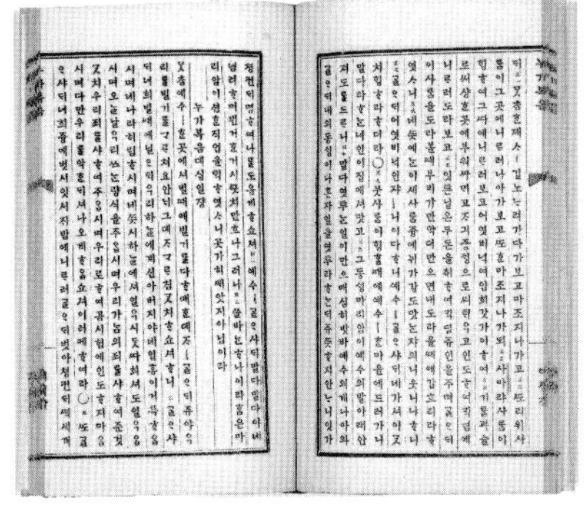

『누가복음전』

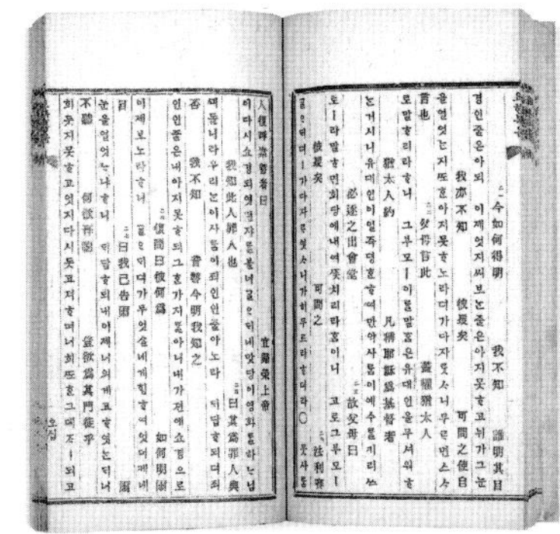

『요한복음전』

　　이처럼 1887년 외국 선교회에서 성서번역위원회를 결성한 이후 1893년 상임성서실행위원회로 개편되기까지 일정한 공백기가 있었다. 조직적이고 체계적인 성서 번역이 지연된 이 시기에는 주로 개인 차원의 번역 작업이 이뤄졌다. 먼저 영국 성서공회가 성서번역위원회에 로스역 성서의 개정 작업을 요청하자 아펜젤러는 로스역 성서 가운데 『누가복음』을 수정하여 1890년 『누가복음전』(1890, IA0012)을 미이미교회인쇄소에서 간행하였다.[14]

　　초기 성서번역위원회에 참가했던 캐나다 독립선교사 펜윅(M. C. Fenwick, 片爲益)도 독자적으로 중국의 한문성서를 번역하여 1891년 문리역 원문과 한글 번역문을 함께 수록한 『요한복음전』(1891, IA0008)을 미이미교회인쇄소에서 간행하였다. 2년 후에는 이를 수정하여 순한글판 『약한의긔록ᄒᆞᆫ디로복음』(1893, IA0016)을 간행하였다. 본문에는 띄어쓰기가 없고 인명은 한 줄, 지명은 두 줄을 그어 표시

14　한영제 편, 앞의 책, pp.18~21.

한 특징이 있다.

한편 1893년 성서번역위원회가 상임성서실행위원회으로 개편
되고 하부 조직으로 성경번역자회가 구성됨에 따라 체계적인 성경
번역 작업이 본격적으로 시작되었다. 성서번역자회는 번역 원칙을
수립한 후 다양한 의견을 수렴하여 '시험역본'(Tentative Version)을 번
역하였고, 이를 3년간 개정하여 '공인역본'(Authorized Version)으로 발
행하였다. 시험역본의 준비 단계는 크게 세 단계로 이루어졌다. 첫
째, 개인본은 번역자가 동료 선교사들의 도움 없이 단독으로 번역
하는 과정이다. 둘째, 임시본은 번역자가 다른 동료들의 서면 비판
과 제안을 반영하여 수정한 버전이다. 셋째, 위원회본은 임시본에
서 논의된 사항을 토론하고 다수결의 투표를 거쳐 채택된 번역본
이다. 이처럼 위원회에서 채택된 위원회본은 추가적인 수정을 거쳐
상임성서실행위원회가 최종적으로 시험역본으로 발행하였다.[15]

성서번역자회는 위와 같은 체계적이고 조직적인 단계를 거쳐
1895년 『마태복음』, 『요한복음』, 『마가복음』(1895, IA0011), 『사도행
전』(1895, IA0017) 등을 시험역본으로 발행, 보급하였다.[16] 번역자회에
서 심의하여 통과된 초기 단편성서로는 『마태복음』, 『요한복음』,
『마가복음』(1895, IA0011), 『사도행전』(1895, IA0017)이 있다. 이 중 『마
태복음』과 『마가복음』은 아펜젤러가 번역하였고, 『요한복음』과
『사도행전』은 게일(J. S. Gale, 奇一) 선교사가 번역하였다. 이어 1896
년 언더우드에 의해 『누가복음』이 발행되었으며, 이를 바탕으로 4

---

15   유영렬·윤정란, 『19세기말 서양선교사와 한국사회』, 경인문화사, 2004, p.279.
16   한국기독교역사연구소, 『한국 기독교의 역사』 I , 기독교문사, 1999, pp.200~201.

복음서와 사도행전을
묶은 『신약젼셔』(1896,
IA0013)가 보급되었다.

1887년 완역 신
약전서로 『예수셩교
젼셔』가 발행된 이후
1900년 두 번째 완역
『신약전서』(IA0026)가

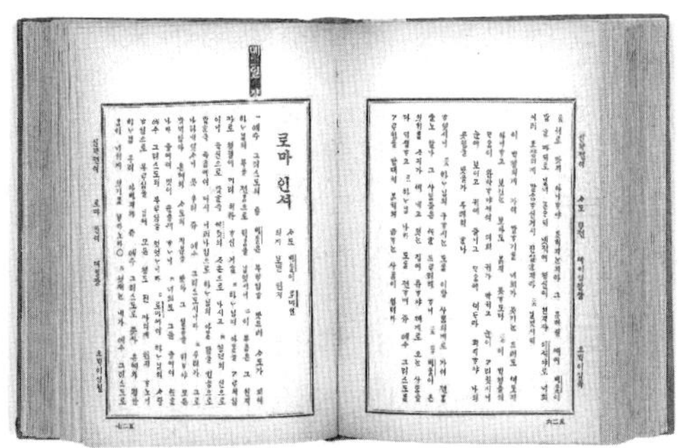

『신약전서』(IA0026)

시험역본과 개인역이 섞여 발행되었다. 마태복음부터 로마서까지
는 번역자회의 심의를 거친 시험역본이었고 고린도전서부터 요한
계시록까지는 번역자회와 무관하게 개인이 번역한 것이었다. 1904
년에는 이를 재개역한 『신약전서』(IA0018)가 발행되었고 1906년에
는 한국 최초의 공인역본인 『신약전서』(IA0022)가 발행되었다. 이어
1938년 개역 신약성서가 나오기까지 1908년, 1909년, 1911년에
『신약전서』(IA4236, IA3967, IA0090)가 발간되었다. 또한 단편 신약으로
미국성서공회에서 『누가복음』(1911, IA0185), 『마가복음』(1911, IA0187)
을, 대영성서공회에서 『누가복음』(1912, IA0056), 『마태복음』(1913,
IA0035), 『사도행전』(1914, IA0044)을 발간하였다.

한편 성서번역위의 초기 성경 번역 활동이 신약을 중심으로 이
뤄졌기 때문에 구약은 개인역으로 발간되었다. 한글로 발간된 최
초의 구약성서는 피터스(A. A. Pieters, 彼得)가 개인적으로 번역한 단편
『시편촬요』(1898, IA2269)이다. 시편 62편을 발췌하여 히브리어 성경
을 대본으로 삼아 쉬운 한글로 번역한 것으로, 번역자회와 무관하
게 개인적인 노력에 의해 이루어진 결과물이었다.

1911년이 되어서야 비로소『구약전서』권1·2(IA6827·6828)가 발행되었으나 이 역시 개인역 차원에서 이루어진 결과물이었다. 이에 1911년 구약개역자회가 구성되었고 이후 1936년이 되어서야 개역 구약성서가 완전한 형태로 출간된다. 이와 함께 개역된 구약 단편 성경도 지속적으로 출간되었는데, 박물관 소장 성경으로『창셰긔』(1912, IA0039),『줌언』(1915, IA0049),『아모스 개역』(1937, IA2781),『말나기 개역』(1937, IA2780)과 국한문의『鮮漢文貫珠 舊約全書』(1931, IA6795) 등이 있다.

다음은 일제강점기에 발행된 신·구약 성서 가운데 박물관에서 소장하고 있는 자료이다.

단편구약성서 『시편찰요』(1898, IA2269),『삼우엘젼』(1910, IA0057),『창셰긔』(1912, IA0039),『줌언』(1915, IA0049),『아모스 개역』(1937, IA2781),『말나기 개역』(1937, IA2780),『전도셔』(1937, IA2779)

단편신약성서 『누가복음』(1911, IA0041),『마가복음』(1911, IA0187),『누가복음』(1912, IA0056),『누가복음』(1913, IA0033),『마태복음』(1913, IA0036),『마가복음』(1913, IA0055),『누가복음』(1914, IA0043),『누가복음』(1914, IA0047),『사도행젼』(1914, IA0044),『마태복음』(1915, IA0053),『사도행젼』(1915, IA0040),『누가복음』(1916, IA0051),『마태복음』(1917, IA0045),『마태복음』(1921, IA0052),『누가복음』(1921, IA0048),『갈나듸아 에베소』(1922, IA4397),『英鮮對照 路加福音』(1922, IA0241),『누가복음』(1923, IA0046),『日鮮文對照路加福音書』(1927, IA3849),『ᄉ도힝젼』(1936, IA7267)

구약전서 『구약전서』제1·2권(1911, IA6827·6828),『구약젼셔』(1921,

IA7276), 『鮮漢文貫珠 舊約全書』(1931, IA6795)

신약전서 『신약전서』(1911, IA0023), 『신약젼셔·찬숑가 합부』(1911, IA4813), 『신약젼서/讚頌歌[合部]』(1916, IA0028), 『신약젼서·찬숑가 합부』(1916, IA2771), 『改譯 新約聖書』(1919, IA6659), 『신약젼셔』(1919, IA0024), 『신약젼서』(1927, IA0027), 『신약젼서』(1933, IA3092), 『鮮漢文 신약젼서』(1935, IA6791), 『簡易鮮漢文 新約全書』(1935, IA6058), 『新約聖書』(1935, IA2760), 『신약젼셔』(1936, IA2766), 『신약 개역』(1938, IA6971), 『신약젼셔』(1939, IA4287), 『新約聖書』(1940, IA2763), 『개역 신약』(1941, IA7270), 『신약 개역』(1944, IA7264)

신·구약전서 『新舊約聖書』(1910, IA6986, 중국 발행), 『舊新約聖書』(1929, IA6170, 일본 발행), 『新舊約聖書』(1931, IA6977, 중국 발행), 『舊新約聖書』(1937, IA6164, 일본 발행), 『聖經改譯』(1938, IA2767), 『舊新約聖書』(1940, IA2765, 일본 발행)

1906년 공인 신약전서와 1911년 공인 구약전서가 완성된 이후에도 단편성서는 계속 등장하였고, 신약 개역 작업은 1926년 신약개역자회가 조직되어 본격적인 개역작업이 이뤄져 1937년 완료되었다.[17]

성경 발간이 활발해지면서 성경 이해를 돕기 위한 주석 작업도 활성화되었다. 한글 주석서가 본격적으로 발간되기 이전부터 이미 중국의 각종 주석서가 유입되어 한글 주석서 발간에 영향을 미쳤다. 다음은 박물관에서 소장하고 있는 중국의 구약 및 신약 주석서이다.

17 한영제 편, 앞의 책, p.30.

『哥林多前書注釋』(1903, IA0834)

『舊約路得記註釋』(1903, IA0827)

『舊約民數紀略註釋』(1909, IA0830)

『舊約士師記註釋』(1909, IA0817)

『舊約申命記註釋』(1910, IA0838)

『舊約雅歌註釋』(1910, IA0831)

『舊約耶利米哀歌註釋』(1909, IA0821)

『舊約約百註釋』(연도 미상, IA0842)

『舊約約書亞註釋』(1903, IA0823)

『舊約歷代志略 上卷註釋』(1903, IA0818)

『舊約歷代志略 下卷註釋』(1903 IA0820)

『舊約列王紀略 上卷註釋』(1910, IA0826)

『舊約以士喇書註釋』(1910, IA0837)

『舊約以士帖書註釋』(1910, IA0832)

『舊約以賽亞註釋』(1910, IA0841)

『舊約箴言註釋』(1909, IA0825)

『舊約傳道書註釋』(1910, IA0835)

『舊約創世記註釋』(1903, IA6036)

『舊約撒母耳前書註釋』(1902, IA0824)

『舊約何西至馬拉基註釋』(1906, IA0840)

『舊約約書亞註釋』(1903, IA6035)

『新約註釋』(1900년경, IA6038)

『新約註釋 第一卷 馬太, 馬可』(1916, IA6987)

『新約註釋 第二卷 路加約翰』(1916, IA6988)

『新約註釋 第四卷 腓力比至, 黙示錄』(1916, IA6989)

　　중국에서는 구약 주석서가 신약주석서보다 먼저 발행된 반면, 한국에서는 신약 주석서가 구약 주석서보다 시기적으로 앞서 등장했으며, 그 수량 또한 많았다. 다음은 1911년부터 국내에서 발행되기 시작한 신약 단편 주석서이다.

『고린도젼셔주셕』(1908, IA7006)

『갈나듸아주셕』(1913, IA6507)

『고린도젼후주셕』(1912, IA6504)

『골노새인셔주셕』(1912, IA3926)

『누가복음주셕』(1922, IA3926)

『데살노니가젼후주셕』(1912, IA3925)

『듸도셔주셕』(1912, IA3956)

『듸모데젼후셔주셕』(1912, IA3927)

『로마인셔주셕』(1912, IA6497)

『마가복음주셕』(1911, IA6783)

『묵시록주셕』(1913, IA6508)

『베드로젼후주셕』(1913, IA3894)

『빌네몬주셕』(1912, IA6499)

『빌닙보골로새주셕』(1922, IA4066)

『빌닙보주셕』(1912,IA3924)

『사도힝젼주셕』(1912, IA6045)

『사도힝젼주셕』(1922, IA4065)

『야고보주셕』(1912, IA4015)

『에베소인셔주셕』(1913, IA3889)

『요한복음신약주셕』(1922, IA4398)

『요한일이삼셔주셕』(1912, IA4024)

『유다셔주셕』(1912, IA6500)

『히브리인셔 신약주셕』(1922, IA4396)

『히브리인셔주셕』(1913, IA4014)

『로마인셔신약주셕』(1922, IA4393)

『듸모데젼후, 듸도, 빌네몬 신약주셕』(1922, IA4394)

단편 신약 주석서가 10여 년간 발행되어 마침내 신약전서 주석으로 『신약주셕』 상(1922, IA2757), 『신약주셕』 중(1922, IA2758), 『신약주셕』 하(1922, IA2759), 『신약주셕 젼』(1922, IA4280)이 발행되었다.

구약 주석서는 신약 주석보다 늦게 발행되기 시작하였는데, 박물관 소장본으로 『창셰긔주셕』(1929, IA6173), 『에스더주석』(1935, IA4389)과 성경 주석 및 주해서로 『標準 聖經註解』(1939, IA6571), 『標準 聖經註釋』(1939, IA6192), 『單卷 聖經註釋』(1945, IA6166) 등이 있다.

한편 신자들이 성서를 보다 쉽게 이해할 수 있도록 하기 위해 「총론」, 「대지」, 「강해」, 「공부」 등의 명칭이 붙은 성서 연구서, 성서 공부를 위한 입문서, 성서 연구 보조책자 등이 발간되었다. 또한 『유년구약니야기』 제1·2권(1926, IA2728·2733)과 같이 성경 내용을 이야기 형식으로 설명한 성경 교육 보충교재도 보급되었다.

성경 총론 또는 개론서로는 신·구약 성경과 성경지리에 대한 내용을 요약 정리한 『성경총론』(1934, IA1349), 구약 39권을 역사와

『신약주석』상·중·하

『성경도셜』

사건별로 요약해 놓은 『聖經史記』(1905, IA0041)와 『구약총론』 상 (1921, IA0243), 『舊約文學槪論』(1938, IA6184), 『舊約全書總論』(1939, IA6191), 『신약총론』(1918, IA6050), 『新約文學槪論』(1937, IA6978) 등이 있다. 성경 관련 교리서로는 성경 암송 지침서인 『성경암송』(1934, IA2734), 성경을 통해 기독교 신앙을 찾고 깨달아야 한다는 성경론 을 담은 『聖經眞理』(1920, IA0213), 신약에 있는 바울의 행적을 기술 한 『바울힝젹』(1921, IA0210)과 『聖바울』(1930, IA7263), 성경연구 참고 도서인 『성경일람』 하권(1934, IA1351), 구약성서의 내용을 시대별로 간략히 기록한 『구약ᄉ기』(1910, IA0074), 삽화 80개와 함께 구약을 해설한 『성경도셜』(1892, IA0058), 우리나라 최초의 종합 성서 사전 『聖經辭典』(1927, IA7271) 등이 있다. 이 외에도 성경 관련 내용을 담 은 자료는 다음과 같은 것이 있다.

『聖經史記』(1905, IA0081)

『聖經十講』(1930, IA6993)

『성경도리』(1908, IA0236)

『聖經이얘기 教案[初等部用]』(1931, IA7010)

『셩경지분』(1910, IA3083)

『聖書神學』(1932, IA4750)

『聖書綱目』(1916, IA6049)

『聖書靈解全集』第一輯(1933, IA6057)

『聖經要領』(1922, IA6167)

『聖書人物講話』(1933, IA7028)

『新約의 歷史的 背景』(1923, IA6160)

『聖經의 眞義意』(1935, IA7261)

『성경강요』(1925, IA7215)

『성경고유명사사전』(1937, IA7224)

『舊新約聯絡史』(1927, IA0756)

『성경보감』(1940, IA7278)

『聖經辭典』(1927, IA7271)

『聖經과 敎會歷史大要』(1940, IA7033)

『聖經의 由來』(1929, IA6537)

『성경대지 斷片』(미상, IA5224)

구·신약의 주요내용을 간추려 '대지', '대요'라는 제목으로 편찬한 개요서로, 구약의 내용을 간추린 『창셰긔대지』(1918, IA6159)와 신약의 내용을 간추린 『누가복음대지』(1904, IA0245), 마태복음 내용을 85문제로 강해한 설교집 『마태강단』(1934, IA0204) 등이 있으며, 이외에도 다음과 같은 자료가 있다.

『新約全書大旨』(1911, IA3928)

『마태복음대지』(1912, IA0163)

『ᄉ복음대지 합부』(1912, IA0157)[18]

『新約全書大旨』(1914, IA4735)

『舊約全書大旨』(1921, IA0724)

『新舊約大旨』(1936, IA6717)

『계시록대요』(1936, IA6059)

　　성경 공부를 위해 문답 형식으로 저술된 자료도 있다. 언더우드 부부가 저술한 『요한공부』(1899, IA0252)는 요한복음서 본문과 이에 해당되는 문제와 해답을 제시하는 형식으로 구성되어 있다. 이같이 문답 형식을 통해 성경을 쉽게 공부할 수 있도록 한 자료로 『성경연구삼빅문데』(1915, IA0165), 『듸모데젼후공부문데』(1918, IA0197), 『삼우엘상하공부문답』(1918, IA0476), 『셩경문답』(1921, IA0346), 『오백문답』(1923, IA0219) 등이 있다.

『성경연구삼빅문데』

　　한편 성경 강의를 위한 자료와 성경 공부를 쉽게 이해할 수 있도록 해설한 교육 교재로는 다음과 같은 자료가 있다.

18　박물관은 이 자료를 영인 해제하여 2013년 베어드총서 5 『사복음대지 합부』(96면)로 발간하였다.

『요한셔신강해』(1928, IA6174)

『利末記講義』(1919, IA4395)

『요나書靈解』(1934, IA4391)

『예례미야講義』(1927, IA6053)

『다니엘셔강해』(1921, IA6154)

『이사야공부긔』(1918, IA0146)

『창셰긔공부』(1922, IA0199)

『默示錄略解』(1938, IA6061)

『ᄉ도신경요히』(1912, IA0207)

『삼우엘젼』(1910, IA0057)

『듸모데젼후공부문뎨』(1918, IA0197)

『마태복음·야고보공과』(1915, IA0202)

『요한복음공과』(1925, IA6052)

『모세시대(출애굽기강해)』(1935, IA7198)

이밖에도 성공회에서 발행한 신앙 묵상집으로 누가복음과 요한복음의 내용이 수록된『新約默想』卷二(1928, IA0180)와 사도행전, 로마서, 고린도전·후서 내용이 수록된『新約默想』卷三(1930, IA0232)이 있다. 또한 중국에서 간행된 성경 관련 한문 교리서로『聖經典林』(1910, IA6158),『經題直講』(1910, IA6042),『四福音鑰』(1916, IA1202), 성서 교육과 관련한『天道易知錄』(1930, IA0833)이 있고, 일본에서 간행된 신약 해설서『新約聖書全解』(1934, IA6195), 연구강좌서『聖書研究講座 – ヨハネ福音序說』(1935, IA6848),『聖書研究講座 – 原始基督敎』(IA6847),『聖書研究講座 – 創世記出埃及記』(IA6849) 등이 있다.

2) 찬송가

찬송가는 한글성경보다 늦게 발행되었다. 초기에는 각 교파별로 전용찬송가를 편찬하여 사용하였다. 한글로 발간된 최초의 찬송가는 1892년 감리교 선교부에서 서양 찬송가를 번역하여 펴낸 『찬미가』이다. 이후 장로교는 『찬양가』와 『찬성시』를, 성결교는 『부흥성가』를, 구세군은 『구세군가』를, 침례교는 『복음찬미』를 발간하여 사용하였다.

한국에서 찬송가를 처음 발간한 교파는 감리교회이다. 미 감리회 존스(G. H. Jones, 趙元時)와 로드와일러(L. C. Rothweiler) 선교사는 1892년 공동으로 악보 없는 찬송가 30편을 편집하여 소형본의 우리말 찬송가를 발행하였다.[19]

박물관은 미 북감리회 찬송가로 가사 81곡을 수록한 제3판 『찬미가』(1896, IA0113)와 가사 90곡을 수록한 제4판 『찬미가』(1897, IA2144), 가사 176곡을 수록한 5판 『찬미가』(1900, IA4164), 가사 205곡을 수록한 제6판 『찬미가』(1902, IA3809), 가사 280곡을 수록한 9판 『찬미가』(1907, IA0096)를 소장하고 있다. 제9판 『찬미가』는 장로교의 찬성시 34곡, 찬양가 4곡을 취하여 증보 발행한 것으로, 구성은 '찬미가셔문, 례비졀ᄎ, 문뎨목록, 찬미가목록, 찬송가(280곡), 쥬긔도문, 뎨십계명', 그리고 각종 세례문과 예문으로 이루어져 있다.

장로교에서는 1894년 공인 찬송가로, 언더우드가 주도하여 『찬양가』(1894, IA0087)를 예수셩교회당 이름으로 발행하였다. 이는

---

19 李萬烈, 『韓國基督敎文化運動史』, 大韓基督敎出版社, 1992, pp.345~346.

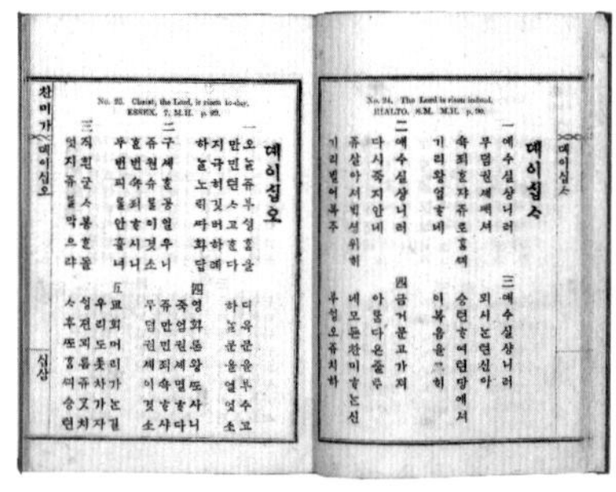

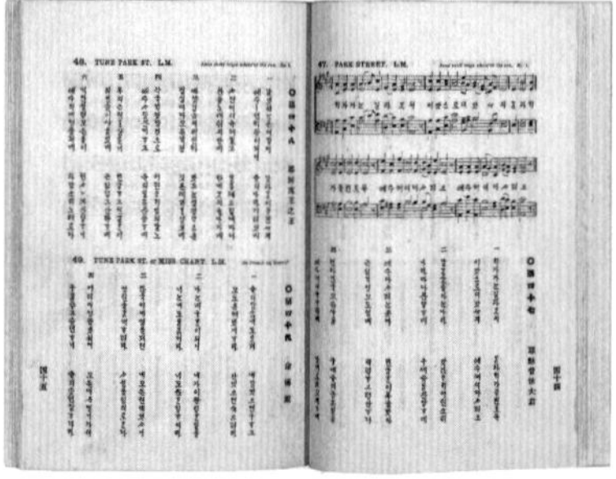

『찬미가』   『찬양가』

오선악보가 포함된 한국 최초의 음악집으로, 상단에 악보가, 하단에 가사가 수록된 형식으로 인쇄되었다. 총 117곡 가운데 88곡만이 악보를 수록하고 있고 나머지는 같은 곡조에 가사만 다르게 붙여졌다. 한국인이 작사한 곡은 9곡이다.[20]

이 찬송가는 당초 장로교와 감리교가 합동으로 편찬할 예정이었으나, 장로교 선교사 언더우드가 찬송가 발간을 서두르며 단독으로 편집하였고 출판비는 그의 형으로부터 지원받아 인쇄하였다.[21] 이러한 이유로『찬양가』는 초교과적으로 사용되지 못하였다.

북장로회 선교부는『찬양가』의 편집 과정에 이의를 제기하며 찬송가위원회를 구성하고 1895년 그래엄 리(Graham Lee, 李吉咸)와 기포드(M. H. Gifford, 奇普) 부인 주도로『찬셩시』를 편찬하였다. 이『찬셩시』는 주로 서북지방에서 사용되었으며, 1908년 장·감 연합 찬송가가 간행되기까지 총 12판이 출간되어 북장로교회의 공인 찬송

---

20 문옥배,『한국 찬송가 100년사』, 예솔, 2002, pp.95~103.
21 이만열, 앞의 책, p.346.

가로 사용되었다. 박물관은 악보 없이 83곡의 찬송가 가사만 수록된 『찬성시』 제2판(1898, IA0101)을 비롯해 제3판(1900, IA2279), 제7판(1903, IA3808), 제9판(1905, IA3811), 제11판(1906, IA0239)을 소장하고 있다. 1895년 초판 발행 이래 『찬성시』는 가사만 수록된 형태로 편집·발행되다가 1905년 제9판에 이르러 처음으로 가사와 함께 악보를 수록하였다. 동일한 가사가 여러 곡조로 불리는 경우가 있었기 때문에 한 곡조로 통일하여 부를 수 있도록 하기 위한 목적에서 악보를 수록한 것이었다.[22] 1908년 제9판의 속표지에 '대한장로공의회판집'과 '아홉번재출판'이라 기록되어 있으며, 찬송가 237곡과 시편 가사로 된 14곡이 수록되어 있다. 『찬성시』의 편찬 작업은 1902년까지 애니 베어드(A. L. A. Baird, 安愛理)가 주도하였고, 이후에는 밀러(F. S. Miller, 閔老雅)가 책임을 맡아 진행하였다.[23]

이 외에도 북장로회에서 『찬성시』를 편찬하기 이전에 사용하던 약 77×105cm 크기의 〈궤도찬성시〉 4점(IA4459, IA5750, IA5751, IA5752)도 소장하고 있다.

한편 장로교와 감리교는 1902년 통합공의회찬송가위원회를 조직하고 공동 찬송가 편찬 작업에 착수하였다. 위원으로 애니 베어드, 밀러, 벙커(D. A. Bunker, 房巨)가 선정되었다. 1908년 그 첫 결실로 총 262곡의 악보 없는 『찬송가』(IA0104)가 조선예수교서회에서

---

22 문옥배, 앞의 책, pp.129~130.
23 이상일, 「민로아 선교사의 찬송가에 관한 연구」, 『장신논단』 vol.53 No.3, 2021, p.219.

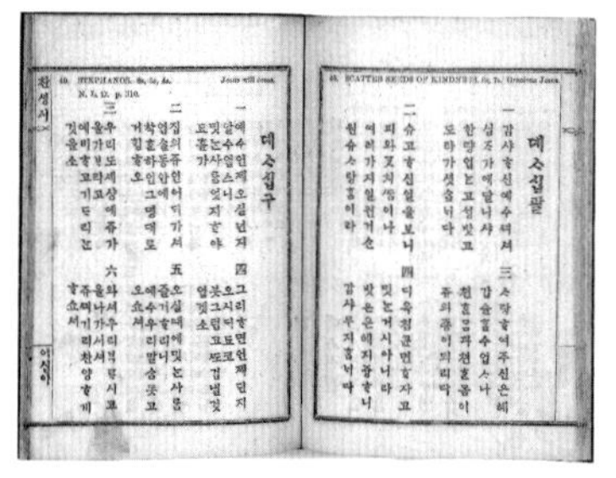

『찬셩시』 제2판

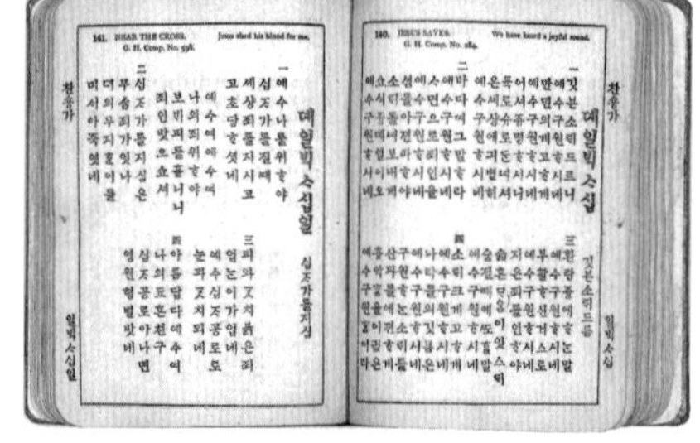

『찬숑가』(국가등록문화유산)

출판되었다. 이 찬송가는 장·감 연합 찬송가로 불리었다.[24] 이 연합 찬송가는 1930년대 감리교와 장로교가 각각 『신정찬송가』와 『신편찬송가』를 편찬할 때까지 초교파적으로 사용되었다.[25] 1909년 악보와 가사를 함께 수록한 『찬송가』(1909, IA0106)가 발행되었다. 이는 1908년 간행된 『찬송가』의 가사지에 악보를 추가하고 뒷부분에 5곡을 더하여 총 267곡이 수록한 것이다. 이어 악보 2판으로 267번째 곡을 생략하고 총 266곡을 수록한 『찬숑가』(1917, IA0103)가 발행되었다.[26] 이후 악보 3판인 1918년본(1918, IA0109), 1920년본(1920, IA3810), 1925년본(1925, IA2774)이 악보 2판과 동일한 형식으로 발행되었다. 이 『찬송가』는 한국 교회 찬송가 역사에 가장 큰 영향

24 이 찬송가 서문에 "주의 빛이 한국에 임한 후에 감리회에서는 찬미가를 노래하고 장로회
    에서는 찬셩시와 찬양가를 부르매, 양 교회의 형제자매들이 한 곳에서 예배 볼 기회를 만
    나면 찬송하는 노래를 피차에 같이 부르지 못하여 주를 찬송하는 데서 즐거움이 온전치
    못하더니 하나님께서 아름다운 기회를 주셔 두 회의 노래를 합하여 한 책을 만들어 이름
    을 찬송가라 하였으니 … "라고 적고 있어, 장·감 연합찬송가로 발행되었음을 알 수
    있다.
25 한국기독교역사연구소, 『한국기독교의 역사』 I, p.203 및 이만열, 앞의 책, pp.350~353.
26 악보 2판은 1916년 첫 출간되었고, 박물관 소장본은 1917년 재출판된 것이다.

을 준 찬송가로 평가되며, 수록곡 중 다수가 가사 변형 없이 『21세기 찬송가』에 수록될 정도로 지속적인 영향을 미쳤다.[27]

이와 같이 1908년 연합찬송가 발간된 이후에도 여러 차례 연합찬송가가 편찬되었으나, 찬송가 개정의 필요성을 주장하는 목소리는 지속적으로 커져갔다. 이에 1924년 조선예수교연합공의회는 김인식, 변성옥, 아펜젤러 등을 위원으로 하는 찬송가위원회를 구성하였다. 그 결과, 1931년 예수교연합공의회의 이름으로 총 314장이 수록된 『신정찬숑가』(IA2772)가 시조사에서 인쇄되었다. 이 『신정찬숑가』의 목차 편집은 피터스 목사 부인이, 교열 작업은 피터스 목사 부부와 김인식이 담당하였으며, 기타 세부 사항은 본윜(G. W. Bonwick, 班禹巨)이 맡아 진행하였다.[28] 장로교와 감리교가 공동으로 사용할 목적으로 양 교단의 찬송가에서 선별하여 수록하였으나, 본래의 취지와 달리 감리교에서만 사용하게 되었다. 장로교 측은 가사가 지나치게 수정된 점과 교열 작업에 공동으로 참여하지 못한 점에 유감을 표하며 사용을 유보하고 1935년 『신편讚頌歌』(IA0852)를 단독으로 편찬하였다. 정인과의 주도로 1931년판 『신정찬숑가』와 성결교회의 『부흥성가』에서 일부 곡을 채택하여 총 400곡을 편집하였다.[29] 영문 제목은 'Chan Song Ka : The New Hymnal'이다. 앤더슨(W. J. Anderson, 安大善) 목사와 현제명, 그리고 평양 선교부에서 활동하던 힐(H. J. Hill, 許一) 부인이 편집 작업에 참여하여 완성되었다. 『신편讚頌歌』는 초판 발행 이후 1936년 제2판, 1937

---

27 이상일, 앞의 논문, 2021, p.219.
28 이만열, 앞의 책, pp.353~355.
29 정영문·김은정, 「신편찬송가」, 『기독교 자료 해제』, pp.299~300.

년 제3판, 1938년 제4판, 1939년 제5판, 1942년 수정판, 1947년 비상판, 마지막으로 1949년 4재판으로 발행되었으며, 해방 후 『합동찬송가』(1949)가 편찬될 때가지 장로교회 공식 찬송가로 사용되었다. 박물관은 1938년 제4판 『신편讚頌歌』(1938, IA6531)를 소장하고 있다. 이 판본은 조선어학회에서 제정한 한글맞춤법통일안의 철자법을 적용한 신철자판이다.[30]

한편 각 교파별 찬송가 발행도 활발하게 이루어졌다. 캐나다 출신의 독립선교사 펜윅은 침례교의 공인 찬송가집 『복음찬미』(1904·1931, IA0111·IA7277, 제2판·제7판)를 발행하였고 영국성공회에서는 『天道讚詞』(1904, IA0123)를 발행하였다. 『복음찬미』는 펜윅이 1899년 독자적으로 간행한 찬송가로, 대한기독교회에서 발행되었다. 초판은 찬송가 14장으로 두 단 내려쓰기로 편집되었으며, 이후 개정을 거듭하여 1904년도 발행된 개정본은 찬송가 20장으로 구성되었다. 또한 펜윅은 『복음찬미』에 '예수씨'라는 존칭을 일관되게 사용하였다. 마지막 20장은 한국인 신명근이 작사하였다.

영국성공회는 1890년 코르프(C. J. Corfe, 高要翰) 주교가 한국 선교를 시작한 이후 성가집 간행에 착수하여 1903년 『성회숑가(聖會頌歌)』를 간행하였고, 이를 증보하여 이듬해 『天道讚詞』를 간행하였다.[31] 『天道讚詞』

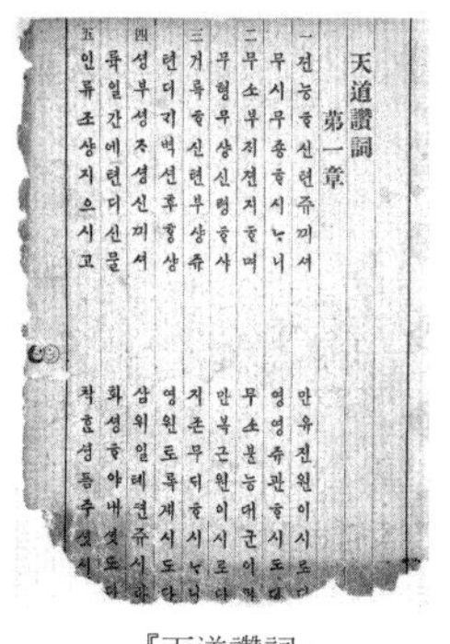

『天道讚詞』

---

30 이국병, 『한국교회 찬송가의 역사에 관한 고찰』, 평택대학교 피어선신학전문대학원 박사학위논문, 2015, p.80.

31 한영제 편, 앞의 책, p.72.

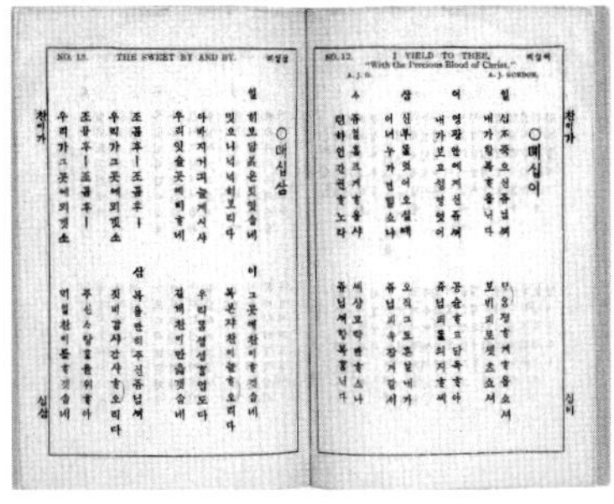

『복음찬미』

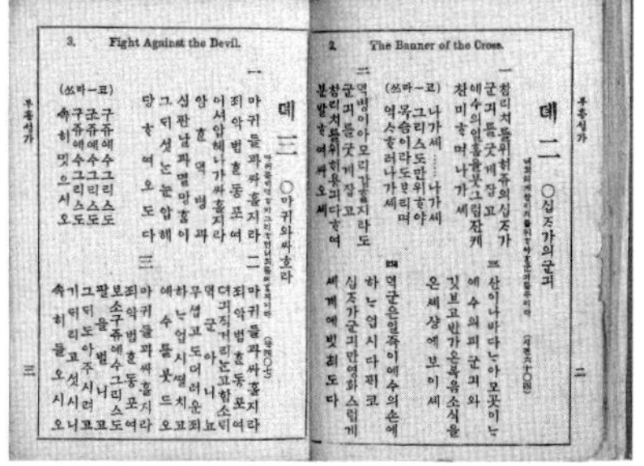

『부흥성가』

는 악보 없이 가사만으로 기독교 교리를 담고 있으며, 총 8장으로 구성되어 있다. 다만 표지와 출판 사항 등이 결실된 상태이다.

동양선교회 성결교회에서는 공인 찬송가집 『부흥성가』(1931·1932·1934, IA2773·IA4461·IA0115)를 발행하였으며, 구세군은 『구세군가』(1912, IA0114), 안식교는 『예수지강림찬미가』(1911, IA0095)와 『찬미가』(1922, IA0112), 동양선교회는 『부흥성가』, 여호와의증인은 『쳔년새벽찬숑』(1923, IA0094)을 성가집으로 발행하였다.

구세군에서 1910년 호가드(Robert Hoggard, 許嘉斗)가 군가 20곡과 후렴 12곡을 편집하여 『구세군가』를 발행하였다. 박물관 소장 『구세군가』는 이를 대폭 증보하여 1912년 군가 88곡, 후렴 34곡을 수록하여 발행한 판본이다.[32] 주제별로 구원함, 찬송함, 싸움, 거룩함, 위로와 인도함, 특별한 죄, 삼위를 찬송함 등의 항목으로 구성되어 있고 부록으로 아침기도, 저녁기도, 감사기도, 주기도문, 십계명이 수록되어 있다.

32　한영제 편, 앞의 책, pp.137~138.

제칠일안식일예수재림교회는 1911년 교단 전용찬송가로『예수지강림찬미가』를 출간하였다. 영문명은 'Korean S.D.A. Church Hymnal'이며, 총 43곡이 수록되어있다. 저술 및 발행인은 버터필드(C. L. Butterfield, 田時說)이다. 악보 없이 한글 세로쓰기로 되어 있다. 이 찬송가의 증보판『찬미가』가 오버그(H. A. Oberg, 吳鐾) 발행, 어쿼하트(E. J. Urquhart, 虞國華) 편찬으로 시조월보사에서 1922년 발간되었다. 영문명은 'Hymns of Praise for Divine Worship'이며 총 248곡이 악보와 가사로 수록되어 있다.

동양선교회는 1911년 처음으로 찬송집『복음가』를 발행하였으며, 1919년 이를 증보하여 211장의『신증복음가』를 발행하였다. 이어 1931년에는 여기에 31곡을 더하여 상단에 악보, 하단에 가사를 수록한 총 242장의『부흥성가』(IA2773)를 발행하였다. 이때 동양선교회 선교사 헤인즈(P. E. Haines, 許仁守)와 염형우가 새로 추가된 찬송가의 선별과 번역을 수행하였다. 1932년에는 1931년 판과 동일하게 242장을 수록하였으나, 악보를 생략하고 가사만을 크게 인쇄한『부흥성가』(IA4461)를 발행하였다. 이 판본의 특징은 각 찬송가의 제목에 부합하는 성경구절을 우측 중앙 부분에 추가한 점이다. 1934년 발행한『부흥성가』(IA0115)는 1931년도판의 재판본이다.

여호와의증인의 옛 명칭인 만국성경연구회에서 1923년 찬송가 33곡을 수록한『쳔년새벽찬숑』(1923, IA0094)을 발행하였다. 한글 내려쓰기 2단 형식으로 되어 있으며, 「서문」, 「목록」, 「찬송가 33곡」, 「주께 아뢰는 맹세」 순으로 구성되어 있다. 서문에 따르면, 여호와의증인이 한국 포교를 시작한 지 12년째임에도 찬송가를 인쇄하지 못한 상황을 유감스럽게 여기며, 원래 영어 찬송가 326곡 전체를 번역·인쇄하려 했으나, 오랜 시간이 걸릴 것으로 예상되어 부득이하게 우선 33곡을 번역하여 성도들의 답답함을 해소하고자 했다.

이 외에도 개인이 편집한 찬송가로『별찬송가』,『方言讚美歌』등이 있다. 남감리교 선교사 브래넌(L. C. Brannan, 夫羅萬)은 1922년 악보 없는 21곡을 선별하여 중앙기독청년회 내 선교백년기념회사무소에서『별찬송가』(1922, IA0098)를 발행하였다. 또한 신의주에서 서점을 운영하던 안병한 장로는 찬송가를 우리말과 더불어 중국어, 영어, 일본어 등 4개 국어로 편집하여 가사만 수록한『方言讚美歌』(1933, IA0119)를 신의주복음서관에서 발행하였다. 안병한은 "잘 아는 찬송가 중 곡조가 같은 것으로만 수십 장씩 역술 편집"하여 중국어 16곡, 영어 13곡, 한국어 10곡, 일본어 27곡, 그리고 예배 개폐찬송 1곡 등 총 64곡을 수록하였다. 각각의 곡조에 장로회·감리회·성결교의 찬송가 번호를 표기하였고 찬송가 제목과 함께 관련된 성경 구절의 출전도 표기하였다.

어린이 찬송가로, 조선주일학교연합회에서 교회행사 때 부르는 동요 등을 엮어 발행한『유년찬송가』(1925, IA2754)와 현제명이 편찬하고 조선장로회총회 종교교육부에서 발행한『아동찬송가』(1936, IA0116)가 있다.『유년찬송가』는 한국 최초의 어린이 찬송가로 유치부부터 중등부까지 폭넓게 사용되었으며 하기아동성경학교의 공식 교재로도 사용되었다. 앤더슨(W. J. Anderson, 安大善)과 에비슨 부인(Mrs. D. B. Avison)이 편집을 담당하였다. 영문명은 'The Children's Hymnbook'이다. 총 34곡이 수록되어 있으며 종전에 소개되지 않

『아동찬송가』　　　　　　　　『챵가집』　　　　　　　　『名作 讚頌歌講話』

은 새로운 곡조의 찬송가가 다수 수록되어 있다.[33] 『아동찬송가』는 총 101곡이 수록되어 있으며 이 가운데 한국인이 작곡한 찬송가는 9곡이다. 외국 곡 92곡은 현제명이 세계적으로 저명한 아동성가를 수집하여 수록한 곡이고, 한국 곡은 박경호의 〈조선의 꽃〉 등 5곡, 현제명의 〈가을〉 등 3곡, 이상준의 〈기자〉 1곡이 수록되어 있다.[34]

　　한편 창가집으로, 애니 베어드가 미션학교와 주일학교 학생들에게 찬송가를 쉽게 가르치기 위해 발행한 『챵가집』(1920, IA0714)이 있다. 초판본은 1915년 조선예수교서회에서 발행되었다. 제1·2편으로 나누어 1편에는 창가 46곡, 2편에는 찬양가 19곡이 수록되었다. 제1편 창가편의 곡 제목은 찬송가와 무관하지만 가사에 찬송·주께·십자가·예수·천국 등의 용어가 포함되어 있어 기독교 음악

33　박경주, 「한국 어린이 찬송가의 변천과 역사성에 관한 연구」, 한국예술종합학교 예술전문사과정 석사논문, 2014, pp.15~18.

34　박경주, 위의 논문, 2014, pp.30~31.

의 특색을 강하게 띠고 있다.[35] 또한 숭실학교·정신여학교·경신학교·호수돈여학교·한영서원 등 미션학교의 교가가 각 학교를 대표하는 건물의 삽화와 함께 수록된 특징이 있다. 서양 선교사가 출판한 창가집으로는 유일하다.

숭실대학을 졸업하고 미국 시카고대학에서 기독교 교육을 공부한 변성옥은 『유치원창가』(1928, IA2755)를 조선예수교서회를 통해 발행하였다. 교회행사 때 어린이들이 부를 수 있도록 동요를 중심으로 편집되었다. 총 48곡 가운데 곡조가 동일한 12곡은 가사만 세로쓰기로 수록되었다.

찬송가 강화집으로 『名作 讚頌歌講話』(1930, IA1348)가 있다. 세계적으로 널리 애창되는 찬송가 15곡과 관련 해설을 함께 수록한 것으로, 조정란이 번역하여 예수교서회에서 발행하였다. 15곡 찬송가는 세계적으로 유명한 곡에서 선별된 것이고, 각 곡에 덧붙인 글에는 찬송가 저자들의 저작 동기와 배경, 그리고 재미있고 감동적인 일화가 담겨 있다.

교회 성가대용 찬송가로 강신명 목사가 편찬한 『特選 聖歌曲集』(1940, IA6974)이 있다. 총 28곡이 등사본 필사체로 작성되어 98면에 걸쳐 수록되어 있다.

성서와 찬송가 합집이 간행되기 시작했다. 박물관은 신약전서와 악보 없는 찬송가 267곡을 합집하여 발행한 제6판 『신약전셔·찬숑가 합부』(1911, IA4813)와 제8판 『신약젼셔·찬숑가 합부』(1916, IA4234), 그리고 1918년 간행된 신약전서와 1916년 간행된 찬송가

---

35 문옥배, 앞의 책, p.535.

를 합부한 제16판『新約全書·讚頌歌 合部』(1918, IA0028)를 소장하고 있다.

한편 국내에서 발행된 찬송가는 아니지만『Psalms and Hymns and Spiritual Songs』(1940년대, IA4071)과『THE HYMNAL: Army and Navy』(1942, IA6924)는 해방 이후 한국 찬송가 발행의 맥락을 파악할 수 있는 미국 찬송가이다. 이 두 찬송가는 2차 세계대전 당시 미군에서 사용한 성가집으로 편집자는 베넷(Ivan L. Bennett)이다. 특히『THE HYMNAL』에는 개신교, 가톨릭, 유대교의 찬송가가 함께 수록되어 있다. 베넷은 한국전쟁기 사용된 영한대역본『찬송가』의 편집자이기도 하므로 두 찬송가의 발행 배경과 한국 찬송가와의 관련성을 파악하는 데 중요한 자료가 될 수 있다.

일본에서 발행한 찬송가로『縮刷 讚美歌』(1924, IA2768),『讚美歌』(1932, IA6055),『リワイワル聖歌』(1932, IA6929) 등이 있다.『縮刷 讚美歌』는 일본인 5인과 미국 선교사 6인으로 구성된 찬미가위원회에서 소책자로 편찬한 찬송가로, 총 485곡이 일한문 가사와 악보로 수록되어 있다.

3) 신앙 교리서

한국 기독교 초기 신앙 서적은 중국에서 활동하던 외국 선교사들에 의해 한문으로 간행된 서적이 큰 비중을 차지한다. 이들 신앙교리서는 중국성교서회와 미국 및 영국 선교사들이 기독교계 계몽출판을 위해 운영한 중국 상해 미화서관과 광학회 등에서 출판되었다. 주로 신앙 교육 교재로 활용하기 위해 발간되었으며, 상당 수 자료는 교리를 쉽게 이해할 수 있도록 문답 형식으로 구성되었 다는 특징이 있다.

이러한 한문 서적은 한국에 유입되어 한국인들의 신앙 수용과 발전에 영향을 미쳤다. 이들 서적은 일부 식자층 신자들에게 한문 으로 읽히기도 했으나, 일부는 번역되어 대중에게 보급되었다. 박 물관이 소장하고 있는 한문 기독교 신앙서적은 다음과 같다.

『神道總論』卷1·2·3(1872, IA1335)

『依經問答喩解』(1880, IA0259)

『格物探原』卷3(1880, IA0969)

『禮拜模範』(1881, IA0086)

『耶蘇敎官話問答』(1887, IA0082)

『眞道入門問答』(1890, IA1200)

『約瑟傳;官話』(1892, IA2309)

『天道溯原』(1893, IA1604)

『喩道要旨』(1894, IA0836)

『神人合解(全)』(1895, IA0237)

『聖學入德門』(1899, IA3554)

『安仁車』(1902, IA1245)

『牧師之法』(1908, IA1204)

『安息日論/二約釋義叢書[合綴]』(1909, IA0851)

『二約釋義叢書』(1911, IA6157)

『天定論』(1913, IA6845)

『天道易知錄』(1930)

　『神道總論』卷1·2·3은 1872년 상해 미화서관에서 간행된 순한문 교리서로, 목록과 서문에 해당하는 '소인'과 본문으로 구성되어 있다. 본문의 내용은 성서에 대한 논의(권1), 하나님에 대한 논의(권2), 인간과 사물의 기원에 대한 논의(권3)로 이루어져 있다.

　『依經問答喩解』은 중국 복주 미화서관에서 간행한 문어체 한문 교리문답서이다. 격조 높은 문어체와 중국 고전을 활용하여 중국 지식인들에게 기독교 교리를 전하고자 했다.『格物探原』卷三은 자연과학에 관한 기초지식을 다루면서 동시에 기독교 교리를 설명하였다.

　『禮拜模範』는 개신교 예배의식에 관한 지침서로, 예배 방법과 기독교 의례의 의미를 설명하며 기독교인의 바람직한 신앙적 모범을 제시하고 있다.『天道溯原』은 유학적 소양이 뛰어난 미국 북장로교 선교사 윌리엄 마틴(W. A. P. Martin, 丁韙良)이 저술한 기독교 변증서로, 유교 경전에서 언급한 천도(天道)를 기독교의 구원과 연결하여 설명하였다.

　『耶蘇教官話問答』은 1887년 중국성교서회에서 발행하고 상해 미화서관에서 인쇄한 문답형식의 교리서이다. 초심자를 위해 천주만물의 근원인 하나님의 존재와 본질 등을 문답 형식으로 간략히 설명하였다. 교리 문답 뒤에는 십계명, 사도신경, 認罪文, 기도문 등이 수록되어 있다.[36]『眞道入門問答』은 중국에서 활동하던 그

36　김태완,「耶穌教官話問答」,『기독교 자료 해제』, pp.249~250.

리피스(J. Griffith, 楊格非)가 초심자를 위해 지은 교리문답서이다. 제1장 '獨一上帝'를 시작으로 '俗奉之神', '世人神鬼', '罪惡原本', '救主耶穌', '聖神功用', '耶穌聖教會', '聖徒本分', '聖徒指望', '禁行虛事' 등 총 11장으로 구성되어 있다. 권말에 '주기도문', '아침 기도', '사도신경'이 수록되어 있다.[37] 『約瑟傳;官話』은 「창세기」에 나오는 요셉의 이야기를 구어체 중국어로 번역한 것이다.

『耶蘇敎官話問答』

『安仁車』는 1902년 상해 광학회에서 발행한 일반 신자의 신앙 교육용 예화집으로, 원저 『Illustrations of Christian Truth』를 알렌이 한문으로 번역하였다.

『二約釋義叢書』는 1909년 상해 광학회에서 신·구약 성서의 이해를 돕기 위해 편집·발행한 총서이다. 신·구약성서의 정의, 명칭의 연원과 구성, 신·구약의

『安仁車』

관계 등으로 구성된 「二約聖書溯源」과 구약성서 39권의 내용을 소개한 「舊約聖書小引」 등 17가지 항목이 수록되어 있다.[38]

『安息日論/二約釋義叢書』는 1909년 상해 상무서관에서 발행

---

37   김태완, 「眞道入門問答」, 『기독교 자료 해제』, pp.259~260.
38   김태완, 「二約釋義叢書」, 『기독교 자료 해제』, pp.33~35.

한 한문 교리서로, 안식일에 대한 내용을 다루고 있다. 본문은 제1장 「안식일의 유래」, 제2장 「안식일은 어떤 날인가」, 제3장 「안식일을 세운 까닭」, 제4장 「유태인의 안식일」, 제5장 「기독교인의 안식일」, 제6장 「안식일을 지키는 선한 모습」, 제7장 「안식일의 관계」로 구성되어 있다. 『二約釋義叢書』가 합철되어 있다.[39]

『天道易知錄』은 상해의 鄕紳 潘書卿이 저술하고 중화성공회 서적위판에서 발행한 초심자용 성서 교육서이다. 중국의 고전을 인용하여 기독교의 진리를 소개하고 있다.

한편 한국 기독교 수용 초기, 국내에서 다양한 한글 신앙 교리서가 발행되었다. 한글 신앙 교리서는 신앙의 내적 성장을 도모하기 위한 서적, 교회의 규례를 이해하고 교회생활을 잘 할 수 있도록 돕기 위한 서적, 예수의 행적과 생애를 다룬 서적, 기독교 신앙생활의 지침이 되는 서적, 교리를 문답식으로 해설한 서적, 기독교 역사를 통해 신앙의 전통 위에 견실한 그리스도인을 양성하고자 하는 서적 등으로 다양하다. 이들을 다음의 몇 가지 유형으로 분류하여 살펴보고자 한다.

첫째, 전도를 목적으로 간행한 기독교 전도 문서이다. 초기 신앙 교리서는 초신자 또는 불신자에게 기독교 교리를 설명하기 위한 목적에서 발행되었는데, 대부분은 중국에서 이미 간행된 서적을 번역하여 출간한 것이다. 1894년 이후부터 1910년까지 간행된 대표적인 전도 문서는 다음과 같다.

---

39 김태완, 「安息日論」, 『기독교 자료 해제』, pp.451~452.

『셩교촬리』(1894, IA0059)

『인가귀도』(1894, IA0168)

『구셰론』(1895, IA0067)

『眞理便讀三字經』(1895, IA0063)

『쟝원량우샹론』(1898, IA0075)

『위원입교인규됴』(1898, IA0077)

『쥬일직희난론』(1899, IA0076)

『요한삼쟝십륙』(1905, IA0083)

『쟝자로인론』(1906, IA0247)

『전도인일일공과』(1906, IA0117)

『구세진전』(1907, IA0772)

국내에서 최초로 간행된 기독교 전도문서는 1894년 언더우드가 번역·간행한 『셩교촬리』로, 전체 9장의 짧은 지면에 삼위일체와 신앙인의 규범 등을 소개하고 있다. 『인가귀도』는 올링거(F. Oh-linger, 茂林吉)가 한글로 번역한 전도문서로, 중국의 리선생이라는 인물과 그의 가정이 기독교에 귀의하는 과정을 담고 있다. 1895년 마펫(S. A. Moffett, 馬布三悅)과 전도인 최명오가 공동 저술한 『구셰론』은 삼위일체 교리와 십계명이 수록되어 있다. 마펫이 번역한 『眞理便讀三字經』은 교리를 한문 3음절로 표현하고 이를 해설함으로써 한문, 한글 및 기독교 교리 공부에 적합하도록 구성되었다. 1898년 마펫이 번역 발간한 기독교 교리서 『쟝원량우샹론』은 당시 베스트셀러 중 하나로 한국 기독교 초기의 대표적 전도문서라 할 수 있다. 미국의 『Mamual for Enquirers』을 번역한 『위원입교인규됴』는 교

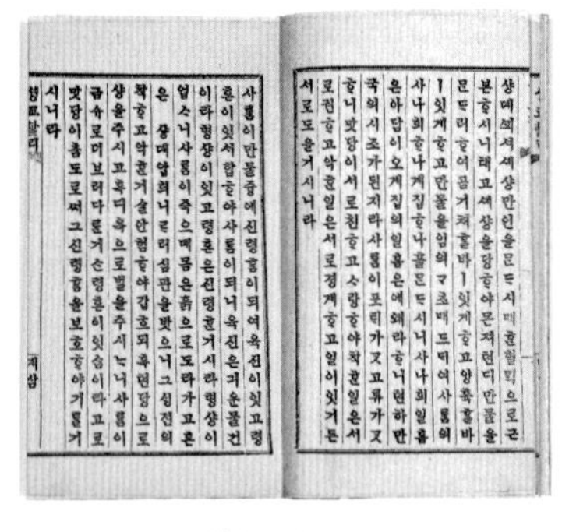

『성교촬리』

회의 규례를 소개하는 초신자용 기독교 안내서이다. 『쟝자로인론』[40]은 우화 형식으로 복음을 설명하는 신앙 교리서이다. 『구세진젼』은 중국어 원저 『救世眞詮』을 마펫이 한글로 번역하여 1893년 삼문출판사에서 간행한 것으로, 기독교 교리와 구원의 도에 대해 설명하고 있다. 본관 소장본은 1907년 대한성교서회에서 재간한 판본이다.

둘째, 기독교의 근본 교리가 되는 핵심 내용을 문답식으로 구성하여 편찬한 신앙서적도 다수 등장하였다. 대표적인 교리문답서는 다음과 같다.

『義經問答』(1893, IA0108)

『훈ᄋ진언』(1894, IA0148)

『미이미교회문답』(1896, IA0068)

『예수교문답』(1901, IA3100)

『셩경요리문답』(1906, IA0233)

『신구경요지문답』(1908, IA2741)

『셩경요리문답쥬셕』(1911, IA0206)

---

40 박물관은 이 자료를 영인해제하여 2015년 베어드총서 10 『쟝자로인론』(38면)으로 발간하였다.

『고등문답』(1914.5, IA0223)

『마가복음강문데, 남감리교회 총측, 남감리교회 례문』(1915, IA0251)

『예수교의문해답』(1917, IA3537)

『죠션예수교쟝로회 신됴와 소요리문답』(1937, IA3074)

『성경문답교안』(1934, IA7219)

상기 교리문답서 가운데『義經問答』은 최초의 문답식 전도문서로, 올링거가 번역하였다. 성경에 대한 이해를 돕기 위해 삼위일체론에서 종말론까지 9개 주제를 114개 문답 형식으로 구성하였다.『흔ᄋ진언』은 스크랜튼(M. F. Scranton) 여사가 한문 주석 성서를 번역한 것으로 하느님, 창조, 예수의 구원 등 성경 이야기를 문답식으로 쉽게 해설한 교리서이다. 언더우드가 번역한 한글 필사본『예수교문답』은 초신자들을 위한 기본 교리서이다. 앞서 언급한 마펫 번역의『쟝원량우샹론』은 문답 형식의 기독교 교리서를 대표하는 자료로, 친구 사이인 張씨와 袁씨 간의 신앙 문답 형식으로 구성되었다. 게일이 번역한『성경요리문답』은 성서의 기본 교리 107개를 문답으로 정리한 교회의 입교 문답서다. 스왈른(W. L. Swallen, 蘇安論)이 번역한『성경도리』는 구약과 신약의 상응하는 구절을 문답식으로 정리하여 대지 내용을 전개하고 결말에 이르는 방식으로 구성되어 있다.

교파별 교리서로 감리교 선교사 존스(G. H. Jones, 趙元時)가 저술한 감리교회 기본 교리서『미이미교회문답』은 불신자와 초신자들이 교리를 쉽게 이해할 수 있도록 문답식으로 편찬되었다. 장로교회의 신경과 성경요리문답이 수록된『죠션예수교쟝로회 신됴와 소

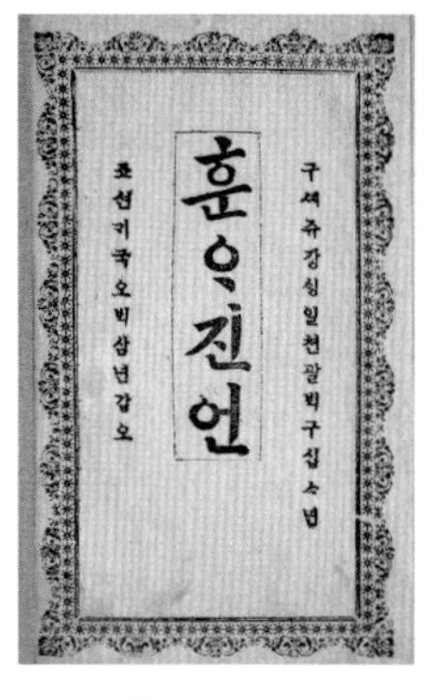

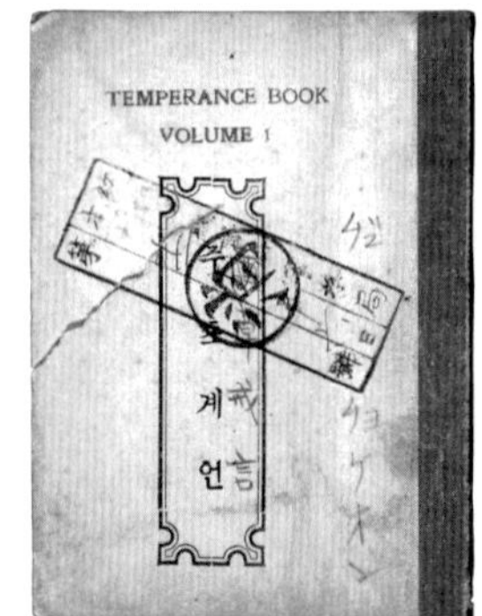

『훈ᄋ진언』　　　　　『예수교초학문답』　　　　　『酒草戒言』

요리문답』도 발행되었다.

한편 어린이를 위한 교리문답서도 활발하게 발행되었다. 1915년 기독교 초신자와 어린이를 교육하기 위한 목적으로 테이트(M. B. I. Tate)가 저술한 문답서 『어린아희 문답』(1915, IA0201)이 발간되었고, 이후 1916년 개정판 『예수교초학문답』(1916, IA0726)이 발행되었다. 이 문답서는 이후 1920년(IA0757), 1922년(IA0193), 1931년(IA2743), 1934년(IA2744)에도 지속적으로 발행되었다.

셋째, 금주, 혼인 등 신자의 기독교적 생활윤리를 강조하는 신앙생활지침서이다. 먼저 기독교 절제운동 차원에서 제기된 것으로 금주와 관련된 『금쥬미담』(1923, IA0509), 술과 담배의 해악을 다룬 『酒草戒言』(1923, IA0727), 신자들의 신앙생활 지침서로 작성된 『예수의 교훈과 신자의 의무』(일제강점기, IA2782), 생활 지침이 되는 격언집 『보비로온말』(1916, IA0479), 신도들이 그리스도적 삶 속에서 행복을 찾는 방법을 증언한 『信徒快樂秘訣』(1927, IA0732),[41] 기독교인들의 자녀 양육 지침서인 『리가요록』(1911, IA0184), 마펫이 지은 혼인에 관한 의식을 다룬 예식서 『혼례셔』(일제강점기, IA0179), 19세기 말에서 20세기 초 한국사회에 만연된 조혼, 이혼, 중혼 등의 혼인문제를 기독교적 입장으로 정리한 한승곤의 『혼인론』(1914, IA0147), 성경에 근거한 혼인의 개념과 방식을 다룬 로스의 『교인의 혼례론』(1922, IA0473) 등이 있다.[42] 이 밖에도 안식교의 생활지침서인 『가뎡필지』(1923, IA0866)가 있다.

넷째, 교회사에 관한 서적도 편찬되었다. 루터의 종교개혁을 다룬 『누터기교긔략』(1908, IA6973), 기독교 초기의 박해시절에 순교한 이들의 발자취를 기록한 『슌도긔록(殉道記錄)』(1912, IA0209), 교회사를 종교개혁 중심으로 다룬 『깅졍교ㅅ긔』(1913, IA0242), 스왈른이 예수 강림부터 로마교황 그레고리 1세까지의 교회역사를 다룬 『교회ㅅ긔』(1914, IA0181)와 케이블(E. M. Cable, 奇怡富)이 역술한 『교회사긔』(1922, IA6051), 언더우드 부인(L. H. Underwood)이 저술한 세계적인 전도자 죠지 뮬러(George Muller)의 평전 『지요지뮬라젼』(1922, IA0248), 사도행전 이후 교회 역사 인물을 정리한 『敎會歷史人物誌』(1923, IA6155), 서구 기독교 역사 전반을 다룬 『基督敎史』(1939, IA6199) 등이 있다.

다섯째, 예수의 생애와 행적을 담은 신앙서이다. 복음서를 통해 예수의 생애를 재구성한 『복음요ㅅ』(1896, IA0073), 예수의 행적 공

---

41 박물관은 이 자료를 2013년 베어드총서 2, 『신도쾌락비결』(310면)로 발간하였다.
42 박혜미, 「초기 기독교 자료 해제 『혼인론』(1914)과 『교인의 혼례론』(1922)」, 『한국기독교문화연구』 제11집, 2019.6., pp.225~243.

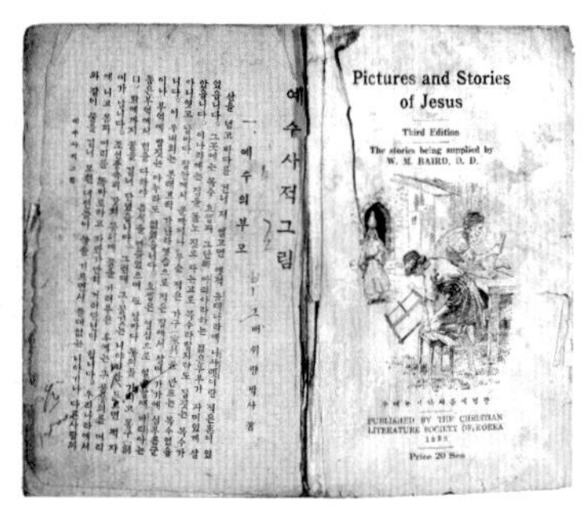
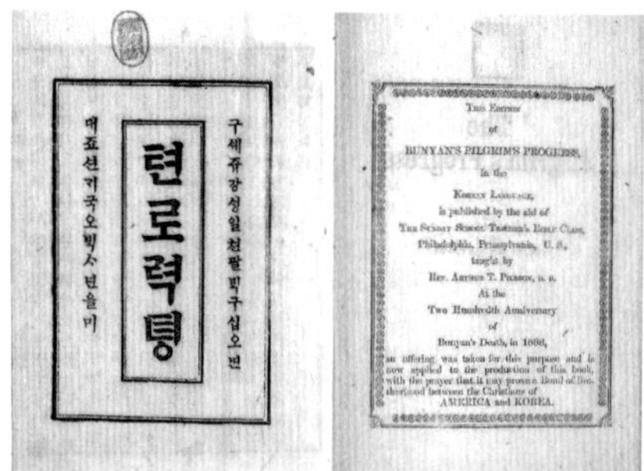

『예수사적그림』   『텬로력뎡』 권지일

부를 위해 4복음서를 대조 기술한 『ᄉ복음디죠긔술』(1910, IA2730), 『예수사긔』(1910, IA6043), 예수의 생애를 기적을 중심으로 서술한 『셩셔고사략론-예수긔젹』(1911, IA0246)과 『예수힝젹공부』(1912, IA4748), 『다락방』(1918, IA0172), 『그리스도힝젹』(1921, IA0154), 『예수사젹그림』(1938, IA6776),[43] 『나사렛예수』(1939, IA6064), 그리고 예수의 재림을 다룬 『예수의 재림』(1913, IA3048) 등이 있다.

　여섯째, 신앙의 형성과 구원을 소설화한 서적도 다수 발행되었다. 1895년 존 번연(J. Bunyan)의 원작을 게일이 번역하고 김준근이 삽화 42컷을 그려 목활판본으로 인쇄한 『텬로력뎡』 권지일(IA0060), 『텬로력뎡』 권지이(IA0061)는 한국 번역문학의 효시가 되었다. 같은 해 연활자본으로 삽화 없이 인쇄한 『텬로력뎡』(1895, IA0062), 1910년 『텬로력졍』(IA0080)과 1926년 『텬로력졍』 뎨1권(IA0137)이 있다. 그리고 1895년 김준근의 삽화만을 모아 『텬로력뎡 삽도』(1895, IA4460)

43　박물관은 이 자료를 영인해제하여 2014년 베어드총서 4 『예수사적그림』(142면)으로 발간하였다.

가 발행되었다.[44] 선교 경험을 기
반으로 한 창작 기독교 소설도 등
장했다. 애니 베어드가 지은『샛별
전』(1905, IA0070)과 『고영규전(高永規
傳)』(1911, IA1586)[45]은 당시의 기독교
신앙소설의 대표적 작품이다. 이
밖에 번역소설로 밀러·김동극 번
역의『第四博士』(1920, IA3838)가 있다.

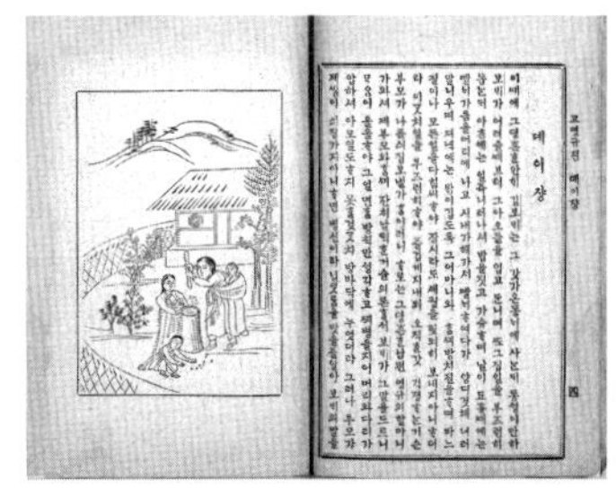

『고영규전』

　　이 외에도 성경 공부에 흥미를 더하기 위해 지리책으로 엮은
『성경디리』(1912, IA0218), 『성경디지문답(聖經地誌問答)』(1919, IA4390), 성
경에 나오는 예언 관련 지역의 역사와 사진을 함께 수록한 성경지
리서『예언의 응험』(1934, IA0159) 등이 있다.

　　설교 관련 지침서로 『강도쳡경』(1914,
IA0755), 『강도긔담(講道奇談)』 제1권(1922,
IA0728), 『生命의 宗教(玄垣國牧師說教集)』(1938,
IA6188),『어머니의게 대한 강도』(1916, IA0249),
『講道要領』(1910, IA0723), 『강론문뎨』(1922,
IA0260) 등이 있다.

　　이 밖에도 성공회 발행 신앙서로 1905
년경 영국 宗古聖教會 발행의 『聖教初課』

『성경디리』

44　박물관은 이 자료를 영인해제하여 2009년(1판), 2023년(2판)『기산箕山 김준근金俊根
　　의 기독교 미술 〈텬로력뎡〉삽도』(68면)로 발간하였다.

45　박물관은 이 자료를 영인해제하여 2014년 베어드총서 6『샛별전』(60면), 베어드총서 7
　　『고영규전』(80면)을 발간하였다.

(1905, IA0125)와 성공회 기도서『救主禱文』(1906, IA0124), 트롤로프 신부가 성공회 기도문 등을 모아 편찬한『쥬일례비경』(1895, IA0072), 천지창조부터 예수의 부활까지 성경의 주요 내용을 요약 정리한『聖經要課』(1902, IA2493), 성공회 기도 지침서인『私禱文』(1932, IA0173), 문답형식의 의식 해설서인『儀式明鮮』(1933, IA1682), 구약 시편 제1권을 수록한『聖詩選篇』(1937, IA6496), 그리고 성공회 연감으로『朝鮮聖公會年鑑』第一號(1937, IA6496)가 있다.

안식교 관련 자료로 안식일 논쟁에 관한 문제를 정리한『쥬일안식량론』(1913, IA0166)과 성경에 예언된 세상의 멸망과 예수의 재림에 대해 논한『時代의 警告』(1922, IA7268), 그리고 다니엘서 강해서로 아시아와 서양의 위인이라는 뜻의『亞西偉人』(1927, IA2336)과『正路의 階段』(1936, IA6981)이 있다.

한편 1910년대 들어서는 한국인의 저술 활동이 활발해지기 시작한다. 초기에는 선교사를 도와 공역본을 발행하였다가 점차 단독으로 번역서와 저술서를 발행하기에 이르렀다. 다음은 박물관에서 소장하고 있는 한국인의 편저, 저서, 역서 목록이다.

『셩신츙만』(1911, IA6541, 韓承坤 編)

『십계요히』(1911, IA0214, 吳基善 著)

『信者의 鏡』(1913, IA0250, 金志梓 著)

『만ᄉ셩쥐』(1916, IA0264, 吉善宙 著)

『七克寶鑑』(1918, IA0162, 宋麟瑞 역)

『도가부인요람』(1921, IA0215, 金相峎 編)

『비유요람』(1923, IA0152, 安秉翰 著)

『講臺寶鑑』(1926, IA7262, 吉善宙 編)

『예수 生活의 研究』(1926, IA6976, 康雲林 역)

『基督敎社會思想』(1926, IA6538, 金觀植·崔相鉉)

『산샹보훈연구』(1929, IA6970, 康雲林·金弻秀·吳天泳 譯註)

『宗敎와 個性』(1929, IA6172, 李承根 著)

『聖潔을 쉽게 아는 길』(1931, IA4752, 이명직 著)

『一千九百年 後의 예수(前篇)』(1932, IA6156, 柳瀅基 역)

『豫言의 本質과 進展』(1932, IA0171, 金仁泳 著)

『求世軍敎理 便覽』(1933, IA6182, 朴駿燮 編)

『基督敎의 眞髓』(1933, IA6183, 柳瀅基 역)

『末世論』(1935, IA0085, 吉善宙 역)

『先知者와 메시아 道理』(1936, IA4751, 吳宗德 著)

『聖經史話大集』(1940, IA6983, 金弻禮 역)

『主祈禱講話』(1942, IA6146, 金在俊 역)

한국인 최초로 기독교 문서를 저술한 이는 노병선이다. 그는 1897년 16면 분량의『파혹진선론』을 지어 신앙인의 생활윤리를 제시하였다. 길선주는 1904년 17면의『懈惰論』을 지었고 1916년에는 이 해타론을 수정 보완, 확대하여 한국판『천로역정』이라 불리는 52면의『만수성취』(1916, IA0264)를 발행하였다. 1921년에는 '상제', '교회', '그리스도' 등 주제별로 총 164편의 설교를 엮은『講臺寶鑑』(1926, IA7262)을 발행하였다.

1910년 당시 평양 산정현교회 장로이자 조사로 활동 중이던 한승곤은 성령론을 다룬『셩신충만』을 순한글 구어체로 발간하였

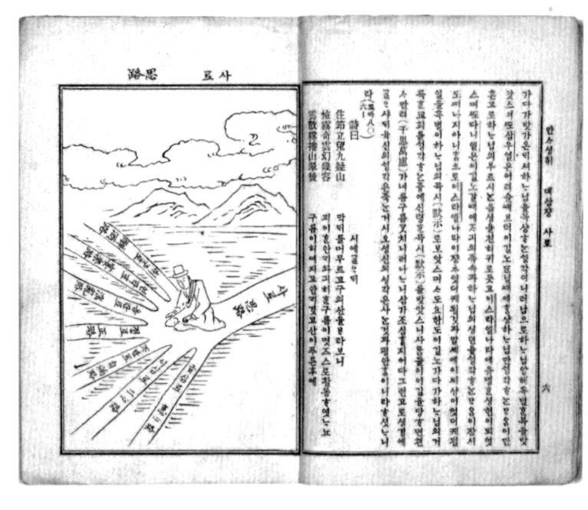

『만수성취』

『십계요희』

다. 신학교 예비 과정의 학생들인 교회의 조사와 영수 및 장로들과 성경 교사들을 가르치기 위한 교재로 사용되었다.[46]

감리교 전도사 오기선은 한국인의 입장에서 십계명을 풀이한 주석서 『십계요희』(1911, IA0214)를 발행하였다. 의주읍교회 집사인 김지재는 신앙 관련 주제 100가지를 성서구절과 함께 모아 정리한 교리서 『信者의 鏡』(1913, IA0250)을 저술 발행하였다. 강계읍교회 안병한 장로는 비유를 통해 기독교로 귀의를 유도하는 내용의 『비유요람』(1923, IA0152)을 저술하였다. 김관식·최상현은 공동으로 『基督教社會思想』(1926, IA6538)을 번역하여 예수교서회에서 발행하였다.

한편 한국인에 의한 본격적인 신학 연구서도 등장했는데, 감리교 협성신학교의 김인영 교수는 『豫言의 本質과 進展』(1932, IA0171)

---

46 정원경, 『평양신학교 성령론 연구(1910~1931)』, 백석대학교 박사학위논문, 2019, pp.147~148.

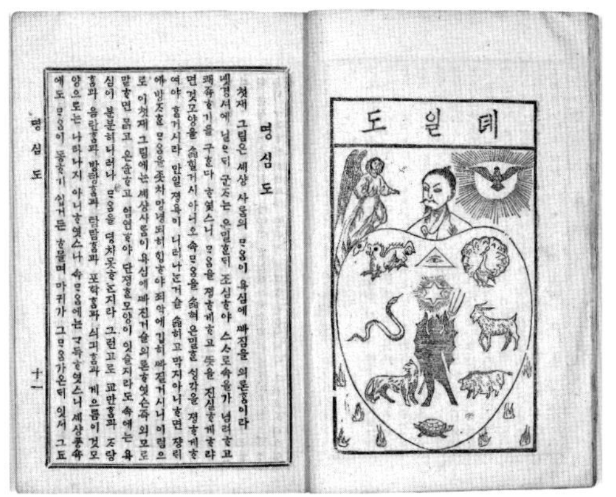

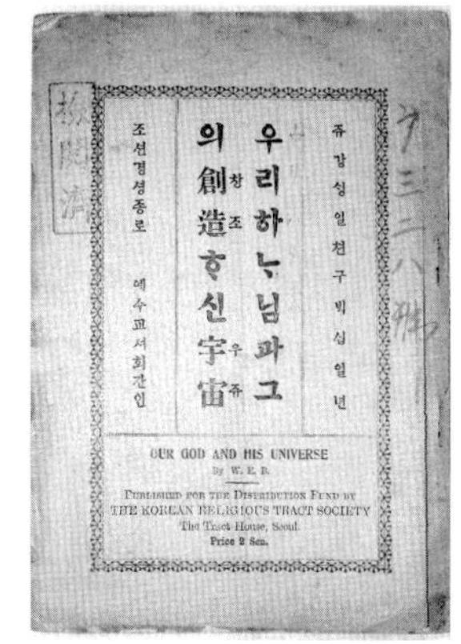

(왼쪽)『명심도』 (오른쪽)『우리 하ᄂ님과 그의 創造ᄒ신 宇宙』

을 저술하였다. 길선주 목사가 역술한『末世論』(1935, IA0085)은 세대주의 전천년설 신앙을 엿볼 수 있다. 김재준 목사는 1942년 주기도문의 전체적인 개요와 사용, 각 구절의 의미를 해설한『主祈禱講話』를 저술하였다.

다음은 앞서 살펴본 자료 외에 박물관에서 소장하고 있는 신앙서적 목록이다.

『基督抹殺論』(1911, IA4728)

『교인필지』(1911, IA0121)

『성경요과절차』(1911, IA0176)

『예수진교ᄉ패』(1911, IA6044)

『신입학생인도』(1911, IA2341)

『성경연셩회(데륙회)』(1912, IA0175)

『우리 하ᄂ님과 그의 創造ᄒ신 宇宙』(1911, IA0230)

『예수를 보고져 하노라』(1911, IA0870)

『亽도신경요히』(1912, IA0207)

『天人之際』(1914, IA6161)

『즁션비유요지』(1912, IA0169)

『구학』(1915, IA3082)

『거룩한 셩으로 가는 로졍긔』(1914, IA0195)

『텬로지남』(1914, IA2375)

『인학』(1915, IA3081)

『大正四年度每朝祈禱曆』(1915, IA6533)

『大正五年度每朝祈禱歷』(1915, IA0475)

『덕혜입문』(1915, IA0078)

『삼대비결』(1915, IA4305)

『셩교총론』(1916, IA6151)

『신학공과』(1916, IA0164)

『사롬을 예수씌 인도ᄒ눈 법』(1917, IA0198)

『예수의 人格』(1917, IA0506)

『명심도』(1918, A0225)

『유대인과 복음』(1919, IA0194)

『이긔눈 싱명』(1919, IA0211)

『하ᄂ님의 돈』(1919, IA0150)

『個人救援』(1920, IA0212)

『그리스도교 도리와 경험』(1921, IA4749)

『셩례론』(1921, IA0729)

『사롬을 낙눈 밋기』(1922, IA0472)

　　　　　　　　　　　　　　　　제2장

『아모권면』(1921, IA0262)

『인가독경』(1922, IA0196)

『쥬필지림』(1922, IA0153)

『평민의 복음』(1925, IA6196)

『敎衆에 對한 職務(講道學 講演)』(1926, IA6163)

『그리스도의 事實』(1930, IA6185)

『印度途上의 그리스도』(1930, IA6165)

『聖靈論』(1931, IA0722)

『神道論』(1931, IA0721)

『先知書硏究』卷一(1932, IA0754)

『유다와 이스라엘 력대렬왕』(1932, IA2731)

『생명의 요소』(1933, IA2735)

『예루살렘에서 예루살렘』(1933, IA4697)

『원입첩경』(1933, IA2737)

『人生問題와 그 解決』(1934, IA4211)

『사도학원』(1935, IA6197)

『예수와 信者와의 관계』(1935, IA6168)

『牧會學』(1936, IA4392)

『성경에 대한 새증거』(1936, IA6187)

『個人傳道學』(1940, IA6181)

『善德纂 約翰福音之傳 解說』(1941, IA6554)

『今生 億萬人 永生不死ᄒ리라』(1921, IA7258)

위 자료 가운데 전도를 위한 지침서로 활용도가 높은 자료로

『사름을 예수씌 인도ᄒᆞᄂᆞᆫ 법』, 『사름을 낙는 밋기』가 있다. 베어드 저작인『명심도』,[47]『평민의 복음』,[48]『이긔는 싱명』[49]은 한국기독교 박물관에서 영인 해제하여 교계에 공개하였다. 매퀸이 저술한『人生問題와 그 解決』은 한국기독교문화연구원에서 2017년 현대어로 옮겨 발행하였다.[50]

4) 주일학교 공과

초기 교회에서 실시한 주일학교운동은 종교 교육의 핵심 역할을 담당했다. 주일학교에서 이뤄지는 교육내용은 성서 교육, 신앙 교육에 그치지 않고 새로운 사상과 문물의 전수도 포함하고 있었다.

선교사 노블 부인(M. W. Noble)은 유년주일학교(Children's Sunday School)라는 이름으로 한국 최초의 주일학교를 열었다. 1903년 5월, 평양 남산현 감리교회에서 어린이들을 모아 주일학교를 개설하고 체계적인 신앙 교육을 시작했다.[51]

---

47 박물관은 이 자료를 영인해제하여 2013년 베어드총서 1『명심도』(56면)으로 발간하였다.

48 박물관은 이 자료를 영인해제하여 2014년 베어드총서 5『평민의 복음』(288면)으로 발간하였다.

49 박물관은 이 자료를 영인해제하여 2014년 베어드총서 8『이긔는 싱명』(50면)으로 발간하였다.

50 윤산온 저, 엄국화 역해,『人生問題와 그 解決』, 한국기독교문화연구원, 2017.

51 윤정란,「근대전환기 서구 기독교윤리 교육을 위한 주일학교의 아동중심교육학 도입」,『기독교사회윤리』47, 한국기독교사회윤리학회, 2020, p.69.

『교샤량성 쥬일학당 교과셔』　　　『쥬일학교 공과의 셜명』　　　『쟝릐쥬일학교』

　　주일학교의 체계적인 공과 교육은 성경 교재『만국주일학교공과』가 계간으로 발행되면서 본격적으로 시작되었다. 또한 최초의 주일학교 교육 및 교사 양성에 관한 연구서인『교샤량셩 쥬일학당 교과셔』(1909, IA0295)는 주일학교 교육을 정립하는 데 중요한 초석이 되었다.

　　평양을 중심으로 시작된 주일학교운동이 전국 교회로 점차 확산되면서 1911년 주일학교실행위원회가 결성되었다. 이후 세계주일학교연합회로부터 매년 2천 달러의 지원금을 받아 다양한 주일학교 교재를 간행할 수 있었다.[52]

　　3·1운동 이후 문화운동과 사회계몽운동이 활발해지고 교육에 대한 열기가 높아지면서 주일학교운동은 질적으로나 양적으로 크게 성장하였다. 1921년 교파 연합으로 발족한 조선주일학교연합회

52　윤정란, 위의 논문, p.73.

『고등반쥬일셩경공과』
여호수아공부

『고등과쥬일학교공과지』
데일면 일호

는 주일학교 사업을 주관하며 주일학교 교재 발간에 주력하였다.[53]

『쥬일학교 공과의 셜명』(1913, IA0263)은 모든 계단공과에 대한 가이드북으로 간행되었고, 『쥬일학교션생양성공과』(1917, IA0281)는 주일학교 교사 양성을 위한 목적으로 발간되었다. 『新選童話法』(1939, IA6162)은 미국 종교교육계의 거성인 탐손 박사의 강화를 강병주 목사가 번역하여 옮긴 것으로 조선예수교장로회총회 종교교육부에서 1939년 편집 발행하였다. 속표지에 '敎師養成科敎科用'이라 표기되어 있어 교사 양성과의 과정으로 제작된 것을 알 수 있다. 우리나라 최초의 동화 구연 이론서로, 기독교적 관점에서 아이들과의 대화법을 설명하고 있다. 총론, 동화의 정의와 가치·종류·사명·저작법 등 총 13장으로 구성되어 있다.

주일학교 운영에 관한 자료로 『쥬일학교 교쟝의 삼십년 경력』(1916, IA3897)이 간행되었고, 교사용 참고 서적으로 활용하기 위한 『쟝리쥬일학교』(1918, IA0319), 주일학교 예배를 위한 예식서로 『쥬일학교례비슌셔』(1920, IA3065), 주일학교 교육 및 운영에 필요한 내용

---

53 李萬烈, 『韓國基督教文化運動史』, 大韓基督教出版社, 1992, pp.253~255.

을 정리한『쥬일학교 조직과 셜비』(1922, IA0329) 등이 발간되었다.

　　한편 1913년부터 한국선교공의회의 위촉을 받은 예수교서회는 여섯 등급으로 나눠진 계단공과를 발행하기 시작하였다. 교육 대상인 학생의 연령별, 등급별로 공과를 발간하고 교사용도 등급별로 구분하여 발간하였다. 학생용은 초등부·중등부·장년부 공과로, 교사용은 초등부·유년부·장년부 공과로 분류 발행되었다. 1913년 한 해만 예수교서회에서 발간한 공과 부수가 104,368권에 이른 것으로 보아,[54] 이러한 공과 교재가 교회교육의 정착에 크게 기여했음을 알 수 있다. 다음은 박물관에서 소장하고 있는 공과 관련 자료 목록이다.

『계단공과 유치부 교과서(교사용 제1년)』(1925.10·1926.10, IA2751·IA2750)

『계단공과 소년부 교과서(교사용 제3년)』(1929, IA2739)

『고등과 쥬일학교 공과지』(1912, IA3058)

『고등반 쥬일셩경공과』제1·2·3·4호(1914, IA0340·0283·0315·0318)

『고등반 쥬일셩경공과 일년합부;삼우엘 젼후공부』(1915.11, IA0253)

『고등쥬일학교공과』제3호(1913, IA3051)

『만국유년쥬일공과지 일년합부;신구약즁』(1920.11, IA0266)

『만국쥬일공과』(1911.7~9·10~12·1912.1~3·7~9·10·12, IA0339·0267·0334· 0167)

『만국쥬일공과 참고셔 교사용 일년합부』(1920.12, IA3896)

『만국쥬일공과 보통공과 일년합부』(1922·1923·1924, IA2703·3938·2704)

54　李章植,『大韓基督敎書會 百年史』, 대한기독교서회, 1984, p.33.

『만국쥬일공과 유년부 통일공과』(1929·1930·1932, IA2709·3937·2713)

『만국초등쥬일공과 일년합부』(1923·1924, IA0254·0291)

『유년만국통일주일공과』(1934·1937·1938·1941, IA2716·2720·2722·2776)

『유년주일학교 통일공과』(1942, IA2725)

『만국쥬일공과 쟝년부 일년합부』(1926·1927·1928·1929·1930·1931, IA270·
2706·2708·2710·2711·2714)

『장년만국쥬일공과 일년합부』(1932·1934·1935·1936, IA2715·2717·2718·
2719)

『장년만국통일주일공과』(1937·1938·1939·1940·1941·1942, IA2721·2723·27
24·2725·2777·2726)

『쟝년신입반공과 일년합부』(1922·1923, IA3069·0294)

『졍교급쥬일학교공과』 제4권 제4호, 제5권 제2호(1918·1919, IA3096·
3094)

『주일학교 통일공과』 유년용(1942.12, IA2752)

『주일학교 통일공과』 장년용(1941.12, IA2753)

『쥬간셩경학교교안』 제1권(1930.7, IA3933)

『쥬무급쥬일학교공과』 제3권 제3호(1916, IA3057)

『쥬일셩경션뎡공과』 유년반 뎨2년 뎨1·2·3·4호(1913.11~1914.4, IA
0287·0330·0853·0290)

『쥬일셩경션뎡공과지』 제2년 제2·4호, 제3년 제3호, (1914, IA4232·
3060·0221)

『쥬일셩경유년반공과지 일년합부』(1918.12, IA3103)

『쥬일셩경유년반공과지 즁1년합부』(1919, IA3068)

『쥬일셩경특별공과요한복음공부』 뎨이년·유년반 뎨이년(1913,

 　　　　　　　　　　　　　　　　　　　　　제2장

IA0323·3055)

『쥬일셩경특별공과 고린도젼후공부 일년합부』(1918·1917.10, IA2702)

『쥬일셩경특별공과 마태복음공부 일년합부』(1916.1, IA0321)

『쥬일학교 특별과공과 마가복음공과』 데일(1912, IA3084)

『쥬일학교공과』 上·下卷(1921·1922, IA0327·3099)

『초등쥬일학교공과 초등과 데일년 데이·삼호』(1913, IA3056·3102)

『즁등쥬일학교공과 즁등과 데일년 데일호』(1912.1, IA0278)

『즁등쥬일학교공과 초등과 데일년 데이호』(1913.3, IA0279)

『츌애굽쥬일셩경공과』 1·2·3권 고등반(1912·1913·1913, IA0325·

  0316·0331)

『츌애굽쥬일셩경공과 유년반 데일호』(1914.12, IA0288)

『요한공부』(1899, IA0252)

『유년셩경니야기』(1923.11.30, IA2732)

『공과』(1925.11.23, IA2749)

『공관복음공부』(일제강점기, IA0145)

『기독교육 유년초학(하기아동 셩경학교용)』(1936, IA2746)

『데ᄾ년급교과서』(1922.6.18, IA3066)

『主日學校幼稚部敎科書』 卷一~卷四(敎師用)(1937·1936·1939·1936,

  IA7019·7020·7021·7022)

한편 주일학교 사업의 성장과 함께 각종 주일학교 관련 자료
가 아래와 같이 발간되었다.

『夏期聖經學校指針』(1936, IA7012)

『夏期兒童聖經學校管理法』(1927, IA7009)

『夏期兒童聖經學校敎案(少年部用)』 第1권 · 제2권(1926 · 1929, IA7200 ·
  7201)

『夏期兒童聖經學校敎案(初等部用)』 제1권 · 제2권(1926 · 1930, IA7202 ·
  7203)

『근셰쥬일학교교수법』(1921, IA7206)

『兒童과 基督敎』(1931, IA7011)

『敎師와 學生』(1932, IA7210)

『종교교육통신』(1932.10.20, IA3539)

『교사양성과』甲編(1933, IA7207)

『主日學校禮拜指導方法』(1936, IA7018)

『主日學校靑年事業指針』(1938, IA??)

『主日學校學生心理』(1939, IA7017)

『주일학교교수법』(1940, IA6982)

『兒童說敎一年』(1942, IA7222)

기타 자료로 다음과 같은 안식일학교의 교재가 있다.

『만국안식일학교과뎡』(1912.5~6 · 7~9 · 10~12, 1914.7~9, 1915.4~6, 1916.4~6,
  IA0298 · 3105 · 0309 · 0284 · 3932 · 3063)

『안식일학교 아희과졍』(1918.1~3, IA3073)

『안식일학교과정: 교리연구.츈계』(1917.11.6, IA0300)

『안식일학교과정 교리연구』(1917.10~12, 1918.1~3, IA0310 · 3073)

『안식일학교 뎨일 · 이과졍』(1918.4~6, 1919.4~6 · 7~9, IA0341 · 0256 · 0255)

『안식일학교 교사의 과정』(1919.12.31, IA0303)

『안식일학교 과정;사도행전공부』(1916, IA3052)

『교육에 관한 연구(안식일학교 과정, 1920년 동긔)』(1920, IA3104)

『안식일학교의 즁대함』(1921, IA0302)

5) 교회 회의록

한국 기독교 가운데 장로회의 세부 역사를 살펴볼 수 있는 자료로 당회록, 노회록, 총회록 등이 있다. 이들 자료는 기독교 역사를 객관적이고 사실적으로 기록하고 있어 장로교의 태동과 발전 과정을 실증적으로 보여준다.

『평남로회 데1·2회 회록』

박물관에는 1912년 9월 결성되어 일제 말기까지 존속했던 대한예수교장로회총회의 제1회~제37회 회록(1913.10.23~1943.9.13, IA4239~IA4243) 전부가 5책으로 합철되어 있다. 개별 회록으로 제2~5회, 7회, 8회, 10회, 11회, 22회, 26회, 28회, 30회 회록(1913.10~1942.10)을 분권으로 소장하고 있다.

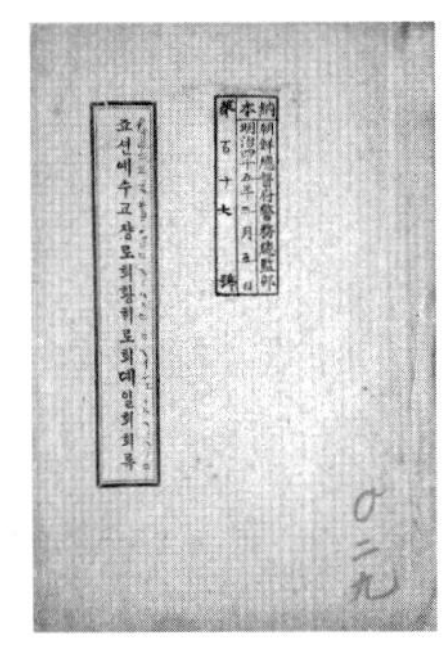

『황해로회 데1회 회록』

또한 조선예수교연합공의회(The National Christian Council)의 초창기 활동을 살펴볼 수 있는 『朝鮮예수敎聯合公議會 第二回會錄』(1924, IA3063)와 『第三 四

回會錄』(1925·1926, IA3066·3076)을 소장하고 있다. 이 공의회는 1924년 장로교회와 감리교회를 중심으로 총 65명으로 구성되어 복음전파를 위한 협력체로 운영되었다. 한국교회와 세계 기독교 단체를 연결하는 사역을 담당하며 한국 기독교의 연합과 협력을 증진하는 역할을 수행하였다.[55]

노회록은 조선예수교장로회의 각 노회 활동 전반을 파악할 수 있는 중요한 자료이다. 노회의 회의 내용을 기록한 이 문서에는 임원진 변동, 시찰회 보고, 안건 토의 사항, 교회의 설립과 분립 또는 합병과 관련된 사항 등이 포함되어 있어 각 지역 교회의 정황을 구체적으로 확인할 수 있다.

박물관이 소장하고 있는 지방 노회록은 다음과 같다.

『간도로회 데1·2회 회록』(1923.1.15, IA0531)

『경기노회 제11·12회 회록』(1929~1930, IA3879)

『경기노회 제19·20회 회록』(1934, IA3880)

『경북로회 데5·6회 회록』(1919.12.28, IA0519)

『경북로회 데7·8회 회록』(1921.1.12, IA0520)

『경성노회 제1·2회 정기회 회록』(1933.9.8, IA2051)

『경성노회 제5·6회 정기회 회록』(1935.9.9, IA0503)

『경성노회 제7·8회 정기회 회록』(1936.9.12, IA0504)

『경성노회 제11·12회 회록』(1938.9.2, IA0505)

---

55 해리 로즈 지음, 최재건 옮김, 『미국 북장로교 한국 선교회사』 Volume Ⅰ (1884~1934), 연세대 출판부, 2009, pp.440~441.

『경안로회 조직회록』(1922.9.8, IA0548)

『산셔로회 뎨1·2회 회록』(1917.9.25, IA0512)

『안쥬로회 뎨1·2회 회록』(1922.9.9, IA0565)

『안쥬로회 뎨3·4회 회록』(1923.9.5, IA0566)

『義山老會 第4回 會錄』(1920.11.16, IA0561)

『義山老會 第5回 會錄』(1921.5.30, IA0562)

『義山老會 第9回 會錄』(1923.5.15, IA0563)

『義山老會 第10回 會錄』(1923.11.15, IA0564)

『전남로회 뎨5·6회 회록』(1921, IA0533)

『전라로회 뎨2회 회록』(1912.8.25, IA4238)

『전라로회 뎨7회 회록』(1916~1917, IA0570)

『전북로회 뎨3·4회 회록』(1919.7.25, IA0567)

『전북로회 뎨5회 회록』(1918, IA0569)

『전북로회 뎨11회 회록』(1922.10.30, IA0568)

『평남로회 뎨1·2회 회록』(1911.8.10, IA0534)

『평남로회 뎨3·4회 회록』(1913.9.8, IA0535)

『평남로회 뎨4·5회 회록』(1914.8.31, IA0536)

『평남로회『뎨7·8회 회록』(1915.7.29, IA0537)

『평남로회 뎨9·10회 회록』(1916.8.3, IA0538)

『평남로회 뎨11·12회 회록』(1917.8.20, IA0539)

『평남로회 뎨13·14회 회록』(1918.8.4, IA0541)

『평남로회 뎨17·18회 회록』(1920.8.16, IA0542)

『평남로회 뎨19·20회 회록』(1921.8.18, IA0543)

『평북로회 뎨8회 회록』(1915.10.30, IA0551)

『평북로회 뎨9회 회록』(1916.4.16, IA0549)

『평북로회 뎨10회 회록』(1916.11.18, IA0553)

『평북로회 뎨12회 회록』(1918.2.9, IA0550)

『평북로회 뎨13회 회록』(1918.5.18, IA0554)

『평북로회 뎨14회 회록』(1919.3.8, IA0552)

『평북로회 뎨18회 회록』(1920.12.30, IA0555)

『평북로회 뎨21회 회록』(1922.4.15, IA0571)

『평북로회 뎨22회 회록』(1922.12.5, IA0572)

『평셔로회 뎨1·2회 회록』(1922.9.5, IA2052)

『평셔로회 뎨3·4회 회록』(1923.8.30, IA2053)

『평양로회 뎨1·2회 회록』(1922.8.18, IA0521)

『평양로회 뎨3·4회 회록』(1923.8.10, IA0522)

『함남로회 뎨3회 회록』(1919.11.25, IA0556)

『함남로회 뎨4회 회록』(1920.11.10, IA0557)

『함남로회 뎨5회 회록』(1921.11.5, IA0558)

『함남로회 뎨6·7회 회록』(1923.1.15, IA0560)

『함북로회 뎨1·2회 회록』(1918.12.7, IA0544)

『함북로회 뎨3·4회 회록』(1919.10.18, IA0545)

『함북로회 뎨5·6회 회록』(1920.10.30, IA0546)

『함북로회 뎨7회 회록』(1923.4.4, IA0547)

『황해로회 뎨1회 회록』(1912.3.5, IA0573)

『황해로회 뎨2회 회록』(1911.8.19, IA0526)

『황해로회 림시회록과 뎨8회 회록』(1915.8.15, IA0575)

『황해로회 뎨16회 회록』(1919.12.1, IA0576)

『황해로회 데19회 회록』(1921.6.30, IA0547)

『황해로회 역대 임원록』(연도 미상, IA3249)

감리교회 역사와 관련된 자료로『미감리교 朝鮮年會錄』(1916, IA3059/1917, IA0871/1918, IA0517/1920, IA0868/1922, IA3054)와『南監理會 朝鮮年會錄』第1回(1919, IA3078)가 소장되어 있다. 또한 지방회 회록으로『예수敎美監理會 平壤地方會錄 第16回』(1922.5.5, IA0515)가 있다.

이 밖에도 장·감 연합회의 회의록으로『朝鮮耶蘇敎長·監聯合協議會 第4回會錄』(1918.6.6, IA0577), 기독교청년회연합회 회의록『朝鮮基督敎靑年會聯合會 第二定期大會會錄』(1917.11.1, IA0511), 『朝鮮基督敎靑年會聯合會3年大會會錄』(1914.1.8, IA0581)이 소장되어 있다.

6) 한국교회사

장로교와 감리교를 중심으로 전개된 한국 교회사의 흐름을 보여주는 자료로, 양 교단의 헌법과 교리 등 제도적 지침이 되는 주요 문헌이 있다. 조선예수교장로회 최초의 헌법으로 모법이 된『朝鮮예수敎長老會憲法』(1922, IA2330)과 이후 판본(1922, IA6550/1930, IA6539)이 소장되어 있다.

또한 장로회 총회에서 교단의 역사를 정리한『朝鮮예수敎長老會史記』(1938, IA6551)와『朝鮮예수敎長老會 史記彙集(1907~1933)』(1935, IA4731)이 있다. 아울러 교회의 정치 체계를 다룬 장로교 헌법서인『스도가 교회 다스리는 법』(1911, IA0156)도 함께 소장되어 있다.

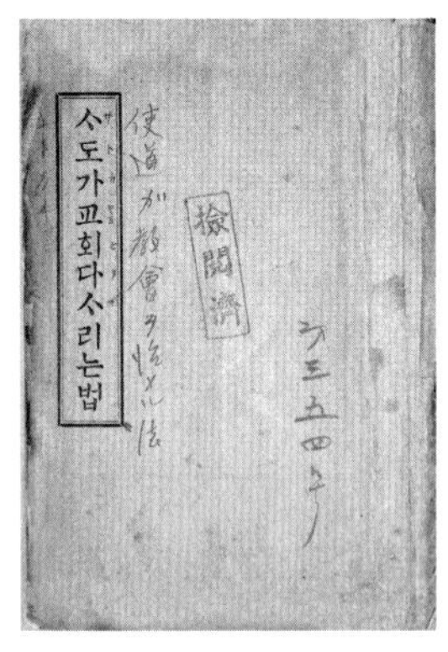

『수도가 교회 다스리는 법』

1907년 조선예수교장로회 독노회 시대부터 1914년 조선예수교장로회 총회시대까지 상비부서인 '전도국'의 역사를 기록한 문서인 『전도국ㅅ긔』 데일권(1914, IA3062)은 장로회의 선교와 전도의 과정을 살펴볼 수 있는 중요한 자료이다. 또한 한국 장로교회 여전도연합회 역사와 여성 선교사를 연구하는 데 중요 자료로, 월례회 인도책인 『조력회순서』(1936, IA3971/1939, IA3823)가 함께 소장되어 있다.

감리교회 법전 및 교리 관련 자료로는 미 북감리교회의 교리와 헌법을 우리 실정에 맞춰 번역한 법전인 『美監理敎會法典』(1926, IA2338)이 있으며, 한국 감리교회의 강령과 규칙을 마련하기 위해 미 감리회의 강령과 규칙을 번역하여 발간한 『미감리회 강령과 규측』(1911, IA0205)도 있다.

또한 감리교회 규례집 『감리교회죠례』(1908, IA0235)와 감리교회 교리문답서인 『감리회 문답』(1911, IA0231), 『基督敎朝鮮監理會 敎理와 章程』(1931, IA6992), 감리교 청년회인 엡윗회 지도자 양성을 위해 간행된 실천신학서인 『엡월會組織과 事業』(1936, IA0579)도 소장되어 있다.

기독교 단체 관련 자료로 1901년 장로교 청년단체인 면려회가 새문안교회에서 조직되면서 결성된 기독교청년 및 학생 면려회 활동을 보여주는 기록이 남아있다. 만국기독교청년면려회 조선연합회를 결성하기 위한 사전 작업으로 작성된 『만국긔독청년면려회 강령』(1923, IA0158), 기독교청년면려회의 조직 운영에 관한 지침을 담은『면려회례배순서』(1922, IA0203), 그리고 면려회 활동 청년들의 질적 향상과 신앙훈련을 위해 발행한『勉勵會指南』(1932, IA4729)이 소장되어 있다.

『감리회 문답』

한국 교회사 관련 단행본으로는『貞洞敎會 三十年史』(1915, IA2513),『미국셩셔공회 일빅년 력〃의 대강』(1916, IA0730),『朝鮮耶蘇敎長老會神學校 要覽』(1916, IA0890),『원두우강연집』(1927, IA0216),『朝鮮基督敎及外交史』(1928, IA2274),『朝鮮예수敎長老會 五十週年歷史畵譜』第一輯(1935, IA6798),『閔休先生實記』(1938, IA6568),『東洋基督敎 景敎東漸史』(1940, IA6570), 북장로회 선교사 밀러의 저작인『禧年紀念說敎集』(1941, IA6179) 등이 있다. 이 외에 소병영 목사가 1923~1927년 평양신학교 재학 중 사용한 등사인쇄본 교과서『敎會史記』(1923~1927, IA7253~IA7256)도 소장되어 있다.

한편 일제의 신사참배 강요에 반대한 선교사의 문건「Policy Regarding Schools In Korea」(1937, IA3697)는 미국 남장로교 선교국 실행위원회 총무 다비 풀턴(C. D. Fulton)이 신사참배를 거부하며 남장로교 계열 학교의 폐교 입장을 밝힌 결의문이다. 기독교 신앙에 위배되는 신사참배가 강요되는 상황에서 학교 운영은 불가하기 때문에 즉시 폐교한다는 내용이다. 영문 타자기로 2면에 걸쳐 작성되었다. 이 같은 결정에 따라 광주숭일남중, 수피아여중, 순천매산학교 등 10여 개 학교가 자진 폐교하였다.

7) 기독교 신문

내한 선교사들은 입국 직후부터 신문과 잡지를 발간하여 복음 전파에 힘을 기울였다. 이들 신문 잡지는 종교적 목적 이외에 세계 정세와 근대 지식을 제공함으로써 민족 계몽에도 기여한 바가 적지 않았다.

먼저 개화기 기독교계에서 발간한 신문으로는 1897년 4월 1일 언더우드 선교사가 주관하여 순한글로 창간한 『그리스도신문』이 대표적이다. 박물관은 1897년 발행된 제1호부터 39호까지 통권으로 소장하고 있으며, 이듬해인 1898년에 발행된 제1~52호도 소장하고 있다. 이 신문은 1905년 7월 감리교회의 『죠션크리스도인회보』와 통합되어 『그리스도신문』으로 발행되었다. 1906년도 발행된 제5~23호, 제30~37호 및 1907년 발행된 제4~7·9·10·18호가 있다. 연합신문 『그리스도신문』은 1907년 『예수교신보』로 개칭하여 격주로 발행되다가 1910년 2월 종간되고, 1910년에 장로회 측에서 『예수교회보』로 개칭하여 발행하였다.[56] 이와 관련한 박물관 소장본은 다음과 같다.

『예수교신보』 제15호

---

56 李萬烈, 『韓國基督敎文化運動史』, 大韓基督敎出版社, 1992, pp.367~371 참조.

『예수교신보』 제15호(1907.12.9, IA3071)

『예수교회보』 제2권 제1~52호(1912.1.3~12.26, IA2503)

『예수교회보』 제3권 제1~21호, 제24~53호(1912.1.2~1912.12.31, IA2507)

『예수교회보』 제4권 제1~37호(1913.1.7~9.16, IA2508)

『예수교회보』 제5권 제2~33호(1914.1.13~8.18, IA2509)

1911년 1월부터 남북감리교가 공동으로『그리스도회보』를 발행하였다. 이후 1915년 12월 장로교와 감리교가 각각의 기관지인 『예수교회보』와『그리스도회보』를 폐간하고 연합 기관지인『基督申報』를 창간하였다.『基督申報』는 1937년 8월까지 발행되며 한국 개신교의 대표적인 연합지로 자리하였다. 1936년 12월에는『基督教報』가 매주 화요일마다 주간으로 발행되었다. 1938년 8월 16일에는 교파연합으로『基督新聞』이 발행되기 시작해 1942년 4월 23일 종간되었다. 이어 같은 해 4월 29일부터는 장로교, 감리교, 성결교, 구세군 연합으로『基督教新聞』을 발행하였는데, 이는 일제강점기 마지막 주간 기독교 신문이었다.[57]

한편 1933년 1월 20일 남북조선감리회가 통합된 이후 월간지『監理會報』가 창간되었고, 1937년 2월부터는『朝鮮監理會報』로 제호를 변경하여 1942년 4월까지 발행하였다. 장로회에서도 1940년 1월부터 회보를 발행하였다. 당시는 일제가 1937년 중일전쟁을 일으킨 이후 조선 내 언론을 강력하게 탄압하고 종교계 역시 통제

---

57 李萬烈, 앞의 책, pp. 371~376 및 김봉희,『한국 기독교문서 간행사 연구(1882~1945), 이화여자대학 출판부, 1987, pp.53~54.

하던 시기였다. 이에 따라 『長老會報』는 일제의 강압에 의해 결성된 국민정신총동원 조선예수교장로회연맹의 기관지로서, 친일적 성격을 벗어나지 못하였다.[58] 박물관에는 창간호를 비롯하여 1940년에서 1942년 사이 발행된 『長老會報』 23점이 소장되어 있다.

이 외에도 조선예수교장로회총회 종교교육부에서 1932년 12월 크리스마스 특집호로 창간하여 1935년 12월까지 발행한 장로회 월간 기관지 『宗敎時報』, 경남노회 종교교육협의회 발행에서 발행한 『慶南老會 宗敎敎育通信』(1930.7.23~1932.10.30), 경남노회 종교교육부에서 발행한 『慶南敎會報』(1938.1.1~1938.12.1), 경북노회교회보사에서 발행한 『慶北老會敎會報』(1937.8.1~12.1), 부산의 구포교회에서 발행한 『龜浦敎會週報』 창간호부터 제55호까지를 소장하고 있다. 다음은 일제강점기 발행한 기독교 신문의 박물관 소장 목록이다.

『그리스도회보』第3卷 第1~42號(1914.3.16~1915.2.15, IA2504)

『基督敎報』 제1~19·29·41~72·74~77·79~81·83~169號(1936~1938, IA2482 등 5점)

『基督敎報附錄』 오라토리오 제93·98·102~104·107·112·11號(1937~1942, IA3544 등 8점)

『基督申報』제1권 제1~56호, 제2권 제1~52호, 제3권 1~46호, 48~52호, 제6권 1~52호, 제7권 1~29호, 31~50호, 제8권 1~52호, 제9권 1~52호, 제10권 1~9호, 11~52호, 제11권 1~52호, 제12권

---

58 李萬烈, 앞의 책, pp.378~380.

1~14, 16~52호, 第628~732·744~757·759~785·787~891·892
~943·954·1022~1047號(1917~1934, IA2497 등 119점)

『基督新聞』제1~80·82~94·96~119號(1938~1941, IA2477 등 총6점)

『基督教新聞』第2~36號(1942.5~1942.12, IA3541 등 2점)

『監理會報』第15~25號(1934.3.10~1935.1.10, IA2362)

『朝鮮監理會報』第70~89號(1938.1.1~12.16, IA2485)

『長老會報』第1·4·6~8·11·14·33·38·47·50·77·81·103·104·11
3~115號(1940.1.24~1942.4.8, IA3113 등 23점)

『福音申報』第71~77號(1935.1.18~1938.3.9, IA4009)

『宗敎時報』第1卷 第1號, 第2卷 第1·7·8號(1932.12~1933.7, IA2924 등 3점)

『週刊基督敎報』附錄 89號(1937.1.5, IA2389)

『慶南老會』宗敎敎育通信 第1~21號(1930.7~1932.10, IA2813 등 21점)

『慶南勉勵會報』第3卷 4號, 第4卷 2號, 第5卷 6號(1935.10~1936.10,
IA2839)

『勉勵會報』第48號(1935.12.10, IA2842)

『慶北老會敎會報』132·133·134·136號(1937.8.1~1938.12, IA2835 등 4점)

『龜浦敎會週報』第1~55號(1942~1943, IA2783)

8) 기독교 잡지

한국 근대 잡지의 발간은 기독교 선교 사업에서 시작되었다.
선교사들은 효과적인 선교 수단으로 잡지를 발간하여 신앙생활에
필요한 정보를 제공하는 동시에 서구 근대 문물을 소개하였다.

감리교 선교사 아펜젤러와 올링거가 1892년 1월 창간한『The Korean Repository』는 비록 외국인에 의해 영문으로 발행되었지만, 국내에서 선교사들이 발행한 최초의 잡지이다.[59] 이후 1900년 존스가 협성신학교에서 한국 최초의 신학 연구지인『神學月報』를 주간으로 발행하기 시작했고, 1901년 헐버트(H. B. Hulbert)가 영문 월간지『The Korea Review』를 창간하여 한국의 역사와 문화, 종교·풍습 등을 소개하였다.

1900년 장로교에서는 선교잡지『The Korea Field』를, 감리교에서는『The Korea Methodist』를 발행하다가 두 잡지를 통합하여 1904년 11월 장·감 연합으로『The Korea Mission Field』를 발행하였다. 이 잡지에는 한국의 역사와 문화 및 한국 기독교사에 관한 글과 한국 선교와 교회 성장에 관한 내용들이 수록되어 있다.

학술문화단체인 대영아시아학회 영국 왕립아시아학회(한국지부)는 1900년 한국의 역사, 종교, 문화, 지리, 언어 등 한국 전통문화 전반에 걸친 연구 결과를 수록한 연간 학술지『大韓 Transactions of the Korea Branch of the Royal Asiatic Society』을 창간하였다.[60] 초기 선교사들은 이 잡지를 통해 한국에 관한 연구 결과를 발표하였으며, 일제강점기에는『朝鮮』이란 명칭으로 발간되었다.

뉴욕에서 발행된 친일본계 잡지『The Oriental Review』 Vol. Ⅱ, No. Ⅱ (1912, IA66443)는 일본계 자본의 지원을 받아 친일 성향 단체의 소식지 역할을 수행한 간행물이다. 이 잡지에는 미감리회

59　한국기독교역사연구소,『한국기독교의 역사』Ⅰ, p.204.
60　盧孤樹,『韓國基督教書誌研究』, 藝術文化社, 1981, pp.84~85.

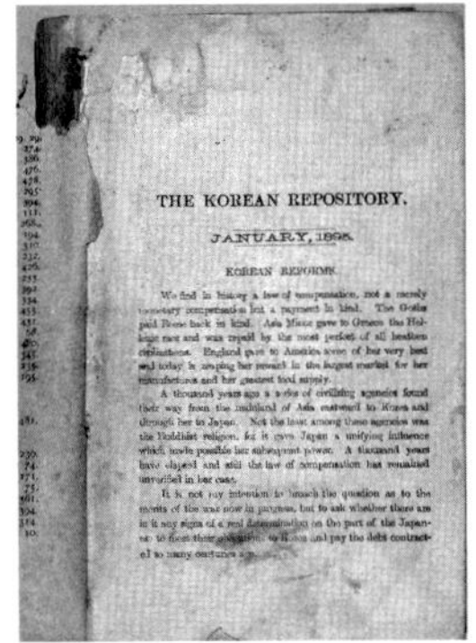  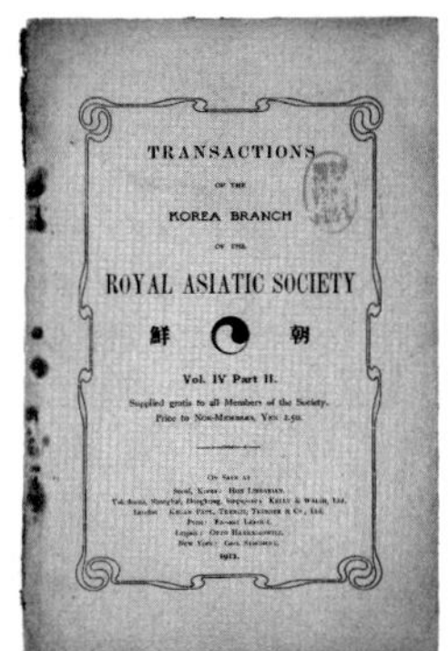

『The Korean Repository』　　　『The Korea Mission Field』　　　『朝鮮』

소속으로 일본에서 선교 활동을 하다가 1904년부터 한국과 일본 주재감독으로 봉직한 해리스(M. C. Harris)의 논문「Missionaries in Korea」가 수록되어 있다. 테라우치 총독 암살사건에 연루된 미국 선교사들에 대해 일본 정부의 오해가 없기를 바란다는 내용의 기고문이다. 해리스는 1905년 을사늑약 반대운동을 전개하던 엡윗청년회를 해체한 인물로, 친일적 행보를 보인 감리교 감독으로 알려져 있다.[61]

예수교서회에서 1920년 2월부터 1925년 6월까지 계간지로 『The Korea Bookman』을 발행하여 기독교 문서운동을 촉진하고 최신 출판 정보를 제공하였다. 이 잡지는 서회의 출판 활동뿐 아니라 한국·일본·중국에서 발행되는 도서의 정보와 논평을 수록하고 있어, 1920년대 기독교계의 출판문화를 연구하는 데 중요한 자료이다.

61　한국기독교역사연구소,『내한 선교사 총람 1884~1984』, 1994, p.287.

이 외에 중국에서 발간한 기독교 잡지로 중국 침례교서회(The China Baptist Publication Society)에서 격월로 발간한 『The New East』 일부를 소장하고 있다. 1916년부터 1932년까지 발행된 85점이다. 이중 1916년 2~3월호에는 중국에서 활동 중인 미국 침례교 외국선교회의 선교사 명단이 수록되어 있고 본문에는 3년마다 개최되는 회의와 각 지역에서 이루어진 복음 전파, 서적 보급, 교육, 의료선교 활동 내역이 상세히 수록되어 있다.

또한 중국 광둥에서 서양인들이 발행한 영문 월간 잡지 『The Chinese Repository』 Vol.11~14(1943, IA2282 외)를 소장하고 있다. 이 잡지는 『The New East』와 마찬가지로 서양 개신교의 효과적인 선교를 목적으로 제작된 소식지로, 미국인 사무엘 윌리엄스(S. W. Williams)가 편집, 발행한 것이다. 원래 1841년부터 1845년까지 발행된 것을 1943년에 영인하였다. 중국 및 동아시아 전반의 정보와 지식을 소개하며, 당시 사회, 문화, 종교적 상황을 이해하는 데 유용한 자료이다.[62]

다음은 박물관에서 소장하고 있는 선교잡지 목록이다.

『The Korean Repository』(1895.1~1897.12, IA6796 등 6점)

『The Korea Review』Vol.1, No.1·3·5·8·10, Vol.2, No.1~12, Vol.3, No.2·4~9, Vol.4, No.1·3~12, Vol.5, No.1~3·12, Vol. 6, No.1·4~7·9~12(1901.1~1906.12, IA2157 등 48점)

---

62 이보고, 「The Chinese Repository와 The Middle Kingdom의 상관성 연구」, 『중어중문학』 61, 한국중어중문학회, 2015, p.228.

『The Korea Mission Field』Vol.7, No.3·7, Vol.11, No.7, Vol.19, No.1, Vol.27, No.2, Vol.34, No.5, Vol.37, No.2·4(1911.3~1941.2, IA2407 등 8점)

『大韓』

『Transactions of the Korea Branch of the Royal Asiatic Society』Vol. I · II · III (1900~1903, IA2205 외 6점)

『朝鮮』Vol.4~30(1912~1940, IA2209 등 24점)

『The Oriental Review』Vol.2, No.2(1912.9, IA6443)

『The Korea Bookman』Vol.1, No.1~4, Vol.2, No.1~4, Vol.III, No. 3·4, Vol.V, No. 4(1920.1~1924.12, IA3819 등 9점)

『The New East』Vol. XI, NO. 2(1916~1932, IA6355 등 85점)

『The Chinese Repository』Vol 11~14(1943, IA2282 등 4점)

일제강점기 기독교계의 언론 활동을 통해 출간된 잡지는 약 150여 종에 이른다.[63] 이 가운데 영문 잡지를 제외한 기독교 잡지 중 박물관에서 소장하고 있는 잡지와 발행처는 아래와 같다.

『教會指南』(時兆社 발행), 『基督教 宗教教育』(京城朝鮮主日學校聯合會 발행), 『福音과 宗教教育』(慶南老會宗教教育協會 발행), 『復活運動』(復興社 발행), 『說教』(說教社), 『聖經雜誌』(京城朝鮮耶蘇教書會 발행), 『聖貧』(釜山聖貧學社 발행), 『聖書講臺』(平南 聖書講臺社 발행), 『聖書朝鮮』(聖書朝鮮社 발행), 『聖火』(京城聖火社 발행), 『聖書之光』(일본 大垣市聖書之光社 발행), 『성

63　李萬烈, 앞의 책, p.381.

셔증언』(京城聖書講堂 발행), 『新生』(京城 新生社 발행), 『新生活』(京城新生活社 발행), 『信仰生活』(信仰生活社 발행), 『神學世界』(監理敎會協成神學校 내 神學世界社 발행), 『神學月報』(존스 발행), 『神學指南』(長老會神學校 발행), 『朝鮮 節制時報』(朝鮮節制時報社), 『주일학생명심부』(조선예수교서회 발행), 『主日學界』(조선예수교서회 발행), 『主日學校先生』(主日學校先生社 발행), 『主日學校雜誌』(朝鮮主日學校聯合會 발행), 『中央靑年會報』(朝鮮中央基督敎靑年會 발행), 『活泉』(東洋宣敎會活泉雜誌社 발행)

이 잡지들은 크게 네 가지 특징으로 분류할 수 있다.[64] 첫째, 성서 및 신학 연구를 위한 잡지이다. 이들은 신학적 논의를 심화하고 성경 연구를 장려하는 목적으로 발행되었다. 1900년 창간된『神學月報』는 1896년에 출간된『大朝鮮獨立協會會報』에 이어서 두 번째로 발간된 한글 잡지이자 한국 최초의 신학잡지로서 그 상징성이 크다. 이어 1916년 협성신학교에서『神學世界』를 월간으로 창간하였고, 1918년에는 평양장로회신학교에서『神學指南』을 계간으로 창간하였다. 1927년 조선성서연구회의 김교신 등은 무교회주의를 표방하여『聖書朝鮮』을 창간하였다. 이밖에도 성경 연구를 목적으로 1918년 1월 조선예수교서회에서 격월지로 창간한『聖經雜誌』와 평남에서 발행된『聖書講臺』등이 있다.

박물관이 소장하고 있는 주요 신학 및 성서 연구 잡지는 다음과 같다.

---

64 이하 기독교 잡지와 관련해서는 李萬烈, 『韓國基督敎文化運動史』, 大韓基督敎出版社, 1992와 김봉희, 『한국 기독교문서 간행사 연구(1882~1945), 이화여자대학 출판부, 1987을 참조하여 정리하였다.

『神學月報』第5卷 第4,5號(1907, IA0470)

『神學世界』第6卷 第1~6號,第10卷 第1~6號, 第13卷 第1~6號, 第
14卷 第1號, 第15卷 第1~6號, 第18卷 第1~5號, 第20卷 第2~6號,
第21卷 第1~6號, 第24卷 第4號, 第25卷 第1, 3, 4號(1921~1940.8.18,
IA2334 등 40점)

『神學指南』第1卷 第2~5號, 第4卷 第1號, 第5卷 第1~3號, 第8卷
第3號, 第16卷 第1號, 第17卷 6號, 第18卷 6號, 第19卷 第2·5號,
第20卷 第1·3號(1918.7~1937.9, IA2607 등 20점)

『聖書朝鮮』第61~65, 67~71號(1934.2~1934.12, IA0733 등 10점)

『聖經雜誌』第1卷 第1~6號, 第2卷 第1~6號(1918.2~1920.4, IA0497 등 17점)

『聖書講臺』第10·13號(1928.8·1928,11, IA0744 등 2점)

둘째, 기독교 교단이나 단체 기관지로 발간된 잡지이다. 성결 교단의 기관지『活泉』은 1922년 길보른(E. A. Kilborone, 吉寶崙)에 의해 창간되어 많은 신앙인의 영적 생활에 활력을 불어넣었다.[65] 안식교의 기관지『教會指南』은 시조사에서 월간으로 발간하였고, 이 청년면려회는 기관지로『勉勵會報』를 발간하였다. 조선예수교서회는 기관지로『예수교서회보』를 발간하여 그들의 출판활동을 홍보하였다.

『活泉』

65　李萬烈, 앞의 책, pp.395~396.

박물관이 소장하고 있는 주요 기독교 단체 기관지는 다음과
같다.

『活泉』第1卷 7,12號, 第2卷 1,5號, 第6卷 6號, 第7卷호 1,2號, 第9
卷 1號, 第10卷 2,3號, 第12卷 5號, 第14卷 5號, 第18卷 10號, 第
19卷 4號 외(1923.5~1941.3, IA6177 등 19점)
『敎會指南』第9卷1號~第11卷 12號, 第12卷(1924~1927, IA0771 등 2점)
『勉勵會報』(1935, IA2484)
『예수교서회보』 제4·6호(1904.11·1905.5, IA0069·IA0084)

셋째, 기독교 교육을 위한 잡지이다. 대표적인 잡지로는 1930
년 1월 장·감 연합 기독교 교육 기관지로 창간된 『宗敎敎育』이 있
다. 이 잡지는 클라크(C. A. Clark, 郭安連)가 편집 겸 발행인을 맡았으
며, 1931년 2월부터는 『基督敎 宗敎敎育』으로 제호를 변경하여 발
행하였다.

조선주일학교연합회에서도 효율
적인 교회 교육을 목적으로 각종 잡지
를 발간하였다. 1923년 10월부터 주일
학교의 소식과 정보를 전하기 위한 목
적으로 『主日學校通信』를 계간으로 발
행하였으며, 1928년 『主日學校申報』로
제호를 변경하였다. 1925년에 『主日學
校雜誌』를 발행했는데, 1930년부터는
이를 폐간하고 본격적인 종교 교육잡지

『基督敎 宗敎敎育』第2卷
第6號

인 『基督敎 宗敎敎育』을 발행하기 시작했다.[66] 이후 1933년에는 기관지 『朝鮮 主日學校 聯合會報』를 간행하여 전국 주일학교 연합회 소식과 종교 교육의 중요성을 논하는 글을 수록하였다.[67] 이 밖에도 1925년 월간 어린이 잡지인 『아희생활』을 창간하여 어린이들의 신앙 교육을 도왔다. 조선남감리회연회 주일학교부에서도 1929년 1월 주일학교 교사들의 교안 지침서 성격의 월간지 『主日學校先生』을 발행하였다.

『主日學校雜誌』第1卷 第4號

기독교 교육 잡지는 서울뿐만 아니라 지방에서도 활발하게 간행되었다. 경남노회종교교육협회는 1931년 1월부터 1936년 12월까지 『福音과 宗敎敎育』을 발행하였다. 이 잡지는 1937년 1월부터 『慶南敎會報』로 제호를 변경하여 발행되었다.

박물관이 소장하고 있는 주요 기독교 교육 잡지는 다음과 같다.

『主日學校通信』第19~22號(1928.3~1928.6, IA2982 등 4점)

『主日學校申報』通卷 23~27·29·34·45·48~51·53~60·62·65~67
·70~73·77·78·80~82·84·85·86·90·92~94·96·97·99號

(1928.8.2~1939.1.1, IA2927 등 44점)

---

66 尹春炳, 『韓國基督敎新聞·雜誌 百年史』(1885~1945), 대한기독교출판사, 1984, pp.62~63.
67 盧孤樹, 앞의 책, p.113.

『基督教 宗教敎育』(1931.8, IA0864)

『基督教 宗教敎育』第2卷 第6號(1931.6, IA0938)

『朝鮮主日學校 聯合會報』第1卷 第2~4號(1933.7~12, IA3032 등 3점)

『朝鮮主日學校 聯合會錄』第15回(1936, IA3835)

『主日學校先生』第2卷 6, 8~12號(1930.5~1930.11, IA2977 등 5점)

『아희생활』(1927.1~12, 1932.1~12, IA4207·4208)

『主日學校雜誌』第1卷 第4號, 第2卷 第1~4號, 第4卷 第6號(1925.
10~1928.6, IA3013 등 5점)

『慶南敎會報』第7卷 1~10號, 第8卷 1~6·9號(1937.1~1938.12, IA2784 등
16점)

『福音과 宗敎敎育』第2卷 第12號, 第3卷 第1~12號, 第4卷 第1, 2~
6, 8~11號, 第5卷 第1~10號, 第6卷 第1~10號(1932.12~1936.12,
IA2848 등 40점)

넷째, 신자들의 신앙적 지성의 함양을 목적으로 발간된 잡지
들이 있다. 1928년 10월 감리교 엡윗청년회의 기관지로 기독교창
문사에서 창간한 월간 잡지『新生』은 신앙 지도자를 위한 내용뿐
아니라 종교와 역사·문화, 민족 문제 등 폭넓은 사회적 이슈를 다
루며 기독교와 일반 사회의 간극을 좁히는 역할을 하였다.[68] 평양
신학교 출신인 김인서가 개인적인 문서운동 차원에서 직접 집필하
고 편집하여 1932년 1월에 창간한『信仰生活』은 복음신앙·영화운

68　李萬烈, 앞의 책, p.407.

동·인화주의 등의 신앙 강령 등에 관한 내용을 담고 있다.[69]

　1931년 6월 평양장로회신학교 학생들은 월간 잡지『게자씨』를 창간하였다. 채필근·남궁혁·박형룡 등이 주요 필진으로 참여하여 순수한 복음주의 관점에서 성서 해석과 기독교 신앙을 다룬 글을 게재하였다.[70] 서울 부활사에서 발행한『復活運動』에는 기독교사상 관련 논문과 성서강해 및 가정의학 관련 내용이 수록되었다.[71] 1934년 12월 아담스(E. A. Adams, 安斗華)는 신자들의 신앙적 열정을 고취할 목적으로 월간 기독교잡지『火柱』를 창간하였다. 창간호 표지에는 "낮에 구름기둥과 밤에 불기둥이 백성 앞에 떠나지 아니하더라"라는 표어가 기재되었고, 편집 후기에 따르면 투고 범위를 "성서연구, 종교교육, 家庭敎話, 청소년지도, 基督史話, 기독교문예"에 국한하였다. 박물관이 소장하고 있는 관련 잡지는 다음과 같다.

『게자씨』第4卷 第8號, 第5卷 2號(1935.8.1 · 1936.2.1, IA3016 · 3015)

『復活運動』第3卷 第7 · 11號, 第4卷 第2 · 3 · 8號, 第5卷 第2 · 4 · 5號

　(1937.7~1939.5, IA1352 등 8점)

『信仰生活』第4券 第7 · 9~11號, 第5券 第1~3 · 5 · 6 · 8 · 9 · 11號, 第6券 第3 · 4 · 7 · 9~11號, 第7卷 第4號(IA6850 등 20점)

『新生』第2卷 第3 · 5 · 6號, 第3卷 第5 · 6號, 第4卷 第2號, 第5卷 第7 · 11 · 12號(1929.3~1933.9, IA0303 등 30점)

69　李萬烈, 앞의 책, pp.407~408.
70　盧孤樹, 앞의 책, pp.109~110.
71　盧孤樹, 앞의 책, p.115.

이상에서 살펴본 바와 같이 기독교 잡지는 초기에는 선교사들에 의해 주도적으로 발행되었으나, 점차 한국인들이 필진으로 참여하면서 그 성격과 역할이 확대되었다. 선교 초기에는 신학적 교육과 선교를 목적으로 한 잡지가 주를 이루었지만, 이후 신앙생활의 실천을 돕고 교단 운영 및 주일학교 교육을 지원하며 신자들의 신앙적 지성을 함양하는 등 다양한 기능을 수행하게 되었다. 이러한 변화 속에서 기독교 잡지는 서구 신학과 문화를 소개하는 데 그치지 않고, 한국의 문화와 사회적 요구를 반영하여 기독교 문화를 창출하고 정착시키는 데 중요한 역할을 하였다.[72]

이상의 잡지 외에도 박물관이 소장하고 있는 기독교 잡지는 다음과 같다.

『聖貧』第1卷 第1~5號(1937.4~1937.8, IA2843 등 5점)

『聖書之光』第42·49號(1939.4~1939.11, IA2896 등 2점)

『셩셔증언』第18·22號(1912.6~1912.12, IA0217 등 2점)

『聖火』第2卷 第2~4,6~9號, 第3卷 第2·5號(1936.1~1936.7, 1937.1~
1937.4, IA0481 등 9점)

『新生活』6月號(臨時號)(1922.6, IA1323)

『어린이세상』제7권 제5호 부록(1929.6.20, IA2912)

『朝鮮 節制時報』1~3號, 22,23號(1936.4~1938.4, IA2920 등 4점)

『주일학생명심부』第2號(1932.10.31, IA2742)

『主日學界』第1卷 第1號, 第3卷 第1~3號, 第5卷 第3號(1919.1~1928.3,

---

72 한국기독교역사연구소, 『한국 기독교의 역사』 II, 기독교문사, p.79.

IA3035 등 5점)

『中央靑年會報』第5·12·15·18~20·25號(1915.1.8, IA0508 등 7점)

한편 미션학교에서 발간한 학보로 한국 대학 최초의 교지인 『崇實學報』제1·2호(1915·1917, IA4088·1838), 계성학교에서 발행한 교지『啓聖學報』제1·3·5호(1913·1915·1917, IA0466·3064·3906), 숭실중학교지『崇實活泉』제5호(1926,IA4199)를 소장하고 있다. 또한 1914년 조직된 숭실대학 문학부에서 발행한 문예지『崇實文學報』제1·2호(1916, IA4197·4198)와 평양장로회신학교의 동문 기관지『學友會報』제1호(1923.1, IA0919)도 있다.

이 외에 농민잡지로 조선장로회 총회 농촌부에서 1928년부터 농촌 계몽을 목적으로 발행한 『農民生活』이 있다. 발행인은 숭실 교장 매퀸(G. S. McCune, 尹山溫)이고 발행소는 숭실전문학교 출판부이다. 이 잡지는 서양의 신농법, 종자 개량법 등 농촌 진흥을 위한 신 기술을 보급하는 데 중점을 두었다. 박물관 은 제5권 제12호(1933.12, IA4047)부터 제12권 제4호(1940.4, IA6094)까지 총 47점을 소장하고 있다. 조선기독교청년회연합회에서 농촌 지도와 청년 교육을 목적으로 간행한 기관지 『農村靑年(The Rural Young Korean)』제1권 제3·4·6·7·8호(1929,IA3021·3017·3018·3019·3020) 도 소장하고 있다.

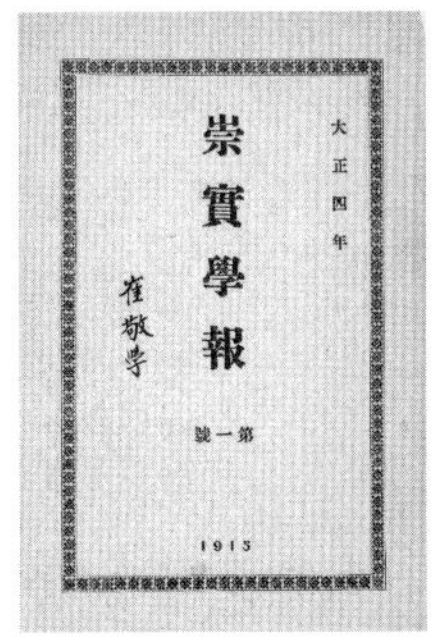

『崇實學報』第一號

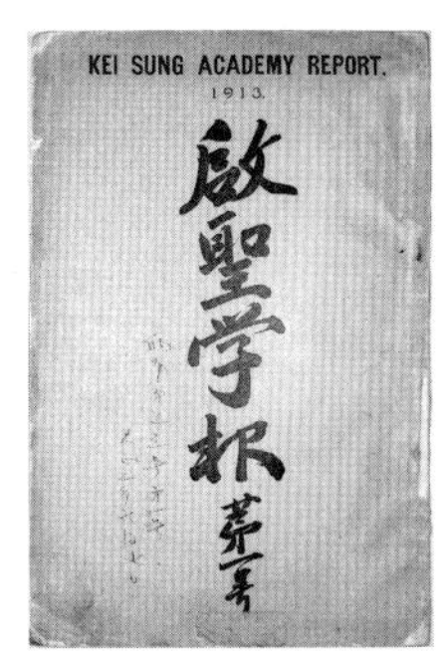

『啓聖學報』第一號

9) 연례보고서 및 기타 선교단체의 영문출판물

우리나라를 대표하는 기독교 출판문화기관이자 문서선교기관인 예수교서회[73]는 다양한 기독교 서적을 출판하며 선교와 교육에 기여했다. 특히 영문으로 출판된 자료 가운데 게일의 『The History of the Korean People』(1924~1927)(IA2322)는 단군 이래 한국의 역사를 인물 중심으로 서술한 저술로, 외국인의 시각에서 한국사를 기술했다는 점에서 주목된다. 이 저술은 게일이 『The Korea Mission Field : a monthly journal of Christian progress』(1924.7~1927.9)에 연재한 것을 발췌하여 제본한 것이다.

이 외에도 예수교서회는 영문 출판물로 『The Christian Literature Society of Korea, Catalogue of Korean Publications』(1921, IA0869)와 『Supplementary List of New Books』(1924, IA3822)를 발행하였다. 1921년 간행된 『The Christian Literature Society of Korea, Catalogue of Korean Publications』는 1922년 2월까지 예수교서회에서 발행한 한국어 도서를 종류별로 분류하여 소개하고 있다. 이 목록은 '종교적 헌신, 성서와 성서공부, 십일조, 개인사역(전도), 설교집 및 설교자료, 성서주해, 교회사 및 성서의 역사, 그리스도의 생애, 연구자를 위한 도서, 사도의 삶, 신앙 해설, 재림, 교리, 전기, 참고도서 및 지도, 예배와 그 형식, 의료, Y.M.C.A. 출판물, 생

---

73 조선예수교서회는 문서 선교를 목적으로 1890년 설립되었으며, 설립 당시의 명칭은 '朝鮮聖教書會'로 영문명은 'The Korean Religious Tract Society'이다. 1907년 '조선예수교서회'로 개칭하였고 1939년에는 '조선기독교서회'로 개칭하였다. 영문명은 1919년 'The Christian Literature Society of Korea'로 개칭하였다.

활에 도움이 되는 이야기, 금주, 어학 관련 도서, 아동 도서, 달력 및 교회력, 찬송가, 교회학교 교재 및 공과, 기타 소책자, 사도적 삶에 관한 소책자, 전단지, 신문 및 잡지, 교육, 일본어·중국어·영어 출판물, 미국 및 영국에서 출간된 출판물' 등 다양한 주제로 분류되어 있다.[74] 당시 기독교계의 출판물의 유형과 성격을 이해하는 데에 유용한 자료이다.

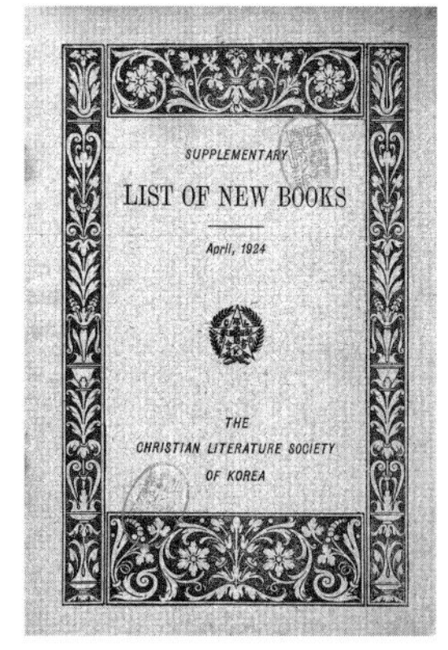

『Supplementary List of New Books』

1924년도 발행된 『Supplementary List』에는 1922년부터 1924년까지 3년간 예수교서회에서 발행한 도서 목록이 수록되어 있다. 목록에서 '성서와 성서학, 신앙서, 복음전도서, 설교법, 전기, 절제 관련, 주일학교, 잡서, 소책자, 전도지, 지도 및 차트' 등으로 분류하고 총 115종의 도서를 저자와 분량 등의 정보와 함께 소개하였다. 뒷부분에는 출간이 임박한 8종의 서적에 대한 간략한 소개도 덧붙여 있다.[75]

한편 예수교서회는 외국의 기독교 서적을 판매하여 보급할 목적으로 카탈로그를 발간하기도 했다. 『Catalogue of Japanese Publications 1920』(1920, IA2342)은 일본어 출판물의 내용 유형을 구분하여 도서의 영문·한문 제목과 저자, 가격 순으로 목록화하였다. 성경연구 19종, 위인전 25종, 신앙교리서 19종, 종교소설 15종,

---

74 숭실대학교 한국기독교박물관, 『근대의 기억, 신앙의 기록-예수교서회의 문서운동』, 2015, p.9.
75 숭실대학교 한국기독교박물관, 같은 책, 2015, p.10.

기독교사 13종 등 총 15가지 유형에 걸쳐 273종의 도서가 소개되어 있어,[76] 당시 일본의 기독교 문서출판 현황과 한일 양국의 기독교 출판문화를 비교 연구하는 데 유용하다. 『Catalogue of Japanese and Chinese Publications 1922』(1922, IA3814)는 분야별로 일본어 도서 224종과 중국어 도서 66종을 소개하고 있어 동아시아권에 유통된 기독교 서적의 흐름을 살필 수 있다.

선교단체의 연례보고서는 한국 기독교 출판 선교의 초기 정착 과정과 더불어 사회·문화적 맥락 속에서 선교가 어떻게 실천되었는지를 파악하는 데에 유의미하다. 먼저 주목할 만한 연례보고서로 1890년 창설된 조선예수교서회에서 발간한 『Annual Report』가 있는데, 박물관은 다음 20점을 소장하고 있다.

유물번호	서명	간행연도
I A3834	『Annual Report』	1915
I A2345	『Annual Report』	1919
I A3829	『The Thirtieth Annual Report』	1920
I A3833	『The Thirty-First Annual Report』	1921
I A3824	『The Thirty-second Annual Report』	1922
I A2390	『The Thirty-Third Annual Report』	1923
I A2391	『The Thirty-forth Annual Report』	1924
I A0514	『The Thirty Fifty Annual Report 』	1925
I A2392	『The Thirty-sixth Annual Report』	1926
I A2393	『The Thirty-seventh Annual Report』	1927

76　위와 같음.

I A3830	『The Thirty-Ninth Annual Report』	1929
I A2394	『The fortieth Annual Report』	1930
I A3828	『The Forty-First Annual Report』	1931
I A3827	『The Forty-Second Annual Report』	1932
I A2395	『The Forty-Third Annual Report』	1933
I A3826	『The Forty-Fourth Annual Report』	1934
I A2396	『The Forty-Fifth Annual』	1935
I A2397	『The Forty-Sixth Annual Report』	1936
I A2398	『The Forty-Seventh Annual Report』	1937
I A2399	『The Forty-Eighth Annual Report』	1938

비교적 이른 시기의 연례보고서인 1915년 『Annual Report』는 33면 분량의 연활자 인쇄본이다. 첫 페이지에 예수교서회의 집행위원회 사진과 명단이 소개되어 있다. 서문은 1890년 조선예수교서회의 설립 목적을 밝히고 있고, 본문 초반에는 이사회·임원·집행위원회·조사위원회의 명단과 함께 1912년부터 1915년까지의 총 출판물과 배부 부수, 수입과 지출, 자본금과 부채 현황 등이 통계표로 기록되어 있다. 말미에는 서회의 내규가 첨부되어 있다. 1920년 『Annual Report』에는 다양한 간행물 소개뿐 아니라 서회의 책자 유통 지역이 하와이까지 확대되고 있는 점, 회원 등록 및 성금 납부를 권장하고 있는 내용, 회원 수 급증 및 서회의 성장에

『Annual Report(1915)』

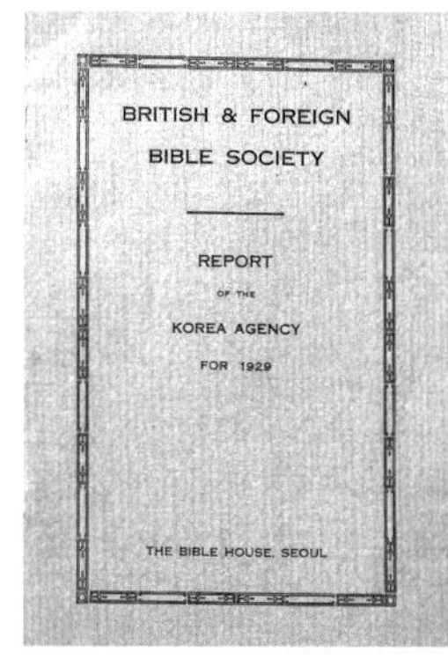

『British & Foreign Bible
Society Report of the Korea
Agency for 1929』

따른 새로운 사옥 건설의 필요성 등이 언급되어 있다.

1920년대 이후의 연례보고서는 『Annual Report』 30호~37호(1920~1927), 39호(1929), 40~48호(1930~1938) 등이 있다. 이들 보고서에는 조선예수교서회의 회원 구성, 예산과 결산, 연간 출판 활동 현황 등이 망라되어 있다. 본 자료는 서회의 제도와 운영상의 변화와 출판 선교의 양상을 구체적으로 파악할 수 있는 중요한 사료로 평가된다.

이와 함께 외국 선교회의 활동을 살펴볼 수 있는 주요 연례보고서들도 다수 존재한다. 영국성서공회 한국지부의 연례보고서로 『British & Foreign Bible Society Report of the Korea Agency for 1928~1931·1934~1936』(IA2250~2256)가 있다. 이 자료는 영국성서공회 한국지부의 총무 밀러(H. Miller, 閔休)와 부총무 토머스 홉스(T. Hobbs, 許燁) 주도로 발행되었으며, 분량은 약 40~55면 분량으로 발행되었다. 이 연례보고서는 한국성서위원회(The Bible Committee of Korea) 위원 및 성경개역위원회(Board of Reviser) 위원 명단과 더불어 해당 연도의 교회 사정과 성서 개정 작업, 출판 및 보급 활동, 회계 내역, 권서 활동 등의 내용이 상세하게 수록되어 있다.

서울성서공회의 1903년과 1904년의 연례보고서인 『The Bible Committee of Korea』(IA2450, IA2270), 한국선교공의회의 1917·1919~1924·1927~1930·1934·1935년도 『Annual Meeting』 자료, 미감

리교회 해외여선교회 한국여성연회의 1899년 첫 해 연례보고서 및 1901·1902·1904·1906~1911·1913~1916년도 연례보고서 역시 성서 보급 활동의 실상과 선교회의 구체적인 운영 방식을 파악하는 데 유용하다.

감리회의 해외여선교회 활동과 관련하여 다음과 같은 자료를 소장하고 있다.

『THE KOREA WORK OF THE WOMAN'S FOREIGN MISSIONARY SOCIETY OF THE METHODIST EPISCOPAL CHURCH 1897~1898』(IA3287, 1898)는 서울과 평양에서의 복음 사역 및 여성병원과 진료소, 여학교 운영 현황 등을 기록한 문서로, 당시 여성 선교의 지역별 활동 양상을 확인할 수 있다.

1899년 5월 13일부터 19일까지 서울에서 개최된 감리교 여성연회의 첫 연례모임 자료인 『First annual meeting of the Korea Woman's Conference of the methodist Episcopal Church』(IA3288, 1899)도 있다. 앞부분에 이화학당 학당장인 페인(J. O. Paine) 등의 명단과 6일간의 모임 일정이 수록되어 있다. 이어 여성연회의 이름과 목적, 멤버, 사무실, 위원회, 정족수, 규칙, 순서 등이 소개되어 있고 서울, 평양, 제물포·정동에서의 사역 내용과 최초의 여성병원인 보구여관과 진료소, 이화학당 운영과 관련된 내용이 수록되어 있다.

『Annual report of the Korea Woman's Conference of the methodist Episcopal Church』(IA3270~3289, 1898~1916)는 감리회에서 주최한 대한감리교 해외여선교회한국여성연회(Korea Woman's Conference)의 제3~6회(IA3270~3273), 제8~13회(IA3275~3277, 3279~3282), 제15~18회(IA3283~3286) 보고서이다. 회의는 서울, 평양, 제물포 등지

에서 매년 개최되었다. 제3회 연회는 1901년 서울에서 개최되었는데, 당시 회장은 스크랜튼 부인(Mrs M. F. Scranton)이었다. 보고는 1.서울의 이화학당, 2.이화학당과 관계된 일일학교, 3.정동 최초의 감리교의 복음 사역, 4.정동의 여성병원과 진료소, 5.서울의 밸드윈(baldwin) 진료소, 6.밸드윈 채플의 복음 사역, 7.여성성경학교와 복음사역, 8.제물포에서의 여성 사역, 9.평양에서 여성을 위한 의료·복음 사역, 10.평양에서의 의료 사역, 11.평양에서의 복음 사역, 12.평양에서의 일일학교와 복음 사역 순으로 이루어졌다. 감리교 여선교회의 교육, 의료, 복음 전파 활동이 어떻게 한국 사회 내 여성과 지역 공동체를 대상으로 펼쳐졌는지 상세히 소개되어 있다.

10) 천주교 자료

18세기 이래 조선 사회에 유입된 한역 서학서와 서구 과학 문물은 유교적 전통에 머물러 있던 조선의 세계관을 확장시키는 계기가 되었고, 이때 천주교 관련 서적들이 중국을 통해 본격적으로 유입되었다. 명·청 시대에 한역된 서학서는 358종 이상에 달하며, 그중 1801년 신유박해 이전까지 조선에 들어온 천주교 서적은 약 120여 종에 이른다.[77] 초기 천주교 신앙의 형성과 교리 이해에 결정적인 역할을 한 자료로는 『天主實義』(17세기, IA1897)와 『七克』(1917, IA0843), 『眞道自證』(1868, IA2073), 『敎要序論』(1669, IA0385), 『盛世芻

---

[77] 신하령, 「眞道自證」, 『기독교 자료 해제』, p.428.

 제2장

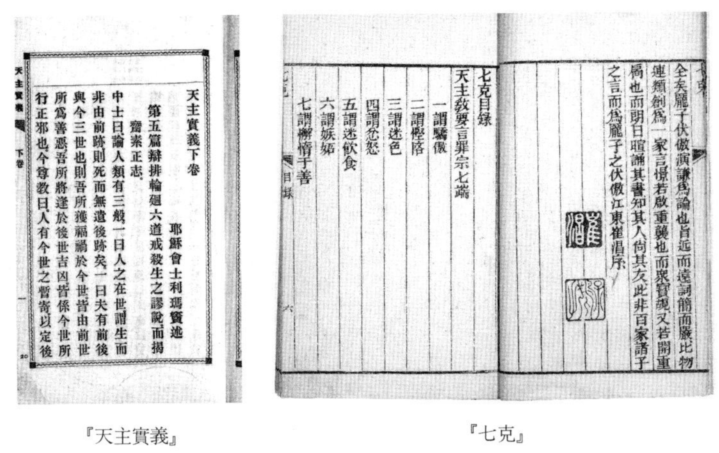

『天主實義』 　　　　　　　　　　『七克』

蕘』(1733, IA1987), 『取譬訓蒙』(IA1879, 1870) 등이 있다. 이들 문헌은 모두 중국에서 간행되어 조선에 유입된 것으로, 교리에 관한 설명뿐 아니라 천주교 신앙의 합리성과 윤리성을 강조하는 내용으로 구성되어 있어 조선 지식인들에게 새로운 종교적 사유와 세계관을 제시하였다.

한글 천주교 교리서는 1864년 목판인쇄소가 설치되면서 본격적으로 인쇄·보급되기 시작하였다.[78] 목판인쇄소 설치 이전의 한글 천주교 자료는 주로 한역 서학서를 번역한 필사본 형태로 신자들에게 보급되었다. 청소년 신앙교육 단체인 천신회의 회칙과 교리 공부 내용을 수록한 『天神會課』(1861, IA2064), 사후 천국의 복락과 지옥의 고통을 일깨우기 위해 서술된 묵상서인 『〈후묵상』(1864,

---

78 하종희, 「한국 천주교관련 고문헌의 출간 및 출판문화사적 연구」, 숙명여대 교육대학원 석사학위논문, 1997 참조.

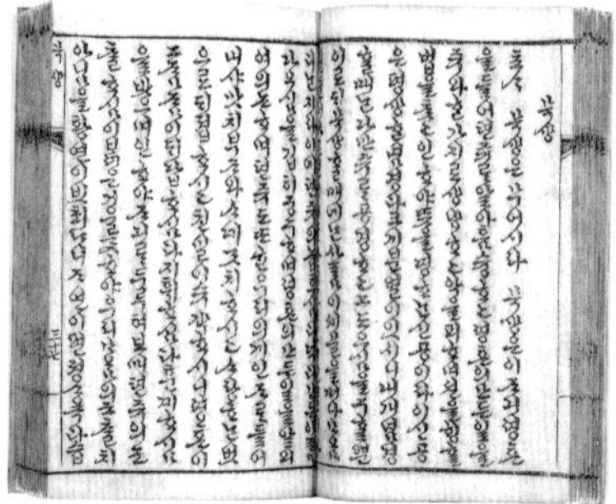

『ᄉ후묵상』   『신명초힝』

IA3085),[79] 신자들이 천당에 갈 수 있는 길을 제시한 심신서인 『텬당직로』(1864, IA1759) 등이 그러한 예이다. 이러한 교리서들은 19세기 중반 한글 휘갈림 궁서체로 정서된 필사본으로 널리 유통되었다.

　1864년 서울에 2개의 목판인쇄소가 설치되면서 대량 인쇄 및 배포가 가능해졌다.[80] 이는 조선 후기 천주교의 신앙 확산과 문서 선교의 전환점을 마련한 계기로 평가할 수 있다. 이 시기 인쇄된 목판본 교리서 역시 휘갈림 궁서체로 새겨진 아름다운 한글 판본의 전형을 보이고 있다. 대표적인 목판 인쇄 교리서로는 파리외방전교회의 선교사이자 제5대 조선교구장 다블뤼(Daveluy, 安敦伊)가 저술한 천주교 신앙생활의 입문서 『신명초힝』 상·하(1864·1882, IA2062·IA1703), 한국 천주교회의 대표적인 공적 기도서 『텬쥬셩교공과』 권3(1864, IA2061), 『텬쥬셩교공과』(1887, IA1238), 천주교 신학자 정

79　『ᄉ후묵상』은 박물관에서 지난 2007년 한국 천주교 초기 자료인 『니벽선싱몽회록』과 『류한당언힝실록』을 묶어 기독교고전 세계화시리즈로 영인하고 현대어로 번역하여 출간한 바 있다.

80　한국기독교역사연구소, 『한국기독교의 역사』 I , p.110.

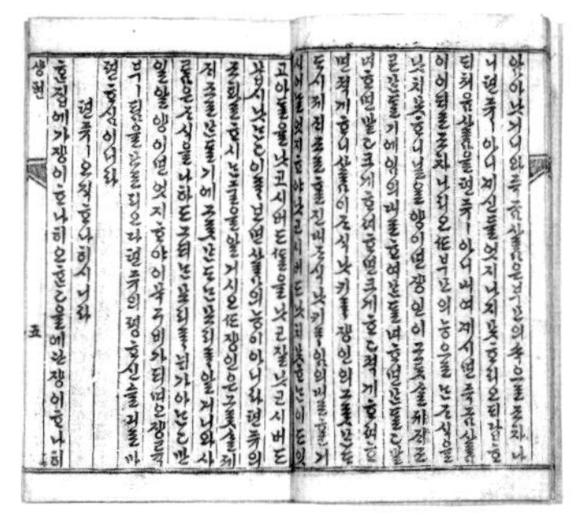

『주교요지』

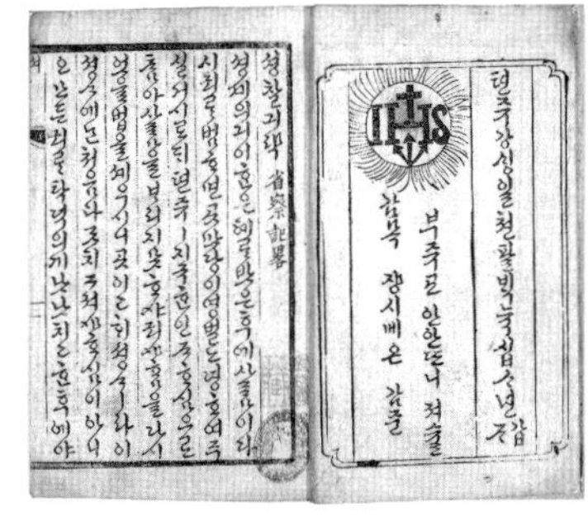

『셩찰긔략』

약종이 집필한 교리서『주교요지』(1885, IA0183), 고해성사 준비를 위한 성찰서인『셩찰긔략』(1864, IA1764) 등이 있다. 한편 연활자본 인쇄가 지배적이던 1910년도에도『취비훈몽』뎨5·6권(IA173·1674)이 한글 필사본으로 전해진다.

1880년대에 이르러 한글 연활자본이 도입되면서 천주교 서적의 대량 인쇄가 가능해졌다. 파리외방전교회 선교사 리델((Ridel, 李福明) 주교의 주관 아래 최지혁의 手筆字를 字本으로 삼아 일본 요코하마에서 한글 연활자가 처음 주조되었으며, 이를 조선에 들여와 본격적으로 사용하였다. 이 연활자는 이후 한국 천주교회의 성서 및 교리서 인쇄에 활용되었다.

주목할 만한 간행물은 한글로 인쇄된 최초의 천주교 성서인 『성경직해』이다. 본래 중국에서 한문으로 간행된『성경직해』는 이미 조선에서 번역되어 필사본 형태로 전해지다가 명동에 활판인쇄소가 구비된 후인 1892년부터 1904년 사이에 한글로 번역된『성경직해』권2~9(1892~1904, IA1680·1681·1683·1688·1689·1710·1711·1712)가 총 9권 9책으로 인쇄·간행되었다. 이후 1910년 한국 천주교회는 독자적으로 4복음서 한글 완역본, 『四史聖經』(1910, IA0846)을 간행하기에 이른다. 이 성서는 한기근과 손성재가 번역하고 뮈텔(G. C. M. Mutel, 민아오스딩) 주교가 감준하여 서울성서활판소에서 간행하였다. 『四史聖經』은 「마태오복음서」, 「마르코복음서」, 「루가복음서」, 「요한복음서」를 수록한 한글 복음서 완역본으로, 1971년 공동번역성서가 나오기 때까지 읽혀졌으며, 한국교회사 및 국어연구에 있어 매주 귀중한 자료로 평가되고 있다.[81]

　　천주교 성인들의 전기를 다룬 『쥬년첨례광익』 1~4권(1908, IA1691·1697·1676·1706), 고령의 예비신자들을 위해 최소한의 교리를 알기 쉽게 정리한 『진교절요』(1914, IA3546), 기본 교리를 간결명료하게 정리한 『셩교빅문답』(1884, IA1671), 七聖事 교리서인 『셩교절요』(1910, IA1686), 신·구약 해설 및 천주교의 중국 전교사를 서술한 『셩교감략』(1903, IA1704), 천주교 신학자들이 개신교를 비판적으로 서술한 『예수진교ㅅ패』(1907, IA1709), 『텬당직로』(1884, IA1678), 다블뤼 주교가 저술한 신앙서 『회죄직지』(1898, IA1694), 뮈텔(Mütel, 閔德孝) 주교가 감준한 교리문답서인 『셩교요리문답』(1896, IA0848), 천주교 신자들의 기도생활을 위해 기도문을 묶어놓은 『일과절요』(1904, IA1669), 『주교요지』(1897, IA1672), 심신 묵상서인 『셩모셩월』(1910, IA1687), 한국천주교회의 장례에 관한 예식서인 『텬쥬셩교례규』(1914, IA1695), 그리고 한글 기도서로 1887년 『텬쥬셩교공과』(1887, IA1238)가 재판된 데 이어 1912년과 1913년 권1~4(IA1699·1690·1679·1668)가 발행되었고 1919년 『텬쥬셩교십이단』(1919, IA1912)이 발행되었다.

81　『한국기독교박물관 소장 기독교자료 해제』, p.471.

천주교 전례의 실천과 이해를 돕기 위한 전례서도 간행되었다.
『미사례의』(1917, IA0849)는 미사와 관련된 각종 기도문과 의례문, 성가, 고해성사 예식, 성시간 예식, 성체조배문 등을 총망라한 종합 전례서로, 뮈텔 주교의 감준 하에 출간되었다. 로마 교황청이 라틴어로 발간한 『Missale Romanum』을 한글로 번역한 최초의 체계적인 한글 미사 전례서 『彌撒經本』(1936, IA0850)은 함경남도 성분도수도원에서 간행되었다. 한국 천주교회에서 미사의 전례 구조와 경문 전체를 한글로 정식 편찬한 최초의 시도라고 할 수 있다.

한국 천주교의 수용과 박해, 전교 활동의 역사는 다양한 문헌 자료를 통해 구체적으로 파악할 수 있는데, 그 대표적인 자료들은 다음과 같다. 먼저 1839년 반포된 『斥邪綸音』(1839, IA1968)과 1881년에 반포된 『御製 諭大小臣僚及中外民人等斥邪綸音』(1881, IA1605)은 천주교를 '邪學'으로 규정하고 성리학을 '正學'으로 보위하겠다는 내용이 수록되어 있다. 이는 당시 영남 유생들이 위정척사 상소운동을 벌이자 이를 진정시키기 위한 정치적 조치로 반포한 윤음으로, 앞부분은 한문, 뒷부분은 한글로 대조를 이루며 수록되어 있다. 천주교 박해의 정당성을 국왕의 이름으로 천명한 이 윤음은 1801년(신유박해), 1839년(기해박해), 1866년(병인박해), 1881년 등 총 네 번에 걸쳐 반포된 것이다.

박해기와 관련된 순교자들의 행적을 기록한 자료로 『치명일기』(1895, IA1901)와 『기해일기』(1905, IA1902)가 있다. 『치명일기』는 1866년 병인박해 이후 877명에 대한 순교 사실과 장소, 형벌 등을 기록한 일종의 순교자 열전이고, 『기해일기』는 1839년 기해박해 당시 순교한 78명의 신자들의 행적을 전기로 엮은 자료이다.

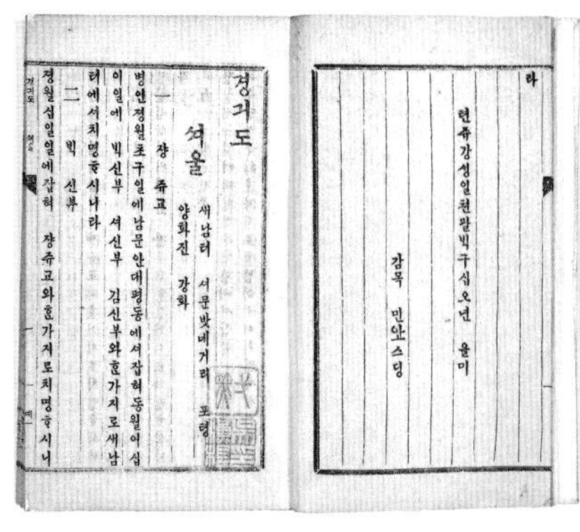

『치명일기』

1785년부터 1856년까지의 천주교 탄핵 관련 자료를 수록한 『闢衛編』上 (1931, IA0415)은 조선 후기 유교 체제 내에서 천주교를 어떻게 이해하고 대응했는지를 보여주는 관찬자료에 가까운 기록이다. 한국 천주교 최초의 사제이자 순교자인 김대건 신부와 관련해서는, 그의 문초 과정을 필사한 『金大建問招記』(1922, IA4293)와 그의 생애를 다룬 전기 『金大建』(1942, IA2316)이 전해진다. 1935년에 간행된 『德源聖芬道修道院案內』(1935, IA0892)는 함경남도 원산과 간도 지역의 선교를 담당했던 덕원수도원의 연혁과 활동을 상세히 담고 있으며, 일제강점기 북방 선교의 실제 모습을 보여주는 자료이다.

이 외에 단행본으로 천주교 유입부터 러일전쟁까지 천주교 역사를 정리한 『朝鮮天主敎小史』(1933, IA2333), 약현천주교청년회에서 펴낸 『天主敎會藥峴地方史(1888~1933)』(1933, IA0582), 덕원수도원에서 발행한 『遵主聖範』(1938, IA4727)과 『교리강의 성사편』(1943, IA6979), 전주천주공교회에서 발행한 『ㅇ히들의셩혜죠비』(1923, IA6584), 러시아 정교회에서 발행한 『간략흔시험』(1913, IA1203) 등이 있다.

성가집으로는 서울대교구에서 간행한 『죠션어셩가』(1924, IA0122)가 있다. 이는 한국 천주교회 최초의 공식 성가집으로, 박해기

동안 구전 또는 필사로 전해지던 성가들을 모은 것이다. 책의 앞부분에는 라틴어 성가(CANTUS), 뒷부분에는 한글 성가가 수록되어 있다.

천주교 잡지로는 『京鄕雜誌』 5권(1911, IA1707)를 비롯해 6권, 8~16권, 18권, 23권, 28권과 『京鄕新聞』의 부록 『寶鑑』 4권(1906~1909)이 있다. 청년층을 대상으로 발행된 『카톨릭靑年』(1935, IA0894), 마산 완월리 천주당에서 발행한 『露德聖母雜誌』 第6號(1913, IA0188) 등은 청년 사목 및 지역 공동체의 일면을 확인할 수 있는 자료이다.

이 시기 중국 상하이와 홍콩에서 발간된 한역 교리문헌도 있다. 교리문답식으로 천주교 교리를 설명한 호교서 『答客剟言』(1881, IA2075)과 '진리가 숨겨져 있는 동굴' 곧 천주교를 뜻하는 제목의 교리서 『理窟』 卷1~2(1901, IA1811) 및 『上宰相書』(1887, IA6535), 『要理問答釋義(第一冊)』(1940, IA6843) 등이 있다. 1900년대 복간된 천주교리서로 상하이에서 간행된 『天主實義』(1935, IA1896)와 일본 교토에서 간행된 『七克』(1917, IA0843)이 있다.

가톨릭의 해외 선교 시각에서 한국을 조망한 자료로는 『The Catholic Church in Korea』(1924, IA6299)와 『DIRECTORIUM COM-MUNE MISSIONUM COREÆ』(1932, IA6054)가 있다. 전자는 한국의 지형과 기후, 언어, 문화, 사회 제도 등을 소개하고 천주교의 유입과 박해, 교회 성장 과정을 사목적 시각에서 기술하고 있다. 선교 사진 자료가 수록되어 있어 시각 자료로서도 중요하다. 후자는 1931년 당시 조선 내 각 지역 교회의 실태를 집계한 요람이다. 예배 서식과 지역별 신자 분포 등이 체계적으로 정리되어 있다. 두 권 모두 홍콩에서 발행되었다.

3

3. 한국학 자료

박물관 소장 개화기 한국학 자료는 당시 정치사회의 변동 양상을 살펴볼 수 있는 자료와 서구문물이 유입되며 수용한 근대학문 분야의 단행본이 주를 이루고 있다.

본 장에서는 한말 정치사회의 변동을 다룬 자료, 개화기 교과서, 근대 학문 분야의 간행물, 조선시대 서적의 복간본, 그리고 한국사회가 근대로 이행하는 과정에 영향을 끼친 중국과 일본 간행물 및 신문·잡지 가운데 주요한 자료를 소개한다.

1) 한말 정치사회 변동 자료

한말 정치사회 변동과 관련된 자료는 당시 급격한 사회 변화에 대한 지식인들의 인식을 보여주는 문헌, 정부 등 관변 기관 자료, 민간에서 생산한 자료, 그리고 의병 활동 등 저항운동 관련 자료로 나누어 볼 수 있다.

먼저 지식인들의 시대 인식을 보여주는 희귀자료로, 개화와 척사의 대립이 심화되던 상황에서 척사론을 대변하는 항일의병장 이소응의 『洋物論』(1877, IA1750), 유기일의 『斥洋錄』(연도 미상, IA1751)이 눈에 띈다.

『洋物論』

『洋物論』은 이소응이 1876년에 강화도조약 체결을 전후하여 개항 반대 입장에서 저술한 문헌이다. 원래 한문으로 쓰인 것을 번역하여 한글 궁서체로 필사하였다. 총 15장으로 되어 있고, '양물론'과 '양화편회라'라는 두 편의 글로 구성되어 있다. 양물론은 임금에게 서양 물건을 금해야 한다는 주장을 올린 글이고, 양화편은 화서 이항로의 글을 인용하여 서양 오랑캐를 배척하는 주장을 전개한 글이다. 문호개방 시기 위정척사론의 일면을 살펴볼 수 있다.[01]

『斥洋錄』은 이항로의 유서 중 척양에 관계되는 글을 인용하여 서양을 배척하는 척사론의 주장을 담고 있다. 순한글 필사본으로 되어있는데, 원래의 한문을 한글로 번역하고 小字註를 덧붙여 대중 보급을 염두에 두고 작성한 것으로 보인다. 서문은 훼손되어 판독이 어려우며, 본문에는 '척양록'이라는 제목 아래 총 37건의 글이 수록되어 있다. 후반부에는 『詩經』, 공자, 程子, 율곡의 글 중 이단 배척과 관련된 내용이 인용되어 있다. 위정척사론의 사상적 기반을 이해하는 데 참고가 된다.

개항 직전 조선과 일본의 외교 분쟁 및 조약 체결에 이르는 과정을 기록한 『朝鮮交際始末』(1877, A1851)과 개항 직후 일본 문물을

---

01 장경남, 「양물론」, 『한국기독교박물관 소장 한국학 자료 해제』(이하 '『한국학 자료 해제』'로 줄임), 숭실대학교 한국기독교박물관, 2010, pp.225~226.

제3장

시찰하기 위해 수신사로 파견된 김기수가 그 일정을 일기로 남긴 『信使日記』(1876, IA0440)에는 쇄국론과 개국론의 갈등, 개항을 둘러싼 격변의 정세가 잘 담겨 있다.

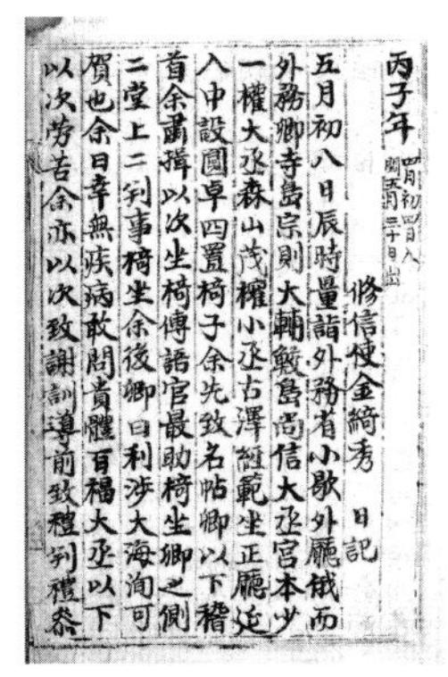

『信使日記』

『朝鮮交際始末』(抄錄)은 명치 원년(1868년) 3월부터 명치 8년(1875년) 9월 30일까지의 한일 외교 경과를 정리한 일한문 필기체 등사본이다. 표제 하단에는 '明治 十年 仲秋 娛義制 ㊞'라고 쓰여 있다. 이 초록의 서문은 이후 간행된 원본의 일부를 발췌한 것으로 보이며, 1책으로 장정되어 있다.[02]

『信使日記』는 김기수가 1876년 일본에 수신사로 파견되었을 당시의 일정을 기록한 필사본이다. 표제는 '丙子 信使日記'이며, 내제에는 '丙子年 四月初四日入 閏五月三十日出'이라는 날짜와 함께 '修信使金綺秀 日記'라는 표기가 있다. 본문은 4월 29일 부산 출발부터 5월 26일까지의 여정과 일기를 중심으로 구성되어 있다. 뒷부분에는 '大淸欽使筆談錄'이 첨부되어 있는데, 김기수가 청국의 黃遵憲, 李鴻章 등과 나눈 필담을 일자별로 정리한 기록이다. 개항 직후 대외관계 인식과 실상을 살펴볼 수 있다.

개항 직후 정치 혼란의 상징적 사건이었던 임오군란과 갑신정변을 목도한 초야의 선비가 우국충정의 소회를 토로한 『漆室問答』

---

02 한국학중앙연구원에는 명치 9년(1876)까지의 내용을 담은 동일서명의 등사본 3권 3책이 소장되어 있다(http://jsg.aks.ac.kr/dir/view?catePath=&dataId=LIB_116093).

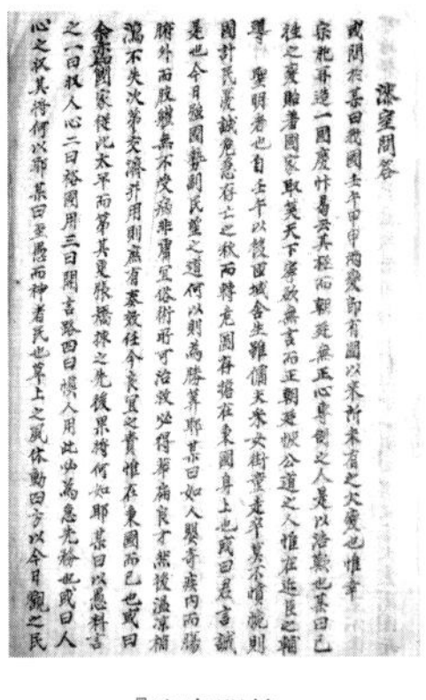

『漆室問答』

(1887, IA1766), 조선후기 민간사회에 유행했던 각종 비결서와 예언서를 발췌 편집한 『秘訣』(1894, IA1916)은 19세기 후반 불안했던 사회현상을 잘 보여준다.

『漆室問答』는 저자 미상의 한문 필사본으로, 임오군란(1882)과 갑신정변(1884) 이후 조선의 정치 상황에 대한 인식을 담고 있다. 춘추시대 노나라 칠실의 일화를 차용하여 국정을 근심하는 자와 이에 응답하는 자 간의 문답 형식으로 구성되어 있다. 인심 회복, 재정 확충, 언론 개방, 인재 등용 등의 시급한 과제를 제시하였다. 당대 정치 위기에 대한 민간 지식인의 문제의식과 개혁 구상을 엿볼 수 있는 자료이다.[03]

『秘訣』은 조선 후기 민간에서 유통된 각종 비결서와 예언서 일부를 발췌·편집한 한문 필사본으로,『救荒撮要』와 합본되어 있다. 『秘訣』 속표지에는 '甲五八月'이라 표기되어 있어 1894년 편찬된 것으로 추정되며, 본문은 '補心經','秋水齋蓮菴道士記','鄭北窓棟樑記','浪仙子記','土亭記','牛腹洞記','辟穀方','十勝地','三吉地','二明堂'으로 구성되어 있다. 합본으로 된『救荒撮要』는 속표지에 '乙未九月'이라 표기가 있어 1905년 편찬된 것으로 보인다. 송시열의「救荒撮要序」의 뒷부분 일부가 수록되어 있고 본문에 굶주려 죽기 직전의 사람 구제방법인 '飢困將死人救活法' 등과 신속

03 곽신환,「漆室問答」,『한국학 자료 해제』, pp.203~204.

이 쓴「新刊救荒撮要跋」, '雜物食法' 등
굶주림을 견디는 음식 만드는 법이 담긴
「救荒補遺方」이 수록되어 있다. 말미에는
『救荒撮要』를 기근에 활용하도록 하자는
건의와 기근으로 죽게 되었을 때 처치법
이 짧게 수록되어 있다. 사회 불안기 민중
의 심리와 생활 대응 방식을 보여주는 자
료로서 활용 가치가 높다.[04]

『內務衙門訓示』

　　둘째, 정부 측 자료로는 갑오개혁 시
기부터 광무년간에 이르는 정치·행정 문서가 포함된다. 갑오개혁
당시 박영효 내무아무대신의 훈시로 추진하고자 했던 근대적 개
혁의 구체적 실천방안이 제시된『內務衙門訓示』(1895, IA2020), 정부
문서로 법부협판 겸 고등재판소 판사 권재형이 법부대신 이범진
에게 명성황후 시해사건을 보고한『開國五百四年八月事變報告
書』(1895, IA0891), 1895년부터 1898년까지 의정부 및 내각에서 군부
등 각 부와 주고 받은 조회와 지령 96건을 모아 편찬한『政府內閣
照會』(1895-1898, IA1914), 광무년간 실시된 지방에서의 양전사업 실
시 과정이 담긴『勅令章程訓令』(1900, IA1594), 1901년도 정부의 세
입 세출 총액예산안인『光武四年歲入歲出總豫算表』(1900, IA2054),
1903년 고종 상소문 3편과 내부대신 수신 편지, 각국 공사관 발송
공문 등을 모아 수록한『瓊牘』(1903, IA1815)이 있다. 광무년간의 정
치적 격변과 대한제국 정부의 경제정책, 외교의 일면을 살펴볼 수

04　김태완,「秘決」,『한국학 자료 해제』, p.272~276.

있는 자료이다.

『內務衙門訓示』는 1895년 3월 내무아무대신 박영효가 근대개혁의 구체적 실천 방안을 제시한 훈시이다. 총 10면의 국한문혼용 연활자본으로,「九道五都各邑」과「訓示條目」두 부분으로 이루어져 있다. 서문에 해당되는「九道五都各邑」에는 독립적인 정치의 기초를 세우고 제도 혁신과 인민의 문명개화의 필요성을 설명한 후 폐단 제거, 인민의 행복 증진을 도모하고자 각 읍의 지방관에서 훈시를 내리게 되었음을 밝히고 있다. 88개 조로 이뤄진「訓示條目」에는 부국강병, 정치·행정적 개혁, 민권 향상, 사회 개혁, 민의 문명개화 등과 관련한 실천방안이 담겨있다. 대외관계, 지방통치, 신분제도, 교육문제, 여성문제 등 전반에 관한 개혁 조항을 담고 있다.[05]

『開國五百四年八月事變報告書』는 1895년 명성황후 시해사건 관련 보고서이다. 법부협판 겸 고등재판사 판사 권재형이 1896년 4월 15일 법부대신 이범진에게 명성황후 시해사건을 조사하여 보고한 기록이다. 표지에 '價二十五錢'이라 기입되어 있어, 정부 측에서 을미사변과 관련한 내용을 연활자본으로 인쇄하여 판매했음을 알 수 있다. 앞부분에 三浦梧樓 등 시해사건에 관련된 일본인들을 예심한 히로시마재판소의「朝鮮事件豫審終結決定書」를 수록하고 시해사건 관련 내용을 일자별로 상세히 기술하였다. 권재형이 보고 말미에서 "을미 8월 20일 사변에 관한 사실을 여러 관원과 같이 고등재판소에서 사핵하고 보고서도 자세히 조사하여 사실과 추호

---

05   차선혜,「內務衙門訓示」,『민족운동 자료 해제』, pp.426~427.

도 다름이 없음을 확신한다"고 하며 끝
맺었다.

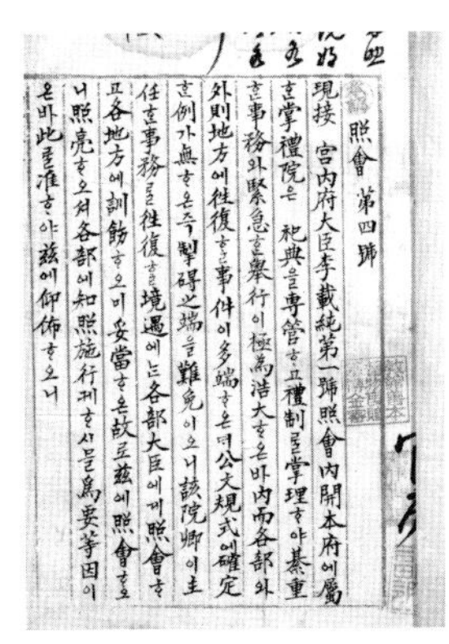

『政府內閣照會』

　『政府內閣照會』는 1895년 4월부터
1898년 8월까지 의정부와 내각에서 군
부에 보낸 공문을 편철한 문서철이다.
국한문 필사본으로 조회 39건, 지령 54
건, 칙령 1건, 훈령 1건, 통첩 1건이 수록
되어 있다. 조회는 내각에서 군부에 관
보 게재 내용을 요청하거나 또는 칙주임
관 성명과 이력서를 요청하는 등의 업무 사항을 통보하는 내용이
다. 지령은 군부에서 청의한 사안에 대한 내각의 결정내용이다. 예
컨대 각종 군제 개혁 조치, 을미의병을 진압하기 위한 조치 등이 수
록되어 있다. 훈령은 무관의 복제 규정 통지 내용이고 칙령은 친위
대의 관등과 직명, 인원수를 개정하는 내용이다. 당시의 군제 개혁
과 군부의 동향을 파악하는 데에 유용한 자료이다.[06]

　『勅令章程訓令』은 1900년 양지아문 총재관 조병식·박정양·
심상훈이 경상남도 양무감리에 보낸 세 건의 훈령을 필사한 자료
이다. 5월 18일 훈령은 경상도 양무위원으로 민기훈과 김성수를 파
견하여 양전 상황을 보고하고 시행하라는 내용이며, 6월 9일자 훈
령은 양지아문 총재관의 직위와 역할, 양전사업 10조항을 포함하
고 있다. 7월 19일 훈령에는 양전사업의 책임이 중대하니 착오 없
이 시행하라는 지시와 주의사항이 구체적으로 명시되어 있다. 경상

06　차선혜, 「政府內閣照會」, 『민족운동 자료 해제』, pp.427~429.

도 양전사업의 실시 과정을 이해하는 데에 유용한 자료이다.[07]

　『光武四年歲入歲出總豫算表』는 광무4년(1900년) 대한제국 정부의 세입·세출 총예산을 기록한 문헌이다. 의정부 참정 김성근, 내부대신 이건하, 탁지부대신 조병직, 군부대신 윤웅렬, 법부대신 권재형, 학부대신 민상호, 농상공부대신 이종건, 의정부 찬정 민종묵·이윤용, 의정부 참찬 이재극 등의 명의로 작성되었다. 본문에는 「光武四年度歲入豫算說明書參考書」와 「光武四年度歲出算說明書參考書」가 상세히 수록되어 있다. 내부, 외부, 탁지부, 군부, 법부, 학부, 농상공부, 중추원, 양지아문, 표훈원의 세입과 세출 항목이 자세히 기입되어 있다.

　『瓊牘』은 고종 재위기 한성 주재 각국 공사관과의 외교 문서, 상소문, 서한 등을 수록한 필사본으로, 작성자 불명의 필사자 여러 명에 의해 편집되었다. 전체 구성은 3편의 상소문과 「내부대신 각하에게 보내는 편지」, 「硏古堂에게 답하는 편지」, 그리고 한성 주재 각국 공사관에서 당국에 보내는 공식 문건들로 이루어져 있다. 상소문은 순비 엄씨의 황후 책봉을 건의하는 내용이다. 한성 주재 각국 공사관에서 보낸 문서는 주로 여권과 면세품 통관, 우편물, 국내 여행 관련과 관련하여 공사관 측의 요구사항과 각국에서 요청한 사항에 대한 보고가 주 내용이다. 러시아공사관 발행 문건이 많은 것이 특징이다.[08]

　『大韓光武十一年歲次丁未明時曆』(1907, IA1660)은 대한제국기

07　차선혜, 「勅令章程訓令」, 『민족운동 자료 해제』, pp.430~431.

08　곽신환, 「瓊牘」, 『한국학 자료 해제』, pp.150~152.

공식 역서인 『明時曆』의 1907년도 판본으로, 1896년부터 1908년까지 대한제국 정부가 채택한 국가 공식 달력이다.

『明時曆』은 기존 『時憲書』의 명칭을 변경한 것으로, 본 자료에는 1907년도 각 월의 역면(曆面)이 수록되어 있으며, 국가와 왕실의 제례일, 경절일 등이 표시되어 있다. 표제는 '大韓光武十一年明時曆'이며 목판으로 인쇄되었다. 대한제국기 국가 시간 체계 및 왕실 의례와 관련된 제도 운영을 이해하는 데 중요한 사료이다.

『大韓光武十一年歲次丁未明時曆』

『學部關係諸書類』(1908~1910, IA3890)는 통감부 시기 학부에서 생산된 각종 공문과 교육 관련 자료를 편철한 문서철로, 근대 교육 제도가 식민지 교육 체제로 이행되는 양상을 추적해볼 수 있는 중요 자료이다. 1908년~1910년에 작성된 학부 관련 부달·칙령·조회·학부령 등과 통계자

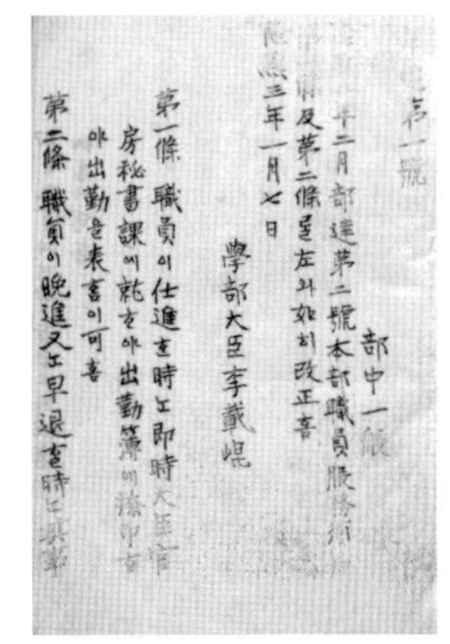

『學部関係諸書類』

료, 농업 및 실업 교육에 관한 자료, 창가집 등 교육 관련 자료 등이 수록되어 있다. 부달 제1호 직원복무수칙 개정, 제2호 학부입직규정 개정, 객사 사용에 관한 조회, 칙령 50호 향리이정에 관한 건, 학부령 제2호 향교재단관리규정 개정 등과 각 부도별 관공립학교 및 사립학교 수와 직원 생도 수, 1909년 장로교·감리교 교육사업, 1910년 실업학교 입학지원자 관련 등 당시의 교육상황에 관한 각

종 통계자료가 수록되어 있다. 「재한 외국인 기독교회 선교사 씨명 일람」에는 한국에서 활동하는 선교사들의 국문명과 영문명이 병기되어 있다. 이 외에 「농업교육에 관한 사건」, 「보통교육 창가집」에는 가사 39수가 수록되고 1910년 9월 8일 학부 본청에서 열린 다화회 출석자 명단도 포함되어 있어 시대 분위기와 교육 관료 조직의 내부 문화를 엿볼 수 있다.

『約章合編』下(1898, IA1599)는 1876년 이래 조선이 외국과 체결한 각종 조약과 장정을 외부에서 편찬한 자료로, 개항기 조선의 대외관계를 이해하는 데 필수적인 자료이다. 순한문 고활자본으로, 2책으로 구성된 『約章合編』 가운데 하권에 해당한다. 주요 수록 내용은 1888년 러시아와의 육로통상장정, 1892년 오스트리아와의 수호통상조약, 1884년 인천제물포각국조계장정, 1897년 증남포·목포 각국 조계 장정 등이며, 이어 한일세칙, 각국세칙, 세칙장정 등의 순으로 구성되어 있다. 조선의 통상조약 체결 과정과 조계 설정, 조세 규정 등 국제관계 및 경제사 관련 사항을 집약한 자료라고 할 수 있다.

한편 하급기관에 명령이나 지시를 내리기 위한 행정문서의 일종인 '甘結' 문서도 확인된다. 대표적으로 탁지부대신 박정양이 작성한 『甘結』(1904, IA0336), 안성군수 이호준이 작성한 『甘結』(1906, IA4805) 등이 있다. 대한제국기 관료제의 문서 전달 방식과 행정 체계를 보여주는 자료이다.

셋째, 민간 사회단체 관련 자료가 있다. 개항 이후 서구 문물의 유입과 함께 상업 활동이 활발해지면서 상인 이익단체 및 계몽단체의 조직화도 본격화되었다. 동아개진교육회의 설립 목적과 조직 운영, 상무 활동의 성격을 파악할 수 있는 『東亞開進教育會主旨』(1906, IA2019)와 『東亞開進教育會商務細則』(1908, IA2011), 대한상무조합본부의 장정과 규칙 등이 수록된 『大韓商務組合本部章程』(1908, IA2006), 운반 중에서 발생하는 약탈, 살상 등의 문제를 해결하기 위해 제정한 『　』(1902, IA0433)이 있다. 근대 최초의 정치사회단체인 독립협회의 규칙과 부칙을 묶은

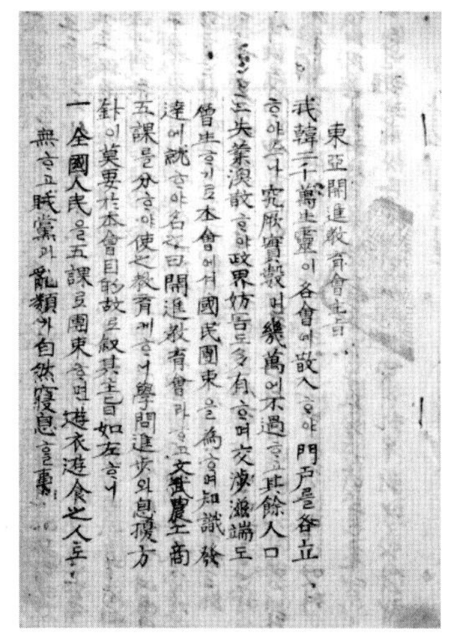

『東亞開進教育會主旨』

『獨立協會附則』(1898, IA2055)은 독립협회의 조직 운영과 회원 관리 현황 등을 파악할 수 있는 자료이다.

　『東亞開進教育會主旨』는 1905년 7월 보부상 중심의 애국계몽단체인 동아개진교육회의 설립 취지를 기술한 자료로, 「東亞開進教育會主旨」와 「規則續編說」, 「東亞開進教育會規則續編」이 합철된 순한문 필사본이다. 10장으로 되어 있다. 주지는 회의 목적과 3개 조항, 즉 "전국 인민을 五課(農·工·商·學·兵-필자 주)로 단속하면 하는 일 없이 놀면서 입고 먹는 자가 없어지고 賊黨이 자연히 사라질 것, 총준자제를 교육하여 각 과 실업을 성취한 후 30도 각 군에 파송하여 해당 지방 인민을 교육하여 문명 진척을 이룰 것, 회원은 환란상구하며 수망상조할 것"으로 되어 있다. 규칙속편에는 지회장과 분회장의 역할, 회원 관리 등에 관한 17개 조항이 기술되어 있다. 동아개진교육회의 설립 목적과 조직 운영 등을 살펴볼 수 있는

자료이다.[09]

1908년 작성된 『東亞開進教育會 商務細則』은 당시 법무대신 조중응과 정3품 윤석천의 서문과 제1장 임원 및 직장, 제2장 처벌조례, 제3장 지방상민조칙조례와 부칙으로 구성되어 있다. 부칙은 각 지방 지회, 사무장, 左右團 公事員·掌務員, 공문도장, 상민 빙표, 입회금 등에 관한 내용이 기입되어 있다. 마지막에 회장 조중응을 비롯한 임원 34명의 직책과 이름이 있고 「左右團所屬物種件」이라는 제목으로 어염 등 '좌단 물종' 13종, 포(布) 등 '우단 물종' 15종이 수록되어 있다. 동아개진교육회의 실질적인 상업 활동의 범위를 파악할 수 있다.

『大韓商務組合本部章程』은 1908년 12월 대한상무조합본부에서 간행한 소책자로, 순한문 연활자본 5장으로 되어 있다. 내용은 순한문의 '大韓商務組合序'와 국한문의 '大韓商務組合本部規則'이 제17조로 되어 있다. 이와 함께 조합 임원으로 부장 이학재와 감독 서긍순 등 3인, 그리고 부사무, 보좌원, 공사원, 장무원, 회계원, 집사 등 명단이 수록되어 있다. 서문에서 조합의 규정을 세워 상민이 일치단합하고 실업 발달을 통해 문명의 세계로 나아감으로써 상민의 행복을 도모하고자 하는 조합의 취지를 밝히고 있다. 규칙 17조에는 조합의 명칭, 목적, 임원 수, 임원의 직무, 조직, 상민의 빙표, 조합원, 조합 사무 등에 관한 내용이 담겨 있다. 마지막으로 木物, 토기 등 左商 소관 품목 13개, 금은동철 등 右商 소관 품목 13개가 기술되어 있다.

09 차선혜, 「東亞開進教育會主旨」, 『민족운동 자료 해제』, pp.432~433.

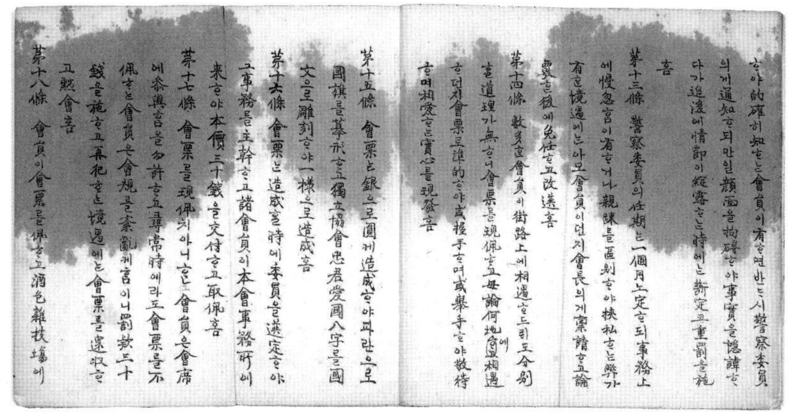

『獨立協會附則』

『運船會社章程』은 1902년 운선회사와 관련된 규정을 정리한 것으로 서문과 23조목으로 구성되어 있다. 총 6면 순한문 연활자 본이다. 이 장정은 운선의 약탈과 인명 상살 문제를 해결하기 위해 칙교로 만들어졌다. 제1조에 운선회사를 본청에 설치하고 권임 6명과 순검 44명을 선발하여 수상경찰 업무를 전관토록 하고 있으며, 나머지 조항도 경찰의 업무 지침 조항과 상업 보호와 관련된 내용으로 구성되어 있다. 운선회사의 운영과 관리에 관한 규정이라기보다는 운선회사를 보호하기 위한 취지에서 제정된 규정이라 할 수 있다.

『獨立協會附則』은 우리나라 최초의 근대 정치단체인 독립협회의 부칙이다. 국한문 필사본으로, 총 10면에 31개 조항이 수록되어 있다. 독립협회 회원의 불법적 행위를 규제하기 위해 1898년 3월 본래의 규칙 외에 부칙을 마련한 것이다. 제1조는 독립협회의 규칙 23조에 의해 회원 과반수 이상의 합의로 부칙을 마련했다는

『湖西募義錄』표지와 본문

내용이다. 제2조부터 13조까지는 사찰위원, 사법위원, 경찰위원에 관한 조항으로 회원 관리에 관한 내용이며, 제14~18조는 회표 관련 조항이다. 이 외에 회원 징계 및 보호, 회비, 통상회원과 명예회원에 관한 조항이 수록되어 있다. 독립협회의 조직 구성과 운영, 회원 관리 현황 등을 파악하는 데 유용한 자료이다.[10]

다음으로 을미사변을 전후한 의병활동과 관련된 자료가 있다. 『湖西募義錄』(1895, IA1262)은 갑오농민전쟁 당시 충청도 지역에서 동학항쟁의 기치를 내건 의병의 봉기 배경과 전개 상황을 파악할 수 있는 자료이다. 1895년과 1896년 홍주의병에 참여한 임한주가 보고 느낀 것을 토대로 저술한 『洪陽紀事』(1896, IA0375)가 있다.

『湖西募義錄』은 갑오농민전쟁이 일어났을 때 충청도 지역에서 동학에 대항하는 의병들의 궐기를 호소한 내용이 담겨 있다. 총

10   차선혜, 「獨立協會附則」, 『민족운동 자료 해제』, pp.429~430.

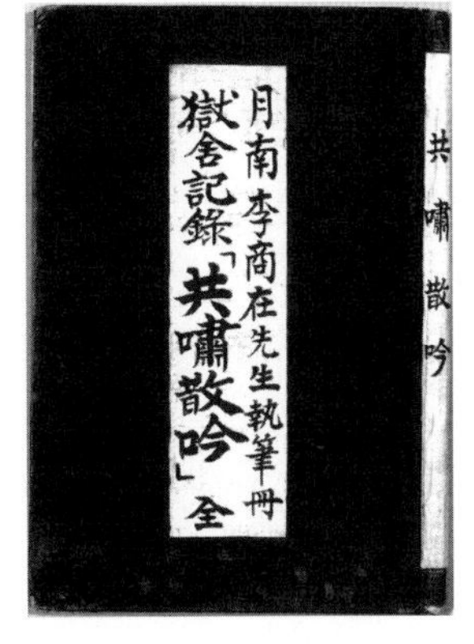

『共嘯散吟』표지와 본문

35장의 국한문 필사본으로, 의병 참여를 촉구하는 「募義錄」과 각 지역과 관군에 보내는 「通文」,「跋文」,「匪所語錄」으로 구성되어 있다. 「募義錄」은 의병통령 윤치소가 이끄는 의병이 관군과 함께 충청도 지역에서 동학군과 벌인 전투 상황이 자세히 기록되어 있다. 中軍으로 참여한 유상하가 기록하였다. 「通文湖西列邑」,「告示義兵文」,「通湖西列邑」은 동학세력에 대항하기 위해 의병을 일으키거나 참여하기를 호소하는 내용이고 기타 榜文, 편지, 의병활동 보고문 등이 수록되어 있다. 마지막의 「匪所語錄」은 유상하가 격문을 책으로 엮은 것에 대한 술회를 기록한 것이다.[11]

『洪陽紀事』는 일본군이 자행한 명성황후 시해에 분개하여 1896년 1월 홍주에서 봉기한 의병 활동을 기록한 자료이다. 권두에 서명 '洪陽紀事'가 기재되어 있고, 다음 행에는 '彭城林翰周公羽

11　곽신환, 「湖西募儀錄」, 『한국학 자료 해제』, pp.194~195.

著'라는 저자명이 확인된다. 한말 의병활동과 일제강점기 독립운동을 전개한 임한주가 홍주에서 항일투쟁을 벌인 내용을 기록한 것이다. 명성황후 시해사건에 대한 반발로 촉발된 의병 봉기와 을사늑약으로 촉발된 홍주 지역의 의병활동이 상세히 기록되어 있다. 총 31장의 순한문 연활자본으로 인쇄되었다. 권말에 안동 김노동의 '續記'와 '跋'이 수록되어 있다.

한편 『共嘯散吟』(1902~1904, IA2494)[12]은 대한제국기 정치적 혼란 속에서 투옥된 월남 이상재의 옥중 기록이다. 표제는 '共嘯散吟 全'이고 표지 다음 면에 의금부 및 의금부옥사의 약도가 그려져 있다. 그 다음 면에는 1902년 6월부터 1904년 3월까지 '大韓帝國典獄署鐘路監獄 獄中著述及筆蹟'이라고 표기되어 있다. 이상재가 1902년 개혁당 사건에 연루되어 의금부 감옥에서 3년간 옥살이하던 시기에 집필한 것으로 「論俄人虐殺猶太人」 등 논설 5편과 성서공회에 보내는 편지 등 서간문 4편, 「忠淸道儒生白樂寬上疏草」 1편, 옥사 동지들과 주고받은 시 43수가 수록되어 있다. 이상재의 대외정세 인식과 국가관, 문명관, 종교관을 엿볼 수 있는 귀중한 자료이다.

---

12 한국기독교박물관은 2012년 이 자료를 영인 해제하여 『월남 이상재의 獄舍記錄 共嘯散吟』(168면)으로 간행하였다.

2) 근대 교과서

근대 교과서는 대한제국 시기 학부에서 간행한 역사, 지리, 자연과학 분야의 교과서들로, 주제별로 구분한 것이다. 서양의 근대 지식이 유입되고 근대적 교육기관이 설립됨에 따라 신문화운동이 점차 활기를 띠게 되었고, 이와 함께 근대 출판문화 역시 급속도로 발전하였다. 특히 근대 교육에 필요한 교과서 간행은 정부 주도뿐 아니라 민간 차원에서도 다각도로 이루어졌다.

초기 근대 교과서는 1883년 최초의 근대교육기관으로 설립된 원산학사의 교과목 편성을 통해 유추해 볼 수 있는데, 원산학사에서는 산수, 격치, 기기학, 농학, 양잠, 광물학, 만국공법, 지리, 법률, 외국어 등을 교과목으로 채택하였다고 한다. 그렇지만 해당 교육과정에서 실제 사용된 교과서의 실물은 전해지지 않아 구체적인 내용을 파악하기 어렵다.

본격적인 근대 교과서 간행은 1894년 갑오개혁을 계기로 근대적 교육제도가 도입되면서 정부 주도로 이루어졌으며, 1895년 우리나라 최초의 관찬 교과서인 『國民小學讀本』이 간행되었다. 학부 편집국은 교과서 편찬과 보급에 주력하였고,[13] 이후 『萬國略史』, 『地璆略論』, 『輿載撮要』, 『朝鮮歷代史略』, 『新訂尋常小學』, 『萬國地誌』, 『朝鮮略史』, 『四禮須知』 등 다양한 교과서를 간행하였다. 학부는 이러한 교과서를 통해 유교 경전 중심의 전통 교육에서 벗어나 지리, 수학, 물리, 박물, 화학 등 실용적이고 과학적인 지식을

---

13   한명근, 앞의 글, pp.20~22 참조.

보급하고자 했다.[14]

한편 개화기 근대 교과서의 발전은 정부 주도와 민간 주도로 양분되었다. 정부는 학부 편집국을 통해 교과서의 편찬과 번역, 검정 등을 관장하였다. 당시 반포된 소학교령, 중학교규칙 등에 따라 학부대신의 검정을 거친 민간 교과서의 사용도 허용되었으나, 통감부 시기에는 보통학교령, 사범학교령, 고등학교령에 의해 학부대신이 인가한 교과서만을 사용할 수 있도록 제한되었다.

정부 주도의 교과서 편찬이 일제의 식민지 교육으로 추진된 한계가 있었기 때문에 민간에서는 애국계몽학회와 교육회, 기독교계를 중심으로 독자적인 교과서 간행이 활발하게 이루어졌다. 그러나 일제는 1908년 사립학교령을 제정하여 애국계몽단체 등에서 설립한 사립학교를 관리하였고 검정규정을 통해 사립학교에서 사용하는 교과서에 대한 통제를 강화하였다.[15] 민간 주도의 교과서 편찬은 독립의식을 고취한다는 이유로 엄격한 제한을 받게 되었다. 예컨대 『月南亡國史』, 『幼年必讀』 등은 발매 및 배포 금지 처분을 받았다.

민간 주도의 교과서 편찬은 국민교육회와 휘문의숙의 휘문관, 보성학교의 보성관과 같은 사립학교와 황성신문사, 기독교계 학교를 중심으로 이루어졌다. 국민교육회는 일제의 교육 식민화를 저지하기 위해 설립된 애국계몽학회로, 근대학교의 교사 부족문제를 해결하기 위해 사범학교 속성과를 설립하고, 1906년 『新撰小物理

14　김봉희, 「개화기 번역서 연구」, 『근대의 첫 경험』, 이화여대 출판부, 2006, pp.61~62.
15　박종석, 『개화기 한국의 과학교과서』, 한국학술정보, 2007, pp.60~75.

學』,『大東歷史略』,『初等小學』을, 1907년『初等地理敎科書』,『新撰小博物學』등을 국한문 혼용체로 편찬하였다.

보성관은 1906년 보성학원의 교재출판 전문기관으로, 설립자는 이용익이다. 자체적으로 10여 명 이상의 전문 번역원을 두고 자연과학 분야의 교재뿐 아니라 애국계몽서적을 다수 번역 출판하였다.[16]

1900년대 들어서는 기독교 학교가 교과서 편찬의 중심 역할을 담당하였으며, 수학, 천문지리, 동·식물학, 물리·화학 분야의 교과서가 압도적으로 많았다. 대표적인 교과서로 스크랜튼이 지은『地璆略論』(1894, IA2370)과 헐버트가 지은 세계지리 교과서인『ᄉ민필지』(1895, IA3861), 이화학당에서 발행한 한국 최초의 생리학 교과서『전톄공용문답』(1899, IA0066), 평양 숭실 설립자인 베어드(W. M. Baird, 裵緯良) 선교사 부부가 교과용 도서로 발행한『동물학』(1908, IA0141),『싱리학초권』(1908, IA0380),『식물도셜』(1908, IA0138),『텬문략히』(1908, IA3107)가 있다.

특히 박물관 소장 교과서 중 1906년 제중원에서 등사본으로 발행한 해부학과 생리학 교과서는 매우 귀중한 자료이다.『히부학』권 一·二(1906, IA0795·IA0136)는 한글로 펴낸 최초의 해부학 교과서로 학술적 가치가 매우 높다. 해부학과 같은 시기에 출판된 것으로 추정되는 생리학 교과서『生理學』仁·義·禮·智·元·亨·利·貞 등 총 8권(IA0127~IA0134) 역시 한글로 된 생리학 교과서의 효시이다.

16　권두연,「보성관(普成館)의 출판 활동 연구」,『현대문학의 연구』44, 현대문학연구학회, 2014 참조.

　그 밖에 서양인과의 교제 예법에 관해 다룬 학부 간행의 『西禮須知』(1902, IA3095)와 정인호가 편찬한 국어교과서 『初等小學』(1907, IA6647)은 애국심과 자주독립을 강조한 계몽도서의 성격을 지니고 있었다. 통감부 시기 간행된 『新訂東國歷史』(1906, IA2634·2638), 『大韓新地誌』(1907, IA2636·IA2641) 등 역사지리 관련 교과서는 서세동점이라는 국가적 위기상황에서 자국사의 이해를 통하여 자강 독립의식을 고취하기 위한 목적으로 발간되었다.

　다음은 박물관에서 소장하고 있는 개화기 및 일제강점기에 간행된 근대교과서를 영역별로 분류한 것이다.

구분	자료명	저자	발행처	간행연도	언어	면수	비고
① 수신	『西禮須知』 (IA3095)		학부 편집국	1896	한문	38면	
	『셔례슈지』 (IA0379)		학부 편집국	1902	한글	52면	
	『初等小學』卷三 (IA6647)			1907	국한문	30면	
	『中等修身敎科書』 (IA2626)		徽文義塾 편집부	1907	국한문	88면	2권 1책
	『高等小學修身書』 (IA2625)		徽文義塾 편집부	1907	국한문	92면	
② 국어	『高等小學讀本』 卷一 (IA2649)		徽文義塾 편집부	1907	국한문	76면	
③ 한문	『普通學校學徒用 漢文讀本』卷四 (IA2631)	三土忠造 편찬	학부 편집국	1908	한문	61면	박문관 인쇄
	『文章指南』 (IA0403)	박은식·장지연 교열, 최재학 편찬	휘문관	1908	한문	107면	

	자료명	저자	발행처	발행연도	표기	면수	비고
	『普通學校漢文 讀本;第五學年用』 (IA2621)		조선총독부	1923	국한문	50면	
	『中學漢文語 法の講義と白 文の練習』 (IA2632)	德重仲次 저	日淸印刷株式 會社	1924	일한문	495면	
④ 역사	『태셔신사』상·하 (IA1659·2492)		학부 편집국	1896 ~1897	한글	112장 ·61장	
	『俄國略史』 (IA4011)		학부 편집국	1898	국한문	34장	
	『新訂東國歷史』 卷一1·二 IA2634,2638)	원영의·柳瑾 共纂	徽文義塾 편집부	1906	국한문	166면 ·148면	
	『幼年必讀釋義』 卷一·二·三 (IA0353)	현채 편술		1907	국한문	246면	역사지리 교과서
	『幼年必讀釋義』 卷四(IA3912)	현채 편술		1907	국한문	124면	
	『初等本國歷史』 (IA2647)	柳瑾 저	휘문관	1908	국한문	60면	
	『中等教科 東國史略』 (IA6892)	현채 著譯		1908	국한문	411면	
	『國民讀本』 (IA6658)	현채 저	在美韓人少 年書會	1909	국한문	296면	
⑤ 심리학	『心理學教科書』 (IA0269)	김하정 譯述	보성관	1907	국한문	142면	
⑥ 수학	『算術新書』一·二 (IA2639·2640)	이상설 편역	학부 편집국	1900	국한문	134 ·140면	2권 2책
	『新訂算術』上 (IA4007)	이교승 저		1901	국한문	84면	
	『新訂算術』三 (IA6889)	이교승 저, 양재건 편집		1906	국한문	104면	
	『精選算學』 (IA2646)	남순희 편	漢城書籍組合	1907	국한문	284면	학부 검정 교과서
	『심산초학』 (IA0274)	Susan. A. Doty 저	Methodist Publishing House	1905	한글	90면	

	『산학신편:초등』 (IA2311)	밀러 편역, 오천경 찬술	예수교서회	1907	한글	173면	
	『산학신편:고등』 (IA2331)	Mrs. A. A. Pieters 편술	예수교서회	1908	한글	450면	
	『中等敎科 算術 新書』 (IA4010)	이상설 저	학부 편집국	1908	국한문	326면	
	『新訂敎科 算學通編』上·下 (IA0317·2637)	이명칠 저, 이교승 교열		1908	국한문	379 ·379면	
	『最新算術』上·下 (IA2617·2618)	金夏鼎 編, 오영근 교열		1908	국한문	206 ·192면	
	『普通學校敎 員用 算術書』卷四 (IA0328)		학부 편집국	1908	국한문	153면	
	『算術指南』上卷 (IA3902)	유석태 저	휘문관	1909	국한문	96장	
⑦ 천문 지리학	『輿載撮要』 (IA1595)	오횡묵 저	학부 편집국	1893	한문	63장	목판본
	『地璆略論』 (IA1876)		학부 편집국	1895	국한문	20장	
	『小學萬國地誌』 (IA1771)		학부 편집국	1895	국한문	91장	
	『亽민필지』 (IA4189)	헐버트(H. B. Hulbert) 저		1889	한글	161면	
	『萬國地誌』 (IA0417)		학부 편집국	1895	국한문	106면	
	『中等萬國地誌』 一·二 (IA6885·6886)	朱榮煥·盧載淵 번역, 현채 교열	학부 편집국	1902	국한문	230 ·182면	
	『大韓地誌』一 (IA0358)	현채 譯輯	학부 편집국	1899	국한문	132면	
	『大韓地誌』二 (IA0434)	현채 譯輯	학부 편집국	1906	국한문	108면	『大韓地誌』 一 재판본
	『初等大韓地誌』 (IA2633)	안중화 저술	휘문관	1907	국한문	37면	
	『大韓新地誌』 乾·坤 (IA2636·2641)	장지연 편찬	휘문관	1907	국한문	164 ·187면	

	『地球略論』 (IA0420)			대한 제국기	국한문	25면	
	『新編大韓地理』 (IA0355)	김건중 역술	보성관	1907	국한문	168면	
	『텬문략히』 (IA3107)	베어드 역		1908	국한문	206면	2권 1책
	『天文學』 (IA0401)	정영택 역	보성관	1908	국한문	256면	
⑧ 지문학	『新撰地文學』 (IA0422)	민대식 편술, 박정동 교열	휘문관	1907	국한문	128면	
	『中等地文學』 (IA0313)	윤태영 역술	보성관	1907	국한문	88면	
	『精選地文教科書』 (IA0280)	김동규 편찬, 유일선 교열	의진사	1909	국한문	142면	
⑨ 이과	『最新高等小 學理科書』卷一 (IA2651)	현채 번역 및 발행		1908	국한문	60면	
	『普通理科教科書』 (IA0352)	보성관 편집부 譯纂	보성관	1908	국한문	108면	
	『理科師生』卷壹 (IA3944)	옥연암 · 이각종 저		1909	국한문	104면	
	『最新高等 小學理科書』卷二 (IA2648)	현채 번역 및 발행		1910	국한문	68면	
⑩ 이화학	『初等理化學』 (IA0794)	이필선 · 진희성 共譯	보성관	1907	국한문	184면	
⑪ 물리학	『新撰小物理學』 (IA0349)	국민교육회 편찬	휘문관	1906	국한문	108면	
	『初等用 簡明物 理教科書』 (IA0304)	崔在學 역술, 박정동 교열	휘문관	1907	국한문	77면	
	『物理學初步』 (IA0435)	박일영 · 박원복 저, 유일선 교열	博文書舘	1908	국한문	62면	
	『改訂中等物理學 教科書』(IA3946)	민대식 편술	휘문관	1909	국한문	262면	
	『物理學』卷二 (IA1368)	-	-	1900 초기	국한문	114장	등사본

분류	서명 (자료번호)	저자	발행처	발행년	표기	면수	비고
⑫ 화학	『新編化學』 (IA0802)	안형중 역술, 현공렴 교열	普成館	1907	국한문	119면	
	『新選化學敎科書』 (IA0801)	유문상 편술	의진사	1908	국한문	136면	
	『신편화학교과서』 (IA2009)	김필순 번역, 에비슨(O. R. Avison) 교열	제중원	1909	한글	128면	등사본
	『新撰中等 無機化學』 (IA3940)	유진영·구자흥 共譯, 밀러 교정		1910	국한문	171장	
	『改訂近世化學』 (IA3968)	최규익 역	대한의원	1909	국한문	202장	
⑬ 박물학	『新撰小博物學』 (IA0436)	유성준 저	국민교육회	1907	국한문	122면	
	『新編博物學』 (IA3947)	이필선 역술, 申海容 교열	보성관	1907	국한문	49장	
	『新撰博物敎科書』 (IA0431)	無錫華文祺 저	上海文明書局	1902	한문	86면	
	『新撰博物敎科書』 挿畫本 (IA0423)	無錫華文祺 저	上海文明書局	1906	한문	18장	
⑭ 식물학	『식물도설』 (IA0716)	애니 베어드 편역		1908	한글	251면	
	『初等植物學』 (IA0413)	정인호 역술		1908	국한문	84면	
	『植物學敎科書』 (IA0432)	윤태영 역술	보성관	1908	국한문	133면	
	『植物學敎科書 附圖』 (IA0306)			1908	한문	66면	『植物學敎科書』의 부도
	『修正最近植物學』 (IA0426)	김동혁 저	博文書館	1921	국한문	148면	
⑮ 동물학	『動物學』 (IA0141)	애니 베어드 편역		1906	국한문	260면	
	『新編動物學』 (IA0940)	신해용 역술	普成社	1908	국한문	92면	
	『最新動物學問答』 (IA0424)	이관희 저, 장지연·이철춘 교열	황성신문사	1909	국한문	148면	

분류	서명	저자	발행처	발행연도	표기	분량	비고
	『中等動物學』 (IA0268)	박중화 저	휘문관	1910	국한문	272면	
	『젼톄공용문답 (全體功用問答)』 (IA0066)	페인(J. O. Paine)·프라이 (L. E. Frey) 번역	이화학당	1899	한글	34장	
	『中等生理學』 (IA3949)	金夏鼎 역	보성관	1907	국한문	62장	
	『中等生理學 附圖』 (IA0389)		보성관	1907	국한문	18면	
	『中等生理學』 (IA0326)	보성관 번역부 譯述	보성관	1908	국한문	153면	『中等 生理學』과 『中等 生理學 附圖』의 통합 개정판
⑯ 생리학	『生理學 仁 ·義·禮·智·元 ·亨·利·貞』 (IA0127~0134)		제중원	1905	한글	총585장	등사본, 8권 8책
	『싱리학』 (IA0135)	홍석후 번역, 에비슨 교열	제중원	1906	한글	88장	등사본
	『生理學初卷』 (IA0717)	애니 베어드 編譯		1908	한글	197면	
	『新編生理 學教科書』 (IA0282)	안상호 편찬	의진사	1909	국한문	175면 (본문)	
	『初等生理衛 生學大要』 (IA3959)	안중화 저	광덕서관	1909	국한문	60면 (본문)	
	『中等生理衛生學』 (IA4012)	임경재 번역, 민대식 교열	휘문관	1907	국한문	108면 (본문)	
⑰ 해부학	『히부학』 권一·二(1906, IA0795·0136)	김필순 번역, 에비슨 교열	제중원	1906	한글	148 ·155장	등사본 2권 2책

위 표에서 알 수 있듯이 개화기 교과서의 상당수는 대한제국 학부에서 발행되었고 민간 영역에서는 보성관과 휘문관에서 발행

한 교과서가 다수를 차지한다.[17] 또한 기독교계 교육기관에서도 교과서 발행이 활발하게 이뤄졌는데, 특히 수학·천문지리학 등 근대학문 분야가 주를 이루었다. 이들 교과서 대부분은 근대인쇄기술을 활용하여 연활자본으로 간행되었으나, 학문 도입이 늦은 일부 교과서는 등사본 형태로 제작되기도 했다.

① 수신용 교과서

『셔례슈지』,『西禮須知』,『初等小學』,『中等修身教科書』,『高等小學修身書』

대한제국 학부는 1896년 수신용 교과서 『西禮須知』(1896, IA3095)를 한문본으로 발행하였다. 이는 학부가 초기 교과서 편찬 시 상해의 광학회 등에서 간행된 한문 교과서를 편역한 것으로, 1902년에는 이를 다시 번역하여 한글본 『셔례슈지』(1902, IA0379)를 간행하였다. 서양과의 교류가 증가하는 상황에 대응하여 서양인과의 교제 예법을 상세히 설명한 교재이다. 본문은 총론, 친구 사귀는 법, 손님을 청하여 잔치하는 법, 친구 찾는 법, 친구와 수작하는 법, 담배 먹는 법, 의복 입는 법, 즐기는 법, 항용예절 순으로 구성되어 있다.

『셔례슈지』

『初等小學』卷三(1907, IA6647)은 1907년 국민교육회에서 편찬한 국어 교과서이다. 소학교 심

상과에 재학하는 10세 전후의 학생들을 대상으로 도덕적 함양과 지식적 발휘 및 역사, 지리, 풍속 등을 소개함으로써 국가와 관련된 사상을 주입, 각인시키려는 목적으로 발행되었다.[18]

『中等修身教科書』(1907, IA2626)는 1906년 휘문의숙 편집부에서 편찬한 중등학교 수신교과서이다. 1902년 초판의 재판본이며, 2권 1책 국한문 연활자본이다. 서문은 휘문의숙 설립자인 민영휘가 작성하였다. 권1의 본문은 '학생의 주의'(1~21과), '붕우에 대하는 주의'(22~25과), '가정의 주의'(26~30과)로 학생의 본분과 수학 태도, 친구의 의미와 협동, 가정의 가치 등을 주요 내용으로 다루었다. 권2는 '처세의 주의'(1~17과), '국가에 대하는 주의'(18~21과), '수덕에 관한 주의'(22~30과)로 구성되어 있어 처세와 국가, 수덕을 주제로 각종 덕목을 다루고 있다. 한국의 전통윤리와 근대 지식을 바탕으로 수신의 덕목과 애국정신을 고취시키는 내용을 담고 있으며, 1910년 11월 일제에 의해 금서로 지정되었다.

『高等小學修身書』(1907, IA2625)는 1907년 휘문의숙 편집부가 국한문 연활자본으로 발행한 중등학교 수신교과서로, 총 120과로 구성되어 있다. 1~24과까지는 태조고황제, 세종대왕 등 역사적 인물과 사건을 통해 역사의식을 고취하고자 했다. 이어 '학교에 대한 본무'(25~35과), '人에 대한 주의'(35~46과), '자기에 대한 주의'(47~63과), '덕성에 대한 주의'(64~86과), '수양에 대한 본무'(87~105과), '국민에 대한 주의'(106~120과) 순으로 구성되어 있다. 개인의 도덕적 수

---

18   김민재,「통감 시기 초등용 수신교과서의 내용과 성격 -「초등소학」과 「초등수신」을 중심으로-」,『초등도덕교육』제88집, 한국초등도덕교육학회, 2024, pp.119~120.

양, 학교생활, 인간관계의 윤리적 측면을 강조하며, 시대가 요구하
는 국민의식 함양과 윤리적 가치관을 형성하고자 했다. 이 교과서
역시 1910년 학부 불인가 교과서로 지정되었고,[19] 같은 해 11월 일
제에 의해 금서로 지정되었다.

② 국어 교과서

『高等小學讀本』

『高等小學讀本』 卷一(1907, IA2649)은
1907년 휘문의숙 편집부에서 편찬한 중등
학교용 국어 교과서이다. 휘문관에서 국한
문 연활자본으로 발행한 2권 2책 중 제1권
이다. 총 54과로 구성되어 있으며, 국가(1
과), 인민(2과), 대한(3과), 애국심(4,5과), 애국
의 實(6과), 충의(7과), 독립(8과) 등에 국가와
애국, 수양과 교육의 필요성. 민족의 자강,
자립을 강조하는 내용이 수록되어 있다.
1910년 학부 불인가 교과서로 지정되었다가 일제에 의해 발행 금
지되었다.

『高等小學讀本』 卷一

③ 한문 교과서

『普通學校學徒用 漢文讀本』,『文章指南』,『普通學校漢文讀本;第五學年用』,『中學漢文語

19　교과서의 학부 검정 및 불인가 관련 내용은 『신편한국사』 45, 국사편찬위원회,
　　pp.190~196을 참조하였다.

『普通學校學徒用 漢文讀本』卷四(1908, IA2631)는 통감부 시기 학부가 편찬하여 박문관에서 순한문 연활자본으로 인쇄한 보통학교 학생용 한문독본 교과서이다. 1907년 2월 초판 발행한 것을 1908년 12월 첨삭하여 재발행하였다. 대한제국 학부의 서기관이 편찬 작업의 책임을 맡았고『논어』등 중국 고전 텍스트를 바탕으로 충효와 우애, 인의, 절개 등 전통적 윤리관을 강조하였다. 통감부 이전 시기의 진보적 성격의 한문 독본들과 달리 수구적 경향이 뚜렷하게 드러나는 교과서로, 당대의 시대성과의 괴리를 보여준다.[20]

『文章指南』(1908, IA0403)은 박은식, 장지연이 교열하고 최재학이 편찬하여 1908년 휘문관에서 발행한 한문 교과서이다. 한국과 중국의 역대 문장가들의 글을 정선하여 중등학교 학생들이 학습할 수 있도록 구성한 한문 독본이다. 제1과 歐陽修의 '朋黨論'에서 제61과 劉禹錫의 '陋室銘'까지 총 61과가 107면에 걸쳐 수록되어 있다.

『普通學校漢文讀本;第五學年用』(1923, IA2621)은 1923년 조선총독부가 보통학교 제5학년 학생을 대상으로 발행한 한문 독본 교과서이다. 이 교과서는 1911년 이후 조선총독부가 발행한 한문 독본 계열에 속하며, 제2차 조선교육령 반포 이후 발행된 것이다. 총 73과로 구성되어 있으며, 간결한 주술 구조의 문장을 중심으로 충효,

---

20 임상석, 「統監府 發行 "普通學校 漢文讀本"의 성격과 배경」, 『대동한문학』 49, 대동한문학회, 2016, pp.77~80 참조.

도덕성, 근면, 위생 등 일상생활과 관련된 교훈적 내용을 담고 있다. 이는 제2차 교육령에서 제시된 "국민성 함양에 중점을 두고 도덕을 가르쳐 상식을 풍부하게 한다"는 학무국의 교과서 편찬 방침을 반영한 것이다.[21]

『中學漢文語法の講義と白文の練習』(1924, IA2632)은 德重仲次郎이 편찬하여 도쿄 일청인쇄주식회사에서 일한문으로 발간한 중등 한문 강의 교재이다. 제1편 '어법 강의', 제2편 '한문독해법', 제3편 '白文 연습'으로 구성되어 있다. 저자는 서문에서 '어법 강의'에는 한문 어법의 개요와 한문학 연습에 필요한 내용을 담았고, '백문 연습'에는 일본과 중국의 작품 가운데 학생, 특히 각종학교 수험생이 필독해야 할 연습문제를 수록했다고 밝히고 있다.

④ 역사 교과서

『태셔신ᄉ』,『俄國略史』,『新訂東國歷史』,『幼年必讀釋義』,『初等本國歷史』,『中等敎科東國史略』,『國民讀本』

『태셔신ᄉ』 상·하(1896~1897, IA1659·2492)는 대한제국 학부 편집국에서 발행한 서양사 교과서이다. 순국문 연활자본으로 인쇄되었으며 총 2책으로 구성되어 있다. 상권 권두에 '리제마티 번역, 청국 채이강 술고'로 되어 있는데, 이는 영국인 리제마티(李提摩太, Timothy Richard)가 영국에서 발행된 원저『The 19th Century: A History』를 번역하고 청나라 蔡爾康이 한역한 1895년『泰西新史攬要』(1895)를

---

21   정세현,「일본 식민지기 한국의 한문교육-2차 조선교육령기『普通學校漢文讀本』,『高等朝鮮語及漢文讀本』을 중심으로」,『漢文學報』 32-1, 2015, 우리한문학회, pp.314~320 참조.

순국문으로 번역·출간한 것임을 보여준다. 서문은 영국인 리졔마티가 1895년에 쓴 글을 번역한 것이다. 상권은 제1권 '구라파주 백년전 정형이라'에서 제13권 '새로 얻은 땅이라'까지, 하권은 제14권 '법국이 다시 군주를 세움이라'에서 제23권 '구라파주의 백성을 편안히 함이라'까지로 구성되어 있다. 개화기 서양의 역사와 근대 질서에 관한 지식을 접하고 익히는 데 영향을 준 대표적인 서양사 교과서이다.

『新訂東國歷史』卷1

　　『俄國略史』(1898, IA4011)는 학부 편집국에서 발행한 러시아 역사서로, 국한문 연활자본으로 인쇄되었다. 속표지에 '英人闕斐迪 著述中抄譯'이라고 하여, 영국인 闕斐迪이 저술한 러시아사에서 발췌하여 번역했음을 알 수 있다. 장과 절의 구분 없이 '俄國略史'라는 제목 아래 68면 소책자로 편집되었다. 862년 루리크(魯立克) 왕조의 탄생부터 1854년 크림전쟁에서 패배할 때까지 러시아 역사가 간략하게 수록되어 있다. 개화기 조선의 러시아에 대한 관심과 인식을 살펴볼 수 있는 자료이다.

　　『新訂東國歷史』 卷一·二(1906, IA2634·IA2638)는 개화지식인 원영의와 류근이 공동으로 편찬하여 휘문의숙에서 간행한 초등용 역사교과서이다. 단군조선부터 고려시대까지의 역사를 편년체로 서술하였다. 권1에 '檀君朝鮮紀', '箕子朝鮮紀', '三韓', '三國', '新羅紀', 권2에 '高麗紀上', '高麗紀下'가 수록되어 있다. 교열을 맡은 장지연은 서문에서 "역사는 교육의 宗旨이고 국민 계발의 근본이며, 우승열패의 경쟁시대에 자국의 역사를 배움으로써 조국 정신

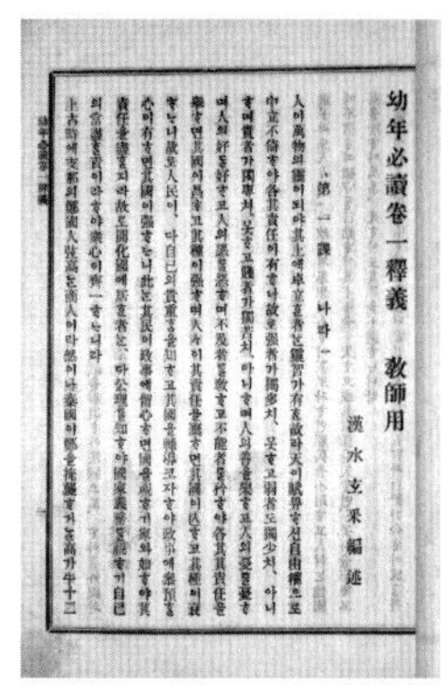

『幼年必讀釋義 敎師用』卷一

을 환기하고 애국의 血性을 배양해야 한
다"고 하며 역사교육의 중요성을 강조하
였다. 이 교과서는 1910년 학부 불인가 교
과서로 지정되었고, 일제는 그 내용이 교
육용 도서로 적합하지 않다고 하여 금서
로 지정하였다.[22]

　『幼年必讀釋義 敎師用』은 1907년 현
채가 편술하여 4권 2책으로 발행한 초등
학교용 교과서 『幼年必讀』의 교사용 참고
서이다. 『幼年必讀釋義 敎師用』卷一·二·三(1907, IA0353)의 표제는
'幼年必讀釋義 上'이고 『幼年必讀釋義 敎師用』卷四(1907, IA3912)의
표제는 '幼年必讀釋義 下'이다. 卷 一·二·三에서는 한국 역사와
주요 위인, 근대 국민국가의 정치 원리, 한국의 역사지리에 대해 소
개하였고, 卷四에서는 한국과 세계의 역사, 지리, 인물, 고사 및 월
망 망국사 등의 사례까지 다양한 내용이 담겨 있다. 저자는 서문에
서 천자문에서 통감에 이르는 구학문에 대한 비판 위에 인간 자주
의 확립과 애국심의 고취를 목적으로 하였음을 밝히고 있다.

　『初等本國歷史』(1908, IA2647)는 유근이 저술하고 안중화와 장지
연이 교정을 하여 휘문관에서 1908년 인쇄한 초등 역사 교과서이
다. 시대를 上古, 中古, 近古, 國朝로 나누어, 상고는 단군, 기자, 위

22　일제는 한국의 자주독립이나 민족주의를 배양하는 애국교과서를 불온도서로 분류하여
　　학교에서 교과서로 사용하지 못하게 하였다. 불인가 교과서는 역사교과서를 비롯해 수
　　신·국어·지리교과서가 대부분이었다(이명화, 「일제 강제합병 이데올로기와 식민지교
　　육정책」, 『한국독립운동사연구』39, 한국독립운동사연구소, 2011, pp.105~106 참조.

만, 삼한, 봉건시대로 구분하였고, 중고는 신라, 고구려, 백제, 가락, 발해, 태봉, 견훤으로, 근고는 고려, 국조는 本朝로 구분하였다. 저자 유근은 황성신문을 창간하여 독립정신을 알리는 데 힘썼고 장지연의 ‘是日也放聲大哭’의 후반부를 마무리하고 인쇄·배포한 인물로도 잘 알려져 있다. 이 교과서는 1911년 일제로부터 교과서로 부적합하다는 불인가 처분을 받아 발매가 금지되었다. 유근은 이 교과서 외에도 『新訂東國歷史』(1906)와 『新撰初等歷史』(1910)를 저술하였다.

『中等敎科 東國史略』(1908, IA6892)은 역사학자 현채가 저술한 중등학교용 한국사 교과서로, 1906년에 초판이 간행된 이후 을사조약과 헤이그 특사 사건 등의 내용을 추가하여 1908년에 제3판으로 발행된 개정판이다. 현채의 서문에 이어 본문은 총 4권으로 구성되어 있다. 1권은 태고사와 상고사로 단군조선부터 발해까지의 역사를, 2권은 중고사로 고려시대의 역사와 다양한 문물 제도를 다루고 있다. 3권과 4권은 근세사로, 3권은 임진왜란 이전까지의 조선사를, 4권은 임진왜란 이후의 조선 역사를 수록하고 있다. 특히 4권의 말미에는 을사조약과 헤이그특사 사건을 다루고 있어 주목된다. 한국사를 근대적 사관에 따라 서술한 최초의 역사서로 평가된다. 1910년 7월 학부 불인가 교과서로 지정되었다.

『國民讀本』(1909, IA6658)은 현채가 국민 교양 함양을 목적으로 저술한 어린이용 교과서이다. 민족의 자주성을 강조한 내용으로 인해 일제가 압수한 출판물 중 첫 번째 사례로 기록되었다. 표제는 ‘國民讀本’이지만 속표지는 전서체로 ‘幼年必讀’으로 되어 있는데, 이는 在美 한인소년서회에서 1907년 초판 발행한 『유년필독』을 재

발행한 것이다. 4권 1책 구성으로, 한국의 역사와 지리, 나아가 국가 개념에 대한 설명까지 포함하고 있어 근대 국민교육의 성격을 잘 보여주는 교과서이다.

⑤ 심리학 교과서
『心理學敎科書』

『心理學敎科書』(1907, IA0269)는 보성관 번역원 김하정이 역술하여 1907년 보성관에서 발행한 심리교육용 교과서로, 한국 최초의 심리학 교과서라고 할 수 있다. 본문은 서론을 비롯하여 감각, 지각, 관념, 판단, 추리, 정념, 욕념, 의지, 주의, 행동 등 총 11장으로 구성되어 있으며, 근대 심리학의 기본 개념을 소개하고 있다. 역자인 김하정은 관립한성고등학교 제1회 졸업생으로, 교육구국활동에 참여하였으며, 애국계몽단체인 기호흥학회에서 발행한 잡지 『기호흥학회월보』의 집필진으로도 활약하였다. 그는 이 교과서 외에도 『中等生理學』(1908, IA0326), 『最新算術』(1908, IA2617·IA2618) 교과서 등 다수의 교과서를 집필하며 근대 교육 발전에 기여하였다.[23]

⑥ 수학 교과서
『算術新書』, 『新訂算術』, 『精選算學』, 『심산초학』, 『산학신편』, 『中等敎科 算術新書』, 『新訂敎科 算學通編』, 『最新算術』, 『普通學校敎員用 算術書』, 『算術指南』

『算術新書』一·二(1900, IA2639·IA2640)는 한국인이 편찬한 현존

---

[23] 김하정 저, 심의용·이승원 역, 『숭실대학교 한국기독교박물관 소장 심리학교과서』, 선인, 2020 참조.

하는 최초의 근대 수학 교과서로, 국한문 혼용의 2권 2책으로 구성되어 있다. 서문에 따르면, 편집국장 이규환의 요청을 받아 이상설이 일본 수학자 上野淸의 『近世算術』을 첨삭·편역한 것이다. 편역자 이상설은 성균관장을 역임했으며 고종의 특사로 헤이그 만국평화회의에 참석한 인물로, 당대 최고의 수학자라는 평가를 받으며 '근대

『算術新書』一

수학의 아버지'로 부릴 만큼 수학에 조예가 깊었다. 이 교과서 범례에 의하면 심상사범학교 및 심상중학교 혹은 이에 준하는 학교에서 수학교과서를 이용하기 위해 편찬된 것임을 알 수 있다.[24] 본문은 권一 제1편 총론, 제2편 정수의 조립과 계산, 제3편 기법의 정리와 제술, 제4편 정수의 성질, 권二 제5편 분수, 제6편 소수, 제7편 순환소수로 구성되어 있다. 이 교과서는 서양 수학이 한국에 본격적으로 유입되는 데 중대한 역할을 하였으며, 근대 수학 교육의 기초를 마련한 대표적 교과서로 평가된다.

『新訂算術』은 대한제국기 발행된 수학교과서로, 총 3권이 간행되었으며, 이 가운데 박물관은 1권『新訂算術』上(1901, IA4007)과 3권『新訂算術』三(1906, IA6889)을 소장하고 있다. 『新訂算術』上은 1901년 발행된 국한문 혼용의 수학교과서로, 저자와 발행인에 대한 명확한 서지 정보는 없으나, 서문을 쓴 양재건은 이교승을 저작

---

24 설한국·이상구, 「이상설:한국 근대수학교육의 아버지」, 『한국수학사학회지』 22, 2009, pp.89~92.

자로 소개하고 있다. 표제는 '新訂算術 上', 권수제는 '新訂算術(尋常一學年用)'으로 되어 있어 소학교 심상반 3년 과정에서 중 1학년용으로 발행되었음을 알 수 있다.[25] 내용은 서문, 본문 3편과 답안 모음편인 答之部로 되어 있다. 본문은 제1편 총론, 기수법과 예제, 2편 加法과 예제, 가법문제, 3편 減法과 예제, 감법문제로 구성되어 있다. 1911년 조선총독부에 의해 불인가 교과서로 지정되었다.

『新訂算術』三의 표제는 '新訂算術 三 小學校敎科書'으로 되어 있고 권수제는 '新訂算術(尋常三學年用)'으로 되어 있어, 소학교 심상반 3년 과정에서 3학년용으로 발행되었음을 알 수 있다. 성균관 교수 이교승이 주저자이며 편집은 서문을 쓴 양재건이 담당하였다.[26] 본문은 제7편 除法과 예제, 제법문제, 제8편 乘除混法과 예제, 乘除雜題, 제9편 加減乘除混法과 예제, 가감승제 잡제, 마지막으로 答之部로 구성되어 있다.

『精選算學』(1907, IA0416)은 남순희가 편집하고 권재형이 한성서적업조합에서 발행한 국한문 혼용의 초등용 수학교과서이다. 초판은 1900년에 간행되었으며, 박물관 소장『精選算學』은 1907년에 재간행된 판본이다. 판권에 '학부편집국 검정'이라고 표기되어 있어 학부의 검정을 통과하여 사용된 교과서임을 알 수 있다. 권두에는 1900년 7월 15일자 권재형의 서문과 남순희의 범례가 실려 있는

<hr>

25 1895년 제정된 소학교령에 의하면 소학교는 3년 과정의 심상과와 2년 내지 3년 과정의 고등과로 나누어져 있었고, 1905년 보통학교령이 반포되면서 수업연한 4년으로 단축된 보통학교로 명칭이 바뀌었다(박종석, 앞의 책, pp.41~42).

26 이상구·이재화,「조선시대 산서(算書) 연구 : 규장각 소장 산서 연구의 분석을 중심으로」,『수학교육 논문집』45, 한국수학교육학회, 2011 참조.

데, 범례에서 남순희는 일본 수학서 가운데 중요한 내용을 선별하여 편집했다고 밝히고 있다. 남순희는 의학교 교관과 사립 흥화학교 교사를 역임한 인물로, 당시 수학교사로서 이 교과서를 편집하여 사용한 것으로 보인다.[27] 본문은 사칙연산, 정수의 성질, 분수, 소수, 순환소수, 名數 등 총 5편으로 구성되어 있고, 권말에는 본문에 수록된 문제의 해답을 정리한 29면 분량의 답안이 수록되어 있다. 초기 한국 수학교육의 수준과 내용 구성을 이해할 수 있는 자료이다.

『심산초학』(1905, IA0274)은 미 북장로교 여성 선교사 도티(Susan. A. Doty)가 저술한 초등학교용 수학교과서로, 1902년 초판 발행 후 재간행된 판본이다. 영문서명은 'ELEMENTARY MENTAL ARITH-METIC'이다. 초등 저학년이 사용할 수 있도록 순한글로 발행되었으며, 당시 발행된 수학교과서 가운데 가장 낮은 학년을 위한 교재로 분류된다. 저자는 1890년 내한 직후부터 정동여학당에서 13년간 재직하며 근대 한국 여성교육의 기초를 다진 인물로, 교육 선교의 일환으로 이 교과서를 편찬하였다. 본문은 수글자 쓰는 법과 수자리 헤는 법을 시작으로, '가법(덧셈)', '감법(뺄셈)', '승법(곱셈)', '제법(나눗셈)'의 순서로 각 연산 방법의 원리와 기호를 설명한 후 다양한 연습문제를 제시하고 있다. 실용적이고 직관적인 설명을 통해 초등 저학년 아동이 수학적 사고에 익숙해질 수 있도록 구성되었다.

『산학신편:초등』(1907, IA2311)은 북장로교 선교사 밀러(E. H. Mill-

27　설한국·이상구, 앞의 글, pp.93.

『산학신편:초등』

er, 密義斗)가 편역하고 오천경이 찬술하여 1907년 예수교서회에서 '헐버트 교육시리즈' 제5권으로 발행한 초등 수학교과서 초판본이다. 본문은 초등 수준의 163개 과정을 문제 형식으로 구성하고, 마지막에 정답을 수록하였다. 순한글 가로쓰기 방식으로 편집되어 학습자가 읽기 쉽게 제작되었으며, 일상생활 속 사물을 예시로 들어 가감승제의 셈법을 익히도록 구성하였다.

『산학신편:고등』(1908, IA2331)은 미국 의사 피터스(Mrs. A. A. Pieters)가 편술한 고등과정용 수학 교과서로, 예수교서회에서 '헐버트 교육시리즈' 제7권으로 1908년에 발행한 재판본이다. 본문은 총론을 시작으로 명수법, 기수법, 독수법, 가감승제, 분수, 소수 등 총 18편으로 구성되어 있다. 제18편은 부록으로 척도와 里數, 평방과 입방수, 두량법, 중량법, 화폐 단위, 한국어와 영어 수학 용어 대조표 및 정답 등을 수록하고 있다. 실생활에서 유용하게 활용할 수 있도록 다양한 실례를 들어 구성한 교과서로, 당시 고등 교육 수준에 부합하는 수학교재로 활용되었다.

『中等教科 算術新書』(1908, IA4010)는 이상설이 저술하고 1908년 일한인쇄주식회사에서 국한문 혼용으로 인쇄한 중등학교용 수학교과서이다. 권두에는 1900년 학부 편집국장 이규환이 작성한 서문이 실려 있다. 서문에 따르면, 이규환은 이상설에게 일본인 수학자 上野清의『算術書』를 참고하여 본 교과서를 집필하도록 요청하였다고 한다. 범례에 의하면 이 교과서의 원래 제목은『近世算

術』이며, 심상사범학교와 심상중학교, 또는 이에 준하는 교육기관
에서 산술 교과를 가르치기 위한 교재로 편찬된 것이다. 본문은
'總論', '整數之組立及計算', '四基法之定理及諸術', '整數之性質',
'분수', '소수', '순환소수' 등 총 7편으로 구성되어 있다. 이상설은
단순 번역에 그치지 않고 원저의 내용을 수정·보완하여 독자적인
교과서로 재구성하였으며, 이는 자발적인 근대교육 실시를 위한
실천적 노력의 일환이었다. 이 책은 근대 수학교과서의 모범적 전
형으로 평가되지만, 1911년 조선총독부에 의해 교과용 불인가 교
과서로 지정되어 발매가 금지되었다.

　　『新訂敎科 算學通編』上·下(1908, IA0317)는 1908년 이명칠이 저
술하고 이교승이 교열하여 일한인쇄주식회사에서 간행한 수학 교
과서 초판본이다. 국한문 혼용의 세로쓰기 형식으로 편집되었으
며, 상·하권이 합본되었다. 상권은 총론, 정수, 整數性質及諸術, 분
수, 소수, 제등수로, 하권은 比例, 百分算, 開方, 급수, 求積 순으로
되어 있다. 각 주제의 마지막에 연습문제를 수록하였고, 권말에 문
제 풀이를 위한 '解式'을 편성하였다.

　　『最新算術』上·下卷(1908, IA2617·2618)은 김하정이 편집하고 오
영근이 발행과 교열을 맡아 1908년 일신사에서 국한문 가로쓰기
형식으로 인쇄한 수학 교과서이다. 상권은 제1편 정수와 소수, 제2
편 제등수, 제3편 정수의 성질, 제4편 분수와 서론, 부록으로 순환
소수와 외국도량형비교표, 합부가 수록되어 있다. 하권은 제5편 비
례, 제6편 보합산, 제7편 개방법으로 이루어져 있고, 부록은 급수,
생략계산으로 구성되어 있다. 각 편의 마지막에 예제와 잡제를 두
어 학습 내용을 점검할 수 있도록 했고, 권말에 문제 정답을 수록하

였다.

『普通學校敎員用 算術書』卷四(1908, IA0328)는 1908년 학부에서 편찬하고 일한도서주식회사에서 인쇄한 보통학교 교원용 산술서로, 초판본이다. 구성은 교수요령 1면, 목차 2면, 본문 144면, 부록「求積及米突法」9면으로 이루어져 있다. 본문은 1학기 제등수, 2학기 분수, 3학기 보합산 순으로 구성되어 있으며, 각 학기는 각각 13주, 17주, 10주 과정으로 계획되었고, 각 주당 6시간 수업으로 편성되어 있다.

『算術指南』上卷(1909, IA3902)은 대한자강회에서 활동한 애국계몽운동가 유석태가 저술하고 일본 도쿄제국대학 출신의 공학도 尙瀨가 교열하여 휘문관에서 인쇄한 근대 수학교과서이다. 국한문 혼용의 가로쓰기 형식으로 편집되었다. 본문 제1편 서론, 제2편 사칙, 제3편 제등수, 제4편 정수 성질, 제5편 분수로 구성되어 있다. 각 편의 말미에는 예제를 수록하여 학습 내용을 점검할 수 있도록 하였으며, 예제에 대한 정답은 별로로 수록되어 있지 않다.

⑦ 천문지리학 교과서

『輿載撮要』,『地璆略論』,『小學萬國地誌』,『사민필지』,『萬國地誌』,『中等萬國地誌』,
『大韓地誌』,『初等大韓地誌』,『大韓新地誌』,『地球槩論』,『新編大韓地理』,『텬문략히』,
『天文學』

1895년 이후 대한제국 학부는 근대 국민교육의 일환으로 애국심을 배양하고 지리 인식을 확장하고자 지리 교과서를 편찬하였다. 한국지리를 중심으로 한『朝鮮地誌』,『輿載撮要』,『大韓地誌』를 비롯하여 중국과 일본, 서양을 포함한 세계지리를 다룬『士民必

知』, 『地璆略論』, 『萬國地誌』 등이 대표적인 지리 교과서로 간행되었다. 이러한 교과서들은 근대적 지리 인식과 함께 국가에 대한 이해를 높이는 데 목적이 있었으며, 당시 근대 교육의 방향성과 사상적 배경을 반영하고 있다.

『輿載撮要』(1893, IA1595)는 오횡묵이 우리나라와 외국의 지리 정보를 종합하여 저술한 지리서로, 이후 대한제국 학부에서 이를 요약 정리하여 교육용 교과서로 보급하였다. 개화기 지리 교과서의 효시라 할 수 있으며, 순한문 목판본으로 인쇄되었다. 권두에 동반구와 서반구로 나뉜 지구전도가 있고, 본문에는 세계지리와 한국지리가 수록되어 있다. 세계지리는 各國政教畧說, 아시아주 5국, 유럽 19국, 아프리카주 7국, 북아메리카주 9국, 남아메리카주 10국, 오세아니아주 1국에 대한 정보를 담고 있다. 한국지리는 경기도, 충청도, 전라도, 경상도, 강원도, 황해도, 평안도, 함경도가 각 도별 분포와 地誌로 구성되어 있다. 이 지리서는 이후 간행된 『大韓地誌』와 『萬國地誌』의 기초가 되는 자료로, 개화기 한국 지리 교육의 전환점을 보여주는 교과서이다.

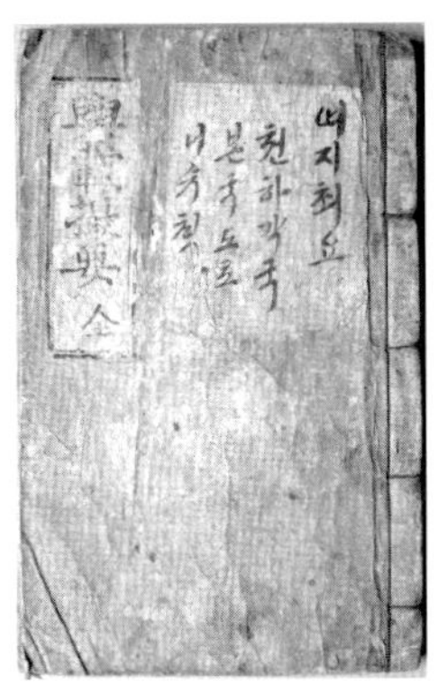

『輿載撮要』

『地璆略論』(1895, IA1876)은 학부 편집국에서 1895년부터 발행하기 시작한 교과용 도서 가운데 하나로, 국한문 혼용의 목활

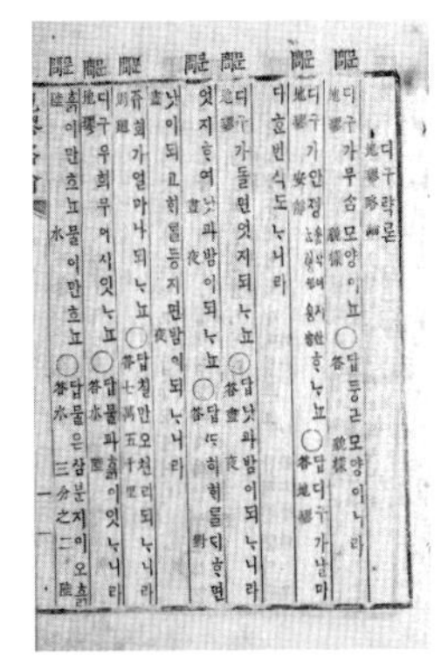

『地璆略論』

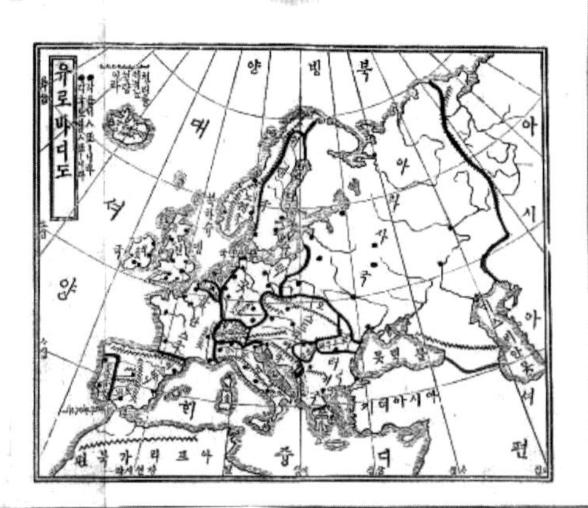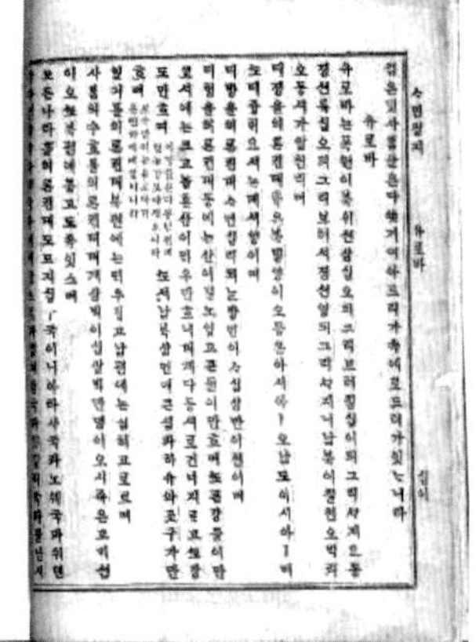

『스민필지』

자본으로 간행된 근대 지리교과서이다. 지구의 모양과 회전 등에 관한 내용을 시작으로, 지구와 오대양·육대주, 조선지지 및 세계지지에 이르기까지 200여 항목으로 구성되어 있다. 문답식으로 간결하고 이해하기 쉽게 정리되어 있어 소학교용 교과서로 활용되었을 가능성이 크다. 본문은 아시아 16개국, 아프리카 8개국, 유럽 18개국, 북아메리카 11개국, 남아메리카 11개국, 오세아니아주의 지리를 대략적으로 설명하고 위치, 지세, 주요도시, 기후, 정치체제, 국민성 등 각국의 현황을 간략히 소개하는 내용이 담겨있다. 1911년 조선총독부에 의해 불인가 도서로 지정되었다.

『스민필지』(1899, IA4189)는 1889년 미국 북장로교 선교사 헐버트가 저술한 세계지리 교과서로, 순한글 연활자본으로 간행된 초판본이다. 헐버트는 1886년 육영공원 교사로 부임한 이후 학생들에게 세계지리와 문화를 가르치면서 이 교과서를 집필하였다. 순한글 연활자본으로 발행되었다. 지구에 대한 설명을 시작으로 유럽, 아시아, 아메리카, 아프리카 대륙 순으로 소개하고, 이와 함께 지도 10장을 수록하였다.

한편 박물관은 1909년 제3판으로 발행된 『ᄉ민필지』(1909, IA1211)도 소장하고 있다. 3판본에는 초판본에 '묻는말'이라는 항목을 추가하여 각 단원의 내용을 문답식으로 보강하였고 지도 역시 대륙별로 보다 세밀하게 수정·개편하였다. 1908년 사립학교령 공포 이후 교과서에 대한 검열과 통제가 강화되면서 1910년 학부 불인가 교과서로 지정되었다.

『小學萬國地誌』(1895, IA1771)는 1895년 학부 편집국에서 발행한 세계 지리 교과서로, 국한문 혼용의 목활자본으로 인쇄되었으며 총 84장으로 구성되어 있다. 본문은 아시아 16개국, 아프리카 8개국, 유럽 18개국, 북아메리카 11개국, 남아메리카 11개국, 오세아니아주의 대략적 지리를 설명하고 위치, 지세, 주요도시, 기후, 정치체제, 국민성 등 각국의 현황을 간략히 소개하는 내용으로 구성되어 있다. 순한글의『ᄉ민필지』, 순한문의『輿載撮要』와 함께 우리나라에서 발행된 초기 세계지리 교과서이다. 1911년 조선총독부에 의해 불인가 도서로 지정되었다.

한편『萬國地誌』(1895, IA0417)가 1895년 학부 편집국에서 106면 연활자본으로 발행되었는데,『小學萬國地誌』와 내용이 동일하다. 본문은 제1편 아시아주 16국, 제2편 아프리카주 8국, 제3편 유럽주 18국, 제4편 북아메리카주 11국, 제5편 남아메리카주 11국, 제6편 오세아니아·말레이군도·오스트레일리아군도·폴리네시아군도로 구성되어 있다.

『中等萬國地誌』一·二(1902, IA6885·6886)는 학부 편집국에서

1902년 발행한 중등용 세계지리 교과서이다. 1896년 일본에서 발행된 『만국지지』를 주영환·노재연이 번역하고 현채가 교열하였다. 국한문 혼용의 연활자본으로 총 3권이 발행되었는데, 그중의 제1,2권이다. 서문을 쓴 민영소는 유럽 열강의 이권 침탈이 심화되던 국제 정세 속에서 대한제국의 주권 수호를 위한 방편으로 교육의 중요성을 역설하였다. 1권은 지구와 천체, 지구의 운동, 수륙의 배치, 산업과 天産物 등과 아세아주 총론, 일본의 위치, 영역, 기후, 인종, 교육, 산업 등의 분야에 대해 다루었고, 2권은 유럽의 오스트리아, 헝가리, 독일 등 총 16국의 자연지리와 인문지리에 관해 다루었다.

『大韓地誌』一(1899, IA0358)은 1899년 현채가 번역한 초등 지리 교과서로, 국한문 혼용의 연활자본으로 인쇄되었다. 서문은 당시 학부 편집국장 이규환이 작성하였다. 본문은 제1편 총론, 2편 경기도, 3편 충청북도, 4편 충청남도, 5편 전라북도, 6편 전라남도, 7편 경상북도로 구성되어 있다.

『大韓地誌』二(1906, IA0434)는 1899년 초판본의 재판본으로, 초판 당시 현채가 쓴 발문과 더불어 1906년 강진희가 새롭게 작성한 발문이 실려 있다. 본문은 7편 경상북도, 8편 경상남도, 9편 황해도, 10편 평안남도, 11편 평안북도, 12편 강원도, 13편 함경남도, 14편 함경북도로 구성되어 있다. 현채는 발문에서 일본인의 한국지리 관련 서술 내용과 『輿地勝覽』을 참고하였음을 밝히고, 이를 어린 학생들의 교육용 교재로 활용하고자 하였다고 기술하였다. 강진희는 발문에서 '우리 대한이 4천년 역사의 자주독립의 지역'이라고 하며 국민들로 하여금 지식을 통달하여 자주권을 만회하고자

하는 마음을 갖게 하려는 의도에서 재판하였다고 밝혔다. 이 교과서 역시 1910년 7월 학부 불인가 교과서로 지정되었다가 조선총독부에 의해 금서로 분류되었다.

『初等大韓地誌』(1907, IA2633)는 1907년 교육자이자 역사학자인 안종화가 저술하여 휘문관에서 인쇄한 초등학교용 지리교과서이다. 37면 분량으로 내용이 소략하다. 권두에 '장지연 校, 원영의 閱, 안종화 述'이라고 밝히고 있다. 본문 내용은 1과 위치·경계, 2과 연혁, 3과 지세, 4과 명산·大川, 5과 기후, 6과 물산, 7과 해안선, 8과 조석, 9과 종교까지는 자연지리 영역이고 이후 9과에서 14과까지는 종교, 화폐, 산업, 명승지·도회지, 호구·조세, 13도 君名으로 되어 있다. 1911년 불인가 도서로 지정되어 금서가 되었다.

『大韓新地誌』乾·坤(1907, IA2636,2641)은 장지연이 편찬한 한국지리 교과서이다. 국한문 연활자본으로 휘문관에서 인쇄하였다. 『大韓新地誌』乾은 장지연의 서문이 있고 본문 내용은 名義, 위치, 경계 등 제12장으로 구성된 제1편 '地文地理'와 인종, 법제, 언어 및 문자 등 제15장으로 구성된 제2편 '인문지리', 경기도, 충청남·북도로 구성된 제3편 '各道'로 편제되어있다. 『大韓新地誌』坤은 전라도, 경상도, 강원도, 황해도, 평안도, 함경도 및 부록으로 각군 연혁 및 거리·방면·結戶, 경계표와 道里表로 구성되어 있다. 1910년 7월 학부 불인가 교과서로 지정되었다.

『地球槩論』(대한제국기, IA0420)은 간기, 서문, 판권 등의 서지사항이 없지만 한글 표기법으로 보아 1900년 전후 시기에 발행된 지리교과서로 추정된다. 표제는 '地球論 略'으로 되어 있고 권수제는 '地球槩論'으로 되어 있다. 목차 및 장, 절 구별 없이 본문 25면 분

『大韓新地誌』乾　　　　　　　『초학디지』　　　　　　　『텬문략히』

량의 국한문으로 간략히 서술되어 있다. 내용은 전반부는 지구의 정의와 6대륙과 대양의 명칭, 위치, 면적 등을 기술했고 후반부는 月球에 대한 설명으로 시작하여 지구과학 정보를 담고 있다. 한국 최초의 근대 관립교육기관인 한성사범학교에서 1899년 '지구개론'을 수업과목으로 도입한 사실로 유추해볼 때 근대 관립 교육제도의 교과 내용이었음을 짐작케 한다.

　『新編大韓地理』(1907, IA0355)는 보성관 번역원 김건중이 역술하고 보성관에서 국학문 혼용으로 발행한 한국 지리 교과서이다. 본문은 제1편 地文地理, 제2편 인문지리, 제3편 지방지로 구성되어 있다. 지문지리편은 위치, 江界, 廣褒, 해안선, 지세, 山誌, 水誌, 기후, 조류, 조석, 생산물 등 10장으로 되어 있다. 인문지리편은 주민, 종교, 교육, 정치, 兵制, 재정, 산업, 화폐, 교통으로, 지방지편은 경기, 경상, 전라, 충청, 강언, 함경, 황해, 평안도 등 8장으로 되어있다. 이 교과서 역시 1910년 7월 학부 불인가 도서로 지정되었다.

　한편 미션학교에서도 지리 교육교재로『초학디지』와『텬문략히』를 발행하였다. 『초학디지』(1906, IA0942)는 북장로교 선교사인 밀러(E. H. Miller, 密義斗) 부인이 저술하고 대한예수교서회에서 발행한 세계지리 교과서이다. 대한의 지리와 세계 지리 부분 부분으로 구성되어 있고, 세계 각국의 위치, 풍토, 정세, 역사 등에 관한 지리정보가 설명과 이에 대한 질문 및 답변 형식으로 구성되어 있다. 저자인 밀러는 서문에서 "각국이 지지를 만들고 만국의 지지를 모아 만국지지를 편집하였으니 천하의 넓은 세계를 동네와 같이 구경하길 바란다"는 바람을 적었다. 후반부에 근대식 지도 도법으로 제작된 대한 지도, 아시아 지도 등 8종의 지도가 간략하게 소개되어 있다.[28]

『텬문략히』(1908, IA3107)는 평양 숭실학교를 창립한 윌리엄 베어드가 숭실대학 학생들의 도움을 받아 편찬한 천문학 교과서로, 1899년 조엘 스틸리(Joel D. Steele)가 저술한 『Popular Astronomy』와 그 한문 번역본을 비교·참조하여 1908년 순한글로 발행하였다. 2권 1책 구성이며, 서문과 본문, 색인으로 구성되어 있다. 본문 제1권은 '천문학을 인도하는 말이라'는 제목 아래 제1장 천문학사, 제2장 천공에 관한 내용을 담고 있으며, 제2권은 '해떨기를 의론함이라'는 제목으로 제1장 해를 의론함, 제2장 행성을 의론함, 제3장 飛星을 의론함, 제4장 彗星을 의론함, 제5장 黃道光에 관해 서술하고 있다. 근대 서구 천문학 지식을 소개하면서도 쉬운 순한글로 번역되어 초학자의 이해를 도운 이 교과서는, 미션계 사립학교인 평양 숭실의 독립 교과과정에서 실제로 활용되었다는 점에서 그 역사적

---

28 숭실대학교 한국기독교박물관, 『옛 지도 속의 하늘과 땅』, 2013, p.362.

의미가 크다.[29]

『天文學』(1908, IA0401)은 교육자 정영택이 1902년 일본 와세다 대학에서 간행된 『天文講話』를 편역하여 1908년 보성관에서 발행한 중등학교용 천문학 교과서이다. 앞서 발행된 순한글 교과서 『텬문략히』와 민대식이 편찬한 『新撰地文學』과 함께 대한제국기 발행된 대표적인 천문학 교과서이다.[30] 이 책은 순한글 『텬문략히』와 달리 국한문 혼용의 연활자본으로 간행되었으며, 본문 이해를 돕기 위한 천문 관련 도판 99매와 목차, 본문으로 구성되어 있다. 본문은 장과 절의 구별 없이 서언을 시작으로 천, 성, 항성, 항성의 거리, 천의 구분, 은하, 星色, 태양, 달의 궤도, 水星부터 해왕성, 지구, 혜성, 유성 등 총 58개 항목을 중심으로 천문학의 기초 개념과 천체의 구조 및 운행 원리를 설명하고 있다. 근대 일본의 천문학을 적극적으로 수용하고 이를 중등 교육과정에 도입하고자 했던 시도이자, 당시 과학 교육의 확대와 교과서 편찬의 흐름을 보여주는 자료이다.

⑧ 지문학 교과서

『新撰地文學』, 『中等地文學』, 『精選地文教科書』

지문학은 오늘날의 지구과학에 해당되는 분야로 지구의 자연 현상에 관한 학문이다. 『新撰地文學』(1907, IA0422)은 민대식이 편술하고 휘문의숙 이과 교수인 박정동이 교열하여 1907년 휘문관에서 발행한 중등용 지문교과서이다. 당시 민간에서 편찬된 대표적인

---

29 심의용, 「윌리엄 베어드(William M.Baird) 『텬문략히』 해제」, 『숭실대학교 한국기독교박물관 소장 텬문략히』, 선인, 2020, pp.11~22.
30 심의용, 앞의 글, pp.11~12.

지구과학 교과서로, 국한문 혼용의 연활 자본으로 인쇄되었다. 본문은 地球星學, 陸, 空氣, 海洋, 생물의 분포와 전파 등 총 5편으로 구성되어 있으며, 각 주제별 내용을 설명하는 삽도 55개가 수록되어 있다. 서문을 쓴 원영의는 기존의 星災나 풍수 등의 전통 지식을 비판하며 근대 지식인에게 필요한 지문학 교육의 중요성을 강조하였다. 당시 측량 기술과 과학 개념이 아직 정교하지 않아 일부 수치나

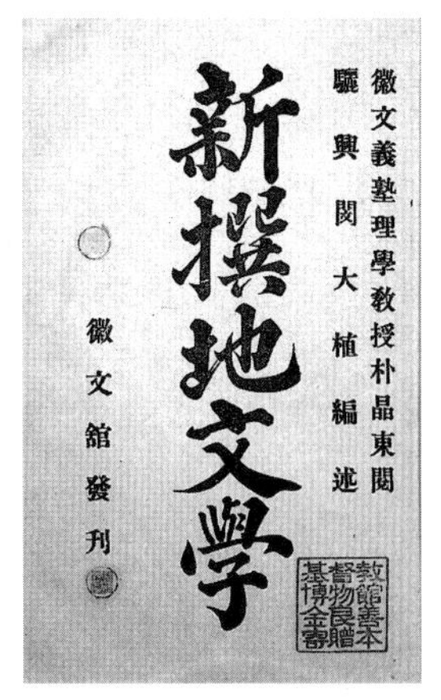

『新撰地文學』

이론에는 오류가 있으나, 현행 한국 지구과학 교과의 근간이 된 자료라고 할 수 있다.

　　『中等地文學』(1907, IA0313)은 보성관 번역원 윤태영이 역술하여 1907년 발행한 국한문 혼용의 중등용 지구과학 교과서이다. 서두에서 지문학은 "지구의 현상을 탐구 서술하는 이과학"이라 정의하고 있으며, 본문은 地文學目的, 受理편, 天然편, 人類편으로 구성되어 있다. 수리편은 별의 종류, 지구의 자전과 공전, 지구의 모양, 太陰 관련 내용이, 천연편은 陸界, 水界, 氣界, 빛의 현상 및 地磁氣, 생물학 등의 내용으로 구성되어 있다. 인류편에는 인종, 언어, 종교, 문명정도 등을 다루고 있다. 또한 본문 이해를 돕기 위해 앞부분에 지구과학 관련 부도 38장이 수록되어 있는 점이 특징이다.

　　『精選地文敎科書』(1909, IA0280)는 김동규가 편찬하고 유일선이 교열하여 1909년 의진사에서 발간한 중등용 교과서이다. 본문은 제1편 지구, 제2편 육지, 제3편 대기, 제4편 해양, 제5편 생물로 구

성되어 있으며, 총 28장에 걸쳐 지구의 구성 요소와 자연 현상에 대해 서술하고 있다. 또한 학습자의 이해를 돕기 위해 삽도 55개를 수록하였다.

⑨ 이과 교과서

『最新高等小學理科書』,『普通理科教科書』,『理科師生』

갑오개혁 이후 근대학교가 설립되는 과정에서 정부는 학교 교육을 위한 과학교과서를 본격적으로 편찬하기 시작하였다. 이 시기의 이과 교과서는 오늘날의 과학 교과서처럼 물리, 화학, 생물, 지구과학 등 자연과학 전반의 내용을 공통적으로 다룬 특징을 지닌다.

『最新高等小學理科書』卷一·二(1908, IA2651·IA2648)는 현채가 20여 종에 달하는 동서양의 이과 서적을 참조하여 번역한 고등소학교용 이과 교과서로, 총 4책으로 구성되어 있다. 박물관이 소장한 卷一·二권에는 식물, 동물, 지문, 광물 관련 내용이 수록되어 있다. 卷一은 '제1과 梅'에서 '제40과 암석'까지, 卷二는 '제1과 鍾子芽'에서 '제40과 動植鑛物의 利用'까지 각 40과로 구성하여 각 학년별로 매주 1과씩 총 40주 수업용으로 편성하였다. 卷三·四권에는 물리, 화학, 생리, 위생 등의 내용이 포함되어 있다.

『普通理科敎科書』(1908, IA0352)은 보성관 편집부가 번역하여 보성관에서 발행한 초등학교용 이과 교과서로, 부제는 '理化學及鑛物之部'이다. 실제 내용은 물리학, 화학, 광물학, 생물학 등이 혼합되어 있으며, 일본 이화학서를 바탕으로 번역·편찬되었다. 본문은 총 9과 88항목으로 구성되어 있다. 1과~5과는 引力, 水, 音響, 光,

熱 등 물리학 중심의 내용을 다루고, 6
과는 연소, 산소 등 화학 개념, 7과는 금
속 등 광물학 관련 내용, 8~9과는 자
석, 전기, 珽子, 滑車 등 물리학적 현상
에 대해 설명하고 있다. 일본의 이화학
서를 바탕으로 역찬된 교재이다. 본문
이해를 돕기 위해 총 82매의 삽도가 수
록되어 있다.

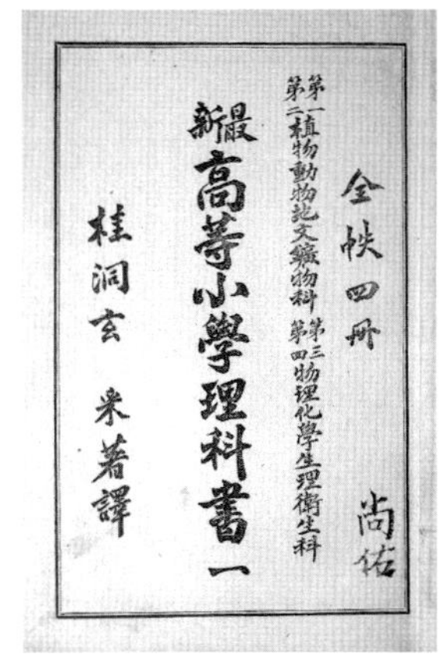

『最新高等小學理科書』卷一

『理科師生』卷壹(1909, IA3944)은 옥
연암과 이각종이 공저하여 학생의 과외
독습과 보통교사의 참고 및 정기시험 준비용으로 발행한 이과 교
과서이다. 권두 서문은 이윤종이 작성하였으며, 서문에 '乙酉'라
표기된 점으로 보아 1909년 발행되었음을 알 수 있다. 권두에서 발
행 목적에 대해 "일반 동포의 이과 사상이 발달하여 진리를 신애하
고 迷妄을 제거하고자 함이요. 또 학생의 과외 독습과 보통교사의
참고재료, 정기시험의 준비용으로 제공"하기 위함에 있다고 밝히
고 있다.

본문은 '理科摠說'을 시작으로 천문, 지문, 식물, 동물, 광물의
여섯 주제로 구성되어 있으며, 각 항목은 학생의 짧은 질문에 교사
가 상세히 답하는 형식으로 서술되어 있다.

⑩ 이화학 교과서

『初等理化學』

『初等理化學』(1907, IA0794)은 일본인 關本幸太郎와 小倉鈕次가

『初等理化學』

저술한 초등용 이화학 교과서를 보성관 번역원 이필선과 진희성이 공역하여 1907년 보성관에서 간행한 국한문 혼용의 초등학교용 물리·화학 교과서이다. 이화학은 물리학과 화학을 아울러 일컫는 용어로, 이 책은 근대 초기 한국의 자연과학 교육 과정에서 물리와 화학을 통합적으로 다루려는 시도의 일환으로 발간되었다.

본문은 총론, 액체와 기체, 연소와 화학변화, 비금속 단체와 그 화합물, 금속단체와 그 화합물, 유기물질, 열, 빛, 음향, 자석, 전기, 力, 기계, 능력 및 결론 등 총 14장으로 구성되어 있다. 학습자의 이해를 돕기 위한 삽도 150매가 함께 수록되어 있다.

⑪ 물리학 교과서

『新撰小物理學』, 『初等用簡明物理敎科書』, 『物理學初步』, 『改訂中等物理學敎科書』, 『物理學』

『新撰小物理學』(1906, IA0349)은 애국계몽을 목적으로 조직된 국민교육회에서 1906년 편찬한 물리학 교과서이다. 통감부 시기 정부 주도 하에 편찬된 교과서들이 식민지 교육의 일환으로 추진된 반면, 이 교과서는 민간 학회와 교육회가 독립 의식 고취를 목적으로 편찬한 점에서 의의를 지닌다. 권두의 例言에는 "본서의 목적은 고등소학에 교과하기 위하여 편찬함"이라 하여 고등소학용으로 편찬되었음을 밝히고 있다. 발행자는 오상규, 유신혁이며, 국한문 혼용의 연활자본으로 인쇄되었다. 본문은 총론, 各種引力, 力의 作用, 液의 性質, 氣體의 性質, 聲音, 熱, 光, 電, 磁石 등 총 10장으로 구성되어 있으며, 각 장마다 관련 실험 내용을 설명하는 삽도 63개를 삽입하였다. 이 교과서는 국민교육회가 발행한 『大東歷史略』·『初等小學』(이상 1906년)과 『初等地理敎科書』·『新撰小博物學』(이상 1907년) 등과 함께 근대 국민교육 실현을 위한 민간 주도의 대표적인 교과서로 평가된다.

『初等用簡明物理敎科書』(1907, IA0304)는 1907년 최재학이 역술하고 박정동이 교열하여 휘문관에서 인쇄하고 안현서관에서 발행한 초등교육용 물리 교과서이다. 국한문 혼용의 세로쓰기로 되어 있으며, 장지연이 서문을 집필했다. 권두의 '編輯의 主義'에서는 아동의 이해를 용이하게 하고 소학 교사의 자습에 편의를 제공하며, 공학 연구에도 도움을 줄 수 있도록 편찬했음을 밝히고 있다. 본문은 물리학, 固體學, 水學, 氣學, 聲學, 光學, 熱學, 電學, 結語 등 총 9장 73과로 구성되어 있다. 『新撰小物理學』과 함께 초기 대표적인 물리학 교재로 학부 인가를 받았다.

『物理學初步』(1908, IA0435)는 박일영과 박원복이 공동 저술하고, 유일선이 교열하여 1908년 박문서관에서 간행한 사립초등용 물리학 교과서이다. 국한문 세로쓰기 형식으로 되어 있다. 본문은 운동과 力, 物性, 기체, 音, 熱, 光, 磁石, 전기 등 총 8편으로 구성되어 있으며, 내용에 이해를 돕기 위한 삽도 250개가 수록되어 있다. 물리학 이론 전반을 종합적으로 다룬 교재로, 기본 개념에 대한 설명과 함께 각각의 내용을 설명하기 위해 실험 사례와 삽도를 활용한 특징이 있다.

『改訂中等物理學教科書』(1909, IA3946)는 민대식이 편술하여 1909년 휘문관에서 인쇄, 발행한 중등용 물리학 교과서이다. 권두 범례에는 이 책이 이학사상을 보급할 목적으로 사범학교 또는 중등학교용 교재로 발행되었음을 밝히고 있다. 본문은 力學, 熱學, 磁氣學, 電氣學, 光學, 音響學 등 총 6개 분야로 구성되어 있으며, 각 장 중간에는 관련 문제를 삽입하여 학습 효과를 높이고자 했다. 다른 물리학 교재와 달리 학술용어나 인명의 경우 영문을 병기하였고 국한문 혼용의 가로쓰기 형식으로 편집된 점에서 독자적인 형식을 취하고 있다. 학부 검정 교육용 교과서로 인가를 받았다.

『物理學』卷二(1900년대 초, IA1368)는 표제가 '物理學 卷二'로 되어 있어 여러 권으로 구성된『물리학』교재 가운데 두 번째 권에 해당하는 것으로 보인다. 面註는 '최신 물리학'으로 표기되어 있으며, 국한문 혼용의 세로쓰기 방식으로 필사된 등사본이다. 저자와 출판 연도, 발행사항 등 서지 정보는 확인되지 않으나 한글 표기법을 보아 1900년대 초반에 발행된 것으로 추정된다. 본문은 제4편 수학, 제5편 기학, 제6편 음향학, 제7편 광학에 관한 내용을 담고 있다. 권두에는 본문의 이해를 돕기 위한 삽도 19개가 수록되어 있다.

⑫ 화학 교과서

『新編化學』,『新選化學敎科書』,『신편화학교과셔』,『新撰中等無機化學』,『改訂近世化學』

한국인에 의한 화학교과서는 1907년부터 발간되기 시작하였다. 이 가운데 1910년 학부 인가를 받은 화학교과서로 홍인표의 『化學敎科書』(1907), 안형중의『新編化學』(1907), 민대식의『近世小化學』(1908), 유문상의『新選化學敎科書』(1908), 유진영·구자흥의

『新撰中等無機化學』(1910) 등이 있다.[31] 이들 교과서는 화학 교육의 기초 개념부터 실험 중심의 내용까지 포함하고 있어 근대 과학 교육 보급에 기여하였다. 특히 당시 학부의 인가를 통과한 교과서로, 민간 학자들에 의해 화학이라는 근대 학문이 교육 현장에 본격적으로 도입되는 계기를 마련하였다. 현재 박물관이 소장한 한국인 저자의 초기 화학교과서로는『新編化學』,『新選化學敎科書』,『新撰中等無機化學』등이 있다.

『新編化學』(1907, IA0802)은 안형중이 역술하고 현공렴이 교열하여 보성관에서 발행한 중등학교용 화학교과서이다. 국한문 혼용의 연활자본으로 인쇄되었으며, 대한제국기 한국인에 의해 발간된 초기 화학교과서이다. 서언과 본문 및 부록으로 구성되어 있다. 본문은 제1편 무기화학, 제2편 유기화학으로 나뉘어져 있는데, 제1편은 제1장 공기, 제2장 수소와 물 등 총 18장으로 구성되어 있고 제2편은 제1장 포도당, 제2장 에탄올, 제3장 유기산 등 총 10장으로 되어 있다. 부록에는 제1장 유리세공, 제2장 실험상의 주의사항을 수록하여 실험 중심의 교육을 뒷받침하고 있다.

『新選化學敎科書』(1908, IA0801)는 1908년 보성관 번역원 유문상이 편술하고 박정선이 교열하여 의진사에서 발행한 중등용 화학교과서이다. 국한문 혼용의 세로쓰기로 되어 있으며 연활자본으로 인쇄되었다. 본문은 제1편 무기화학과 제2편 유기화학으로 구성되어 있다. 제1편 무기화학은 제1장 공기·산소·질소·질량불면의 정률, 제2장 물·수소, 제3장 화학적 변화·화합물·단체·원소 등 이론

---

31 전수영,「구한말 화학교육 연구」, 고려대 교육대학원 석사학위논문, 2010, pp.47~48.

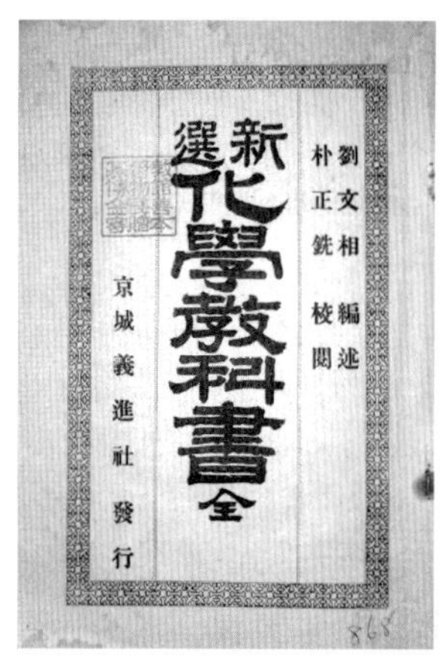

『新選化學教科書』

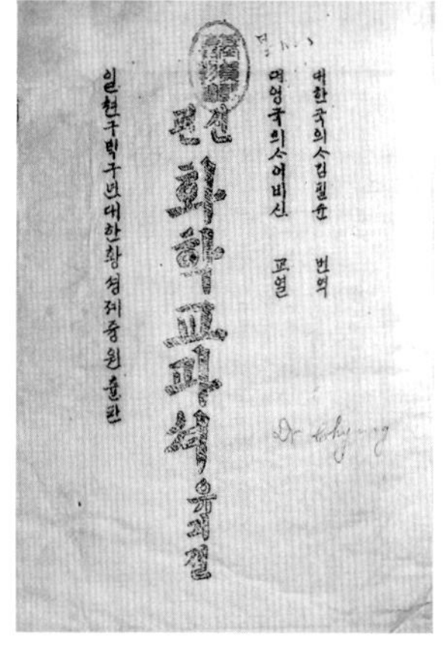

『신편화학교과서』

중심의 내용을 다룬 총 17장으로 이루어져 있다. 제2편 유기화학은 제1장 석뇌유·석탄와사, 제2장 酒精 등 총 7장으로 이루어져 있다.

『신편화학교과서』(1909, IA2009)는 1909년 의사 김필순이 번역하고 에비슨(O. R. Avison, 魚丕信)이 교열하여 제중원에서 간행한 유기화학 교과서이다. 속표지의 제목은 '신편 화학교과서 유긔질'로 표기되어 있어 유기화학을 중심으로 다룬 교재임을 확인할 수 있다. 종이 등사본이며 순한글 편집이지만 화학 관련 전문 용어의 경우 이해를 돕기 위해 괄호 안에 한문을 병기하였다. 본문은 제1장 '유기화학 석유 탄화수소의 종류'에서 시작하여 제11장 '단백질 섬유소와 글루텐'까지 총 11장으로 구성되어 있으며, 내용 이해를 돕기 위한 분자식과 그림 13도가 수록되어 있다.

『新撰中等無機化學』(1910, IA3940)은 1910년 유진영과 구자홍이 일본과 중국의 화학 서적을 참고하여 공역하고 미국 선교사 밀러가 교정하여 발행한 중등학교 및 사범학교용 무기화학 교과서이다. 발행자는 이종정이다. 본문은 총론과 각론으로 구성되어 있다.

총론에서는 화학의 계통, 화학과 물리학의 구별, 화학의 연구방법 등 21항목을 서술하여 화학의 이론적 기초를 제시였다. 각론에서는 제1편 비금속, 제2편 금속을 다루었다. 제1편에서는 수소, 비소, 산소, 탄소 등 비금속의 성질을 설명하고 제2편에서는 금속의 성질과 재료 등을 기술하였다. 내용 이해를 돕기 위한 일러스트 57도가 수록되어 있으며, 부록에는 용액론, 원소의 焰色분석법, 원소의 천연분류, 玻璃와 烟火의 분량 등이 정리되어 있다.

『改訂近世化學』(1909, IA3968)은 1909년 대한의원에서 발행한 국한문 혼용의 중등학교용 화학교과서이다. 대한의원 교수 長谷川龜四郎이 저술하고, 교관으로 재직 중이던 최규익이 번역한 것으로 보아 대한의원의 의학교육 과정에서 화학 기초 과목으로 사용되었을 것으로 추정된다. 본문은 서론과 4편 54장으로 구성되어 있다. 제1편의 주제는 '본론과 비금속'으로 공기, 산소산화와 연소, 질소와 아르곤 관련 내용이, 제2편의 주제는 '금속'으로 금속의 물리적 성질, 금·은·동·백금과 比等화합물, 철 등의 내용이 다뤄져 있다. 제3편은 '용액론', 제4편은 '유기화합물'로 구성되어 있다.

⑬ 박물학 교과서

『新撰小博物學』, 『新編博物學』, 『新撰小博物理學』, 『新撰博物教科書』

박물학은 이화학, 지문학 등과 같은 자연과학 분야로, 물리·화학 등과 더불어 당시 교육과정에서 중요한 비중을 차지하였다. 인간 생활의 필수 요소인 의식주의 요소이자 식물, 동물, 광물 등 지구 표면을 이루는 자연물에 대해 연구하는 학문이다. 1895년 제정된 한성사범학교 규칙에서 박물은 '동식물의 생리와 위생'을 다

루는 분야로 분류되어 있었고, 이후에는 동식물뿐 아니라 광물까지 포함하는 과목으로 여겨졌다.[32]

박물관 소장본 『新撰小博物學』(1907, IA0436)은 유성준이 저술하고 1907년 11월 안현보문사에서 인쇄하여 국민교육회에서 발행한 박물학 교과서이다. 이 책은 1907년 6월에 발행된 초판의 재판본으로, 권두의 例言에 의하면 소학교의 고학년과 및 이와 동등 수준의 학교 및 중학 예비과의 교과용으로 활용하고, 소학교 저학년의 교사강습 및 참고용으로 편찬했음을 알 수 있다. 본문은 제1편 식물학, 제2편 동물학, 제3편 광물학의 세 부분으로 구성되어 있으며, 내용 이해를 돕기 위해 삽도 48개가 수록되어 있다. 당시 소학교에서 이과 교육이 본격적으로 도입되었음을 보여주는 자료로서, 근대 과학교육 초기 박물학 교육의 내용과 수준을 짐작해 볼 수 있는 교재이다.

『新編博物學』(1907, IA3947)은 보성관 번역원 이필선이 역술하고 신해용이 교열하여 1907년 보성관에서 발행한 중등학교용 박물학 교과서이다. 권두의 범례에 "본서는 중학 정도의 초보이니, 먼저 소학교부터 교원의 검정시험과 강습과로 사용하기 위하여 편찬"하였다고 하여 발행 목적이 제시되어 있다. 본문은 총 37장으로 구성되어 있는데, 1장부터 12장까지는 유채, 벚나무, 뱀, 닭에 이르는 육상 동식물을 다루고 있다. 13장부터 18장까지는 뼈, 근육·피부, 소화 등 사람과 관련된 내용, 즉 人身 생리학 관련 내용이 수록되어 있다. 19장부터 29장까지는 무명, 벼 등 육지와 바다의 각종 생물

---

32   박종석, 앞의 책, p.224.

을, 30장부터 36장까지는 철, 구리 등 광물에 대해 다루었다. 마지막 37장은 자연계에 대한 개괄로 마무리된다. 인 신생리학을 박물학의 영역으로 다룬 특징이 있으며, '박물학'이란 명칭으 로 번역되어 발간된 초기 근대 과학교 과서라는 점에서 그 의미가 크다.

『新編博物學』

박물관은 이 외에도 중국에서 발 행한 『新撰博物敎科書』(1902, IA0431)를 소장하고 있다. 無錫의 華文祺가 저술 하고 文明書局에서 순한문으로 간행한 박물학 교과서로, 식물·동 물·광물 등 자연물에 대한 기초 지식을 체계적으로 다루고 있다. 본문은 櫻, 竹 등 식물류와 닭, 장어 등 동물류와 석영, 장석 등 광 물류에 이르기까지 62항목으로 구성되어 있다. 각 항목에는 이해 를 돕기 위한 부도가 첨부되어 있으며, 삽도 52개는 별도로 묶어 부 록 형식의 교재인 『新撰博物敎科書』(1906, IA0423)로 발간되었다.

⑭ 식물학 교과서

『식물도셜』, 『初等植物學』, 『植物學敎科書』, 『植物學敎科書 附圖』, 『修正最近植物學』

통감부 시기 대표적인 식물학 교과서로 1908년 발간된 순한글 교과서 『식물도셜』과 국한문 혼용의 『植物學敎科書』를 들 수 있 다. 1906년 이후 다양한 과학교과서가 발행되기 시작하면서 식물 학 교재 출판도 절정을 이루게 된다. 『식물도셜』(1908, IA0138)은 숭 실 설립자인 윌리엄 베어드 박사의 부인인 애니 베어드가 순한글로

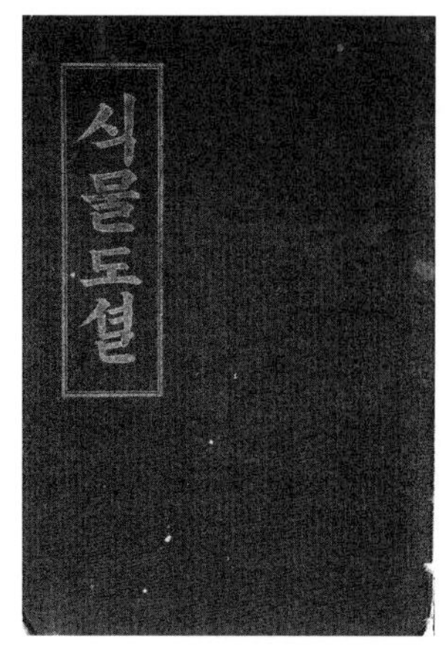

『식물도셜』

편역한 식물학 교과서로, 1908년 조선 예수교서회에서 발행되었다. 원저는 1858년 미국 뉴욕에서 발행된 『Botany for young people and common schools』로, 이 책은 이를 한국 실정에 맞춰 번역한 것이다. 본문은 총 5장으로 구성되어 있는데, 1장은 초목이 자라는 것과 식물의 전체적인 구조와 기능, 2장은 식물의 번식, 3장은 식물이 자라는 이유와 식물이 하는 일, 4장은 식물 구분, 5장은 식물의 科에 대한 구분에 대해 서술하고 있다.[33] 편역자 애니 베어드는 권두에서 숭실중학 1회 졸업생인 차리석의 도움을 받아 편역했음을 밝히고 있다. 이 교과서는 숭실학교의 식물학 수업에서 교재로 활용되었다.

『初等植物學』(1908, IA0413)은 한학자이자 독립운동가로, 『初等大韓歷史』와 『最新初等小學』 교과서를 집필하며 교육계몽운동에 앞장섰던 정인호가 역술한 초등용 식물학 교과서이다. 국한문 혼용의 연활자본으로 발행되다. 서문과 본문은 32과로 구성되어 있다. 제1과부터 제6과까지는 李花, 稻, 麥, 木棉, 茱, 果實種子 등 주요 식물의 종류를 다루고 있으며, 제7과에서 제10과까지는 종자싹, 종자의 발아, 식물의 성장을 설명하고 있다. 제11과부터 제27과까

---

33 윤정란, 「애니 베어드(A. L. a. Baird)의 『식물도셜』 해제」, 『숭실대학교 한국기독교박물관 소장 식물도셜』, 선인, 2020, pp.12~13.

지는 옥수수, 마, 소나무, 대나무, 매화 등 다양한 식물 개별 종에 대한 설명이 이어지고, 제28과부터는 식물의 부분과 뿌리, 줄기, 재배, 體具 등에 대해 서술하고 있다. 1910년 8월까지 15개 교과목에서 검정된 총 41종의 교과서 가운데 하나이다.

『植物學教科書』(1908, IA0432)는 윤태영이 역술하고 보성관에서 발행한 국한문 혼용의 중등용 식물학 교과서이다. 권수제에 '植物學中敎科書'로 표기되어 있어 중등용 식물학 교과서임을 알 수 있다.

본문은 '총론'을 시작으로, 제1편 식물형태학, 제2편 식물해부학, 제3편 식물생리학, 제4편 식물분류학으로 구성되어 있다. 총론에서는 지구상의 생물체에 대해 개괄적으로 서술하였고, 각 편에서는 식물학 분야의 기본 정의와 각종 개념들을 체계적으로 세분화하였다.『植物學敎科書 附圖』(1908, IA0306)는 본 교과서의 부도로, 제1도 '顯花植物의 各種을 示ᄒ 圖式'부터 326도 '山地植物分布圖'에 이르기까지 총 326매의 삽도가 수록되어 있다.

『修正最近植物學』(1921, IA0426)은 배재학당 교사 김동혁이 저술하고 박문서관에서 발행한 식물학 교과서로, 1915년 초판을 수정하여 1921년 재간한 것으로 보인다. 영문서명은 'Revised New Botany'이다. 본문은 총 3편으로 구성되어 있는데, 제1편은 21과로 이루어져 식물 분류학에 대한 이론을 다루고 있고, 2편은 24과로 식물의 생리 작용을 다루고, 3편은 15과로 식물의 재배 방법과 종류를 다루고 있다. 초기 식물학 교과서에 비해 보다 과학적이고 체계적인 내용을 담고 있어, 근대 생물학 교육의 발전 양상을 보여주는 자료로 평가된다.

⑮ 동물학교과서

『動物學』,『新編動物學』,『最新動物學問答』,『中等動物學』

『動物學』(1906, IA0141)은 현전하는 근대 동물학 교과서 가운데 가장 이른 시기의 것으로, 애니 베어드가 숭실중학 졸업생 안준겸, 한승곤, 이근식의 도움을 받아 1906년에 번역·편찬한 순한글 교과서이다. 애니 베어드는 숭실에서 학생을 가르면서 일찍부터『동물학』,『식물도셜』,『싱리학초권』 등의 자연과학 교과서를 직접 편찬하였다. 당시 학교 인쇄기를 이용해 일주일 또는 한 달 분량을 자체 제작한 후 이를 묶어 정식 교재로 출판하였다.『동물학』은 그 가운데 가장 먼저 1906년에 간행된 것이다. 순한글 편집이지만 고유명사나 과학 전문 용어의 경우 괄호 안에 한문을 병기하였다. 본문은 제1, 2권으로 나누어 제1권에서는 有脊動物을, 제2권에서는 無脊動物을 다루었다. 이는 근대 동물 분류 체계에 근거한 구성으로, 근대 동물학 수용과 과학적 이해 수준을 살펴볼 수 있는 자료이다.[34]

『新編動物學』(1908, IA0940)은 신해용이 역술하고 보성사에서 발행한 중등용 동물학 교과서로, 국한문 혼용의 연활자본으로 인쇄되었다. 본문은 총론을 시작으로, 척추동물, 절족동물, 연체동물, 연형동물, 芒刺動物, 강장동물, 해면동물, 原虫類 등 다양한 동물의 분류를 다루며, 동물 분류의 大意, 동물체의 해부생리, 동물의 彩色擬態 및 본능, 동물의 진화 등으로 구성되어 있다. 내용 이해를 돕기 위해 총 70개의 삽도가 수록되어 있는데, 제1도 '토끼의 골격'

---

34 오지석,「애니 베어드(Annie, L. A. Baird의『동물학』해제」,『숭실대학교 한국기독교박물관 소장 동물학』, 선인, 2020, pp.11~22 참조.

부터 제70도 '竹節虫의 擬態'까지 동물의 외형과 해부에 관한 시각자료가 포함되어 있다.

『中等動物學』(1910, IA 0268)은 1910년 10월, 신민회의 일원으로 교육구국운동을 전개했던 박중화가 저술한 중등용 동물학 교과서이다. 국한문 혼용의 연활자본으로 휘문관에서 인쇄·발행되었다. 본문은 척추동물(포유류, 조류, 파충류, 양서류, 어류), 절족동물(곤충류, 지주류, 다족류, 갑각류), 연체동물, 연형동물, 극피동물, 강장동물, 해면동물, 원시동물 순으로 구성되어 있고 권말에 '동물생활의 목적'과 '진화론의 대의'를 포함한 통론이 수록되어 있으며, 마지막에는 본문 내용을 기반으로 한 동물 분류표가 첨부되어 있다. 특히 제1도 '고양이의 골격'부터 제183도 '포유류의 유아 비교'에 이르는 삽화 183도를 수록하여 동물의 외형 및 해부 생리를 시각적으로 이해할 수 있도록 하였다.

『最新動物學問答』(1909, IA0424)은 1909년 황성신문사에서 발행된 동물학 교과서로, 이관희가 저술하고 장지연과 이철춘이 교열을 맡았다. 국한문 혼용의 문답식 서술 방식을 채택한 것이 특징이며, 당시 간행된 교과서의 유형 중 문답식으로 구성된 희귀 자료이다. 본문은 제1장 '총론'을 시작으로, 제2장~제14장까지 복세포동물총론, 척추동물총론, 포유류, 조류, 파충류 및 양서류, 어류, 연수동물, 절족동물, 연형동물, 극피동물, 강장동물, 해면동물, 원생동

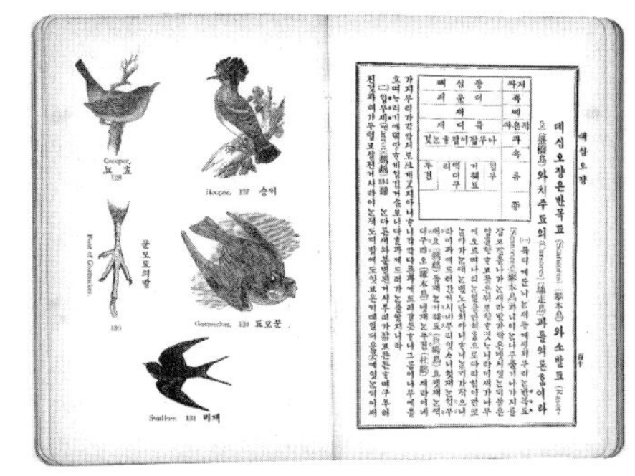

『動物學』

물로 구성되어 있다. 각 항목은 짧고 명료한 질문과 그에 대한 상세한 답변으로 이루어져 있어 학습자 스스로 내용을 이해하고 암기할 수 있도록 구성되어 있다.

⑯ 생리학 교과서

『전톄공용문답』,「生理學」仁·義·禮·智·元·亨·利·貞, 「中等生理學」, 「中等生理學 附圖」, 「生理學初卷」, 「新編生理學教科書」, 「初等生理衛生學大要」, 「中等生理衛生學」

박물관에서 소장하고 있는 생리·위생 분야의 교과서를 총 9종 17권이다. 대한제국 말기 근대 과학 분야 교과서 가운데 생리·위생 관련 교과서는 비교적 많이 발행된 편에 속한다. 1896년부터 1915년 사이 발행된 과학교과서 62종 가운데 동·식물 및 생리·위생 관련 교과서가 26종으로 가장 많았으며, 이과 13종, 물리 7종, 화학 9종, 지구과학 7종과 비교해도 생물학 계열의 교재가 두드러진다.[35]

근대전환기에 위생과 청결에 대한 사회적 관심이 높아지면서, 생리·위생 교과서는 개인의 건강뿐 아니라 사회 도덕과 규범의 관점에서 교육으로 연결되었다. 당시 발행된 생리학 교과서들은 대부분 숭실, 세브란스, 보성, 휘문 등 근대 교육기관에서 교재로 활용하기 위해 외국 서적을 번역한 것으로, 근대기 한국 사회에서 과학적 생리지식의 수용과 위생 교육의 확산 과정을 보여주는 중요한 자료라 할 수 있다.

한국에서 발간된 최초의 생리학 교과서는 『전톄공용문답』

---

35 박종석·정병훈·박승재, 「1895년부터 1915년까지 과학 교과서의 발행, 검정 및 사용에 관련된 법적 근거와 사용 승인 실태」, 『한국과학교육학회지』 18(3), 1998 참조.

(1899, IA0066)이다. 이화학당에서 재직하던 페인(J. O. Paine)과 프라이(L. E. Frey)가 번역하여 1899년 순한글 연활자본으로 발행하였다. '全體功用問答'에서 '全體'는 온 몸을 뜻하며, 인체를 구성하는 주요 기관의 기능과 쓰임새를 쉽게 이해할 수 있도록 문답 형식으로 서술하였다. 본문은 제1장 신체의 뼈와 근육에 대한 개괄적 설명을 시작으로, 전신 뼈, 모든 뼈

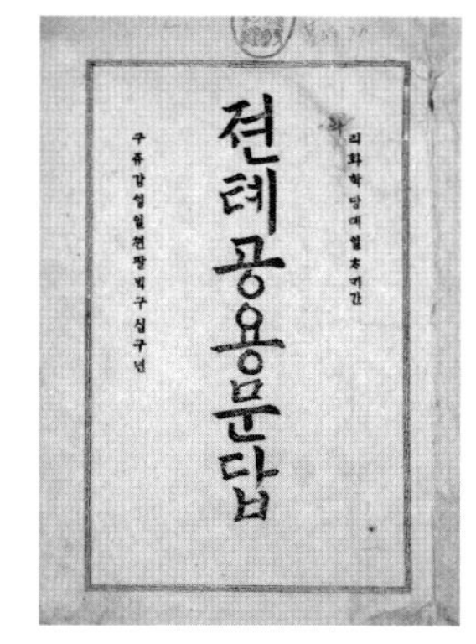

『젼톄공용문답』

대강 의론, 근육, 피부, 심장, 허파, 소화기관, 뇌와 신경계통, 이목구비에 대해 간결하게 기술되어 있다. 권말에는 몸에 해로운 담배와 술의 유해성에 대한 경고와 함께 신체 용어의 영문 표기가 수록되어 있다.

『中等生理學』(1907, IA3949)은 관립한성고등학교 교관 김하정이 번역하여 보성관에서 발행한 중등용 생리학 교과서이다. 본문은 전편과 후편으로 나뉘어 있으며, 전편은 '생활작용'에 해당하는 인체의 주요 생리 기능을, 후편은 '생활조건'에 해당하는 외부 환경과 위생적 요소를 다루고 있다. 전편은 인체 구조의 대요를 시작으로 뼈, 근육, 순환, 호흡, 소화, 배설, 피부, 신경계, 五感器 등 총 10장으로 구성되어 있으며, 후편은 공기, 물, 식물, 의복, 주거, 위생의 주의 등 총 6장으로 구성되어 있다.

『中等生理學 附圖』(1907, IA0389)는 본문의 이해를 돕기 위한 생리학 관련 삽도집으로, 제1도 '팔'부터 제56도 '귀의 모형'까지 총 18면에 걸쳐 56개의 일러스트가 수록되어 있다. 1908년에는 이 두

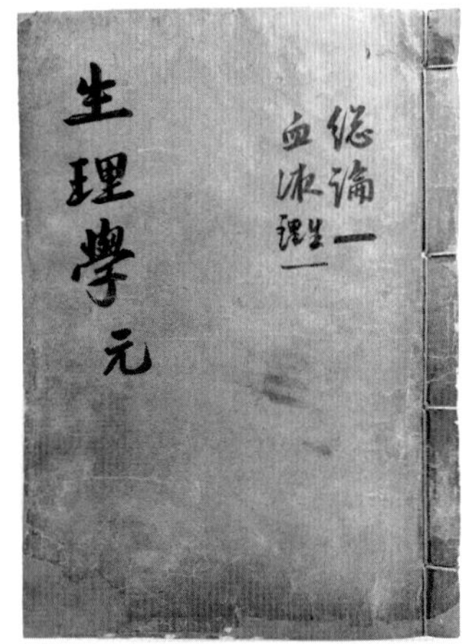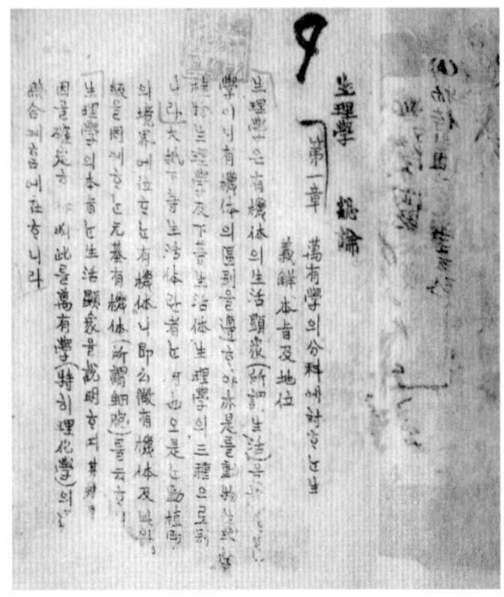

『生理學』元 표지와 본문

책을 일부 수정·통합한 개정판『中等生理學』(1908, IA0326)이 출간되어 실용성과 가독성을 높였다.

『生理學』仁·義·禮·智·元·亨·利·貞(1905, IA0127~IA0134)은 총 8권 8책으로 구성된 국한문 혼용의 생리학 교과서로, 대한제국 시기 발행된 의학 교과서 가운데 매우 희귀한 자료이다. 1905년 초판본으로 발행되었다. 종이에 등사한 방식으로 제작되었으며, 독일 생리학자 란트(Ransch)의 저작을 일본인 山田良叔가 번역한『蘭氏生理學』(1889)을 우리말로 다시 번역한 것이다.『生理學』元(IA0133)은 1장에서 21장으로, 총론과 혈액 생리에 대한 내용으로 구성되어 있다.『生理學』亨(IA0131)은 22장에서 52장까지 혈액 생리,『生理學』利(IA0132)는 53장에서 78장까지 호흡 생리,『生理學』貞(IA0133)은 79장에서 127장까지 소화 및 흡수 생리,『生理學』仁(IA0127)은 128장에서 178장까지 動物溫 생리,『生理學』義(IA0128)는 179장에서 214장까지 말초신경 생리, 『生理學』禮(IA0129)는 215장에서 243장까지 신경중추 생리, 『生理學』智(IA0130)는 244장에서 286장까지 五官器 생리에 대해 서술되어 있다.

『싱리학』(1906, IA0135)은 제중원에서 단권으로 발행한 최초의 생리학 교과서로, 종이에 등사 인쇄된 순한글 교재이다. 일본인 坪井次郎이 저술한 『新編生理教科書』(1897)를 세브란스의학교 제1회 졸업생인 홍석후가 번역하여[36] 1906년경 출판한 것으로 확인된다. 본문은 순한글로 구성되어 있으나, 전문 용어의 경우 괄호 안에 한문을 병기하였다. 권두의 례언에서 이 책이 심상중학교와 심상사범학교 및 이와 동등한 학교에서 생리학을 가르치기 위한 교과서임을 명시하고 있다. 속표지 및 간기가 없어 정확한 발행 연대는 확인할 수는 없지만 홍영후가 번역하고 에비슨이 교열하여 1906년 발행한 『신편싱리교과셔』와 비교해 볼 때, 내용과 삽도가 동일한 점을 미루어 비슷한 시기에 간행된 것으로 추측된다. 다만 어휘와 표기법에서 『싱리학』 제1편 총론에 "희부학을 알미 가흔고로"가, 『신편싱리교과셔』(1906년 발행)에는 "희부학을 앎이 가흔고로"로 되어 있어,[37] 『싱리학』이 보다 이른 시기에 발행된 것으로 보인다. 본문은 제1편 신체 구조와 계통을 다룬 '총론', 제2편 骨 계통, 제3편 筋 계통, 4편 피부 계통, 제5편 순환기 계통과 혈액과 '님프' 및 님프관, 제6편 호흡기 계통, 제7편 소화기 계통, 제8편 비뇨기 계통, 제9편

---

36 박준형·박형우, 「홍석후의 『신편생리교과서』(1906) 번역과 그 의미」, 『의사학』 21-3, 2012, pp.477~479.

37 국립한글박물관, 『나는 몸이로소이다; 개화기 한글 해부학 이야기』, 2018, pp.270~271 참조.

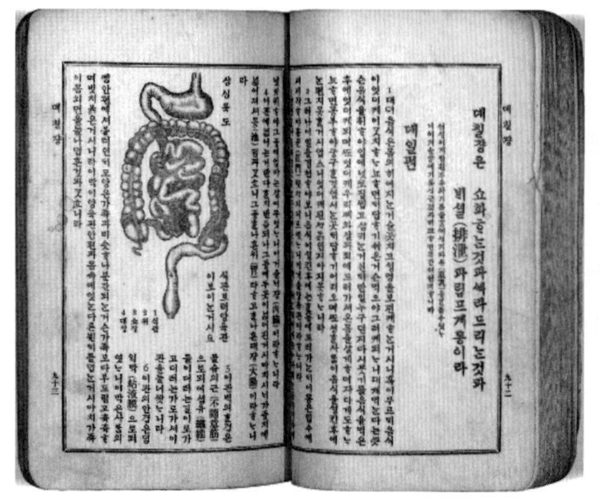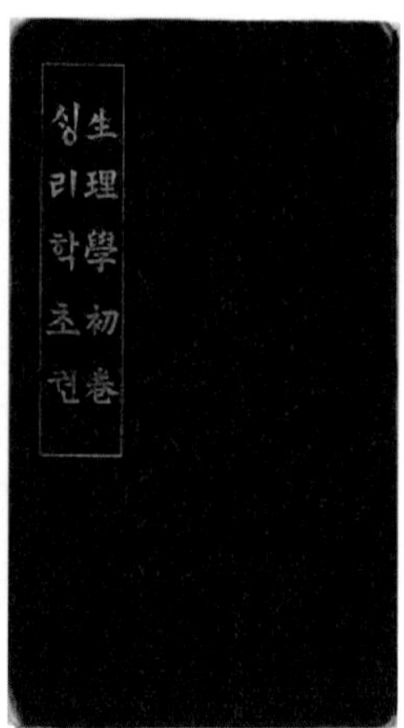

『生理學初卷』

신경 계통, 제10편 五官器 계통으로 구성되어 있다. 본문의 이해를
돕기 위한 해부학 삽도 88장이 함께 수록되어 있다.

『生理學初卷』(1908, IA0380)은 숭실대학 초창기 자연과학교실의
보조교수였던 애니 베어드가 발행한 생리학 교과서로, 1908년 순
한글 연활자본으로 간행되었다. 이 교과서는 애니 베어드가 편역
한 『식물도셜』, 『동물학』과 더불어 숭실중학의 자연과학교과 교육
과정을 구성하는 교재 중 하나로 활용되었다. 본문은 순한글로 편
집되어 있으나, 고유명사나 전문용어의 경우 괄호 안에 한문을 병
기하였다. 본문은 '결정', '뼈와 마디', '근육', '일하는 것과 쇠약해
짐과 피', '피의 순환', '소화·습수·배설·림프계통', '호흡하는 것
과 목소리', '신경계통', '피부와 귀와 눈' 등 총 10장으로 구성되어
있다. 부록으로 '갑자기 죽을 지경에 바진 사람을 구원하는 방법'
이 수록되어 있다. 본문에는 생리학 내용을 설명하기 위한 삽도 68

개가 포함되어 있고, 권말에 생리학 용어 279개를 색인으로 정리한 점이 주목된다.

특히 미국의 중등교육과정의 교재로 쓰인 윌리엄 스미스(William T. Smith)의 『The Human Body and Its Health』를 한문 또는 일문 번역서를 거치지 않고 영어 원서에서 직접 순한글로 번역한 보기 드문 사례로, 번역 방식과 내용 구성 면에서 다른 교과서과 다른 특징이 있다.[38] 교과용도서검정규정에 따라 학부 검정 교과서로 사용되었다. 숭실의 독립적이고 진보적인 교육 방향을 잘 보여주는 자료라고 할 수 있다.

『新編生理學敎科書』(1909, IA0282)는 1909년 일본 도쿄자혜의학전문학교 출신의 의사 안상호가 편찬한 생리학 교과서이다. 저자는 서문에서 "사람 몸의 생리에 필요한 사항을 편찬"하였으며, "신체의 구조와 동작의 근본 이유를 설명하여 생활상 원소를 요해케 하며 아울러 건강을 보존하는 위생의 법칙도 중요한 것을 골라 기재"하였다고 밝혔다. 본문은 총론(인생의 특징, 인체의 특징, 인체구조의 개요), 운동기능(근육, 골), 신진대사(소화, 흡수, 배설 등), 체온, 신경계통(시각 등 오각) 등으로 구성되어 있다. 이 생리학 교과서는 외국 서적을 번역하지 않고 한국인 의사가 직접 펴낸 의학교과서라는 점에서 그 의의가 크다.

『初等生理衛生學大要』(1909, IA3959)는 안종화가 저술하여 광덕서관에서 발행한 생리 위생학 교과서이다. 표제에 '學部 檢定 內部

---

38 오선실, 「애니 베어드(A.L.A Baird)의 『싱리학초권』 해제」, 『숭실대학교 한국기독교박물관 소장 싱리학초권』, 선인, 2020, pp.11~20.

認可 初等生理衛生學大要', 속표지 제목 상단에 '학부 검정 사립학교 초등교육 학원용'이라고 명시되어 있어 학부의 검정을 받아 초등용으로 사용된 교과서임을 알 수 있다. 본문은 총 52과로 이루어져 있고 삽도 6개가 포함되어 있다. 제1~15과는 인체 구조를 다룬 생리학, 제16~52과는 위생학 관련 내용을 다루고 있다. 근대 전환기 생리·위생학의 도입과 교육현장에서의 전개를 살펴보는 데 도움이 되는 자료이다.

『中等生理衛生學』(1907, IA4012)은 임경재가 번역하고 민대식이 교열하여 1907년 휘문관에서 발행한 국한문 혼용의 중등용 생리위생학 교과서이다. 역자는 서문에서 "중학교과에 사용할 수 있도록 외국의 생리학 및 위생학 책자를 수집 번역하였다"고 밝히고 있다. 본문은 총 10장으로 구성되어 있다. 제1장 뼈로 시작하여 근육, 피부, 소화기, 순환기, 호흡기, 배설기, 신경계, 오관기 등 신체 각 부위와 기능을 설명하고 마지막 장에 '공중위생'에 관한 주제로 접촉전염병과 풍토병에 대해 서술하였다. 생리학적 내용뿐 아니라 넓은 의미의 보건위생까지 포괄하고 있어, 당시 위생에 대한 사회적 관심을 반영한 자료로 평가된다. 교과용도서검정규정에 따라 학부 검정 교과서로 사용되었다.

⑰ 해부학 교과서

『히부학』

『히부학』권一·二(1906, IA0795·0136)는 최초의 한글 해부학 교과서로 1906년 종이에 등사 인쇄된 초판본이다. 순한글로 편집하되 의학 전문용어의 경우 괄호 안에 한문을 병기하였다. 속표지에는 한국 최초의 면허의사인 김필순이 번역하고 영국 출신 의사 에비슨이 교열하여 제중원에서 출판하였다고 기록되어 있다. 내지에는 "일본 의과대학 조교수 今田束이 저술한 책을 번역한 것이라"고 하여, 일본 해부학의 개척자 今田束의 『實用解

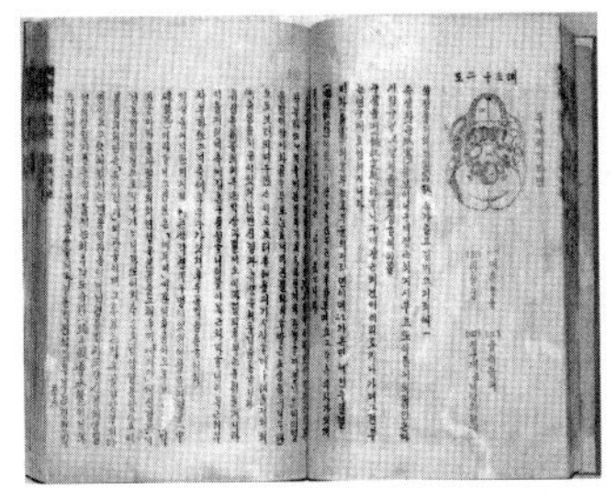

『히부학』권一

剖學』권1~3을 번역한 것임을 밝히고 있다. 총 3권 가운데 박물관은 권1과 권2를 소장하고 있다. 권1에는 뼈와 관절에 관한 내용이, 근육, 권2에는 소화기와 호흡기, 권3에는 혈관과 신경에 관한 내용이 수록되어 있다.[39] 권1에는 삽도 94개, 권2에는 삽도 89개가 수록되어 있으며, 특히 권2는 『히부학』권2와 『현미경쓰는법』이 합본으로 묶여있다.

『현미경쓰는법』은 황성세브란스병원 내 교육부에서 번역 출판한 것으로 총 53면에 삽도 32개가 수록되어 있다. 본문은 제1장 서론, 제2장 현미경의 기원, 제3장 현미경의 원리, 제4장 현미경, 제5장 현미경의 구조, 제6장 현미경 부속기, 제7장 렌즈계통, 제8장 확대력의 撰定, 제9장 쓰는 법과 주의할 것, 제10장 해부 기계, 제11장 해부현미경, 제12장 표본고정법 순으로 구성되어 있다. 국한문을 혼용하였고 주요 의학 용어에는 영어 원어가 표기되어 있어 교육 실용성을 높이고 있다.

---

39 국립한글박물관,『나는 몸이로소이다; 개화기 한글 해부학 이야기』, 2018, p.249 참조.

3) 개화기·일제강점기 발행서적

개화기 서구학문이 유입되면서 다양한 학문분야의 단행본이 저술되거나 번역되었다. 박물관에서 소장하고 있는 개화기 및 일제강점기 간행본을 인문·사회과학, 역사·지리, 언어·어학, 문학·예술, 음악, 교육, 농학·경제학, 과학, 의생활, 군사학, 종교·잡술 영역으로 분류하여 살펴보고자 한다.

① 인문·사회과학

『小學諺解略選』(1887), 『西遊見聞』(1902), 『進明彙論』(1905), 『政治原論』(1907), 『增訂法學通論』(1907), 『十九世紀歐洲文明進化論』(1908), 『朝鮮光文會告白』(1910년대), 『最新實用 朝鮮百科大全』(1916), 『朝鮮의 現在와 將來』(1923), 『明倫歌』(1935), 『新選童話法』(1939)

개화기 출판문화계가 근대화의 일환으로 각종 근대학문 서적을 출간한 동향을 파악할 수 있는 서적이 다수 출간되었다. 그 가운데 인문·사회과학 영역의 출판물을 살펴보면 다음과 같다.

『小學諺解略選』(1887, IA1965)은 72세 할아버지가 孫婦에게 가르침을 주기위해『소학언해』의 일부를 선별하여 필사한 것이다. 丁亥年에 필사되었으며 필사자는 미상이다. 권말에 '東方史記'라는 제목으로 손부에게 본보기가 되는 내용, 즉 자식을 버려 노모를 배부르게 했던 신라시대 효자 孫順을 비롯해 成松國, 吉再, 徐居正 등 17인의 효행과 충절에 대한 일화가 수록되어 있어 유교적 윤리 교육의 실천 사례를 보여준다.

『西遊見聞』(1902, IA2313)은 개화사상가 유길준이 서구사회를 접한 후 한국사회의 근대화 방략을 정리한 기행문이자 국정개혁서이다. 일본 도쿄에서 국한문 혼용 연활자본으로 발행되었다. 서구 문명과 정치, 사회, 지리, 경제 제도 전반에 걸친 관찰과 평가가 담겨 있어, 한국 지식인의 세계 인식과 개혁 의지를 엿볼 수 있는 중요한 자료이다.

『進明彙論』(1905, IA0270)은 개화기 학자이자 서예가로 알려져 있는 이종태가 정치, 경제, 사회 등 다양한 분야에 대해 저술한 평론집이다. 상하권 합본의 한문 연활자본으로 간행되었다. 상권에는 인류, 종족, 지세, 기후, 물산, 국가, 정치체제, 법률, 종교 등을, 하권에는 문학, 武備, 農務, 공예, 상업, 사회 등에 관한 내용이 수록되어 있다. 중국의 개혁 관련 서적을 평이한 해설을 덧붙여 풀어 썼다. 근대전환기 정치, 경제, 사회 등에 관한 저자의 세계관과 사상을 살필 수 있는 자료이다.

『政治原論』(1907, IA0438)은 안국선이 저술하여 황성신문사에서 간행한 한국 최초의 정치학 개론서이다. 일본에서 정치학을 공부한 저자가 市島謙吉의 저서를 축소 편역하였다. 정치의 기원과 목적, 정체론, 대의제도론 정당론, 입법·사법·행정 등 3권 분리의 원리 등이 정리되어 있다. 이 자료를 통해 1910년 한일병합 이전에 이미 근대정치 이론이 연활자본으로 인쇄, 보급되었음을 확인할 수 있으며, 근대 서양정치사상의 수용 양태와 정치학 도입의 초기 형태를 보여주는 선구적인 저작이다.

『增訂法學通論』(1907, IA3914)은 유성준이 1905년 발간한 한국 최초의 근대 법학서『법학통론』을 수정·보완한 제2판 증정본이다. 권두의 제1판 서문은 일본에서 법학을 공부한 유치형이 썼다. 편목은 제1편 총론, 제2편 헌법, 제3편 행정법, 제4편 형법, 제5편 민법,

제6편 상법, 제7편 소송법, 제8편 국제법으로 구성되어 있다. 저자 유성준은 개화사상가 유길준의 동생으로 일본 메이지 법률학교에서 근대 법학을 공부하였으며, 일본에 수입된 독일의 법학의 체계와 서술방식을 참고하여 이 책을 편찬하였다. 일본식 근대 법학 체계를 답습한 한계가 있으나,[40] 한국 최초로 근대 법학을 소개한 개론서이자 통론이었다는 점에서 의의가 있다.

『十九世紀歐洲文明進化論』(1908, IA2628)은 근대 문명론을 수용하는 과정에서 발간된 자료로, 陳國鏞의 저술을 이채우가 번역하여 1908년에 발행하였다. 본 자료는 18세기 혁명시대를 식산계와 사상계로 구분하여 정치·사회·산업·사상 등 각 분야의 혁명을 서술하고, 19세기에 이르러서는 물질 진보와 문명의 발전, 프랑스 혁명의 영향, 평민주의의 확산 등을 중심으로 유럽의 변화와 역사적 발전을 설명하고 있다. 특히 19세기 유럽의 역사를 '물질 진보'로 규정하고 있는 점이 특징적이다. 전반적으로 서양 문명의 진보에 관한 관심을 엿볼 수 있는 자료이다. 번역자 이채우가 훗날 대종교의 정교(正敎)로 활동했다는 점도 주목된다.

『朝鮮光文會告白』(1910년대, IA1603)은 1910년 일제의 강제 병합 이후, 민족 정체성과 전통 계승을 위해 최남선 등을 중심으로 설립된 조선광문회의 설립 취지와 활동 방향을 담은 문헌이다. 표제는 '朝鮮光文會告白'이며, 본문은 '朝鮮廣文會規則', '朝鮮廣文會刊行書目概要', 최남선의 '余의 光文會發起者의 一人이 된 衷情', 그

---

40 최종고, 「韓國 最初의 『法學通論』」, 『서울대학교 법학』 22-4, 서울대학교 법학연구소, 1982, p.101.

리고 광고 '入會人要覽'으로 구성되어 있다. '규칙'에 "조선 舊來의 문헌, 도서 중 중대하고 긴요한 자를 수집, 편찬, 개간하여 귀중한 문서를 보존 傳布함"을 목적으로 설정하고, 간행서 범위는 역사류, 제도류, 지리류, 지도류, 子集류, 謠俗류, 어문류, 歌詞류, 戲玩류, 譯舌류, 경학류, 문학류, 兵事류, 경제류, 기행류, 釋家류, 전기류, 교훈류, 소설류, 금석류, 서첩류, 彙纂류, 類書류, 기타 畫像·필적· 화첩으로 분류하였다. 민족의 중요 문서의 수집, 편찬뿐 아니라 간 행, 반포를 목적으로 설립된 조선광문회의 실상을 이해하는 데에 도움이 된다.

『最新實用 朝鮮百科大全』(1916, IA2339)는 근대 지식 체계를 집 대성한 상용 백과전서로, 한국에서 발행된 백과사전의 효시로 평 가된다. 1915년 초판 발행 이후 1916년 3판으로 발행된 것으로, 서 문을 쓴 장지연은 "국가, 정치, 법률, 상업, 농상, 공예에서 교통, 鐵 郵, 교육, 종교, 위생 및 가정, 의식주, 부녀 일상 家政 行用, 일한문 서간 왕복, 기타 물리, 화학, 광물, 식물, 천문, 地文, 日鮮語學 등 19 편"의 실용지식을 망라하고 있음을 설명하고 있다. 편집 및 발행자 는 竹內錄之助로, 일본인이 편찬하였기 때문에 식민 통치 이데올 로기를 반영한 지식의 보급이었다는 점에서 한계를 갖고 있다.[41]

『朝鮮의 現在와 將來』(1923, IA0883)은 1920년대 민족개조론 담 론과 관련하여 이광수가 저술한 초판 발행물이다. 「民族改造論」, 「少年에게」, 「相爭의 世界에서 想愛의 世界에」 등 총 3편으로 구성

---

[41] 허재영, 「근대 학문 발달과 新文社藏板 『최신 실용 조선백과대전』의 의미」, 『한말연구』 제55호, 한말 연구학회, 2020.3, pp.263~264.

되어 있다. 이광수는 권두 '弁言'에서 "이 글을 조선민족의 장래와 어떠할까, 어찌하면 이 민족을 현재의 쇠퇴에서 건져 행복과 번영의 장래로 인도할까 하는 것을 생각하는 형제와 자매에게 드립니다"라고 서술 동기를 밝혔다.「民族改造論」은 사회진화론의 영향을 받은 논설로, 국가 간 약육강식과 우승열패의 논리를 근간으로 민족 개조를 주장하고 있어, 궁극적으로는 일제 식민 지배를 정당화하는 한계를 지닌다. 당시 이광수의 시대 인식과 사상적 입장을 살필 수 있는 자료이다.

『明倫歌』(1935, IA6890)는 한말 우국지사였던 서재극이 오륜(부자유친, 군신유의, 부부유별, 장유유서, 붕우유신) 내용을 기술한 교화서이다. 한문 원문과 그에 대한 한글 해석을 병기하였으며, 동광인쇄소에서 국한문 연활자본으로 인쇄되었다.

② 역사·지리

『往復』(1895),『國朝人物志』上·中·下(1909),『海東名將傳』(1911),『逸士遺事』(1922),『文獻便考』(1923),『唐陵君遺事徵(1928),『佐翁尹致昊先生略傳』(1934),『續修中京科譜』(1918),『歷年通攷』(1907),『韓史綮辨』(1924),『開城郡鄉土史』(1915),『耽羅記年』(1918),『常山誌』(1932),『朝鮮湖南誌』卷1,3~7(7책, 1935),『開城人蔘開拓小史』(1941),『錦城邑誌』(1897),『平壤邑誌』(1906),『續修增補 江都誌』上·下(1932),『朝鮮史 原稿』(1930년대),『朝鮮の雅樂竝妓生の舞』(연도 미상),『朝鮮史研究艸』(1929),『朝鮮史』第二-四編(1932~1938),『新選歷史精圖 國史之部』(1936),『故事通』(1944),『人蔘史』卷1~7(1928~1941),『朝鮮部落調査報告』第一冊(1924),『小鹿島慈惠醫院年報』(1932),『朝鮮史料集眞解說』第1輯(1935~1937) 외,『萬國政表』卷二(1886),『精選萬國史』(1909),『萬國事物紀原歷史』(1909),『만국통감』ㅅ권(1912),『易言』卷2(1880),『易言』卷4(1880),『易言』乾(1880),『易言』坤(1880),『淸國戊戌政變記』(1900)

한국 역사와 관련한 자료로 먼저 왕조사, 전기, 지방사 등으로 분류할 수 있다.『往復』(1895, IA0453)은 필사본으로 표제가 '往復'인데 안쪽 표지 제목은 '要覽'으로 되어 있으며, 내지에는 '乙未 二月'이라 기록되어 있어 있다. 체계를 갖춘 목차와 제목 없이 조선의 27대 왕조가 소개되어 있고 이어 耽羅附朝鮮, 鄭氏朝鮮, 八道要中全羅道抄出, 山水十勝地訪居則安吉 등의 잡문이 체계 없이 나열되어 있다. 이 가운데 '鄭氏朝鮮'의 내용에서 '정씨 성을 가진 이가 계룡산에서 조선을 건국했다'는 내용이 포함되어 있어, 〈鄭鑑錄〉 계열의 예언서로 추측된다.

『國朝人物志』上·中·下(1909, IA3922, ·IA3923·IA4023)는 안종화가 조선 태조부터 철종에 이르기까지 주요 역사적 인물의 행적을 정리한 것으로, 1909년 3월 총 3책 순한문 연활자본으로 발행되었다. 상권은 태조부터 중종까지, 중권은 중종부터 인조까지, 하권은 인조부터 철종까지 주요 인물 3천여 명의 행적이 서술식으로 정리되어 있다.

역사 위인전기로 『海東名將傳』, 『逸土遺事』, 『文獻便考』, 『唐陵君遺事徵』, 『佐翁尹致昊先生略傳』 등이 있다.

『海東名將傳』(1911, IA1266)은 우리나라 국난 극복에 앞장섰던 무장들의 전기를 엮은 자료로, 본래는 홍양호가 1794년에 삼국시대부터 조선 인조대까지의 위인 46인을 모아 편찬한 것이다. 1911년 조선광문회에서 최남선이

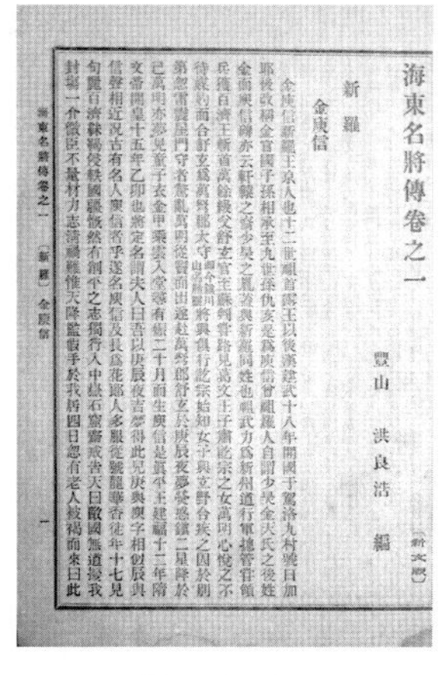

『海東名將傳』

편수하여 연활자본으로 간행하였다.

　신라의 김유신 등 3인, 고구려의 을지문덕 등 3인, 백제의 흑치상지 1인, 고려의 유검 등 19인, 조선의 이지란 등 20인을 열전 형식으로 서술하였다. 나라 수호에 공이 큰 무관을 대상으로 시대별로 서술하였다는 점이 특징이다.

　『逸土遺事』(1922, IA1338)는 장지연이 조선시대 양반 계층을 제외한 인물들의 전기를 열전 형식으로 편찬한 책으로, 1922년 그의 아들 장재식이 회동서관에서 국한문 혼용 연활자본으로 발간하였다. 총 6권 1책으로 구성되어 있으며, 권1에는 광해군 때 무관으로 봉림대군 등을 호위한 김여준 등 11인, 권2에는 풍속화가 김홍도 등 52인, 권3에는 문인이자 화가인 최북 등 69인, 권4에는 울릉도를 수호한 어부 안용복 등 29인, 권5에는 효녀 김취매 등 43인, 권6에는 여자로서 종군해 공을 세운 부랑 등 35인의 행적이 수록되어 있다. 양반이 아닌 계층의 인물들 중 문학, 예술에 뛰어났거나 효행·열행을 실천한 인물들의 활약을 조명한 것으로, 일부는 야사적 성격이 강해 사료적 검토가 필요하나, 조선 후기 사회의 다양한 계층을 조망할 수 있는 전기문학으로서 중요한 가치를 지닌다.

　『文獻便考』(1923, IA1496)는 한국의 역사적 인물을 분류 정리한 인물백과전서이다. 한국의 역대 주요 인물을 명단과 약력이 정리되어 있다. 세조부터 고종까지 정승을 역임한 인물들의 이름과 약력을 기록한 黃閣錄, 대제학의 이름과 약력을 기록한 文衡錄, 신라와 고려, 조선의 유학자를 기록한 儒林錄, 그리고 逸薦으로 벼슬에 오른 인물, 조선시대 湖堂과 淸白吏 명단, 삼국시대 이래 무신 명단인 해동명장록이 수록되어 있다. 이 외에 소제목으로 '親軍監督', '文

武制捆錄’, ‘麟閣錄’, ‘麗朝節義錄’, ‘宗廟配享’, ‘俎豆錄’, ‘謚法’, ‘明朝陪臣錄’, ‘明朝東援錄’, ‘日本通信使’, ‘文章’, ‘名畫’ 등 각종 인물 관련 자료가 총망라되어 있어 근대 시기 이전 한국 인물 연구의 기초 자료로서 가치가 높다.

　『唐陵君遺事徵』(1928, IA1573)은 정인보가 조선 중기 역관이자 외교관으로 활동한 홍순언의 행적을 정리하여 저술한 전기이다. 홍순언은 역관이면서 임진왜란 당시 공을 세워 唐陵君에 책봉되었으며 병조참판을 역임하였다. 이 전기는 그의 후손 홍정구의 요청으로 집필된 것으로, 순한글 목활자본으로 1928년에 간행되었다.

　『佐翁尹致昊先生略傳』(1934, IA2335)은 기독교조선감리회 총리원에서 발행한 윤치호의 전기이다. 윤치호의 고희를 기념하여 김영희가 저술하였으며, 출생부터 전 생애를 전반적으로 서술하고 있다. 다만, 1930년대 중반 이후 윤치호가 일제 식민통치에 협력했던 행적은 수록되지 않았다.

　『續修中京科譜』(1918, IA1479)는 고종 시대의 최문현이 편찬한 『中京科譜』를 이어 속수한 인물록이다. 성종부터 고종 때까지 문과, 생원, 진사에 급제한 개성 출신 인물 830인의 8世譜를 수록하고 外祖·外舅도 함께 기록하였다. 1918년 숭양문예사에서 연활자본으로 간행되었으며, 서문은 최중건, 왕성순, 김관규, 조유선 등이 작성하였다. 지역 인물의 관직 진출과 가문 변화를 종합적으로 파악할 수 있는 자료이다.

　기타 역사서로 『歷年通攷』(1907, IA1989)와 『韓史綮辨』(1924, IA1332)이 있다. 『歷年通攷』는 최세학이 찬집한 연표 형식의 역사서로, 중국과 한국의 역사를 비교하여 구성한 점이 특징이다. 목판본으로 간행되었으며, 발문은 없지만 최세학이 찬집하였음을 본문 마지막에서 확인할 수 있고, 후손 최필원이 쓴 小識이 부기되어 있다. 중국사는 史皇부터 光緒까지, 한국사는 단군부터 광무 원년까지의 역사가 수록되어 있다. 『韓史綮辨』은 김택영이 1918년에 저술한 『韓史綮』의 내용에 대해 유학자들이 비판적으로 서술한 반박서이다. 儒林總部에서 간행하였으며, 한홍교 등 101인의 유림이 저술하였고, 맹보순이 편집하였다. 순한문 연활자본으로 구성되어 있으며, 조선왕조에 대한 비판적 시각에 대해 성리학적 입장에서 반박하는 당대 유림의 역사인식을 살필 수 있는 자료이다.

둘째, 일제강점기 전국 각 지역의 향토사, 군지, 읍지 등이 활발하게 발간되었다. 박물관에는 개성, 제주, 진천, 평양 등과 관련한 자료가 소장되어 있다. 먼저 『開城郡鄕土史』(1915, IA1230)는 개성 지역의 향토사를 정리한 지역지로, 1915년 일한문 혼용의 등사본으로 간행되었다. 표제는 '향토사'이며 개성제1보통학교장, 개성제2보통학교장, 풍독공립보통학교장 3인이 공동으로 서문을 작성하였다. 서문에 따르면 고구려 이전 시대까지를 포함하여 개성의 사적과 역사 자료를 수집 조사하여 기술하였음을 알 수 있다. 본문은 제1편 총론(위치, 廣袤, 지세, 기후)과 제2편 각론(정치-民政과 軍政, 풍속습관, 문예-문학, 예술), 부록(고려 왕릉, 비문) 순으로 구성되어 있다. 권두에는 참고 문헌으로 활용된 조선 관련 자료 24권의 목록이 수록되어 있다. 수록 문헌 모두 일본인이 저술한 것으로, 개성 지역 관련 내용을 중심으로 선별하여 정리하였다.

『耽羅記年』(1918, IA0813)은 제주 지역의 향토사를 다룬 자료로, 1918년 김석익이 저술하여 4권 1책의 순한문 연활자본으로 발간되었다. 권두에 안병택과 김시우가 서문을 작성하였다. 서문에 의하면 고려 태조 21년(938년)부터 조선 광무 10년(1906년)까지 제주도의 산천, 풍속, 인물, 물산 등이 수록되어 있다. 권1은 고려 태조 21년에서 우왕 14년까지 탐라에 관해 기록하였고, 권2는 조선 태조 원년에서 현종 15년까지, 권3은 숙종 원년에서 정조 24년까지, 권4는 순조 원년에서 광무 10년까지 제주, 정의, 대정 지역의 역사를 수록하였다.

『耽羅記年』

『常山誌』(1932, IA1588)는 충청북도 진천군의 향토사를 집대성한 군지로, 정우섭이 편집하여 1932년 연활자본으로 간행하였다. 권두에는 1825년 정재경이 간행한 초간본 서문, 1916년 진천군수 이해용의 서문, 그리고 1932년 당시 진천군수 이범관의 서문이 차례로 수록되어 있다. 본문은 제1편에서 郡名, 疆域, 城池, 烽燧, 面里, 兵制 등 36개 항목을, 제2편에서는 人物, 忠義, 孝行, 貞烈 등 11개 항목을 다루고 있어, 진천군의 역사·지리·풍속·문화를 종합적으로 정리한 자료라 할 수 있다.

『朝鮮湖南誌』卷1,3-7(6책, 1935, IA1315~1320)은 일제강점기 호남 지역의 향토사를 집대성한 자료로, 윤종림 등 광주 지역 인사들이 편찬하고 1935년 순한문 연활자본으로 간행하였다. 서문은 정공원, 발문은 김정태와 고면주가 썼다. 권1은 호남의 연혁을 다루고 있으며, 권2는 누락된 상태이다. 권3은 文科·武科·相臣·文衡·湖

堂·南臺·桂坊·淸白吏·遺逸·蔭仕 등을, 권4는 壽職·贈職·儒賢·儒林·學行·行誼·文章·書畫 등을 수록하였다. 권5와 권6은 狀碣을 중심으로 구성되어 있어, 호남 지역의 교육과 건축, 역사와 인물 등을 이해하는 데 유용한 자료이다.

『開城人蔘開拓小史』(1941, IA4745)는 최문진이 편집하고 조선산업연구회에서 1941년 발행한 초판본으로, 개성인삼의 역사와 상품 개발, 유통 및 개척 과정 등이 상세히 수록되어 있다. 서두에는 개성인삼 개척의 공로자인 최익모의 동상 제막식 관련 축사와 기사가 수록되어 있으며, 본문에는 '인삼의 성지 송도', '포장 개조와 상품 향상', '판로 개척의 고심담', '경쟁 상인의 자멸', '개척 30년의 빛난 역사', '주최 측의 의도와 할당 문제' 등 소제목 아래 개성 인삼의 역사를 담고 있다.

『錦城邑誌』(1897, IA1935)는 1897년 순한문 목활자본으로 인쇄된 금성읍지이다. 표제는 '羅州邑誌 錦城邑誌 乾'으로 되어 있으며 권두의 서문은 이승욱(李承旭)이 썼다. 본문은 璿源世系, 建置沿革, 先生案 등으로 구성되어 있다.

『續修增補 江都誌』上·下(1932, IA6510·IA6511)는 경기도와 강화도의 지지로 박헌용이 편술하여 1932년 2권 2책으로 발행하였다. 권수제는 '續修增補 江都誌'이며 오세창이 썼다. 책머리에 '海國勝蹟'이라는 글씨와 윤용구의 서명이 있다. 토지·호구·부세, 기후·해류·간만, 물산·풍토 등 자연환경과 풍토, 명소·고적, 능·묘·사·단, 교통 및 통신기관, 종교·교육·산업기관 및 위치 등 사회·문화·지리적 특징 등을 자세히 서술하였다.

박물관에서 가장 많이 소장하고 있는 지방지는 『平壤邑誌』

(IA2134~2143)이다. 총 10책 모두 목판본으로 인쇄되었으며, 평양 지역의 역사와 문화, 제도, 인물 등을 포괄한 대표적인 읍지이다. 박물관 소장『평양읍지』를 간략히 소개하면 다음과 같다.

『平壤邑誌』(IA2143)　권수제는 '平壤邑誌卷之二上'이며, 본문 소제목은 '文科, 武職, 忠臣附殉節, 別將, 老職贈職으로 구성되어 있다. 속지에 윤두수(尹斗壽)가 편간한 것을 1854년 10책으로 간행했다는 수기가 있다.

『平壤邑誌』(IA2142)　권수제는 '平壤誌卷之上二'이며, 본문 소제목은 人物, 學行, 孝行, 烈行으로 구성되어 있다.

『平壤邑誌』(IA2141)　'平壤誌卷之上', '平壤誌卷之上一'과 '平壤誌卷之下四', '平壤誌卷之下五' 합권이다. 권지상의 본문 소제목은 鄕校古蹟, 古蹟, 職役, 兵制, 貢賦, 敎坊, 院亭, 佛寺, 戶口로 구성되어 있다. 권지하는 西京創建事蹟과 각종 상량문 등이 수록되어 있는데, '重華殿 상량문이 광무3년(1903년)에 撰'하였다고 문구로 보아 1903년 이후 인쇄된 것임을 알 수 있다.

『平壤邑誌』(IA2140)　권수제는 '平壤邑誌卷之上'이며, 1590년 윤두수의 서문과 1730년 송인명의 서문이 있는 것으로 보아 1730년 인쇄된 것으로 추정된다. 이 때 발간된 평양지는 총 7권인데, 이 읍지는 권1이다. 본문 소제목은 疆域, 分野, 沿革, 城池, 部坊, 군명, 風俗, 形勝, 山川, 樓亭, 祠墓, 公署, 倉儲로 구성되어 있다.

『平壤邑誌』(IA2137)　권수제는 '平壤誌卷之下一'이며, 본문은 고사(古事)로 구성되어 있다. 뒤쪽에 '平壤誌 卷之下六'에는 '甲吾新續'이라는 소제목으로 1894년부터 평양에서 벌어진 청일전쟁부터

1906년 평양의 장대현과 남산현에 기
독교계의 교회당 건축에 이르기까지의
대소사를 부기하였다.

『平壤邑誌』(IA2134)　1888년 남정철
의 平壤續誌序가 있고 판심제는 '平壤
邑誌人物錄'이다. 본문은 學行, 孝行
두 항목으로 구성되어 있으며 이와 관
련한 주요 인물들이 소개되어 있다.

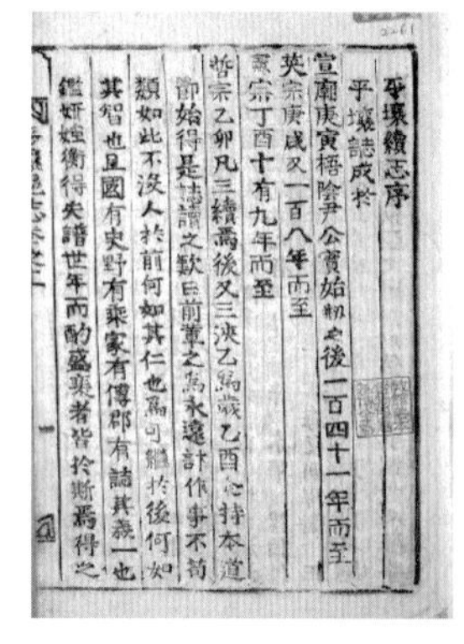

『平壤邑誌』(IA2134)

『平壤邑誌』(IA2135)　1905년 평양군
수 이승재의 平壤續誌序가 있고 판심제는 '平壤邑志卷之中'이다.
본문은 部坊, 土田, 土産, 學校, 祠廟, 兵制, 驛遞, 院亭, 橋梁, 津口,
場市, 敎坊로 구성되어 있다. 原誌에 추가된 내용이 대부분이며 津
口, 場市는 새롭게 편성된 항목이다.

『平壤邑誌』(IA2136)　'平壤邑志卷之上'과 '平壤誌卷之下五'의 합
본이다. 앞부분에 1906년 평양남도 관찰사 李容善의 平壤續誌序
가 있고 본문에 宦蹟, 觀察使, 庶尹, 蓮榜, 文垣, 筆家의 명단이 수
록되어 있다. 하편 '平壤誌卷之下五'에는 김병하의 '耶蘇敎創設
序'와 耶蘇敎會創立事蹟, 傳道會, 學校設立事蹟, 濟衆院設立事蹟,
耶蘇敎書院設立事蹟, 養老顧兒會, 耶蘇敎神學校設立事蹟, 美以美
敎會設立事蹟 등 평양지역 기독교에 대한 내용이 상세히 정리되어
있다.

『平壤邑誌』(IA2138)　권수제는 '平壤誌卷之下二'이며, 본문은
'文談', '神異', '雜志'로 구성되어 있다. IA2140과 같은 판본으로
보이며, 같은 판본의 제4권으로 추정된다.

『平壤邑誌』(IA2139) 권수제는 '平壤誌卷之下二'이며, 본문은 '詩文'으로 구성되어 있다. IA2140과 같은 판본으로 보이며, 같은 판본의 제6권으로 추정된다.

셋째, 일제의 조선사 연구 및 사료를 정리한 자료이다. 조선총독부는 식민통치 기간 동안 통치행위를 합리화하고 명분을 내세우기 위해 각종 출판 문화사업을 전개하였다. 조선의 역사와 문화를 정리하는 한편 전람회 등을 통해 그들의 식민 지배를 홍보하는 작업을 진행하였다. 이 작업은 1930년대에 들어 활발해졌는데, 조선총독부에서 시행한 한국의 역사와 문화 관련 정리 및 자료 목록집 발간, 전람회 개최 등과 관련한 자료를 일별하면 다음과 같다.

일제의 조선사 관련 연구인 『朝鮮史 原稿』(1930년대, IA7167)는 조선총독부 조선사편수회에서 편찬한 『朝鮮史』의 원고 초고로, 220자의 조선사편수회원고 용지에 일한문 필기체로 작성되었다. 총 168면의 필기 원고와 3장의 인쇄본으로 구성되어 있으며, 수록 내용은 '第四 井上公使の改革(中)', '第五 井上公使の改革(下)', ' 第六 顧問官の任用', '第七 宗廟誓告 金弘集朴泳孝聯立內閣の成立'이다. 『조선사』초고 원고에 가필한 흔적이 남아 있으며, 원고 상단에 "改行, ツメル, 字下ゲ" 등이 붉은 인주로 찍혀 있는데, 조선사편수회에서 원고를 작성하고 이를 수정할 때, 즉 행을 바꾸거나 가필할 때, 그리고 들여쓰기를 지시할 때 삽입한 수정 표시이다. 조선총독부의 역사 왜곡 편찬 작업의 실상을 보여주는 대표적 자료이다.

『朝鮮の雅樂竝妓生の舞』(연도 미상, IA3581)는 조선의 아악과 기생무를 간략히 소개한 등사본 자료로, 총 10장으로 구성되어 있다.

'조선의 아악'에서는 태조 이래의 아악 제도와 악기를 그림과 함께 설명하고, 宗廟登歌樂, 宗廟文舞 등 종류를 소개하였다. '기생무'와 관련해서는 '樂人', '荷拍子', '舞山香', '春鶯舞', '劍舞', '僧舞', '四鼓舞' 등이 수록되어 있다.

한국역사, 문화 및 고적 조사 보고서로 『朝鮮部落調査報告』第一册(1924, IA7194)이 있다. 이 자료는 조선총독부가 1923년부터 5개년 계획으로 착수한 조선 지역 부락 생활에 대한 조사 보고서 가운데 첫 번째 권이다. 1923년 10월부터 12월까지의 조사 결과를 담고 있으며, 조선의 화전민 생활과 이주 중국인들의 거주 상황에 관해 상세하게 기술하였다. 보고서는 조선총독부 촉탁 小田內通敏이 작성하였고, 일한문 혼용의 연활자본으로 인쇄되었다. 권말에는 관련 사진과 평면도, 한국지도 위에 표기된 중국인 분포도 등이 수록되어 있다.

조선총독부가 1932년 발행한 『小鹿島慈惠醫院年報』(1932, IA1645)는 1916년 조선총독부령 제7호에 따라 설립된 전라남도 고흥군 금산면 소록도의 나병환자 전담병원 '자혜의원'의 운영 실태를 정리한 연보이다. 연혁, 개황, 총경비, 진료, 환자 상황, 각종 통계, 제규정 등이 수록되어 있어 당시 소록도 자혜의원의 구체적인 운영 방식과 환자 실태, 한센병 정책의 변화 양상 등을 파악할 수 있는 자료이다.

조선총독부에서 발행한 『朝鮮寶物古蹟名勝天然記念物保存要目』(1937, IA6672)은 1933년 새로 제정된 '朝鮮寶物古蹟名勝天然記念物保存令'에 따른 세부 조항을 수록한 자료이다. 이 법령은 일제가 한국의 문화유산을 관리·통제하고 식민지 지배의 정당성을 확보하기 위해 만든 기본 법령으로 기존의 '古蹟及遺物保存規則'(1916)을 보다 구체화하였다.[42] 보존령과 그 시행규칙, 시행 절차에 관한 세부 지침을 비롯하여 총독부 산하 문화재 정책 심의 기구인 '보존회' 관련 규정 등이 포함되어 있다.

한편 조선총독부는 연구 작업뿐 아니라 자료 정리 작업도 하였다. 한국학 자료 해제집『朝鮮圖書解題』(1944, IA7192)는 조선총독부가 소장한 조선 관련 도서에 대해 해설을 붙여 정리한 해제집으로, 1932년 초판 발행 이후 1944년 재판되었다. 조선총독부에서 1919년부터 수집·정리한 도서 약 2,800여 건을 대상으로 간단한 서지사항과 해제를 부기하였으며, 유교 경전[經], 역사서[史], 제자백가[子], 문집[集]의 사부(史部)로 분류하여 배열하였다.

해설집으로는 1935~36년도에 발행된『朝鮮史料集眞解說』第1輯(IA7171),『朝鮮史料集眞解說』第2輯(IA7172),『朝鮮史料集眞解說』第3輯(IA7173),『朝鮮史料集眞解說』第4輯(IA7174),『朝鮮史料集眞解說』第5輯(IA7175),『朝鮮史料集眞解說』第6輯(IA7176)과 1937년도에 발행된『朝鮮史料集眞續解說』第1輯(IA7168),『朝鮮史料集眞續解說』第2輯(IA7169),『朝鮮史料集眞續解說』第3輯(IA7170) 등이 있다. 대부분 50면 내외의 일한문 연활자본으로 인쇄되었다. 이 가운데『朝鮮史料集眞解說』第1輯에는 '開國原從功臣錄券(鄭津)', '金宗瑞書狀' 등 조선총독부 박물관, 경성제대, 또는 개인 소장 자료 25건이 수록되어 있다.

---

42 김종수,「일제강점기 문화재 법제 연구-「조선보물고적명승천연기념물보존령(1933년)」제정·시행 관련 -」,『헤리티지:역사와 과학』88호, 2020 참조.

전람회 및 전시 관련 목록 자료로『朝鮮史料展覽目錄』(1930, IA6579),『教區設定百年記念 朝鮮天主教史料展觀目錄』(1931, IA6578),『鄕土先儒遺著展覽會目錄』(1938, IA6580),『探訪史料展觀目錄』(1924, IA6581),『二宮尊德先生 報德圖書展覽會目錄』(1942, IA6667), 조선총독부 도서관에서 창립 20주년을 기념하여 전람회에 출품한『日本書紀』등 일본고도서 24종,『東人之文』등 조선의 전적 85종, 그리고 Engelbert Kaemper 등 양서류 15종의 해제집인『特別展覽會陳列圖書目錄』(1943, IA7193),『朝鮮名家書畫展覽會出品作家便覽』(1939, IA6534),『李王家文庫開設記念書籍展覽會目錄』(1940, IA4286),『(創立第十八年記念) 和漢古方農書展覽會目錄』(1941, IA0882) 등이 있다.

경성제국대학에서 발행한 목록집으로『朝鮮史料及朝鮮活字圖書陳列目錄』(1932, IA6576),『朝鮮語學文學古書展覽目錄』(1939, IA6577),『北滿二大古都址出土品展觀目錄』(1942, IA6667),『京城帝國大學 開學十周年記念 圖書展觀目錄 第二部 一.目錄原稿』(1936, IA7164),『京城帝國大學 開學十周年記念 圖書展觀目錄 第二部 二.目錄原稿』(1936, IA7165),『京城帝國大學 開學十周年記念 圖書展觀目錄 第二部 三.目錄草稿』(1936, IA7166),『(京城帝國大學開學七周年記念) 圖書展觀目錄』(1931, IA7188),『(京城帝國大學開學十周年記念) 圖書展觀目錄』(1936, IA7189),『(京城帝國大學開學式記念) 朝鮮圖書古地圖展觀目錄』(1935, 7190),『(京城帝國大學) 朝鮮活字印刷資料展觀目錄』(1931, IA7191) 등이 있다.

각종 도서 자료 목록으로 조선총독부에서 발행한 자료로『朝鮮寶物古蹟名勝天然記念物保存要目』(1934, IA6669),『第十四回圖書館週間記念 日淸戰爭錦繪展觀目錄』(1937, IA6665),『朝鮮總督府及所

屬官署 主要刊行圖書目錄』(1938, IA6671)과 경성제국대학에서 발행한 자료로 『朝鮮總督府古圖書目錄補遺』(1934, IA6582), 『朝鮮關係圖書論文目錄(1941.6~11)』(1941, IA6668), 기타 『朝鮮關係圖書論文目錄』第15~27號(1938, IA7177), 『小倉先生著書及論文目錄』(1936, IA6674), 『朝鮮經濟關係著書論文目錄』(미상, IA6675) 등이 있다. 독특한 유형의 목록집으로 『地方史料借入目錄』(1937, IA7195)이 있는데, 조선총독부 조선사편수회에서 1937년 4월 1일 현재 전국 각지에서 차입한 서적의 명칭과 수량, 소장자 및 주소가 수록된 목록집이다. 순한문 한지 인쇄본이며, 총 73면으로 되어 있다.

넷째, 세계사와 관련된 서적으로 『萬國政表』, 『精選萬國史』, 『萬國事物紀原歷史』, 『만국통감』 등이 있다.

『萬國政表』 卷之二(1886, IA0985)는 교섭아문 독판 김윤식의 주도로 편찬된 세계 정치체계 소개서로, 조선과 중국의 典憲을 전거로 편집한 내용과 1866년 영국에서 간행된 『정치연감』 중 「列國政表」 한역본을 합본한 것이다. 1886년 박문국에서 순한문 연활자본으로 발행한 4권 4책 가운데 제2권으로 유럽에 관한 내용이 서술되어 있다. 동서양 51개국의 정치체제와 경제, 교육 등 여러 분야의 정보를 살펴볼

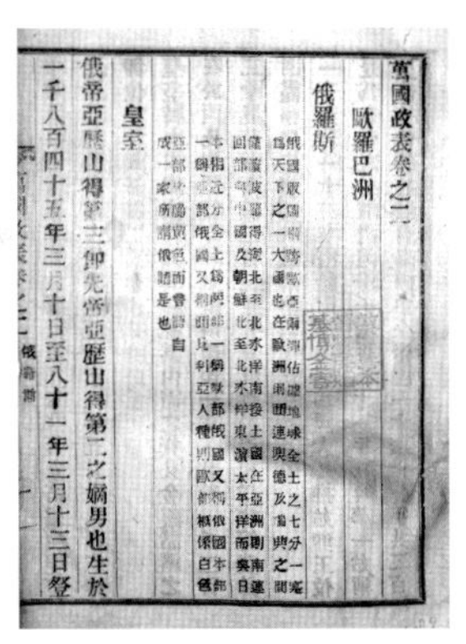

『萬國政表』 卷之二

수 있는 내용이 수록되어 있다.[43] 특히 본 2권에는 러시아, 오스트리아, 독일, 덴마크, 스웨덴, 노르웨이의 황실, 정치, 종교 및 교육, 재정, 육군 및 해군면적 및 인구, 통상 및 공업이 상세히 소개되어 있다. 서양의 정치와 경제 등에 관한 지식 습득을 목적으로 간행된 개화서적이다.

일본 유학을 경험하고 애국계몽운동에 참여했던 김상연은 세계사 교재인 『精選萬國史』(1909, IA2629)를 저술하였다. 이 책은 1906년 광한서림에서 국한문 연활자본으로 발행한 것을 1909년 재판한 것이다. 저자 김상연과 윤정석의 서문과 함께 고대사, 중세사, 근세사로 나누어 각 시대별 세계사의 흐름을 개관하고 있다. 고대사는 '동양제국', '구주제국', 중세사는 '列國公同事件', '列國發達', 근세사는 '발명발견', '종교개량', '패왕배출', '歐洲大亂', '各國統一'로 나뉘어져 있다. 저자는 서문에서 발간 목적에 대해 "開民智進國步", 즉 민지를 개발하고 국운을 발전시키는 데에 있다고 밝혔다. 문명 발전과 국가의 부강을 위해 만국의 역사를 깨우쳐야 한다는 당시 지식인들이 가진 인식의 결과물이라 할 수 있다.

『萬國事物紀原歷史』(1909, IA3943)는 장지연이 저술하고 남궁훈이 교열하여 1909년 황성신문사에서 간행하였다. 국한문 연활자의 2권 1책으로 구성되어 있다. 우리나라를 비롯하여 동아시아와 서양 각국의 사물 기원에 관한 지식이 백과전서 형식으로 수록되어 있다. 권1은 천문, 지리, 인류, 文事, 과학, 교육, 종교, 예절, 儀仗,

---

43 이민석, 「1886년 博文局의 『萬國政表』 출간과 세계지리 정보의 유통」, 『한국사연구』 166, 한국사연구회, 2014 참조.

정치, 군사, 위생, 공예, 驛遞로, 권2는 복식, 음식, 건축, 음악, 기계, 器用, 遊戱, 方術, 식물, 광물, 風俗雜題 등 총 28장으로 구성되어 있다. 장지연이 여러 문헌들을 참고하여 우리나라를 포함하여 동양뿐 아니라 서양에 관한 지식을 총망라하여 정리한 백과사전형 類書라 할 수 있다.

『만국통감』ᄉ권(1912, IA6876)은 미국 선교사 쉐필드(D. Z. Sheffield)가 기독교계 학교 교재로 저술한『Sheffield's Universal History』를 번역한 세계사 교재이다. 1912년 조선예수교서회에서 국문 연활자본으로 간행되었으며, 윌리엄 베어드가 편집을 예비하고 부인 애니 베어드가 번역하였으며, 평양대·중학교 학생 한준겸과 이근식이 한문 번역에 참여하였다. 이 책은『만국통감』제4권으로, 근대 이후 프랑스, 영국 등 유럽 국가들과 미국을 비롯한 아메리카 대륙의 역사를 기독교적 시각에서 서술하고 있다. 평양 숭실학교 교재로 활용된 바 있으며, 초기 기독교 선교사에 의한 근대 세계사 교육의 사례를 보여주는 자료이다.

중국 역사와 관련해서는『易言』과『淸國戊戌政變記』가 있다. 『易言』은 청나라 개화사상가 鄭觀應이 저술한 것으로, 서양의 근대문화와 지식에 관한 내용을 담고 있다.『易言』乾(1880, IA1536),『易言』坤(1880, IA1357)은『이언』의 상·하권으로 발문에 의하면 간기는 광서 6년(1880)이며 순한문 금속활자본으로 발간되었다. 상권에는 論公法, 論稅務, 論鴉片, 論商務, 論開礦 論火車, 論電報, 論開墾, 論治旱, 論機器, 論船政, 論鑄銀, 論郵政, 論鹽務, 論遊歷, 論議政, 論考試, 論吏治, 하권에는 論邊防, 論交涉, 論傳敎, 論出使, 論水師, 論火器, 論練兵, 論民團, 論治河, 論虛費, 論廉俸, 論書吏, 論招工,

論醫道, 論犯人, 論棲流, 論借款, 論裹足이 수록되어 있다. 이 서양 학문 서적은 조선에 유입되어 큰 반향을 불러 일으켰는데, 지석영이 1882년 외국과 조선의 과학기술 연구를 위해 간행을 건의하여[44] 총 4권 4책으로 번역, 발간되었다. 『易言』二(1880, IA1355), 『易言』四 (1880, IA1356)는 한글 목판본 중 일부로, 총 4권 4책으로 번역된 자료 가운데 두 권이다. 역자와 간기는 미상이며, 한글 표기 양식과 어휘 구성을 통해 1880년대 간행본으로 추정된다. 개화기 서양 문물 수용의 일환으로, 관 주도로 간행되었을 가능성이 크며, 서양 과학기술 관련 용어가 다수 수록되어 있어 한글 어휘 변천 및 국어학 연구 자료로도 가치가 크다.

『淸國戊戌政變記』(1900, IA0308)는 청나라 개혁사상가 梁啓超가 저술한 『戊戌政變記』를 현채가 번역하고 利琦가 교감하여 1900년 학부 편집국에서 발간한 국한문 연활자본이다. 9권 1책으로 구성되어 있으며, 민영환의 서문이 수록되어 있다. 본문은 '光緒皇帝聖德記, 廢立始末, 政變前記, 政變正記, 政變後論, 殉難六烈士傳, 變法起原, 湖南廣東情形' 등으로 구성되어 있다. 청말 무술변법의 실상을 상세히 서술한 이 책은, 조선 지식인 사회가 청말의 정치개혁과 정변을 어떻게 이해하고 수용하였는지를 보여주는 중요한 번역서이다.

③ 언어·어학

『言文』(1908), 『牖蒙千字』卷之一(1901), 『牖蒙續編』(1904), 『신뎡국문쳡경』 일이 합

---

44 숭실대학교 한국기독교박물관, 『한국학 자료 해제』, 2010, p.283.

부(1908), 『鮮英文法』(1914), 『新字典』(1915), 『언문첩경』(1922), 『朝鮮正音文典』
(1926), 『사정한 조선어 표준말 모음』(1937), 『老乞大諺解』(1944)

『言文』(1909, IA0335)은 지석영이 저술
하고 정기선이 교열하여 1909년 광학서
포에서 국한문 연활자본으로 발행한 일
종의 한영자전이다. 저자는 서문에서 일
상에서 사용하는 언어 대부분이 한문 자
음으로 되어 있으므로, 한문에 대한 식견
이 부족한 사람들을 위해 한문을 국한문
으로 번역하여 이해할 수 있도록 '街路'
와 같이 한글과 한자를 병기하였다고 밝

『言文』

혔다. 가나다순으로 약 19,000여 구절이 수록되어 있어 당시 사용
되던 생활 어휘를 확인할 수 있는 자료이다.

　한문 학습서라 할 수 있는 『牖蒙千字』卷之一(1901, IA0343)은 선
교사 게일이 저술하고 이창직이 교열하여 대한성교서회에서 발행
한 국한문 혼용의 아동 학습서이다. 1901년부터 1904년까지 총 4
권으로 간행된 독본 교과서 중 제1권으로, 도쿄 복음인쇄소에서 인
쇄되었다. 본문은 지구, 인종, 의복 및 천문, 구름, 비, 눈, 의뢰 등
총 25과로 구성되며, 권말에 자전이 수록되어 있다. 『牖蒙千字』卷
之三(1905, IA3106)은 위 시리즈의 세 번째 권이며, 『유몽천주』(1908,
IA0344)는 권1·2·3을 합본한 판본이다. 권1은 25과, 권2는 33과, 권
3은 31과로 구성되어 있다. 『牖蒙續編』(1904, IA0816)은 이 시리즈의
제4권에 해당하며, 본문은 49과와 부록 자전으로 구성되어 있다.
표제는 '牖蒙續　全秩終四'이며　編英文書名은 'Yu Mong Sok

『유몽쳔ᄌ』

P'yun- The Thousand Character Series Korean Reader Number Ⅳ'이다.

『신뎡국문쳡경』 일이 합부(1908, IA0244)는 독립운동가이자 장로교 목사인 한승곤이 우리말 글자와 어휘, 작법을 가르치기 위해 편찬한 우리말 교과서이다. 권 1과 권2의 합본이며 권 2에는 문장 이해를 돕기 위한 삽화가 수록되어 있다. '나라 國', '가시오 去'와 같이 국문 어휘에 대응하는 한자어를 부기한 특징이 있다. 편집자는 서문에서 "우리나라 남녀 학도들과 국문을 배우려는 이들을 위하여 편집하였으니, … 남녀를 막론하고 글 모르는 사람이 하나도 없게 되기를 간절히 바란다"고 편찬 의의를 밝혔다.

『新字典』(1915, IA6792)은 기존의 옥편을 시대에 맞게 개편한 근대적 劃引字典으로, 편찬 겸 발행자는 최남선이며 조선광문회에서 편찬하고 신문관에서 인쇄하였다. 지면을 삼단으로 나누어 부수와 한자는 큰 글자로 표기하고 한자 하래에 한자음과 그 字釋을 주기하였다.[45]

『언문쳡경』(1922, IA0365)은 한승곤이 저술한 국어교과서로, 1914년 초판 발행 후 1922년에 3판으로 간행된 것이다. 순한글 세로쓰기로 연활자본으로 발행되었다. 저자는 1906년 쓴 서문에서

---

45 이준환, 「朝鮮光文會 편찬 『新字典』의 體裁, 漢字音, 뜻풀이」, 『어문연구』 40권 2호, 한국어문교육연구회, 2012 참조.

"한문은 수십 년을 공부하여도 알기 어려우나 언문은 불과 1~2년 만 공부하면 다 알 수 있으니 … 조선 남녀학도들과 언문을 배우려하는 이를 위하여 언문첩경을 편집"하였다고 밝히고 있다. 이를 통해 당시 한글을 통한 계몽교육의 실천적 목적과 의도를 엿볼 수 있다. 본문은 총 86과로 구성되어 있다.

『朝鮮正音文典』(1926, IA1199)은 국어학자 김원우가 저술한 국어 문법서로, 1922년 초판 발행 이후 1926년에 재판으로 간행된 것이다. 저자는 훈민정음과 기타 서적을 참고하여 국어 문법을 체계적으로 정리하였으며, '朝鮮正音文典'이라는 제목 아래 品詞·音學·語體·格學·變體 등 5편으로 분류하여 상세히 설명하였다. 품사편에서는 명사·대명사·동사·형용사·부사·관련사·접속사·감탄사·완결사 등 9품사의 의의와 종류가 상세히 설명되어 있고, 음학편에서는 훈민정음 해석을 기반으로 초성·중성·종성의 성질과 유형이 정리되어 있다.

『사정한 조선어 표준말 모음』(1937, IA6653·IA6913)은 조선어학회에서 간행한 표준어 어휘집이다. 조선어학회는 '조선어표준어사정위원회'를 두고, 9,547개의 낱말을 대상으로 세 차례에 걸친 사정과정을 거쳐 표준어를 확정하였다. 1936년 초판에 이어 1937년 재판으로 간행된 것이다.

『老乞大諺解』(1944, IA6907)는 고려 말에 처음 편찬된 중국어 회화 교재 『老乞大』의 언해본이다. 고려의 상인들이 북경으로 가는 과정에서 겪은 일을 대화 형식으로 엮은 것으로, 각 대화 구절마다 夾註 형식의 주석이 붙어 있으며, 한자 원문과 언해 사이에는 경계 표시인 圈點이 표기되어 있다. 이 책은 1944년 경성제국대학 법문

학부에서 규장각총서 제9호로 간행한 영인본이다.

④ 문학·예술

『送別帖』(1886), 『環璆唫草』(1896), 『古秋遺集』(1909), 『을스록』(1900년경), 『치악산(稚岳山)』 상편(1908), 『伊太利少年』(1908), 『불상한 동무』(1912), 『伊蘇普의 空前格言』(1911), 『精選尺牘』(1913), 『新式備門尺牘』(1916), 『近古文選』(1918), 『東尤壽帖序』(1937, IA4072), 『靑年詩人百人集』(朝鮮詩壇 第五號 特大號)(1929), 『五百年奇譚』(1913), 『尋春巡禮』(1926)

문학·예술 관련 자료로 한시, 근대 신소설, 외국 번역소설 등이 있다. 한시 필사본으로 『送別帖』(1886, IA2460), 김득련의 『環璆唫草』(1896, IA1248), 『古秋遺集』(1909, IA1768)이 있고, 소설로는 을사늑약을 둘러싼 갈등을 다룬 『을스록』(1900년경, IA3093)과 이인직의 소설 『치악산』 상(1908, IA1213), 외국문학 작품을 번역하여 소개한 것으로 이보상 역의 『伊太利少年』(1908, IA3963), 최남선 역의 『불상흔동무』(1912, IA0226), 송헌석 역의 『伊蘇普의 空前格言』(1908, IA1268)이 있다.

『送別帖』은 다섯 수의 시가 행서체로 필사된 한시 자료이다. 저자는 확인되지 않으나, '農窩'라는 낙관이 찍혀 있다. 『環璆唫草』는 김득련이 러시아 사행을 떠나는 심정과 귀국 후 친지 및 친구들과의 재회를 읊은 시 139수를 수록한 한문 필사본이다. 김득련은 1896년 3월 2등 참서관으로 임명되어 4월 러시아로 출발하였다. 본 기행시에는 러시아의 선진 문명을 직접 접하고 체험한 기행의 정황을 사실적으로 담아내려는 의도가 담겨있다.[46]

---

46 최식, 「1896년 俄羅斯 使行, 『環璆日記』와 『環璆唫艸』」, 『한문학보』 20, 우리한문학회, 2009, pp.203~204.

『古秋遺集』은 작자 미상의 근대 한시집이다. 구체적인 저자와 집필 경위는 확인되지 않으나, 근대기 한시의 문학적 흐름과 표현 양식을 보여준다.

『을ᄉ록』은 한지에 흘림 궁서체로 필사된 소설 형식의 문헌으로, 1905년 을사늑약의 강제 체결 과정을 담고 있다. 본문은 "디한 황제 등국 사십이년 을ᄉ동십월이라. 조정의 간신이 득세ᄒ여 국세 날노 위급ᄒ지라"로 시작하여 "오적이 분수청명ᄒ고 각 공사을 향ᄒ여 왈 우리들이 이등과 연일 모든 조약을 졍ᄒ엿노라"로 끝맺는다. 총 20면 분량으로, 을사늑약 당시의 시대 인식과 저항 정서를 간접적으로 보여주는 자료이다.

개화기 소설『치악산』상은 한국 최초의 신소설 작가로 알려진 이인직이 저술한 작품으로, 1908년 유일서관에서 순한글 연활자본으로 발행되었다. 표제는 '치악산 샹편'으로 되어 있으며, 발행일은 1908년 9월 20일이다. 개화기 신소설의 형식과 내용을 보여주는 자료이다.

외국의 번역 소설인『伊太利少年』은 1908년 탁지부 주사인 이보상이 역술하고 강문환이 교열하여 일한인쇄주식회사에서 인쇄하고 중앙서관에서 발행한 소설이다. 표제는 '敎育小說 伊太利少年'이며, 국한문 연활자본으로 인쇄되었다. 목차는 '渡海, 河船, 汽車, 沙漠, 深林' 등 5장으로 구성되어 있다. 이탈리아 소설『Cuore』의 일부를 번역한 것으로, '엄마 찾아 삼만리'로 알려진 작품이다.[47]

---

47   이대형, 「『매일신보』에 연재된 한문현토소설『春桃奇遇』와 작자 이보상」, 『민족문학사연구』50, 민족문학사연구소, 2012, p.285.

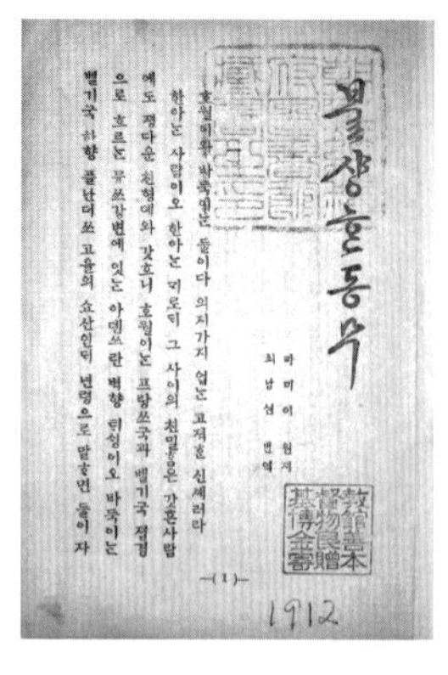

『불샹흔동무』

『불샹흔동무』는 최남선이 번역하고 신문관에서 인쇄·발행한 외국 번역소설이다. 초판 발행본이며 순한글 연활자본으로 인쇄되었다. 원서명은 'A dog of Flanders'이며, 한국어 제목은 '플랜더스의 개'이다. 신문관은 1908년 최남선이 설립한 출판사로, 근대 시기 다수의 번역소설을 발행하였다.

『伊蘇普의 空前格言』은 외국 우화를 송헌석이 번역하여 보급서관에서 순한글 연활자본으로 발행한 도서이다. 본문은 제1장 '까마귀와 귀뚜라미'부터 제67장 '제비와 까마귀의 복색자랑'까지 총 67편의 우화가 수록되어 있다.

19세기 중반 이후 자유로운 형식으로 학문과 예술을 논하는 일종의 尺牘文學이 발달하게 되는데, 서간집이나 서간 규범집을 의미하는 각종 척독서가 발행되었다. 박물관에는 『精選尺牘』(1913, IA0357), 『新式備門尺牘』(1916, IA4736)이 있다.

『精選尺牘』은 백윤규가 저술하고 운림서관에서 발행한 척독서이다. 일상생활에서 자주 활용되는 다양한 편지글과 그에 대한 회신을 영역별로 분류하여 제시하고 있다. 제1장 '各黨稱號部'는 부모, 외가, 처가 및 마을에서의 호칭을, 제2장 '族戚部'는 가족 간 서신 예문을, 제3장 '戚黨部'는 외가와의 서신을 다루며, 이후 '慶賀', '婚姻', '請邀' 등과 관련된 예문이 총 26장으로 구성되어 있다. 부록에는 '天文', '鬼神', '地道', '人事' 등 24항목의 '事物名目'이 수록되어 있다.

『新式 備門尺牘』

　　『新式 備門尺牘』은 1926년 보성고등
보통학교 교원으로 재직 중이던 조남희
가 저술한 척독서이다. 저자는 서문에서
초학자가 서신 작성 시 실수하지 않도록
다양한 규례와 예문을 제시하였다고 밝히
고 있다. 본문은 상편과 하편으로 나뉘며,
상편은 자주 쓰이는 문구의 실례를, 하편
은 간단한 서찰 예문을 정리하여 문구의
실례를 보여주는 예시를 다루었다. 부록
으로 '引用古語釋義', '歷朝鮮歷代沿革及世系', '璿源譜畧', '冠婚
喪祭節略' 등이 소개되어 있다. 내용면에서 한문 격식을 강조하는
전통적 형식을 강조한 척독서라 할 수 있다.

　　문학서로『近古文選』(1918, IA6912), 『東尤壽帖』(1937, IA4072), 『靑
年詩人百人集(朝鮮詩壇 第五號 特大號)』(1929, IA0881), 『五百年奇譚』(1913,
IA1267),『尋春巡禮』(1926, IA0884)가 있다.『近古文選』은 1918년 원영
의가 저술하고 최병두가 교열하여 동미서시에서 발행한 한문 문학
작품집이다. 총 4장으로 구성되어 있으며, 조선 명가문을 비롯하여
청나라, 일본, 명나라의 명가문이 수록되어 있다. 조선 명가문에는
박지원의 '綠天舘集序' 등 총 47편이 수록되어 있다.『東尤壽帖』은
공주 출신으로 조선총독부 중추원 참의를 역임한 친일 인사 김갑
순이 1932년 회갑을 맞아, 당시 명사들이 보내온 축시를 모아 연활
자본으로 간행한 것이다. 표제는 '東尤壽帖'이며 본문은 '東尤壽集
卷上'과 '卷下'로 구성되어 있다. 권상에는 이조판서를 역임한 민
영휘 등 75인의 축시가, 권하에는 이재곤 등 699인의 축시가 수록

되어 있어 당시 정치·사회계 인물들의 인맥과 축하 문화를 엿볼 수 있는 자료이다.

『青年詩人百人集(朝鮮詩壇 第五號 特大號)』은 시인 황석우가 편집하여 1929년 조선시단사에서 간행한 시 동인지『朝鮮詩壇』제5호의 특대호이다. 본문에는 황석우 등이 쓴 시평 6편과 김소하의 '望鄉淚', 김대준의 '昇天하는 旭日을 가슴에 안흐려' 등 99인의 작품이 수록되어 있다. 말미에는 전운향이 쓴 '朝鮮新詩壇의 慈父 黃錫禹氏의 再現'이라는 짧은 글이 첨부되어 있다. 1920년대 신시 운동과 문예 활동의 일단을 보여주는 자료이다.

『五百年奇譚』은 1913년 최동주가 조선 태조부터 숙종조에 이르는 시기의 역사적 인물들과 관련한 야사와 야담 180편을 엮어 저술한 것으로 대동인쇄소에서 국한문 연활자본으로 인쇄되었다. 첫 이야기는 '文萊'로, 목화씨를 들여온 문익점의 손자인 문래의 이름을 따서 목화씨 솜을 실로 만드는 기계를 문래라 부리게 되었다는 이야기이다. 조선시대의 야담과 구비 전승을 발췌 정리하여 야담 문학의 효시가 된 자료이다.

『尋春巡禮』는 1925년 최남선이 저술하고 백운사에서 발행한 남도 기행문집의 재판본이다. 저자가 남도 각지를 순례하고 기행문을 집필한 것으로, '百濟의 舊疆으로'부터 '蟾津을 씨고 智異山으로'까지 총 33편의 기행문이 수록되어 있다. 서문의 "조선의 국토는 산하 그대로 조선의 歷史며 哲學이며, 詩며 精神입니다"라고 시작하는 글에서 생생한 국토예찬 기행문임을 알 수 있다.

⑤ 음악

『普通教育唱歌集』(1911), 『朝鮮俗曲集』(1913), 『精選朝鮮歌曲』(1914), 『창가집』 (1920), 『二十世紀靑年 女子唱歌』(1926), 『新流行唱歌』(1929), 『朝鮮神歌遺篇』 (1930), 『風琴獨習 中等唱歌集』(1934), 『노래집(가곡집)』(미상)

근대 음악 관련 자료의 대부분은 찬송가이다. 기독교 신앙의 수용과 함께 도입된 찬송가는 한국 근대 음악의 태동을 알리는 상징적 매개체로, 근대사회에서 주류 음악으로 자리 잡았다. 박물관 소장 음악서의 대부분은 찬송가이지만 일제강점기에 발행된 창가집류와 민요집 등도 일부 포함되어 있다.

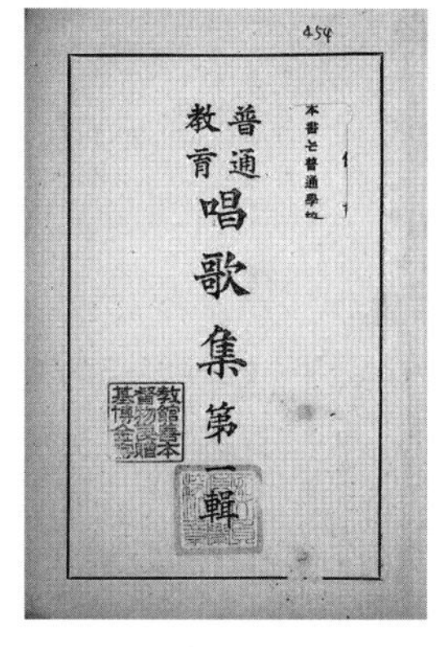

『普通敎育唱歌集 第1輯』

보통학교, 사범학교 등 각종 학교의 교육용으로 편찬한 『普通敎育唱歌集』第1輯(1911, IA0428)은 1910년 5월 20일 대한제국 학부에서 편찬, 발행한 초판본을 1911년 재판한 것이다. 통감부의 음악 통제 정책이 반영된 교재로, 일본곡을 번안·개작하거나 찬송가나 외국곡에 우리말 가사를 붙인 경우가 대부분이다.[48] 책의 일러두기에 "본서는 보통학교, 사범학교, 고등학교, 고등여학교 등 기타 일반 諸學校에서 교수할 목적으로써 편찬한 것"이라고 하여, 단지 초등교육용이 아니라 전 계층을 대상으로 하는 음악교육 지침서였음을 알 수 있다. 여기에 수록된 총 27곡의 가사는 자연과 계절, 생활과 놀이, 농촌 경제, 배움, 은혜, 교훈 등

---

48 박은경, 「이상준의 『風琴獨習中等唱歌集』 연구」, 『음악과 민족』 제12호, 1996, p.232.

을 주제로 하여 풍전등화의 위기에 놓인 민족 현실을 외면하고 순수성을 지향하는 내용만을 담고 있다.[49] 이 창가집은 1910년에는 한국정부 인쇄국, 1911년 재판본은 조선총독부인쇄국에서 인쇄되었으며, 1914년에는 일본 천황을 찬양하는 창가 '기미가요' 등을 추가하여 황민화를 조장하는 『신편창가집』으로 개편되었다.[50]

이상준이 펴낸 『朝鮮俗曲集』(1913, IA0427)은 한국 전래의 음악을 정리하여 발간한 것이다. '아리랑' 등 널리 알려진 전통 민요와 당대에 유행하던 민요 중에서 인기 있는 17곡을 선별하여 수록하였는데, 기존 민요 가사에 서양 음악 곡조를 붙여 발행하였다. 이 속곡집 머리말에 '새로운 양악을 진흥하고 한국 고유의 민요가사를 연구하여 새롭게 발전시키고 각 학교에서도 배울 수 있도록 널리 보급'하려는 목적이 제시되었지만, 식민지 체제 내에서 학교 음악교육으로 널리 활용되지는 못하였다.

『精選朝鮮歌曲』(1914, IA0387)은 잡가 및 시조, 가사 가창에 뛰어났던 박춘재가 구술한 것을 1914년 활자화한 시조집이자 노래책이다. 목록은 '羽調, 界面調, 羽平調, 界平調'와 가사 '十章, 作家氏名'으로 되어 있고 총 380수의 시조 작품이 수록되어 있다.

애니 베어드가 편찬한 『챵가집』(1920, IA0714)은 선교사들이 미국 음악의 토착화를 시도한 것으로 예수교서회에서 발행하였다. 여기에는 한국인에게 익숙한 선율에 맞춰 편곡한 곡, 한국인들에게 애창되는 곡을 차용, 또는 변형한 곡, 그리고 새로운 선율로 작곡한

49　노동은, 『한국근대음악사(1)』, 한길사, 1995, pp.604~606.
50　위의 책, p.629.

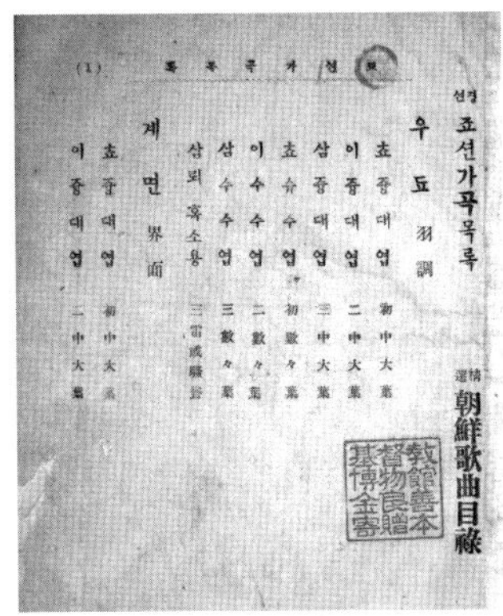
『精選朝鮮歌曲』

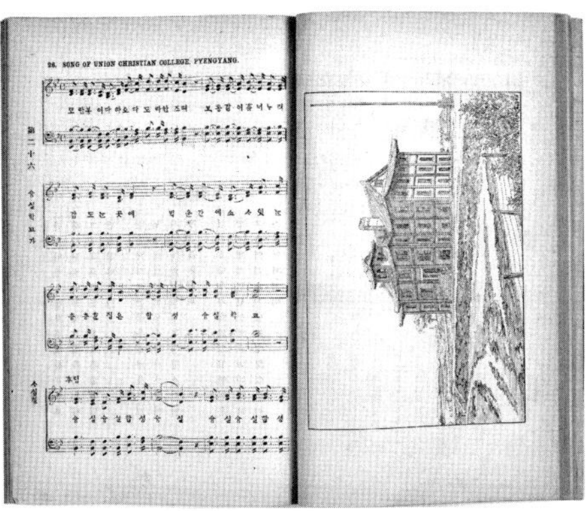
『챵가집』

곡이 수록되어 있다.[51] '숭실교가'를 비롯해 총 46곡이 악보와 함께 수록되어 있으며 애창되는 찬송가를 차용, 변형한 6곡도 수록되어 있다. 제2편에 찬양가 19곡이 별도로 수록되어 있다. 편자는 서문에서 유치원이나 학교에서 가르칠 수 있도록 수십 곡을 편술하여 발행하였음을 밝히고 있다.

1922년 초판 발행된 『二十世紀靑年 女子唱歌』(1926, IA3262)는 전통사회에 부합하고 근대국가에 어울리는 여성상을 내용으로 하여 총 8장, 42곡으로 구성되어 있다. '이 전곡을 작곡하였다. 일제강점기 발행된 최초의 여성을 위한 창가집이며, 본 소장본은 1926년에 발행된 제3판이다. 남성의 시선으로 만들어진 여성을 위한 창가집이라는 한계에도 불구하고 전통시대의 모습을 이어가며 근대적 변화에 발맞추어 나아가는 여성들에게 알맞는 가치관을 확립시

---

51 김사랑, 「'문명'의 노래, 조선인을 '위한' 음악교육: 1910년대 선교사가 만든 『챵가집』 분석」, 『이화음악논집』 17-2, 이화여자대학교 음악연구소, 2013 참조.

키고자 하는 의도, 곧 음악을 계몽과 교육의 수단으로 삼으려는 의
도가 엿보이는 창가집이다.[52]

『新流行唱歌』(1929, IA0360)는 1922년 초판으로 간행된 창가집
에 10여 종의 곡을 추가하여 총 23편을 수록한 증보판이다. 영문
제목은 'New Current Songs'로, 일반 대중 사이에서 유행하던 창
가를 수집·편찬한 대중가요집에 해당한다. 여기에 실린 '思故國
歌', '沈淸歌' 등은 1920년대 만주 등지에서 애국지사들 사이에 불
리며 구전되던 노래이다. 저자 이상준은 한일강제합병 이전부터 대
성학교 등에서 창가 교사로 활동하며 청년 계몽운동에 헌신한 인
물이다. 그는 양악뿐 아니라 전통 조선악에도 조예가 깊어 민요와
잡가 등을 정리한『朝鮮新舊雜歌』, 학교 음악교육을 위한『風琴獨
習 中等唱歌集』등을 편찬하며 음악의 보급과 대중화에 앞장섰
다.[53]

『朝鮮神歌遺篇』(1930, IA6914)은 손진태가 편찬하고 일본 도쿄에
서 1930년 간행한 우리나라 최초의 巫歌集이다. 상단에 국한문의
무가를, 하단에는 이를 일본어로 번역하여 수록하였다. 특히 함경
남도 함흥군·홍원군, 평안남도 중화군, 경상남도 동래군 등 조사
지역과 제보자가 기록되어 있어 무가의 전승 맥락과 지역적 특성을
확인할 수 있는 자료이다. 구술 전통에 의존하던 무가가 이 자료를
통해 문자화됨으로써, 한국 무속과 음악·문학·민속 전반을 연구
하는 데 기초 자료로 활용된다.

---

52 조윤영,「남성의 시선으로 만들어진 여성의 노래」,『음악학』28호, 한국음악학학회, 2015
    참조.
53 『朝鮮日報』1932년 12월 10일「樂界의 三恩人」.

『風琴獨習 中等唱歌集』(1934, IA0320)은 이상준이 편찬한 중등용 창가집으로, 1921년 초판 발행 이후 1913년 제6판으로 간행되었다. 초기 판본의 풍금독습 중등창가에 이상준이 새롭게 작곡한 창가 30곡을 추가하여 총 66곡을 수록하였다. 수록곡은 기존 곡조와 詞說을 상당 부분 수정·보완하였으며, 곡보 읽는 법과 풍금 사용법도 함께 수록되어 있다. 남녀고등보통학교 및 기타 학교의 음악 수업 참고용으로, 그리고 가정에서도 자율적인 음악 학습이 가능하도록 편찬하였다.

『노래집(가곡집)』(미상, IA4069)은 앞뒤 결실되어 제목 및 저자, 발행처, 간기 등을 확인할 수 없는 가곡집이다. 앞면에 국한문 혼용의 가사, 뒷면에 가사가 수록된 악보 형식으로 구성되어 있다. 현재 확인되는 수록곡은 제7과 '孝順'부터 제36과 '薔薇花'까지이다. 수록곡 대부분은 이상준이 작사·작곡한 곡이며, 이외에도 학부에서 편찬한 보통창가집에서 2곡, 朝鮮古歌에 이상준이 작곡한 곡 1곡, 이각종이 작사하고 이상준이 작곡한 곡이 3곡 포함되어 있다.

⑥ 교육

『學規新論』(1904), 『쇼아교육』(1908), 『官立漢城高等學校一覽』(1910)

개화기 교육개혁 사상을 보여주는 중요한 자료로 박은식이 1904년 발표한 『學規新論』(1904, IA0430)이 있다. 유교적 교육관에 대한 비판과 더불어 근대 서양 교육사상을 수용한 교육개혁론을 체계적으로 정리하였다. 한말 애국계몽운동가이자 유교사상가인 박은식은 성리학 중심의 전통 교육을 극복하고 실용적인 학문을 통해 민족의 자강과 계몽을 실현하고자 했다. 이기백, 김택영의 서문

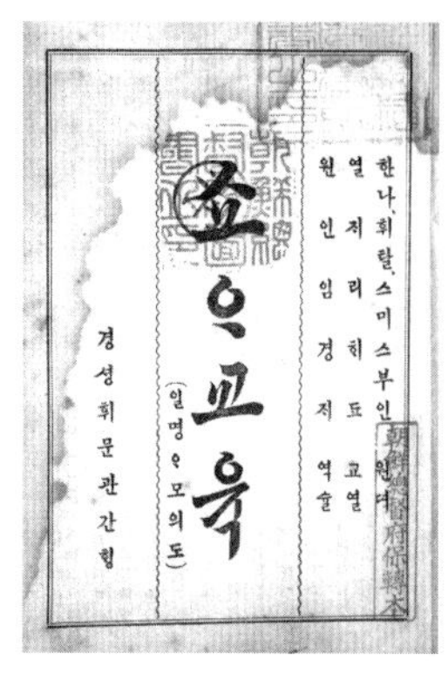

『쇼ㅇ교육』

과 이유정의 발문이 있고 본문에는 '論學 要活法' 등 13개의 논술이 수록되어 있다. 박문사에서 순한문 연활자로 인쇄하였다.

『쇼ㅇ교육』(1908, IA0272)은 1908년 임경재가 역술하고, 이해조가 교열하여 휘문관에서 발행한 소아 교육서이다. 일명 '兒母의 道'라는 부제가 붙어있다. 자녀 교육에 있어 어머니의 역할을 강조하며, 자녀를 올바르게 기르는 일이 곧 가정을 넘어 국가의 부강으로 이어진다는 자강론적 인식을 담고 있다. 1910년 일제에 의해 금서로 지정되었다.

이밖에 근대학교와 관련된 자료인 『官立漢城高等學校一覽』(1910, IA2623)은 1900년 '官立中學校'로 설립되어 1906년 고등학교령에 따라 개편된 '관립한성고등학교'의 운영 전반을 알 수 있는 요람이다. 관립한성고등학교의 연혁, 관제, 교직원 정원 및 복무, 학칙과 세칙, 재학생 및 졸업생 현황과 각종 통계표 등이 상세히 수록되어 있어, 당시 학교의 실제 운영과 구조를 파악할 수 있다.

⑦ 농학·경제학

『農政新編』乾·坤(1885), 『農政新書』卷二·三(1885), 『農政撮要』(1886), 『農談(1894), 『蠶桑撮要』(1884), 『重麥說』(1888), 『養蠶鑑』(1900), 『人工養蠶鑑』(1901), 『蠶桑實驗說』(1901), 『蠶業會社規則』(1903), 『農政新編』(1905), 『經濟學』(1907), 『最新經濟學』(1908), 『家庭養鷄新編』(1908), 『農學入門』(1908), 『富國全書 養鷄新論』(1908), 『養潛實驗說』(1908), 『果樹栽培法』(1909), 『農業新論』卷下(1908), 『蔬菜栽培全書』(1909), 『新訂蠶業大要』(1909), 『實利農方新編』(1909), 『柞蠶飼養法』(1909), 『接木新法』(1909), 『最新田野山林實地測量法』(1909), 『實用果樹栽培法』

(1910), 『實用果樹栽培書』(1910), 『最新土壤學』(1910), 『養鯉新法』(1910), 『農業大要』(1913), 『實驗養蜂』(1924)

개항 이후 근대 농업은 다른 학문 분야에 비해 비교적 이른 시기부터 주목을 받았다. 이용후생과 부국강병을 지향하던 개화지식인들에 의해 농업 기술서가 유행처럼 확산되었으며, 농학 개론을 비롯하여 양계, 양잠, 과수, 양봉 등의 다양한 지침서가 발간되었다. 근대 초기 대표적인 농학자가 안종수는 1881년 일본 시찰 시 많은 농서를 유입하였고, 한국 최초의 근대적 농업기술서『農政新編』을 저술하였다. 박물관에는 이 저서의 필사본인『農政新編』乾·坤(1885, IA1917·IA1918)과 연활자본『農政新書』(1885, IA1905·1906)가 소장되어 있다. 또한 농상공부대신을 지낸 정병하는 농사 연구서로 시비, 耕耘, 土性, 墳土, 파종, 물대기 등 농사기술과 과수재배법을 체계적으로 정리한『農政撮要』(1886, IA0324)를 편찬하였다. 충청도 관찰사를 역임한 이종원은 제언축조법에 관한 전문서『農談』(1894, IA1609)을 저술하였으며, 우리나라 잠상기술 도입의 선구자인 이우규는 누에치기와 뽕나무 재배법에 관한 내용을 수록한『蠶桑撮要』(1884, IA1788)를 발간하였다. 이 외에도 경작지 측량, 과수 재배 및 양계, 양봉 등 근대 농업 전반에 걸친 기술서가 다수 발간되었다.

『農政新編』는 안종수가 서양의 선진 농사기술을 소개한 우리나라 최초의 근대적 농업기술서이다. 순한문으로 작성된 이 필사본은 총 4권 4책으로 구성되어 있으며, 박물관에는 그중 卷一, 卷二가 소장되어 있다. 권1의 표제는 '農政新編 乾'이며, 권수제는 '農政新篇 卷之一'이다. 이 권은 土性辨과 培養法으로 나누어 토양

『農政新編』

의 종류와 성질 및 재배법에 대하여 상세히 설명하였다. 토성변에서는 토양의 종류를 壤土, 埴土, 墳土, 塗土, 壚土, 沙土 등 6가지로 구분하고, 각 토양의 성질 분석을 통한 구성성분에 대한 설명을 비롯해 초목의 성질, 배수방법 등도 서술하였다. 배양법에서는 김매기와 사이갈이 등 농사의 시작과 마무리에 관한 설명과 함께 토양 상태에 적합한 네 가지 배양 방법을 제시하고 있다.

권2의 표제는 '農政新書 坤'이며, 권수제는 '農政新篇 卷之二'로 되어 있다. 이 권에서는 '糞苴法'과 관련하여 糞苴의 종류를 活物類, 草木類, 土石類로 나누고 활물류는 人糞, 人溺, 마분 등 12항목, 초목류는 穀, 苗, 草肥 등 12항목, 토석류는 석탄(煤), 염초 등 12항목으로 구분하여 두엄의 종류, 제조법 및 활용법을 상세히 기술하고 있다.

연활자본『農政新書』는 필사본『農政新編』의 내용을 활자로 옮긴 것이다. 총 4책으로 元·亨·利·貞의 제목을 붙였으며, 박물관은 이 가운데 둘째와 셋째 권인 亨·利를 소장하고 있다. 표제 '農政新書 亨'은 필사본 '農政新篇 坤'과 같이 '분저법' 관련 내용이다. 표제 '農政新書 利'의 권수제는 '農政新篇 卷之三'으로 되어 있다. 첫 제목 '六部耕種上'에는 六部, 곧 根(뿌리), 幹(줄기), 皮(껍질), 葉(잎사귀)을 이용하는 작물의 종류가 소개되어 있다. 뒷부분에는 菜

樹培養法, 養蠶法, 生絲製法, 天蠶養法 등 누에치기 및 양잠 관련 기술이 상세히 수록되어 있다.

『農政撮要』는 농상공부대신을 역임한 바 있는 정병하가 1886년 짓고 이건초가 교정한 농서로, 서양과 일본의 근대 농업기술을 폭넓게 소개하고 있다. 국한문 연활자본이다. 정병하는 서문에서 근대 농업의 도입을 통해 국가의 부강을 실현해야 한다고 강조하였다. 본문은 상·중·하 3권 1책으로 구성되어 있다. 상권은 1장에서 5장, 중권은 6장에서 8장, 하권은 9장에서 34장으로 이루어져 있다. 농업의 의의를 설명한 제1장 '論農業之大義', 사계절과 24절기의 개요를 설명한 제2장 '論年中行事與時候' 춘경과 추경의 시기를 설명한 제3장 '論耕耘準度'에서 제33장 면화재배법을 설명한 제33장 '論土綿耕作之法'과 담배 재배법을 설명한 제34장 '論煙草耕作之法'까지 근대 농법에 관한 내용을 수록하고 있다. 개화파 지식인의 농업 인식을 살펴보는 데에 유의미한 자료이다.[54]

『農談』은 이종원이 짓고 장석범이 교정한 제언 축조법에 관한 기술서이다. 순한문 연활자본으로 인쇄되었다. 서문은 이희덕과 유경종이 작성하였다. 본문은 제언의 의의를 기록한 '서언', 제언의 사회적 의미를 수록한 '堤堰社會說', 철망과 철구를 이용한 제언 방법인 '石虹蜆鐵網鐵筍論', 석홍예와 철망, 철구의 기능과 활용법을 시로 읊은 '導水諸法' 등 총 네 부분으로 구성되어 있다. 이어서 최석순의 '農談跋', 이창의 '書農談後', 윤태연의 '農談後'가 연이

---

54 김태완, 「農政撮要」, 『한국기독교박물관 소장 과학·기술 자료 해제』(이하 '과학·기술 자료 해제'로 줄임, 숭실대학교 한국기독교박물관, 2009, pp.209~212.

『農政撮要』

어 수록되어 있고 마지막에 '許礦濟衆策' 과 '結社濟民論'이 합본되어 있다. 당시 이용후생과 부국강병책에 관심을 지녔던 지식인들의 농업기술 향상과 사회적 실천 의지를 엿볼 수 있는 자료이다.[55]

『蠶桑撮要』은 1884년 이우규가 뽕나무 재배와 누에치기 기술을 정리하여 편찬한 농서로, 순한문 목판본으로 간행되었다. 서문과 목록 및 본문으로 구성되어 있다. 본문은 뽕의 종류를 荊桑과 魯桑으로 나누고 그 특징을 설명한 '辨桑法', 노상에 형상을 접붙이는 방법인 '接桑法' 등 총 32항목으로 되어 있고, 이어 베틀의 구조와 제도를 그림과 함께 설명한 '繰絲機器圖', 누에고치와 뽕따기에 필요한 각종 도구를 그림과 함께 설명한 '養蠶機器圖', '采桑機器圖' 등이 수록되어 있다. 부록으로 '蠶桑局規條'가 첨부되어 있다.

이 외에 보리재배, 양잠, 양계, 양봉, 보리재배, 과수재배, 경제학 및 농업 일반과 관련하여 다음과 같은 자료가 있다.

자료명 (유물번호)	간행 연도	저자	발행처	문체	면장수	비고
『重麥說』(IA1813)	1888	池錫永 저		한문	13장	
『養蠶鑑』(IA1919)	1900			국한문	38장	필사본

---

55 김태완, 「農談」, 『과학·기술자료 해제』, pp.170~173.

                                                                    제3장

제목	연도	저자	발행처	문체	분량	비고
『人工養蠶鑑』 (IA0418)	1901	橫田勝三 저, 徐相勉·金漢睦 역		국한문	60면	
『蠶桑實驗說』 (IA0359)	1901	松永俉作 저, 申海永 역	廣文社	국한문	178면	
『蠶業會社規則』 (IA1733)	1903			한문	3장	필사본
『農政新編』 (IA0275)	1905	金一濟 編	博文社	한문	156면	
『經濟學』(IA0437)	1907	元應常·申海永 共著		국한문	193면	
『最新經濟學』 (IA2644)	1908	朴承熙·朱定均 共著	普文社	국한문	241면	
『家庭養鷄新編』 (IA0305)	1908	申奎植 譯述. 黃瑩秀 編	搭印社	국한문	106면	
『農學入門』 (IA0354)	1908	普成館編輯部 譯纂	普成館	국한문	222면	
『富國全書 養鷄新論』 (IA0299)	1908	井上正賀 저, 鮮于叡 譯述	普文社	국한문	116면	
『養潛實驗說』 (IA0419)	1908	李錫烈 譯述, 金兼先 校正	蠶業廣 達會社	국한문	140면	
『果樹栽培法』 (IA0286)	1909	金鎭初 저	普成社	국한문	143면	
『農業新論』 卷下(IA3958)	1908	權輔相 역	普成館	국한문	107면	
『蔬榮栽培全書』 (IA3915)	1909	장지연 저	皇城匯 東書館	국한문	168면	
『新訂蠶業大要』 (IA0271)	1909	文錫琬 저	普成館	국한문	181면	
實利農方新編』 (IA1251)	1909	李覺鐘 저	광덕서관	국한문	92면	
蠶飼養法』 (IA0421)	1909	李秉賢 編	新文館	국한문	15면	
接木新法』 (IA3908)	1909	장지연 저	廣學書館	국한문	51장	

最新田野山林 實地測量法』 (IA3910)	1909	진희성 譯述	의진사	국한문	98장
實用果樹栽培書』 (IA3945)	1910	민대식 編	徽文館	국한문	270면
實用果樹栽培法』 (IA4019)	1910	全載億 저, 박중화 역	광덕서관	국한문	267면
最新 土壤學』 (IA0297)	1910	박중화 저	大東館	국한문	158면
養鯉新法』 (IA0404)	1910	張在軾 역, 尹炳哲 校閱	匯東書館	국한문	34면
農業大要』 (IA0285)	1913	李覺鍾 저	匯東書館	국한문	97면
實驗養蜂』 (IA0888)	1924	尹愼榮·閔丙雨 저	廣韓書林· 滙東書館	국한문	145면

⑧ 과학

理科百話(1923)

『理科百話』(1923, IA0351)는 최용환과 장주련이 공저하여 1923년 조선도서주식회사에서 발행한 과학 입문서이다. 본문은 총 150개의 짧은 항목으로 구성되어 있으며, 제1항 '人生이란 何', 제2항 '樹木이 二時間만에 新聞'부터 제149항 '地球의 年數', 제150항 '珊瑚의 分業制度'에 이르기까지 인간, 동물, 식물, 우주, 자연형상 등 다양한 과학 지식을 간결하게 서술하고 있다.

⑨ 의생활

『牛痘新說』(1885), 『濟嬰新編』(1889), 『麻疹秘方』(1912), 『方藥合編』(1885), 『新校重訂方藥合編』(1926), 『家庭救急法』(1908), 『가뎡위생』(1919), 『造洋飯書』(1899), 『家庭日用寶鑑』(1912)

『理科百話』

『牛痘新說』

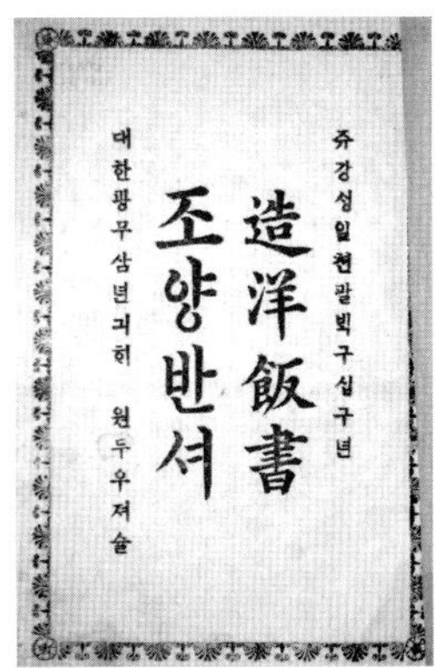

『造洋飯書』

근대 초기 전염병 예방과 치료에 대한 지식 확산을 보여주는 대표적인 의학서로 『牛痘新說』(1885, IA3913)이 있다. 이 책은 지석영이 편찬한 우리나라 최초의 우두법 전문서로, 상하 2권 1책의 한문 인쇄본이다. 지석영이 오랜 기간 종두법을 연구하고 종두장을 운영하며 쌓은 이론과 실무 경험을 종합하여 집필한 것이다. 권두에는 김굉집과 이도재의 序와 지석영의 自序가 수록되어 있으며, 하권 말미에는 지석영의 형인 지설봉이 쓴 '附牛痘行'이 실려 있다.

이재하는 지석영의 『우두신설』을 발췌하고 내용을 보완하여 천연두 치료와 처방을 설명한 『濟嬰新編』(1889, IA0376)을 상하 2권 1책, 한문 인쇄본으로 편찬하였다. 권두에 姜永老의 序와 이재하의 自序가 실려 있다. 저자는 길림성의 牛痘館에서 미국인에게 배운 지식을 기초로 이 책을 서술하였다고 밝히고 있어, 동서양 의학의 접점을 보여주는 자료이기도 하다.

홍역에 관한 처방을 모은 『痲疹秘方』(1912, IA1209)은 조선 후기 痲疹 치료의 명의 이헌길이 지은 순한문 필사본 『痲疹奇方』(조선후기, IA4091)을 최규헌이 재편집하여 광학서포에서 활자본으로 간행한 홍역 치료서이다. ‘毒源’(독의 근원), ‘治法’(치료법) 등 총 41항목으로 구성되어 있다.

『方藥合編』(1885, IA4246)은 1885년 황필수가 편찬한 한의학서로, 실용적 처방을 중심으로 구성되어 현재까지도 한의원에서 활용되는 등 널리 보급된 의방서이다. 목판본으로 인쇄되었으며, “乙酉中秋冶洞新刊”라는 기록으로 보아 1885년 가을에 간행되었음을 알 수 있다. 속표지에 “惠庵先生原本 方藥合編 全載醫方活套”라고 되어 있어, 황필수가 아버지 황택연이 저술한『의방활투』를 전재하여 엮은 것임을 알 수 있다.

『新校重訂方藥合編』(1926, IA7042)은 1914년 회동서관에서 연활자본 초판으로 발행된 후 1926년 제6판으로 발행된 한의학서이다.

구급의학서로는 『家庭救急法』(1908, IA0388)이 주목된다. 1908년 박용남이 동서양 각국의 신묘한 방법과 자신이 직접 시험한 것을 토대로 응급에 적절히 활용될 수 있도록 찬술하였다. 內科病의 구급법과 중독, 異物의 摘出法, 화상과 동상, 지혈법, 失氣 및 假死, 인공호흡법, 외상, 咬傷 등 실생활에 유용한 내용을 총 9장에 걸쳐 정리하였다. 마지막 장에는 가정에 반드시 구비해야 할 약품의 종류 및 응용법을 기술하였다.

『가뎡위싱』(1919, IA0224)은 세브란스병원 의사 밀즈(R. G. Mills)가 저술하고 조선예수교서회에서 1919년 발행한 위생 교육서로, 순한글체로 되어 있다. ‘속병 다스리는 법’, ‘파리와 병의 관계론’, ‘해소병 다스리는 법’, ‘학질의 원인과 예방’, ‘재귀열병 전염병 예방법’, ‘개선이 이유’ 등을 서술하여 전염병의 원인과 예방법을 대중에게 전달하고자 했다.

서양음식 조리법이 담긴『造洋飯書』(1899, IA0374)는 언더우드(H. G. Underwood, 元杜尤) 선교사가 중국어판을 한글로 번역한 서양 음식 조리서이다. '서양 음식을 만드는 책'이라는 제목 그대로, 제1일 '육탕'부터 제270일 '연한 옥수수 두는 법'까지 총 270가지 조리법을 소개하고 있다. 권말 영문 서문에는 외국인과 조선인에게 도움을 주기 위해 출판했다고 명시되어 있으며, 책 앞부분에 조리사가 주방에서 지켜야 할 행동수칙인 '쥬방규례'가 수록되어 있다.

일상의 가정생활 지침서인『家庭日用寶鑑』(1912, IA0345)은 당시 농경사회의 특성을 반영해 식물 재배 및 동물 사육과 같은 농업 관련 정보와 가정생활에서의 필요한 각종 요리법, 술 주조법, 구급법 등의 내용이 수록되어 있다. 1912년 국한문 연활자로 인쇄되어 있으며, 저자는 이철주이다.

⑩ 군사학

『步兵操典』(1898),『戰術學敎程』卷之二(1902),『陸軍禮式』(1900),『武要精選(軍隊撮要)』(1906),『大韓陸軍口令』(대한제국기)

고종은 1897년 대한제국을 선포하고, 자주독립 국가로서의 위상을 강화하기 위해 군제 개혁에 착수하였다. 제국주의 열강의 침략 위협에 대응하고자 중앙군 및 지방군의 병력을 확대하고, 근대 무기 도입과 군사력 증강을 추진하였다. 이에 따라 신식 군대의 편성과 운영에 필요한 군사 교범과 실무 지침서들이 발간되었으며, 이는 대한제국기의 근대 군사 제도 수립을 보여주는 사료로 평가된다. 박물관이 소장하고 있는 자료로 1898년 군부대신 민영기가

『步兵操典』

작성한 보병훈련교본 『步兵操典』(1898, IA0366), 군대의 수색근무, 경계근무 등의 군 전술을 상세히 설명한 『戰術學敎程』卷之二(1902, IA3969), 육군의 경례, 의식 등 예식에 관한 설명서인 『陸軍禮式』(1900, IA0797)이 있다. 필사본으로는 군사훈련과 전투기술에 관한 교본인 『武要精選(軍隊撮要)』(1906, IA1221)과 군 구령집 『大韓陸軍口令』(대한제국기, IA3110)이 있다.

『步兵操典』은 1898년 군부대신 민영기가 신식 군사훈련 도입을 목적으로 편찬한 보병훈련교본이다. 교련의 목적을 개괄한 '총칙'과 각개교련부터 여단교련에 이르기까지 교련의 기본에 대해 설명한 제1부 '기본 교련', 전투의 원칙과 부대의 규모에 따른 전투방법을 설명한 제2부 '전투', 그리고 마지막으로 軍旗 관련 예절과 軍刀 휴대방법 등을 수록한 '부록'으로 구성되어 있다. 일본 육군성에서 발행한 1891년판 『보병조전』을 번역한 것으로 추정되지만, 대한제국기 군사교범 연구에 유의미한 자료이다.

『戰術學敎程』은 대한제국 무관학교에서 발행한 교범으로, 초판은 1902년 상하권 2책으로 발행되었다. 이 가운데 박물관 소장본인 제2권에는 제7편 '수색근무', 제8편 '경계근무', 제9편 '행군', 제10편 '駐軍'에 관한 지침이 수록되어 있다.

『陸軍禮式』은 제목 그대로 대한제국 육군의 예식에 관한 내용을 정리한 자료로, 제1편 '敬禮', 제2편 '儀式'으로 구성되어 있다. '경례' 편에는 군인이 실내외에서 행하는 경례법과 군대 내 경례 방

식이 소개되어 있으며, '의식' 편에는 의
장, 迎送 및 伺候式, 觀兵, 禮砲에 대한 규
정이 수록되어 있다. 자료 맨 앞부분에 원
수부 군무국총장이자 경부대신 육군부장
이종건의 칙유가 실려 있다. 초기 대한제
국 육군의 체계화된 예식 문화를 이해하
는 데에 필수 자료이다.

『大韓陸軍口令』

　　『武要精選(軍隊撮要)』은 1906년 군사
훈련과 전투술에 관한 내용을 정리하여
발행한 150장 분량의 필사본 교본이다. 저자는 명확히 밝혀지지 않
았으나, 서문에서 군대에 입대한 지 수년간 전투 규칙을 알지 못하
다가 위관 및 영관급 장교 교육을 위해 설치된 육군연성학교에 입
교하여 제반 규칙과 兵語를 익힌 뒤 그 요점을 정리했다고 밝히고
있다. 본문에는 교련 시 주의사항, 위병에 관한 사항, 전투 대형, 지
형지물의 이용, 보병 공작의 목적 및 사격술과 보병훈련 방법이 수
록되어 있다.

　　『大韓陸軍口令』은 대한제국기 육군에서 사용하는 구령을 한
자와 한글 발음으로 병기하여 기록한 교본이다. 전후좌우 이동, 집
총, 행진, 사격, 체조 등의 상황에서 사용하는 구령 용어가 국한문
혼용의 필기체로 상세히 수록되어 있다.

　　이 가운데『步兵操典』과『戰術學教程』은 현대의 전술학 교범
과 비교해도 큰 차이가 없을 정도로 과학적이고 체계적인 내용을
담고 있다. 두 자료 모두 대한제국기 근대식 군대에서 실제로 활용
되었고, 1907년 군대 해산 이후에는 해산 군인들이 의병 활동을 전

개하는 데 있어 기본 전술 지침으로 활용되었다.[56]

⑪ 기타 종교·잡술

『은듕경(恩重經)』(1925), 『新譯佛教聖典』(1933), 『天約宗正』(1908), 『天道敎大憲』(1910), 『神言』(1913), 『天道敎書』(1921), 『大韓光武11年歲次丁未明時曆』(1907), 『불교성전』第一編(1936, IA6538)

기타 종교자료로 불교와 천도교 관련 자료가 있다. 먼저 불교 관련 자료로는 조선불교중앙교무원에서 1925년 발행한 『은듕경(恩重經)』(1925, IA0653)이 있다. 『父母恩重經』의 초판본으로, 권상로가 저술하였다. 속표지에 '월장사 장판'이라 기록되어 있고, 부모은중경 變相圖와 각 장마다 찬불가 악보가 함께 수록되어 있다. 그중 첫 번째로 '讚佛歌'가 실려 있다. 조선 초기부터 삽화를 수록한 판본이 '佛說大報父母恩重經'이라는 명칭으로 전해지고 있는데, 1925년 순한글 연활자본으로 간행한 것이다.

『新譯佛教聖典』(1933, IA2747)은 일본 불교협회가 1921년 간행한 『新譯佛教聖典』의 개정판이다. 표제는 '宗敎講座講本'이며 제1편 '佛陀', 제2편 '敎法', 제3편 '修道', 제4편 '敎徒'로 구성되어 있다. 속표지 뒤에 조선불교협회 강사 藤波大圓이 각 중등학교에서 종교 강좌를 순회강연할 때 협찬 자료로 증정한 것임이 명기되어 있다.

『불교성전』第一編(1936, IA6538)은 1937년 간행된 최초의 한글

---

56 김영찬, 「대한제국 해산군(解散軍) 간부들의 정미의병활동에 대한 고찰」, 『군사연구』 139, 2015, p.177.

불교 성전이다. 범어사의 허영호 스님이 통도사·해인사·범어사에서 출연한 기금으로 번역·발행하였다.

천도교와 관련된 것으로 『天約宗正』(1908, IA6842), 『天道敎大憲』(1910, IA3601), 『神言』(1913, 1353), 『天道敎書』(1921, 6895)가 있다. 『천약종정』은 1908년 천도교 중앙총부에서 간행한 천도교의 초기 교리 해설서로, 천도교의 형성과 사상 체계를 이해하는 데 중요한 자료이다. 본문에는 최제우가 상제의 명을 받는 과정, 최제우와 최시형이 주고받은 문답 등이 수록되어 있다. 권두에 동학교단을 기반으로 교육·문화 활동을 펼친 박인호의 서문이 실려 있다.

『天約宗正』

『신언』은 천도교 중앙총부에서 간행한 교단 지침서로, 천도교 4대 대도주 박인호가 편술하였다. 박인호는 천도교의 근대화를 주도한 인물로, 1919년 3·1운동 당시 민족대표 48인 중 한 사람으로 만세운동을 이끌었으며, 이후 신간회에서도 활동한 사회운동가이자 민족운동가이다.

『천도교대헌』은 1906년 일본에서 귀국한 손병희가 천도교 중앙총부를 설치하고 천도교 조직과 교세 확장을 꾀하기 위해 반포한 규정집이다. 본문에는 천도교 전체를 관장하는 대도주의 역할을 비롯해 각종 직위에 관한 규정, 중앙의 중앙총부와 지방의 대교구와 교구의 책임자와 관련한 규정이 수록되어 있다. 대도주 손병희는 이를 통해 교단 운영 체계를 정비하고 교권을 강화하고자 하였다. 박물관이 소장한 이 자료는 1910년 일한문으로 번역 필사된 뒤 등사한 것이다.

『천도교서』는 동학과 천도교의 역사 및 교리를 정리한 교리서이다. 천도교 제4대 대도주 박인호가 저술하여 연활자본으로 간행되었다. 본문에는 동학의 창시자 최제우를 비롯해 제2대 대도주 최시형, 제3대 대도주 손병희의 활동과 설법이 기록되어 있으며, 동학에서 천도교로의 사상적·조직적 계승 과정을 조망할 수 있다.

4) 고전 복간본

근대 인쇄술이 도입되면서 고전 문헌의 복간 작업이 유행처럼 확산되었다. 그 시작은 언론사의 고문헌 복간 작업이었다. 1898년 9월 일간신문으로 창간된 황성신문사는 『三國遺事』, 『高麗圖經』, 『燃藜紀述』, 『青野謾輯』과 같은 사서, 야사류를 비롯해, 『國朝古事文獻』, 『星湖僿說』, 『磻溪隧錄』과 같은 정치서와 농공서까지 고문헌을 폭넓게 수집하고 복간하였다.[57] 이와 함께 시문집, 소설류, 개인 문집의 복간도 활발하게 이루어졌는데, 특히 조선 후기 실학자들의 실사구시적 학풍이 반영된 서적이 상당수를 차지하였다. 이는 실학사상을 근대적 사유로 수용하려는 당대의 지적 풍토를 반영한 것으로 볼 수 있다. 박물관이 소장하고 있는 대표적인 복간본으로는 정약용의 『與猶堂全書』, 『牧民心書』, 『民堡議』, 이익의 『星湖僿說』, 박지원의 『燕巖集』, 홍대용의 『湛軒書內集』, 『湛軒書外

---

57   『皇城新聞』1903년 1월 26일 廣告.

集』등이 있다. 다음은 박물관 소장 복간본이다.

시문집 『皎亭詩集』(1906),『增補海東詩選』(1919),『八家精華』卷之一·二(1923),『雲養集』(5책, 일제강점기),『箋註四家詩』(1921)

실학문집 『耳談續纂』(1908),『燕巖集』(2책, 1901),『擇里誌』(1912),『旅菴遺稿』(5책, 1939),『旅菴全書』(7책, 1939),『順菴先生文集』(12책, 1900),『星湖僿說』(5책, 1929),『星湖先生文集』(25책, 1917),『星湖先生全集』(36책, 1922),『牧民心書』(1904),『民堡』(1943),『與猶堂全書』(74책, 1934~1938),『湛軒書內集』(2책, 1939),『湛軒書外集』(5책, 1939)

개인문집 『薰庭遺藁』(6책, 1882),『古歡堂收艸』(3책, 1883),『金氏史補;高麗 金詹事本傳』(1883),『冬郎集』(1899),『慵睡齋遺稿』(1900),『中東詠物律選』(1912),『重刊麗韓十家文鈔』卷1~3(1921~1923),『韓山世稿』(26책, 1935)

기타 『押海家史』(1901),『萬姓大同譜』上·下(1931),『增修無寃錄大全』(1907),『龍飛御天歌』(1911)

먼저 시문집『皎亭詩集』(1906, IA1584,1585)은 조선말기 문신인 현일의 시를 모은 것이다. 그의 아들 현제보가 교열하고 손자 현은이 전 5권 2책으로 편집하여 순한문 연활자본으로 간행하였다. 표제는 '皎亭詩集'이고 권수제는 '皎亭先生詩集'으로 표기되어 있다. 본문에는 총 350여 수가 수록되어 있으며, 강위, 홍현보의 서문,그리고 권말에는 편찬자인 현은의 발문이 실려있다. 조선 후기 문인의 시풍과 가문 내 문학 전승의 일면을 보여주는 자료이다.

『增補海東詩選』(1919, IA1804)은 1917년 이규용이 편집하고 한

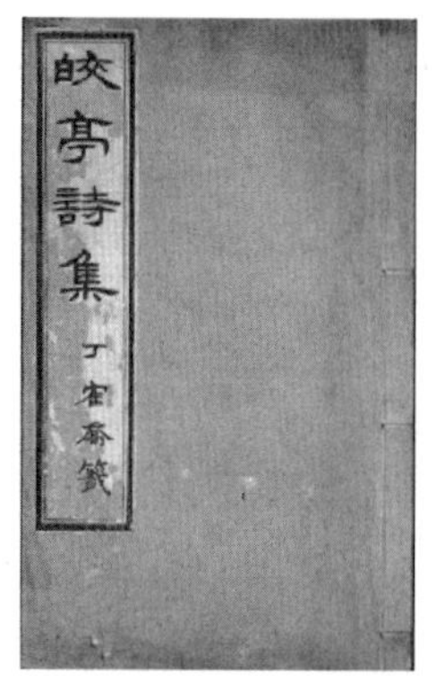

『皎亭詩集』

만용이 교열하여 회동서관에서 연활자본으로 간행한 한시 선집의 재판본이다. 삼국시대 을지문덕과 최치원부터 개화기 시인들에 이르기까지 다양한 시인의 한시 총 2,302수가 수록되어 있다. 형식별로는 5언절구 426수, 5언율시 680수, 6언절구 22수, 7천절구 651수, 7언율시 499수, 5언고시 12수, 7언고시 12수가 실려 있고 서문은 편찬자 이규용이, 발문은 일진회의 기관지『國民新報』의 사장을 역임한 소설가이자 언론인 최영년이 썼다.

『八家精華』卷之一·二(1923, IA2123·IA1786)는 헌종·철종·고종대에 걸쳐 시문으로 명성을 떨친 8인의 시를 묶어 유백영이 1939년에 간행한 한시집이다. 총 2권 2책이며, 석인본으로 인쇄되었다. 표제는 각각 '八家精華 乾', '八家精華 坤'으로 되어 있다. 卷之一에는 趙秀三 詩 25首, 申緯 詩 207首, 金正喜 詩 55首, 李學逵 詩 50首, 姜瑋 詩 260首가 수록되어 있다. 卷之二(IA1786)의 표제는 '八家精華 坤'이고 김택영 詩 98首, 李建昌 詩 96首, 黃玹 詩 216首가 수록되어 있다. 각 책의 표제에 이들의 號인 "秋齋, 紫霞, 阮堂, 洛下, 秋琴"와 "滄江, 寧齋, 梅泉"이 기록되어 있다.

『雲養集』(5책, 일제강점기, IA4074~IA4078)은 개화기 외무아문대신을 지낸 김윤식의 시문집으로 연활자본으로 인쇄되었다. 1917년 정윤수·이빈승이 교정하고 황병욱가 편집하여 15권 5책(卷1~3, 卷4~6, 卷7~9, 卷10~12, 卷13~15)으로 간행하였다.

『箋註四家詩』(1921, IA1772)는 이덕무·유득공·박제가·이서구의 시를 모아 주석을 단 시문집이다. 서두에 유금이 시를 초록하고 박제영이 주를 달았으며 백두용 교정하였다. 1917년 한림서관에서 발행한 초판의 재판본으로, 1916년 윤희구의 서문과 더불어 1777년 이조원과 반정균의 서문이 함께 수록되어 있다.

실학자 문집『耳談續纂』(1908, IA0804)은 정약용이 명나라의『耳談』을 바탕으로 우리 고유의 속담을 증보하여 1820년 저술한 것을 양재건이 역술하여 1908년 휘문관에서 인쇄하고 광학서포에서 발매한 것이다. 본문에는 양재건이 풀이한 한국 속담 241수와 중국 속언 170여조가 수록되어 있으며, 마지막에 유송전이 選本하고 양재건이 해설한「耳談續纂拾遺」31수가 덧붙여져 있다.

『燕巖集』(1901, IA2121 · IA2122)은 박지원의 시문을 모은 문집으로, 1901년 김택영과 김교헌이 校編하고 이민응이 叅訂하여 목활자본 6권 2책으로 발간한 최초의 복간본이다. 1책(1901, IA2121)은 남정철과 신기선의 서문 및 목록이 수록되어 있다. 권지일은 熱河日記, 馹汛隨筆, 傾盖錄, 鵠汀筆談, 幻戱筆談, 避暑錄, 燕巖集, 권지이는 熱河日記 口外異聞, 玉匣夜話, 銅蘭涉筆, 권지삼은 書, 序, 記, 墓銘, 行狀, 疏, 書事, 書, 序, 記, 跋, 評 등이 실려있다. 2책(1901, IA2122)의 권지사는 農說, 祭文 哀詞, 神道碑, 墓碣銘, 燕巖集, 권지오는 墓誌銘, 塔銘, 事狀, 尺牘, 燕巖集, 권지육은 別集, 序, 記, 雜著, 書, 跋, 燕巖集印役合金記, 續合金記 등이 수록되어 있다. 이 복간본은 박지원의 사상과 문체, 현실 인식을 포괄적으로 보여준다.

『擇里誌』(1912, IA1249)는 이중환의 지리서를 1912년 최남선이 민제호 소장본에 의거하여 편수하고 조선광문회에서 발행한 판본이다. 정언유의 서문이 있고 본문은 '四民總論', '八道總論'과 '平

安道 등 8도’, ‘卜居總論’으로 이루어져 있다.

『旅菴遺稿』(1910, IA1065~IA1068)는 조선 후기 학자 신경준의 저작을 그의 현손 신익구가 정리하여 1910년 순한문 목활자본으로 간행한 문집이다. 총 13권 5책으로 구성되었으며, 박물관에는 이 중 卷 1~2, 3~4, 5~7, 11~13 등 4책이 소장되어 있다.

『旅菴全書』(1939, IA2427~IA2433)는 신경준의 지리·역사·병학 관련 저술을 집대성한 문헌으로, 1939년 경성신조선사에서 인쇄되었다. 각 권별 수록 내용은 권4~5; 疆界考 一, 疆界考 二, 권 6~7; 疆界考 三, 疆界考 四, 권8~10; 四沿考 一, 四沿考 二, 山水考 一, 권 11~12; 山水考 二, 山水考 三, 권13~15; 山水考 四·五·六, 권 16~17; 伽藍考, 郡縣之制, 권18~20; 車制策·論兵船火車諸備禦之具, 水車圖說, 素沙問答序·莊子辨解이다.

『順菴先生文集』(1900, IA1047~1057)은 안정복의 유고를 모아 1900년 저자 황덕길이 교정·편집하고 안정복의 5대손 안종엽이 순한문 목활자본으로 간행한 것이다. 박물관 소장본은 목록, 연보를 포함해 권1, 2~3, 6~7, 8~9, 10~11, 12~13, 18~19, 20~21, 22~23, 24~25, 26~27 등 11책이다. 본문에는 ‘書’, ‘雜著’, ‘축문’, ‘제문’, ‘행장’ 등이 수록되어 있다.

조선 후기 실학자 이익의 저작은 근대 시기 여러 차례 복간되었는데, 그 가운데 대표적인 판본은 다음과 같다. 『星湖僿說』권 1~10(1929, IA2434~2438)은 이익의 논설을 제자와 후손이 정리하여 10권 5책으로 간행한 것으로, 1929년 문광서림에서 순한문 연활자본으로 인쇄되었다. 이익의 백과사전식 지식을 근대 지식 체계 안에서 계승하고자 한 시도라 할 수 있다. 『星湖先生文集』(1917,

IA1017~IA1046)은 1917년 이익의 7세 손인 이덕구와 이병주 등이 편찬하여 목판본으로 간행한 문집이다. 박물관은 권41~42에 해당되는 1책을 제외한 전권을 소장하고 있다. 『星湖先生全集』(37책, 1922, IA0988~IA1016, IA1040·IA1041, IA1043~IA1046, IA1564·IA1565)은 앞서 간행된 『星湖先生文集』을 수정 보완하여 간행한 중간본이다. 이좌·

『星湖先生文集』

안희원 등이 편찬에 참여하였으며, 목록과 부록을 포함하여 총 68권 36책으로 구성되어 있다. 박물관은 총 36책 전부를 소장하고 있다.

정약용의 『牧民心書』(1904, IA1205)는 그의 대표적 행정서인 『목민심서』의 正文을 김우식이 선별·교열하여 1904년 박문사에서 순한문 연활자본으로 간행한 초판본이다. 표제 '牧民心書正文'으로 되어 있다. 앞부분에 정약용의 自序와 함께, 1901년 아산군수 양재건이 쓴 '屬辭'가 수록되어 있다. 본문은 '赴任六條', '律己六條' 등 12편목으로 구성되어 있다. 마지막에 교열자 김우식이 덧붙인 '牧民心書屬辭讚'이 실려 있다.

필사본 『民堡議』(1878, IA0986)는 정약용의 문집 『與猶堂集』권181에 수록된 「민보의」 부분을 별도로 필사한 것이다. '民堡議 一'은 소제목 總議五則, 民堡擇地之法, 民堡守禦之法으로, '民堡議 二'는 民堡編伍之法, 民堡支糧之法, 民堡農作之法, 民堡警夜之法,

山寺設堡之法, 民堡覘寇之法, 民堡賞罰之法, 民堡答客難으로 구성되어 있다. '民堡議 三'은 天耙圖說, 虎倀車說, 大芚山築城議'로 이뤄졌다. 정약용이 농민 중심의 자위조직을 설치하고 운영할 것을 서술한 최초의 저술서이다. 조선의 지형과 임진왜란의 경험, 역사적 사례를 근거로 주민 주도의 실제적인 방위체제를 구축할 방법을 제시하고 있다. [58]

『與猶堂全書』(1934~1938, IA1070~1142, 3916)는 정약용의 저술을 집대성한 문집으로, 1934년부터 1938년 사이에 외현손인 김성진이 편집하고 정인보·안재홍이 교정하여 신조선사에서 발행하였다. 박물관 소장본은 제1집 25권 12책(시문집), 제2집 46권 23책[經集], 제3집 24권 12책[禮集], 제4집은 4권 2책[樂集], 제5집은 39권 19책[政法集], 제6집은 8권 4책[地理集], 제7집은 4권 2책[醫學集]이다. 정약용의 방대한 저술을 주제별로 정리하여 그의 실학 사상과 학문 세계를 총체적으로 조망할 수 있다.

홍대용 문집인 『湛軒書內集』(1939, IA2425·IA2426)과 『湛軒書外集』(1939, IA2420~IA2424)은 그의 5대손 홍영선이 정리하고 활자화하여 1939년 신조선사에서 간행하였다. 내집은 4권 2책으로 되어 있으며, 권1에 '心性間', '小學問辨' 등이, 권2·3·4에 '四論', '桂坊日記', '林下經綸' 등이 수록되어 있다. 외집은 10권 5책으로 되어 있다. 권1·2·3에 홍대용이 북경의 문사들과 교류한 서신을 모은 '杭傳尺牘'이, 권4~6에 수학 저술인 '籌解需用'이, 권7~10에 북경 견문록인 '燕記'가 수록되어 있다.

58　김태완, 「民堡議」, 『한국학 자료 해제』, pp.173~175.

　　　　　　　　　　　　　　　　제3장

　한편 개인문집 『古歡堂收艸』(1883, IA1194 · IA1195)는 강위의 시문을 모은 문집으로, 이건창이 교정하고 정만조가 편집하여 연활자본으로 간행하였다. 박물관 소장본은 권5~11과 권12~17로 총 2책 13권이다. 각 권의 제목은 卷5 錦洄訪舊草, 卷6 三洞搜勝艸, 卷7 柳洋漫賞集, 卷8 東樓聯賞集, 卷9 霞莊結夏集, 卷10 南村晨夕集, 卷11 六橋聯吟集, 卷12 北遊草, 卷13 北遊續艸, 卷14 東遊艸, 卷15 東遊續艸, 卷16 遠游艸, 卷17 詩餘이다.

　『金氏史補』(1883, IA1461)는 김택영이 1883년 금속활자본으로 간행한 책으로, 선조의 이력을 기념하기 위해 편찬한 일종의 가문 역사서이자 문집이다. 권두에는 이응진과 김택영의 서문이 수록되어 있으며, 이어 박문호 撰의 ‘高麗金詹事本傳’ 등이 글이 실려 있다. 김택영이 선조의 기이한 사적을 기념하고자 당대 문인들이 지은 시문을 수집한 것으로, 김태영 가문의 역사 뿐 아니라 고려 말 개성 지역의 역사와 문화를 엿볼 수 있다.[59]

　『藫庭遺藁』(1882, IA1840~IA1845)는 조선 후기 문인 김려의 문집이다. 1882년 목활자본으로 12권 6책으로 간행되었다. 송근수의 서문(1882)과 김병주의 서문(1880)이 함께 실려 있다. 각 권의 제목은 遝玄觀詩草(권1), 艮城春囈集(권2), 擬唐別藁(권3), 萬蟬窩賸藁(권4), 思牖樂府(권5 · 6), 坎窞日記(권7), 牛海異魚譜(권8), 丹良稗史(권9), 叢書題後(권10), 倉可樓外史 · 寒皐觀外史(권11), 補遺集(권12)이다.

　『冬郎集』(1899, IA1534)은 조선 후기 문신 한치원의 유고집으로, 이건창과 김택영이 산정(刪定)한 것을 아들 한진창이 1899년 고활

59　노관범,「김택영과 개성 문인」, 한국고전번역원, 『民族文化』 제43집, 2014, pp.378~379.

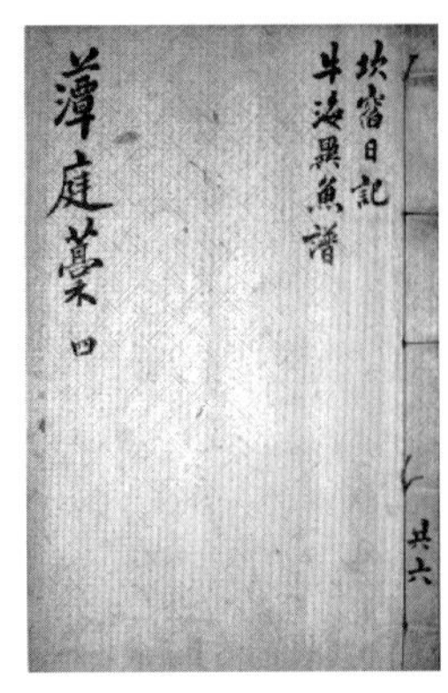

『薄庭遺藁』

자본 3권 1책으로 간행하였다. 권1·2는 詩 171과 174편이 수록되어 있고 권3은 序·說·論·啓·記·上樑文·敎書·祭文·疏 등으로 구성되어 있다.

『慵睡齋遺稿』(1900, IA2007)는 조선후기 문신 강순의 문집으로, 후손인 강태기와 강희진이 편집하여 1900년 순한문 목판본 으로 간행하였다. 1899년 기우만이 쓴 서 문과 목록, 그리고 본문은 상편, 하편, 부 록으로 구성되어 있다. 상편에는 '進御農書'가 중심을 이루고, 第 一 '備穀種'부터 第十一 '百穀種播耘穫'까지의 항목과 함께 '農法 總論', '擬疏'가 수록되어 있다. 하편에는 '詩', '箴', '銘' 등 문예 작 품이 실려 있고 부록에는 기우만이 지은 강순의 행장이 수록되어 있다.

『中東詠物律選』(1920, IA1222)은 권순구와 남중섭이 공편하여 2 권 1책 연활자본으로 간행한 시집이다. 1918년 권순구가 쓴 서문 과 함께 예언, 목록, 시인의 이름이 수록되어 있으며, 본문에는 한 나라위나라 이후 중국의 시인과 고려, 조선의 시인의 작품이 실려 있다. 수록된 작품은 모두 오언율시 또는 칠언율시의 근체시이다.

『重刊麗韓十家文鈔』(1921~1923, IA1462~1463)는 김택영이 고려시 대 이후의 문장가 9인의 글을 선별하여 편찬한 문집을, 그의 제자 왕성순이 재편집하여 금속활자본으로 간행한 책이다. 총 11권으로 구성된 가운데, 박물관에 7권 2책이 소장되어 있다. 왕성순과 양계 초의 서문이 있고 본문은 卷一 高麗 金文烈文, 卷二 高麗 李益齋

文, 卷三 韓張溪谷文, 卷四 韓李澤堂文, 卷五 韓金農岩文, 卷六 韓朴燕岩文 上, 第七 韓朴燕岩文 下로 구성되어 있다.

『韓山世稿』(1935, IA1143~IA1168)는 이세찬이 총 47권 26책으로 편집하여 석인본으로 간행한 한산이씨 문집이다. 김영한의 서문과 후손 이종식의 발문이 있다. 목록이 1책으로 되어 있고 뒷부분에 편집자 이세찬의 글이 수록되어 있다. 권1~5는 '訥齋稿'로 눌재 이태연의 시와 疏, 箚, 啓, 序, 記, 跋, 祭文, 墓表, 墓誌 및 拾遺가 수록되어 있다.

이 외에 족보 관련 자료로『押海家史』(1901, IA1752)는 정약용의 증손 정문섭이 압해 정씨의 가계 연보를 정리한 '家史原編' 4책 중 제1책에 해당하는 필사본이다. 압해 정씨는 나주·영광·창원·의성 정씨로 분화된 성씨이다. 제1책에는 압해를 비롯해 정씨 서조의 묘지가 있는 11곳에 대한 설명과 함께 지도가 첨부되어 있고, 나주 정씨의 시조인 정윤종부터 12세로 병조참판을 지낸 정수강에 이르기까지 조상의 이력을 상세히 기록하고 있다.

『萬姓大同譜』上·下(1931, IA0948·IA0949)는 1931년에 간행된 전국 주요 성씨의 통합 족보로, 당대 유명 씨족 383개의 계보를 망라한 대형 족보류 자료이다. 서문은 정만조·정봉시·유진찬·어윤적·송지헌이 썼으며 본문은 李·金·朴·鄭·尹·崔氏 순으로 종파별로 구성되어 있다.

법의학서『增修無寃錄大全』(1907, IA0277)은 조선시대 법의학 지식을 망라하여 정리한 것을 1907년 광학서포의 김상만이 휘문의숙에서 국한문 연활자본으로 인쇄한 것이다. 속표지에 1906년 10월 23일 법부의 인허를 받았다는 기록이 있다. 책의 구성은 범례, 자훈

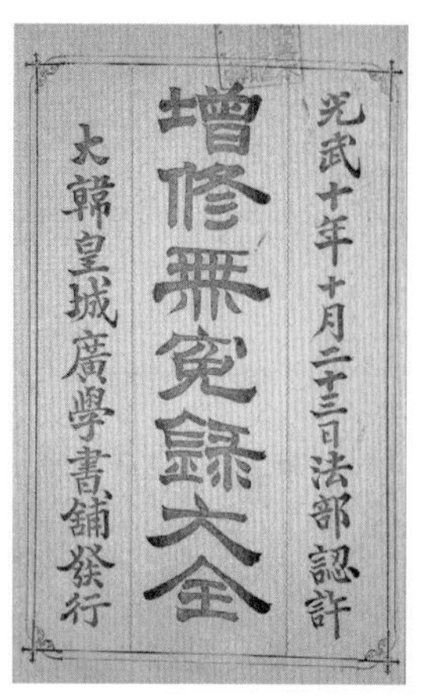

『增修無寃錄大全』

(字訓), 목록 본문, 구윤명의 발문 순으로 되어 있다.

기타 복간본으로 釋尾春芿이 편집하고 조선고서간행회에서 朝鮮群書大系 제24집으로 발행한 『龍飛御天歌』(1911, IA6905)가 있다. 일한인쇄주식회사에서 연활자로 인쇄되었다.

이상에서 살펴본 바와 같이 개화기 이후 발행된 복간본의 대부분은 실학서적이거나 개인 문집이었다. 실학자 정약용, 이익, 홍대용, 신경준, 안정복 등의 저작이 있었고 이 외에도 김윤식, 현일, 이길, 유백영, 강순, 강위, 김려, 한지원, 홍승경, 권순구 등 조선 말기 문인과 관료들의 저술이 복간되었다. 또한 복간의 범위는 문집과 실학서에 그치지 않고 실록, 읍지, 가문족보 등으로도 확대되는데, 『錦城邑誌』(1897, IA1935), 『續修中京科譜』(1918, IA1479) 등은 지방지와 가문 계보 정리의 대표적인 사례이다. 복간 작업이 지식 보급뿐만 아니라 역사 정리와 정체성 확립의 수단으로 기능했음을 보여준다.

5) 중국·일본 발행서적

박물관은 국내에서 발행된 단행본 외에도 중국과 일본에서 간행되어 국내에 유입된 근대 학문서적을 다수 소장하고 있다. 이들

자료는 박물관 설립자인 매산 선생의 학문
적 관심과 수집 활동을 통해 확보된 것이
다. 중국에서 간행된 서적의 경우, 주로 중
국에서 활동하던 외국인 선교사들이 주도
해서 편찬한 근대과학기술 서적이 대다수
를 차지하고 있다. 당시 중국 내 선교사들
이 선교와 계몽을 목적으로 일반 독자의 흥
미를 유발하고 서양의 과학지식을 쉽게 전
달하고자 한문으로 번역하여 출판한 입문
서들이다. 그중에서도 영국 출신 선교사 존
프라이어(J. Fryer, 傅蘭雅)가 중국에 근대 과학
지식 전파를 목적으로 간행한 입문서 성격
의 자연과학 분야 내용이 많다. 존 프라이
어는 19세기 서양의 여러 과학 분야의 책자
를 한문으로 번역하여 중국에 소개했으며,
이 서적의 상당수는 '○○須知'라는 제목
으로 발행되었다.

『中西聞見錄』

『格致彙編』

　　'○○須知' 시리즈는 본래 1872년부터 영국 선교사 에드킨즈
(Joseph Edkins, 艾約瑟)와 미국 선교사이자 동문관 교습이었던 마틴(W.
Martin) 등이 중국 북경에서 『中西聞見錄』第1~36號(1872~1875, IA3864
등 총 18책)를 발간하며 시작된 것이다. 이후 1876년부터 존 프라이어
가 이 시리즈를 상해에서 『格致彙編』(1876~1881, IA1440 등 총 36책)이라
는 이름으로 바꾸어 1876년부터 1881년까지 총 36책을 간행하였

고, 이후 1890년까지 간헐적으로 이어졌다.[60] 『格致彙編』은 서양 과학기술의 체계적인 전파를 위한 간행물로, '格致學'은 자연과학을 뜻한다. 존 프라이어는 이 『格致彙編』에 연재한 글 중 일부를 단행본 형태로 출판하였는데, 그것이 바로 '○○須知'라는 제목이 붙은 일련의 책들이다. 이들 서적은 지리학, 지구과학, 화학, 천문학, 해부학 등 여러 과학 분야의 입문 내용을 담고 있다. 박물관이 소장하고 있는 존 프라이어 저작 중 '○○須知'라는 제목의 서적과 개론 · 입문서는 아래와 같다.

『地理須知』(1883, IA0630) : 지리학 입문서

『地志須知』(1883, IA0632) : 인문지리 입문서

『地學須知』(1883, IA0631) : 지구과학 개론서

『化學須知』(1886, IA0632) : 화학 개론서

『電學須知』(1887, IA0634) : 電學 개론서

『天文須知』(1887, IA0629) : 천문학 개론서

『聲學須知』(1887, IA0636) : 소리 기계 개론서

『全體須知』(1894, IA0142) : 해부학 개론서

『光學須知』(1895, IA0635) : 광학 입문서

존 프라이어가 번역한 서적의 대부분은 1880년대 연활자본으로 발행되었다. 『地理須知』는 지리학서로, 서문에 해당되는 총설과 본문은 지세, 공기, 雨雪, 水源, 潮浪 및 지리총론 등 여섯 장으

로 나누어져 있다.[61] 『地志須知』는 입문지리 입문서이다. 서론에 해당되는 총설과 아시아, 유럽, 아프리카, 아메리카, 태평양열도로 나누어 인문지리적 특성을 다룬 본문으로 구성되어 있다.[62] 『地學須知』는 지구과학에 관한 서적이다. 총설, 지질의 형태, 화성암과 변성암, 고생대·중생대·신생대 지질, 총론으로 구성되어 있다.[63] 『化學須知』는 화학의 요점을 간략하게 정리한 서적이다. 화학의 기원과 발전, 유용성 등에 대해 설명한 총설과 기체원소, 경금속원소, 비금속원소, 천금속 원소와 귀금속 원소를 다루었다.[64] 『天文須知』는 해와 달과 별자리에 관한 천문학서이다. 본문은 지구, 태양, 달, 행성, 군성과 항성에 대한 총론과 천문기구에 대한 약론으로 구성되어 있다.[65]

『電學須知』는 전기학에 관한 개론서이다. 서문에 해당되는 총인(總引)에서는 전기의 성질, 종류, 실용성 등을 다루었고 본문 6장은 電源電性·摩電氣·吸鐵氣·化電氣·發電諸器·電之利用에 관해 약론한 내용으로 구성되어 있다.[66] 『聲學須知』는 소리의 원리와 소리를 만들어내는 기구 등을 개괄적으로 설명한 음향학 입문서이다. 여섯 장으로 나누어 '傳聲回聲, 成聲成音, 弦音附音, 簧板等音, 管音簧管, 樂器音律'에 대해 약론하였다.[67] 『全體須知』는 인체해부

61　신하령, 「地理須知, 『과학기술 자료 해제』, pp.106~107.
62　신하령, 「地志須知」, 『과학기술 자료 해제』, pp.108~109.
63　김태완, 「地學須知」, 『과학기술 자료 해제』, pp.32~34.
64　김태완, 「化學須知」, 『과학기술 자료 해제』, pp.48~49.
65　심의용, 「天文須知」, 『과학기술 자료 해제』, pp.77~79.
66　김태완, 「電學須知」, 『과학기술 자료 해제, pp.175~178.
67　김태완, 「聲學須知」, 『과학기술 자료 해제』, pp.26~27.

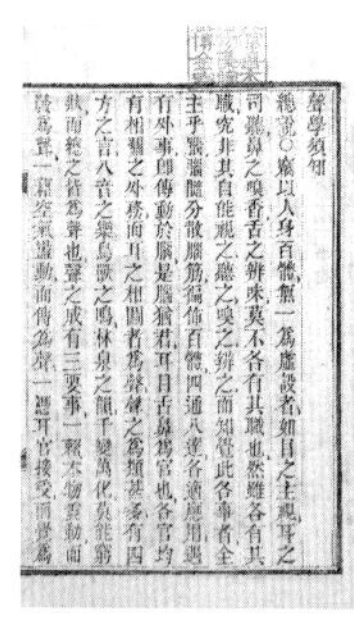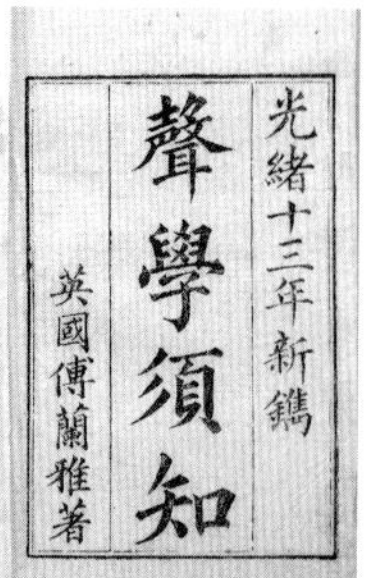

『聲學須知』　　　　　　　　　『汽機新制』　　　　　　　『製火藥法』

학 개론서이다. 온 몸의 뼈와 근육과 혈맥, 생명을 기르는 여러 부위, 노수와 뇌근, 인지 도구들에 대해 논하고 있다.[68] 『光學須知』는 광학에 관한 입문서이다. 본문은 '光性, 回光, 折光, 視理, 光色, 光器' 등 총 여섯 장으로 나누어 광학의 지식을 일목요연하게 설명하고 소개하였다.[69]

이상의 '○○須知' 이외에 존 프라이어의 서양과학기술 서적 가운데 입문서로 『化學分原』 권1~5(1872, IA0958), 『化學鑑原續編』 권3~19(1875, IA0950·0951·0952)이 있다. 『化學分原』은 5권 1책으로 徐建寅이 역술한 분석화학 입문서이다. 1권은 총론과 유리기구의 제조에 관한 내용이 수록되어 있고 2권은 물질의 실험 방법에 관한 내용, 3권은 簡質, 4·5권은 繁質에 관한 내용이 수록되어 있다.[70] 『化學鑑原續編』은 徐壽가 편술한 유기화학과 생화학에 관한 서적이다. 표제는 '化學鑑原'이라 되어 있다. 총 6책 24권인데, 박물관

68　구태환, 「全體須知」, 『과학기술 자료 해제』, pp.169~171.
69　김태완, 「光學須知」, 『과학기술 자료 해제』, p.14.
70　김태완, 「化學分原」, 『과학기술 자료 해제』, pp.46~47.

에는 이 중 3책을 소장하고 있다.[71]

이 외에 과학기술 관련서로 증기기관을 설명한『汽機新制』卷
5~8(연도 미상, IA0968),『汽機必以』卷6~7·8~9·附卷(연도 미상,
IA0967·1571·1237), 기계의 원리를 설명한『西藝知新』卷5~7(연도 미상,
IA0955), 군사학 관련서로『製火藥法』卷1~3(연도 미상, IA0966),『水師
操練』附卷(연도 미상, IA0962),『防海新論』卷6~7·12·15~18(연도 미상,
IA1570·1572·0957) 등이 있다.

『汽機新制』卷5~8은 증기기관의 종류와 작동원리가 담긴 서
적으로 8권 2책 중 두 번째 책이다. 존 프라이어의 口譯을 徐建寅이
필술하였다. 권5는 論諸門與雜件, 권6은 論鍋爐, 권7은 雜件, 권8
은 汽機成式을 논하는 내용이다.『汽機必以』卷6~7·8~9·附卷(연
도 미상, IA0967·1571·1237) 역시 증기기관에 관련한 내용이며 존 프라이
어의 구역을 徐建寅이 필술하였다. 권6은 汽機尺寸, 권7은 汽機善
式, 권8은 船體行水, 권9는 船機成式을 다루었고『汽機必以附卷』
은 도판 105도가 수록되어 있다. 이러한 자연과학 서적은 조선사회
에 서구과학의 도입과 개화사상의 발전에 많은 영향을 끼쳤다.

『西藝知新』卷5~7(연도 미상, IA0955)은 존 프라이어의 구역을 徐
壽가 필술한 것으로 각종 기계의 작동원리가 수록되어 있다. 권5는
造管之法, 권6은 回熱爐, 권7은 燒造硫强水法과 硫養遇淡養之變
化를 다루었다.

『製火藥法』卷1~3(연도 미상, IA0966)은 존 프라이어가 구역하고
丁樹棠이 필술한 화약 제조법에 관한 내용이다. 3권 1책으로 되어

71   김태완,「化學鑑原續編」,『과학기술 자료 해제』, pp.41~45.

있고 총 58개의 도판이 수록되어 있다. 1권은 화약의 원류에 대한 개요, 2권은 화약 제조와 관련된 기구 등, 3권은 화약의 외형 등이 수록되어 있다.

『防海新論』卷6~7, 12, 15~18은 존 프라이어가 구역하고 중국인 華蘅芳이 역술한 것으로 해군 전략에 관한 내용이다. 목활자본으로 총 28권 6책인데, 박물관 소장본은 그중 2책이다. 권6은 군함의 항로를 막는 방법, 권7은 군함의 항로를 막기 위한 대포 설치의 필요성, 권12는 어뢰의 원리와 종류, 발화방법, 각종 어뢰의 장단점, 권15는 어뢰의 위력, 권16은 어뢰 취급법과 수중 설치법 등, 권17은 군함을 공격하는 어뢰와 관련한 내용이 수록되어 있다.[72]

『水師操練』附卷은 해군훈련 지침서로, 영국 海軍戰船部에서 편찬한 것을 존 프라이어가 구역하고 중국인 서건인이 역술한 것이다. 총 18권 3책 가운데 박물관 소장본은 마지막 책 부권으로, 화약, 나선형 강선포와 나선형 탄, 철갑을 파괴할 수 있는 대포, 솜화약 제조법, 육상에서 영루를 설치하고 엄폐물을 설치하거나 이용하는 방법 등이 수록되어 있다.[73]

『植物圖說』(1895, IA3950)은 존 프라이어가 구역한 것으로, 4권 1책 목판본으로 발행되었다. 권1의 제목은 根榦膛管, 권2는 葉各變形, 권3은 開花結子各具, 권4는 花心子實名具이다. 『測地繪圖』卷6~7(19세기 후반, IA0964)은 존 프라이어의 구역을 중국인 徐壽가 필술하였고 이를 영국인 에드워드 프롬(E. C. Frome, 富路瑪)이 금속활자로

---

72   신하령, 「防海新論」, 『과학기술 자료 해제』, pp.252~243.
73   신하령, 「水師操練」, 『과학기술 자료 해제』, pp.257~258.

인쇄하였다. 권6은 수평선이나 지평선을 표준으로 높낮이를 정하는 방법에 관한 것이고 권7은 땅의 높낮이를 잴 수 있는 기구, 권8의 부록은 지형을 모사하여 지도 그리는 방법에 관한 내용이 수록되어 있다. 19세기 말에서 20세기 초 서양의 지도 제작법에 관한 기초 자료이다.[74]

『西醫眼科』

　　중국에서 발행된 의학 서적으로 안과에 관한 『西醫眼科』(1880, IA3930), 남성 비뇨기과에 관한 『增訂花柳指迷』(1889, IA3909)가 있다. 『西醫眼科』는 저자 미상의 서양 안과의학에 관한 서적으로, 중국 羊城博濟醫局藏板이다. 권두에는 안과 질환과 관련된 도설과 목차가 수록되어 있으며, 본문은 안과 질환 전반의 증상 및 치표에 관한 일반론, 그리고 개별 병증에 대한 구체적인 치료법으로 구성되어 있다.[75] 『增訂花柳指迷』는 성병을 포함한 비뇨기과 병증과 그 치료법을 다룬 서양의학서로, 중국 양성박제의국장판이다. 미국 북장로교 선교사 미국인 존 글라스고우(John Glasgow, 嘉約翰)가 편역하였고 林應祥이 필술하였다. 본문은 '花柳總論, 硬疳症, 軟疳症, 出發皮膚各症, 花柳毒層次, 柳白濁症'으로 이루어져 있다.[76]

　　이 외에도 박물관은 개화기 한국 지식인들에게 영향을 끼친 중국 간행 서적을 소장하고 있다. 이들 자료는 서양 근대문물을 중국

74　신하령, 「測地繪圖」, 『과학기술 자료 해제』, pp.110~111.
75　구태환, 「西醫眼科」, 『과학기술 자료 해제』, pp.144~145.
76　구태환, 「增訂花柳指迷」, 『과학기술 자료 해제』, pp.189~191.

을 거쳐 조선에 전파한 매개로서 중요한 역할을 했다.『海道圖說』卷6, 13·14(연도 미상, IA0970)는 해상교통로에 관한 지리서로, 존 프라이어와 미국인 크레이어(Karl Traugott Kreyer, 金楷理)가 번역하고 王德均이 필술하였다. 서양의 해도·항로·해양지리에 관한 지식이 소개되어 있다.『易言』(1880, IA1536,1537)은 鄭觀應이 저술한 책으로, 서양의 제도와 기술의 우수성을 소개하고 이를 중국 사회에 적용하기 위한 목적으로 간행되었다.『正教奉褒』(1904, IA1988)는 천주교 관련 문헌으로 중국 남천주당의 신부 黃斐默이 저술하였다. 본문에는 북경에 볼모로 갔던 소현세자가 귀국할 때 '지구의'를 가지고 돌아왔다는 일화가 수록되어 있어 주목된다.

다음으로 박물관이 소장한 일본 간행본 대부분은 일제강점기 이전에 발간된 자료로, 특히 병합 이전에 간행된 어학 및 교육 관련 서적들이 주를 이룬다. 대표적인 간행물로는『訂正隣語大方』(1882, IA1574),『交隣須知』(1883, IA1907),『增補改正新撰數學』(1883 IA1618),『再刊交隣須知』四(1883, IA1575),『京城之凱旋』(1894, IA2317),『訂正新定漢文』(1900, IA2643),『怪傑マホメット』(1905, IA2660),『故紙羊存』第一·二(1907, IA6652·6657)가 있다.

『訂正隣語大方』은 1882년 일본의 조선어학 교수 浦瀨裕가 교정·증보하여 발행한 한국어 학습서이다. 3권 1책이며 연활자본으로 인쇄되었다. 공사 사무 시 필요한 조선인과의 대화나 서간 작성을 위한 실용 어법을 중심으로 구성되어 있다. 각 문장은 순한글로 표기된 조선어 본문을 중심으로 그 오른쪽에 일한문이 병기되어 있어 두 언어를 대조하며 학습할 수 있도록 하였다.

『交隣須知』는 1883년 일본에서 간행된 조선어 회화 학습서로,

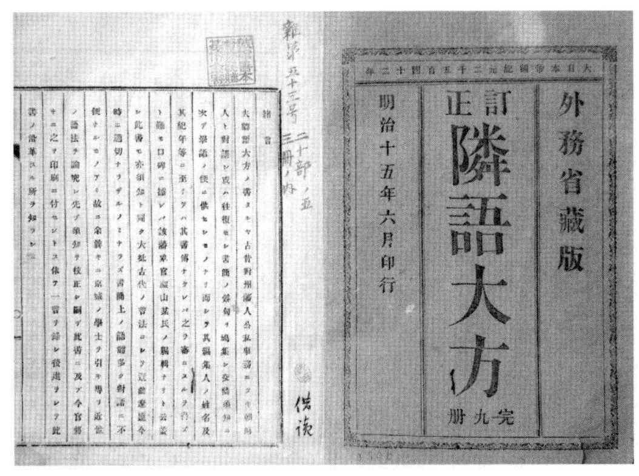

『訂正隣語大方』

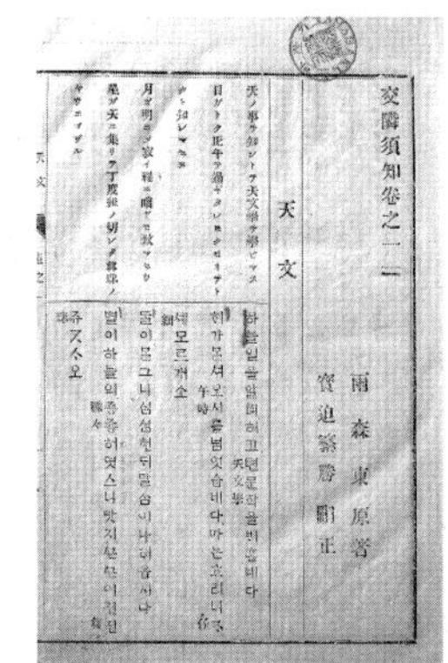

『交隣須知』

雨森東 原著, 寶迫繁勝 散正으로 白石直道가 출판하였다. 4권 1책이며 연활자본으로 인쇄되었다. 각 권에는 天文, 時節, 晝夜, 方位 등 67항목으로 분류되어 있다. 일상생활에서 사용되는 내용을 일본어와 조선어를 일대일 대응 역문하는 형식으로 구성하였으며, 상단에는 일한문, 하단에는 한글 역문이 한자와 함께 병기되어 있다.

『再刊交隣須知』四는 18세기 초 조선을 방문했던 외교 전문가 雨森芳洲가 편집하고 浦瀨裕가 교정한 조선어 학습서이다. 권수제는 '再刊交隣須知 卷之四'이며 연활자본이다. 일본인 학습자를 대상으로 실용적 조선어 회화를 교육하기 위해 구성된 자료로, 대화체의 한글과 일한문이 병기되어 있다. 수록된 주제는 靜止, 手運, 足使, 心動, 言語, 言辭, 心使, 四端, 大多, 範圍, 雜語, 逍遙로 이루어져 있다.

『訂正新定漢文』은 1900년 일본 흥문사에서 편집 발행하고, 문부성의 검정을 받은 중학교용 한문 교과서이다. 권수제는 '新定漢文卷之四 訂正'이다. 본문에는 『史記』가운데 '孫子列傳'을 비롯한 열전 7항목과 韓愈, 柳宗元, 歐陽修, 蘇洵, 蘇軾, 蘇轍, 王安石 등의 글 51편이 수록되어 있다.

수학 관련 교재로 1883년 關口開가 찬술하고 村田則重이 출판한 『增補改正新撰數學』이 있다. 표제는 '改正增補 新撰數學 坤'으로 되어 있으며, 가감승제 문제와 그에 대한 해답이 수록되어 있다.

기타 간행본으로 『怪傑マホメット』는 1905년 忽滑谷快天이 저술하여 도쿄에서 발행한 마호메트 평론집이다. 서론에서는 이슬람교를 일으킨 아랍의 예언자인 마호메트가 태어난 당시 사회와 마호메트 이전의 종교, 아라비아 구종교와 마호메트와의 관계에 대해 기술하였고 본론은 수양시대의 마호메트와 종교가·정치가·장군으로서의 마호메트, 그리고 개인으로서의 마호메트에 대해 서술하였다.

『京城之凱旋』은 1894년 8월 村松恒一郎이 교열하고 도쿄의 東亞通史의 직원들이 편집하여 日淸海陸戰記 제1편으로 발행하였다. '경성의 개선'이라는 제목은 청일전쟁에서 승리를 거두고 조선의 수도 경성에 개선하는 일본군의 모습을 염두에 두고 간행한 것으로 보인다. 청일전쟁의 원인과 경과, 결과 순으로 구성되어 있다. 특히 육해에서의 전투를 시간 순서에 따라 기술하였고 전쟁 당시 사용된 함선과 무기, 전쟁에 참여한 여단의 작전 수행 보고 자료들을 함께 수록하고 있다. 『故紙羊存』第一·二는 일본 근대 언론인 井上角五郎이 1907년 기록한 문헌 회고록이다. 그는 『漢城旬報』 고문으로 조선 최초의 근대신문 발간에 참여했으며, 일본 정우회의 핵심 인물로 활동한 바 있다.

6) 근대 신문·잡지

우리나라 근대 인쇄술은 신문 발행을 통해 본격적으로 시작되었다. 1881년 부산항상법회의소에서 근대활자 인쇄기를 도입하여 일본어신문 『朝鮮新報』를 발간하였고, 이어 1883년 8월 조선 정부는 박문국을 설치하여 『漢城旬報』를 발간하였다. 『한성순보』는 세계 정세와 근대 과학, 역사·지리에 관한 지식을 소개함으로써 근대 지식의 보급과 개화운동의 산파역할을 하였다.[77] 이어 개화사상의 질적 발전이 이루어지던 1890년대 『독립신문』(1896.4.7. 창간)과 『뎨국신문』(1898.8.10. 창간)이 순한글로 발행되어 정치·사회 계몽 역할을 하였고, 대한제국기를 대표하는 민족 언론인 『皇城新聞』 (1898.9.5. 창간)과 『大韓每日申報』(1904.7.18. 창간)가 국한문으로 발행되었다. 또한 애국계몽단체인 대한협회는 회보로 발행하던 『大韓協會會報』 발행을 중단하고 보다 대중적이고 시의성 있는 보도를 위해 일간신문으로 『大韓民報』(1909.6.2. 창간)를 발행하였다.

다음으로 근대기 국내에서 발행된 친일 성향의 신문으로 우선 친일매국단체 일진회의 기관지 『國民新報』(1904.9.6. 창간)와 장기세가 창간한 『大同日報』[78](1909.10.19. 창간)가 있다. 일본인이 한국어 신

77　李光麟, 「漢城旬報와 漢城週報에 대한 一考察」, 『韓國開化史研究』, 一潮閣, 1969, p.65.
78　『大同日報』는 일간과 주간으로 변경되는 등 불안정하게 발행되다가 1910년 3월 1일 제호를 『大韓日日新聞』으로 바뀌었다(鄭晋錫, 『한국언론사』, 나남, 1990, pp.209~210).

『皇城新聞』

문으로『漢城新報』(1894. 창간)와 『大東新報』(1904.4. 창간)를 발행했는데, 이 두 신문은 1906년 9월 1일『京城日報』로 통합되었다. 1907년 9월에는 인천에서 일본어 신문『朝鮮新聞』이 창간되었고, 조선총독부는 강제병합 직후인 1910년 8월 30일 민족언론지인『大韓每日申報』를 강제로 인수하여 기관지 형태의『每日申報』로 전환 발행하였다.

다음은 개화기 한국에서 발행된 신문 가운데 박물관에서 소장하고 있는 신문 목록이다(총 176점).

『漢城旬報』第12, 16~18, 22, 26, 27, 29, 32號(1884.2.17~8.31)

『漢城周報』第27號(1886.9.6)

『皇城新聞』第1卷 17號~98號(1898.9.24~12.29)

『뎨국신문』第70~166, 169~241號(1900.4.2~7.24/1900.7.27~1900.10.9)

『漢城新報』(1901.6.16, 1902.8.6, 9.28, 11.30, 12.3, 12.14, 12.28, 1903.1.4)

『大韓每日申報 한글판』第1卷 第1號(1907.5.23)

『大韓每日申報』第4卷 第176~253, 220~284, 325~401號, 第5卷 443~478, 679, 681~686號, 第6卷 704~750, 771, 772, 777, 778, 781, 788, 789, 794~799, 801, 892, 804, 805, 807~826, 831~900, 938~941, 943~946, 948, 950~1000, 第8卷 1301~1303,

1305~1308, 1319, 1320, 1322, 1326, 1329, 1330, 1333, 1334,
1338, 1340, 1342, 1357, 1360~1362, 1365, 1366, 1368~1370,
1372~1375, 1379, 1408, 1416~1418, 1422, 1423, 1426~1430,
1432, 1434, 1436~1442號(1906.3.24~6.23, 1906.5.16~1906.7.31,
1906.9.19~12.22, 1907.2.2~1907.14.5, 1908.1.9~3.8, 1908.4.3~1908.6.10,
1908.6.16~9.6, 1908.10.27~1909.1.14, 1910.1.29~1910.6.14)

『大同日報』第1卷 5, 6號(1909.12.28, 1910.1.1)

『大東新報』第6號(1904.4.23)

『大韓民報』 第329, 332~336, 338~340, 342, 344, 345號(1910.
7.21~8.9)

『漢城新聞』第3460, 3461, 3463~3470 號(1910.9.2~9.14)

『國民新報』第1316號(1910.9.28)

『每日申報』(1910.10.21)

한국 근대 잡지 발간은 미국 선교사들에 의해 시작됐다. 최초
의 잡지는 1892년 올링거 선교사에 의해 창간된『The Korean Re-
pository』로, 이는 한국에서 발행된 최초의 서양식 정기 간행물이
다. 초기의 잡지들은 신문과 마찬가지로 신문적인 속성도 포함하
고 있어 신문과 잡지의 요소가 혼재된 형태로 발간되다가 시간이
지나면서 점차 신문과 잡지의 기능이 분화되어 각자의 영역을 갖
추어 나갔다. 이처럼 초기 한국 잡지는 그 성격에 따라 선교목적에
의해 발간된 잡지, 유학생 잡지, 단체 또는 학회에서 발간한 잡지,

그리고 애국계몽운동 차원의 잡지로 대별할 수 있다.[79]

개화기 한국인이 발간한 잡지는 1896년 11월 창간되어 월 2회 발행된 『대죠선독립협회회보』를 비롯하여 주로 유학생들이 발간한 잡지와 애국계몽운동기 발간된 잡지가 주류를 이루었다. 이들 잡지는 국민계몽 및 근대지식 보급을 주요 목적으로 하였으며, 자주독립의식 고취와 교육 진행에 큰 역할을 하였다. 대표적 애국계몽단체인 대한자강회의 기관지 『大韓自强會月報』 제8호(1907.2, IA6891)와 『大韓協會會報』 제1호(1908.4, IA0858), 제2호(1908.5, IA1223), 1906년 평안도·황해도 출신의 지식인이 중심이 되어 조직한 서우학회의 기관지 『西友』 第4號(1907.3, IA0862), 제6호(1908.5, IA0863)와 畿湖興學會에서 간행한 『畿湖興學會月報』 제4호(1908.11, IA0860), 제6호(1909.1, IA3907), 제11호(1909.6, IA0861)가 있다.

박물관이 소장한 희귀 잡지 가운데 주목할 만한 자료로『朝陽報』가 있다. 1906년 6월 25일 대한자강회원인 심의성·장지연 등이 창간하여 월 2회 발행되었으며, 통권 12호(1907.12)를 끝으로 종간되었다. 현재 박물관은 창간호부터 제11호(IA4209 외)까지 소장하고 있다. 국민 계몽 및 국내외 정세 보도를 목적으로 발간되었으며, 당시 애국계몽학회지와 달리 교육·실업·여성문제까지를 다룬 종합지 성격을 띠었다. 사장은 장응량, 총무는 심의성, 주필은 장지연이었다. 이 외에도 시대성과 전문성을 지닌 근대 잡지들도 주목할 만하다. 현채, 김성희, 안국선 등 개화지식인들이 필진으로 참여하여 근대 학문과 지식 정보를 소개한 근대적 종합잡지인 『夜雷』 제1권 제

---

79 鄭晋錫, 『한국언론사』, 나남, 1990, pp.255~256 참조.

1호(1907.2, IA0859)와 우리나라 최초의 법률가 단체의 기관지인『法
學協會雜誌』제1호(1908.11, IA0857)가 있다.

　　일본 유학생이 펴낸 잡지 및 회보로 재일본 한국유학생 통합
단체인 대한흥학회에서 기관지로 발행한『大韓興學報』제2호
(1909.4, IA1224), 대조선인일본유학생친목회에서 펴낸『親睦會會報』
제2호(1896.3, IA6549), 동경외국어학교 한국교우회에서 펴낸『會報』
제6호(1910.4, IA0580)가 있다.

　　일제강점기 잡지는 매우 다양하게 분포한다. 종교계 잡지로
유교계 경학원의 기관지인『經學院雜誌』제4호(1914.9, IA1227), 불교
계의『佛敎』제37호(1927.7, IA6548), 시천교 본부 기관지인『龜岳宗
報』제6호(1915.9, IA0773)가 있고, 1913년 4월 일본인 竹內錄之助가
한글로 발행하기 시작한 계몽잡지인『新文界』제1권 제7호(1913.10,
IA4016), 제9호(1913.12, IA0776), 제2권 제1·3·4호(1914, IA0777 등 3책), 제
3권 제5-8호(1915, IA0781 등 4책), 제4권 제5~8·11호(1916, IA0785 등 2책)
및 제5권 제1호(1917.1, IA0791)가 있다.

　　문예지로 1922년 창간된 순문학 동인지인『白潮』창간호(1922,
IA0414), 제2호(1922.5, IA0810), 제3호(1922.6, IA0811)와 1936년 창간된
『文藝街』제5집(1936.12, IA2670), 제17집(1938.1, IA2671), 제18집(1938.3,
IA2672)이 있고, 월간 종합지로 1934년 창간된『大平壤』창간호
(1934.11, IA3091), 1929년 월간 교양잡지로 창간된『三千里』3월호
(1934년 이후, IA1228), 1931년 동아일보사에서 월간 종합잡지로 창간
한『新東亞』제6권 4월호(1936.4, IA0814), 1935년 조선일보사에서 월
간 종합잡지로 창간한『朝光』7월호(1937.1, IA0815), 11월호(1937.11,
IA0812)가 있다. 그리고 조선강연회에서 간행한 월간잡지『朝鮮講

『大韓協會會報』第1號

『畿湖興學會月報』第11號

『朝陽報』

演』 제66호(1937.1, IA1793) · 제76호(1937.11, IA1794) · 제77호(1937.12, IA0361)가 있다.

여성 잡지로 1913년 12월 竹內錄之助가 창간한 상업적 목적의 가정잡지『우리의 가뎡』제1호~12호(1914.1~12, IA0775)와 1929년 1월 창간된『女性之友』제1권 제3호(1929.3, IA0793), 제1권 제5호(1929.6, IA0859)가 있으며 그 외『서울(THE SEOUL)』제4호(1920.6, IA0808), 임시호(1920.12, IA0984), 『한글』제2권 제5호(1934.8, IA2701) 등이 있다.

한편 일본 측에서 발행한 잡지도 일부 소장하고 있다. 조선총독부에서 발행한『朝鮮』제77호(1921.6, IA2461)와 일본 사법성 형사국 기관지로 고등법원검사국 사상부에서 발행한『思想月報』제1권 제5호(秘)(1931, IA3665), 제2권 제11호(秘)(1933.2, IA3713), 제2권 제12호(秘)(1933.3, IA0370), 제3권 제1호(秘)(1933.4, IA0369), 제3권 2호(秘)(1933.5, IA0368) 및 일본 사법성 형사국의『思想研究資料』특집30호(1936.7, IA3693)가 있다. 일본 기독교 월간 잡지로『新生』제71~77호, 140~148호, 제182호(1927~1936, IA2898 등 총 29권)가 있다. 이 외 매산

선생이 연구 과정에서 수집한 일본 자료로 기독교 월간 잡지『エク
レシヤ』제70호~118호(총 30책), 기독교 월간신문『書物新聞』26호
~88호(1938.4~1942.8, 총 29호), 격월잡지『The Japan Magazine』
(1921.3~4·5, 1922.4~5·12, 1930.11, 총 5책) 등이 있다.

일제 식민통치 자료

4. 일제 식민통치 자료

　　박물관은 일제가 식민통치 과정에서 남긴 문서자료 약 520여 점을 소장하고 있다. 이 자료 가운데 중요 자료 300건 140점을 선별, 해제하여 2012년『한국기독교박물관 소장 민족운동 자료 해제』(4×6배판, 560면)를 발간한 바 있다.[01] 해제집에서 수록한 자료 대부분은 일제의 식민통치와 관련하여 작성된 판결문과 사업·경찰 기관 자료이다. 그리고 이들 자료의 상당수가 山澤佐一郎 검사의 소장인 '山澤'이 찍혀 있는 특징이 있다.

　　山澤 검사는 수많은 독립운동가와 정치사상범에게 엄혹한 판결을 내린 인물로 알려져 있다. 1889년에 태어나 1915년 교토제국대학 법학부를 졸업한 뒤 도쿄지방재판소에서 검사로 근무하였고 1917년 2월 경성지방법원 검사로 부임하였다. 1919년 3·1운동 당시 민족대표를 비롯한 만세운동 참여자들을 기소하고 심문하였다. 1923년부터 전주·청진·부산·대구 등지의 지방법원과 고등법원 검사로 재직하였으며, 1930년대에는 공주·전주·광주·경성지방법원의 검사정을 지냈다. 이후 1943년 평양복심법원 검사정으로 부임하는 등, 그는 일제의 사법통치 전반에 깊이 관여한 검찰 고위관

01　본 장 '4. 일제 식민통치 자료'는 이 해제집 내용을 토대로 정리하였음을 밝혀둔다.

료였다.[02] 해방 후 북한에 진주한 소련군 및 북한 정권은 그를 식민통치의 앞잡이로 규정하고 사형을 선고하였다.

박물관 소장 자료는 山澤 검사가 검찰 업무를 수행하는 과정에서 수집·보관한 문서들로 추정된다. 다만 매산 선생이 이 자료들을 입수한 경위는 명확하지 않으며, 8·15 해방 직후 山澤이 사형 집행된 후 남겨진 자료를 매산 선생이 입수한 것으로 보인다. 이들 자료는 山澤이 20년 이상 조선에서 수행했던 사법 통치의 실상을 구체적으로 보여주는 1차 사료로 매우 중요한 가치를 지닌다. 본 장에서는 이 자료들을 다음 네 가지 범주로 나누어 살펴보고자 한다. 1) 3·1운동 및 임시정부 활동 관련 자료, 2) 1910~30년대 항일민족운동 관련 재판 자료, 3) 일제의 식민통치에 관련된 사법·경찰기관의 훈시, 지시 및 주의사항, 회의 자료, 4) 사법·경찰기관의 각종 보고서, 정리 문건, 통계 및 법령 자료이다.

1) 3·1운동 및 대한민국임시정부 관련 자료

1919년 3·1운동 및 대한민국임시정부 활동과 관련하여 소장하고 있는 자료는 다음과 같다.

〈三·一獨立宣言書〉(1919, IA4220)

---

02 숭실대학교 한국기독교박물관, 『한국기독교박물관 소장 민족운동 자료 해제』(이하 『민족운동 자료 해제』로 줄임), pp.204~205.

〈The Proclamation of Korean Independence〉(1919, IA6344)

〈獨立運動ニ関スル件〉(1919, IA0031·IA0032·IA2544~IA2585)

〈米國人家宅搜索ニ関スル件〉(1919, IA2586)

〈獨立新聞發行及騷擾事件逮捕者氏名〉(1919, IA2587)

〈태극기〉(1919, IA6206)

〈金昌俊回顧錄〉(1946, IA4218)

〈金昌俊獄中書翰〉(1919~1921, IA3649)

〈大韓民國臨時政府 宣言書〉(1919, IA4436)

〈大韓民國臨時政府 成立祝賀文〉(1919, IA4435)

〈대한민국임시정부 환국기념 23인 필묵〉(1945, IA4438)

〈三·一獨立宣言書〉(IA4220)는 1919년 3·1독립만세운동 전국
에 배포된 독립선언서로, 보성사에 인쇄되었다. 국한문혼용체로
작성되었으며 연활자로 인쇄되었다. '선언서'라는 제하에 선언문
과 공약 3장, 작성 연월, 그리고 민족대표 33인의 명단이 수록되어
있다.

선언서의 적성일자는 '조선건국 4252년 3월'로 표기되어 있
고, 민족대표 33인 명단이 손병희, 길선주, 이필주, 백용성, 김완규,
김병조, 김창준, 권동진, 권병덕, 나용환, 나인협, 양전백, 양한묵,
유여대, 이갑성, 이명룡, 이승훈, 이종훈, 이종일, 임예환, 박준승,
박희도, 박동완, 신홍식, 신석구, 오세창, 오화영, 정춘수, 최성모,
최린, 한용운, 홍병기, 홍기조 순으로 열거되어 있다.[03]

03 차선혜, 「三·一獨立宣言書」, 『민족운동 자료 해제』, pp.477~478.

〈三·一獨立宣言書〉

이 선언서의 원소장자는 조선총독부 검사로 재직하며 수많은 독립운동가에게 유죄판결을 내린 山澤佐一郎이다. 山澤 검사는 3·1운동 당시 경성지방법원 검사로 재직하면서 민족대표 33인을 기소했고 재판 과정에 〈三·一獨立宣言書〉를 증거물로 활용하였다. 이를 뒷받침하듯, 현재 소장본의 우측 상단에 그의 소장인 '山澤'이 찍혀 있다.

3·1독립선언서는 영문과 일문으로 번역되었다. 영문선언서 〈The Proclamation of Korean Independence〉(IA6344)는 3·1독립선언서를 영문 활자로 옮긴 것으로, 한국의 독립 의지를 세계에 직접 알리려는 노력의 일환으로 작성된 것으로 보인다. 일문 번역본은 〈獨立宣言書發見ノ件(第一報)〉(IA4437)에 수록되어 있다. 이 자료의 문서번호는 '大正八年三月一日 高委第五二八八號'로 되어 있으며, 독립선언서뿐만 아니라 당시 함께 배포된 국민대회의 격문도 일문으로 번역, 수록되어 있다.

〈獨立運動ニ関スル件〉(IA0031·IA0032·IA2544~IA2585)은 조선총

독부 경무국이 1919년 3월 1일부터 4월 12일까지 전국 각지에서 전개된 3·1운동의 정황을 각도 경무부장으로부터 보고 받아 작성한 일일보고문 44건이다. 이 보고문들은 속보 형식으로 꾸준히 작성되었으며, 3·1운동의 전국적 확산 과정과 지역별 양상 등 당시 일제 경찰 당국의 시각에서 작성된 매우 구체적이고 상세하게 기록이다.

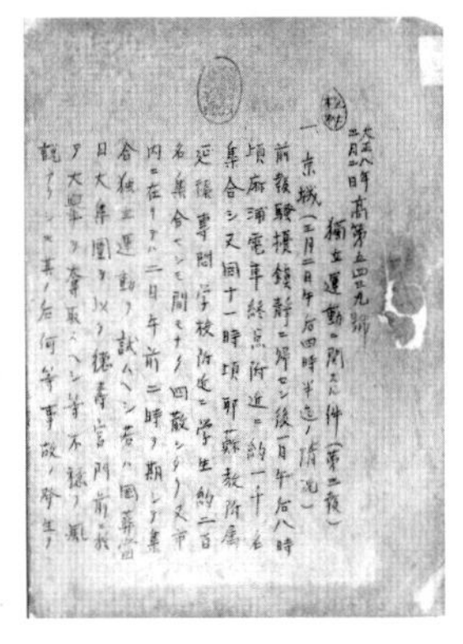

〈獨立運動ニ関スル件〉

〈米國人家宅搜索ニ関スル件〉(IA2586)은 평양 지역에서 전개된 3·1운동에 미국 북장로교 선교사들이 개입한 정황과 관련하여, 그들의 가택 수색에 관한 내용을 보고한 문서이다. 이 자료는 4면 분량의 등사본으로 되어 있는데 상단 일부가 충해로 결실된 상태이다. 내용은 가택수색 당한 선교사 명단, 가택수색 상황, 취조 상황 순으로 구성되어 있다. 평양지방법원 검사정이 가택 수색한 선교사는 숭실대학 교수 모우리(E. M. Mowry), 숭실대학 교장 마펫(S. A. Moffett), 숭실중학 교사 길리스(A. W. Gillis)와 맥머트리(R. M. McMurtrie), 숭실학교 중학부 교사 라이너(R. O. Reiner), 숭의여학교 교사 스눅(V. L. Snook), 외국인소학교 교사 기틴스(Anna Gittins), 북장로교 선교사 베어드(W. M. Baird)이다. 이 가운데 숭실대학 교수였던 모우리는 범인 장닉죄로 평양감옥에 구류되었다.

위 〈米國人家宅搜索ニ関スル件〉의 별지로 추청되는 〈獨立新聞發行及騷擾事件逮捕者氏名〉(IA2587)은 3·1운동 당시 독립신문 발행 및 소요사건으로 체포된 인물들의 명단과 압수된 증거물을

〈태극기〉

표로 정리한 문서이다. 2면 분량의 등사본이며 상단 일부가 충해로 결실되어 있다. 체포자 명단은 길리스 사택에서 체포된 숭실중학생 홍인엽 등 3인, 모우리 사택에서 체포된 숭실대학생 김태술, 숭실중학생 박기복 등 3인, 마펫 사택에서 체포된 숭실대학생 김겸호, 박형룡과 숭의여학교 교사 김태훈, 숭의여학교 기숙사에서 체포된 오봉순이다. 압수된 증거물인 등사판, 휴교선언서, 등사판, 독립신문, 소요사건 정보 등이 표에 상세히 수록되어 있다.

〈태극기〉(IA6206)는 3·1독립만세운동 당시 평양 숭실 교정에 걸렸던 태극기이다. 이 태극기는 조만식 선생의 권유로 당시 숭실중학 학생이었던 김건이 하숙집에서 박병곤, 장두찬, 노원찬과 함께 제작한 것이다. 숭실 교장 사무엘 마펫은 일제 당국이 태극기를 압수하려 하자 이를 저지하고 1년간 보관하다가 미국에 있는 아들 제임스 마펫(J. H. Moffett)에게 보내 보존하게 하였다. 이후 1974년 9월 5일 제임스 마펫에 의해 숭실대학교에 반환되었다.[04] 3·1운동 당시 만세시위 현장에서 실제 게양된 역사적 태극기이며, 현전하는 3·1운동 당시의 유일한 대형 태극기로 알려져 있다. 재질은 옥양목

04　『동아일보』1974년 9월 5일자 「55年만에 母校에 돌아온 '3.1운동 太極旗'」; 1985년 3월 1일자 「하나뿐인 '3.1태극기' 그때 '만세함성' 아직도」.

　　　　　　　　　　　　　　　　　　　　제4장

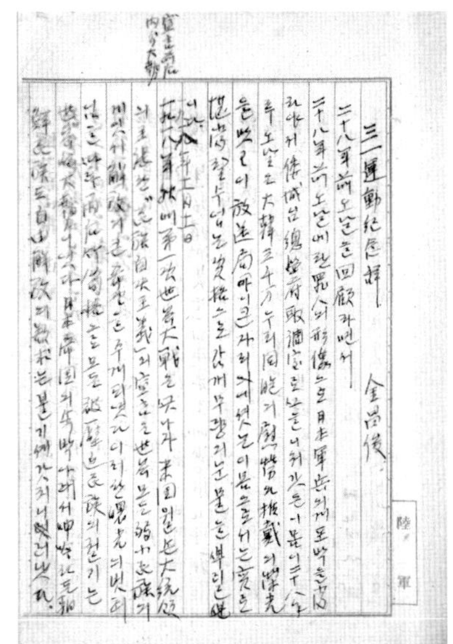

〈金昌俊回顧錄〉 표지와 본문

천이며, 크기는 166.0×125.5cm이다.

한편 3·1민족대표의 회고록으로 김창준 목사가 1946년 2월 25일, '3·1운동 기념사'로 작성한 자필 원고인 〈金昌俊回顧錄〉(IA 4218)이 있다. 이 회고록은 3·1독립선언에 참여한 민족대표 33인 가운데 유일하게 남아있는 자필 회고록이라는 점에서 사료적 가치가 매우 크다. 이 회고록의 원제는 '己未運動 後 今日까지의 經緯'로 되어 있다. 3·1운동부터 해방 후에 이르기까지 자신의 생애를 회고한 원고이다.

회고록은 '독립선언 전후 내외대세', '독립선언 당시의 광경', '독립선언서를 서명한 나 개인의 경우', '8·15 이전 출옥 후 금일까지의 생활', '해방 후 나의 계획, 나의 제2기 활동기', '8·15 이후 확

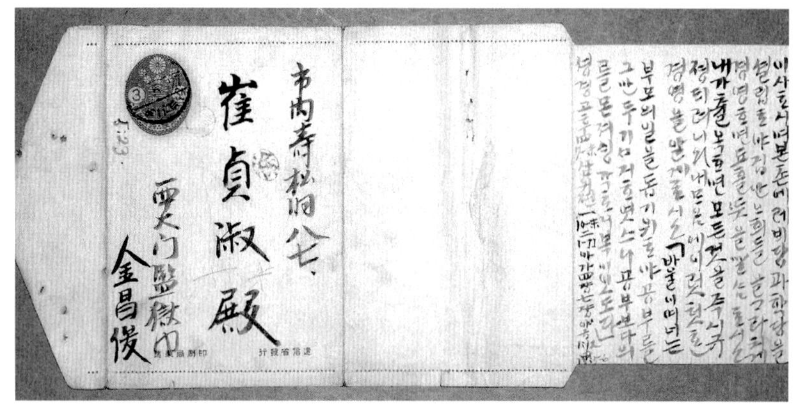

〈金昌俊獄中書翰〉

립된 나의 제2의 생의 이상과 방법', '최후 권언' 등 3·1운동의 준비
와 실행, 옥고, 해방 후 삶과 정치적 이상까지 포함하고 있다. 특히
3·1운동의 배경으로 미국의 윌슨 대통령이 제창한 약소민족의 민
족자결주의와 조선인의 독립을 향한 열망, 그리고 일제의 고종독
살설에 따른 민중의 분노를 꼽으며 시대적 상황을 상세히 기술하
였다. 또한 3·1운동의 준비 과정, 독립선언서 낭독과 일제 경찰에
체포된 과정, 옥중 생활 및 사형선고 소식에 대한 심경 등도 상세히
서술하였다. 그는 조선총독부 취조실에서 하루 세 차례 고문을 당
하고, 식수 없이 주먹밥 하나로 하루를 버티며, 11일간의 취조 끝에
체중이 30근(약 18kg) 감소했다고 기록하여 3·1운동 민족대표들이
겪은 옥고의 실상을 생생하게 전하고 있다. 뿐만 아니라 회고록 후
반부에는 해방 후 자신의 기독교사회주의자로서의 정치적 신념과
이상을 밝히고 있어 그의 사상 변모와 시대 인식을 입체적으로 살

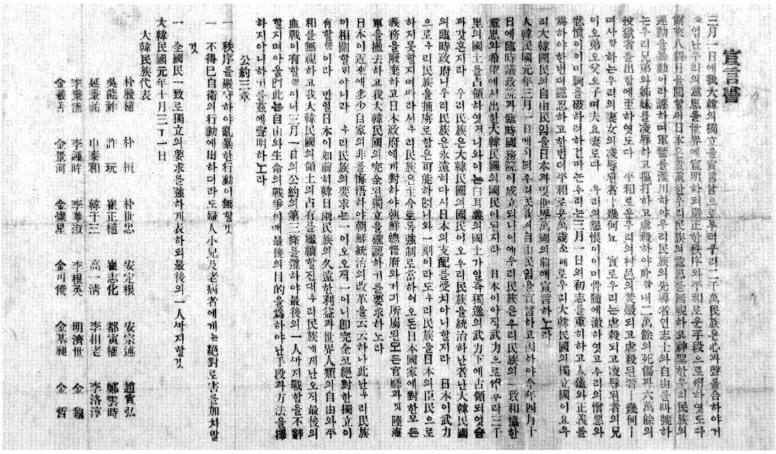
宣言書
三月一日에我大韓의獨立을宣言함으로부터우리二千萬民族은心과聲을合하야거
슈얼난우리의意思를世界에宣明하되嚴正한秩序와平和로운手段으로行하엿도다
爾來八個月을閱할새日本은頑冥한우리民族의意思를無視하고神聖한우리民族의
運動을暴動이라誣하며軍警을濫用하야우리民族의先導者인志士와自由를叫號하
는우리兄弟와姉妹를凌辱하고搵打하고虐殺하야마참내二萬餘의死傷과六萬餘의
投獄者를出함에至하엿도다 平和로운우리의村邑의焚燬되고虐殺된者ㅣ幾何ㅣ
며사랑하는우리의妻女의凌辱된者ㅣ幾何뇨 實로우리는虐殺되고凌辱된者의兄
이오弟오父오子며夫요妻로다 우리의怨恨이이미骨髓에徹하엿고우리의憎惡와
悲憤이이미胸을破하려하건마는우리는三月一日의初志를重히하고人道와正義를
爲하야한번더隱忍하고한번더平和로운萬歲소래로우리大韓民國의獨立國이요우
리大韓國民의自由民임을日本과밋世界萬國의前에宣言하노라
大韓民國元年三月一日에이미우리民族은自由民임을宣言하고同하야今年四月十
日에臨時議政院과臨時國務院이成立되니이에우리民族은우리民族의一致和協한
意思와希望에서出한大韓民國의國民이되지라 日本이아직武力으로써우리三千
里의國土를占領하엿거니와이는白耳義의國土가일즉獨逸의武力下에占領되엇슴
과갓흔지라 우리民族은大韓民國의國民이오우리民族을統治하난者난大韓民國
의臨時政府니우리民族은永遠히다시日本의支配를受치아니할지라 日本이武力
으로우리民族을捕虜로함은可能하려니와一刻이라도우리民族을日本의臣民으로
하지못할지며따라서우리民族은至今도록強制로當하여오든日本國家에對한모든
義務를廢棄하고日本政府에게對하야朝鮮總督府와거긔所屬된모든官廳과밋陸海
軍을撤去하고我大韓民國의完全된獨立을確認하기를要求하노라
日本이近來에多少自家의非를悔悟하야朝鮮統治의改革을云云하나此난우리民族
이相關할바아니라 우리民族의要求는一이오오직一이니即完全코絶對한獨立이
有할뿐이라 만일日本이如前히韓日兩民族의久遠한利益과世界人類의自由와平
和를無視하고我大韓民國의領土의占有를繼續할진대우리民族에게난오직最後의
血戰이有할뿐이니三月一日의公約의第三條를遵하야最後의一人까지戰함을不辭
할지며아울너此는自由와生命의戰爭이매最後의目的을爲하야난手段과方法을擇
하지아니하기를玆에聲明하노라
公約三章
一 秩序를嚴守하야亂暴한行動이無할것
一 不得已自衛의行動에出하더라도婦人小兒及老病者에게는絶對로害를加치말것
一 全國民一致로獨立의要求를強하게表하되最後의一人까지할것
大韓民國元年十月三十一日
大韓民族代表
朴殷植 朴恒 朴世忠 安定根 安宗通 趙賓弘
吳能祚 許玩 崔正植 崔志化 都寅權 鄭雲時
延秉祐 申秦和 韓于三 高一淸 李相老 李洛淳
李秉德 李鍾旿 李華淑 李根英 明濟世 金錫
金義吉 金景河 金燦星 金可俊 金基祖 金哲

〈大韓民國臨時政府 宣言書〉

펴볼 수 있다.[05]

〈金昌俊獄中書翰〉(IA3649)은 김창준 목사가 3·1운동을 주도한 혐의로 투옥되어 서대문형무소에서 옥고를 치르는 동안, 부인 최정숙에게 보낸 편지 29통을 묶은 자료이다. 편지는 한글 18통, 일문 11통으로 구성되어 있으며, 작성일자는 1919년 10월 14일부터 1921년 10월 5일까지이다. 편지의 주요 내용은 양가 부모 및 친척에게 전하는 안부, 교회 직원과 교인, 지인에게 전하는 인사와 신앙적 권면 등 종교생활과 관련한 내용이 대부분이다.[06]

〈大韓民國臨時政府 宣言書〉(IA4436)는 1919년 10월 31일 중국

05 차선혜, 「金昌俊回顧錄」, 『민족운동 자료 해제』, pp.506~508. ; 숭실대학교 한국기독교박물관, 『기독교민족사회주의자 김창준 유고』, 2011 참조.

06 차선혜, 「金昌俊獄中書翰」, 『민족운동 자료 해제』, pp.506~508. ; 앞의 『기독교민족사회주의자 김창준 유고』, 2011 참조.

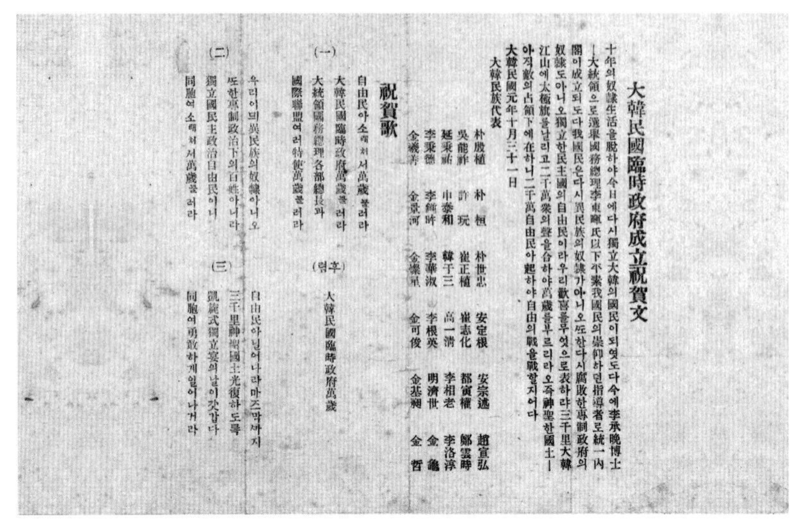

大韓民國臨時政府成立祝賀文

十年의奴隸生活을脫하야今日에다시獨立大韓의國民이되엿도다今에李承晩博士
—大統領으로選擧國務總理李東暉氏以下으로써我國民의崇仰하던指導者로統一하
關이成立되도다我國民은다시異民族의奴隸가아니오또한다시腐敗한專制政府의
奴隸도아니오獨立한民主國의自由民이라우리歡喜를무엇으로表하랴三千里大韓
江山에太極旗를날리고二千萬衆의聲을合하야萬歲를부르리라오즉神聖한國土—
아직敵의占領下에在하니二千萬自由民아起하야自由의戰을戰할지어다

大韓民國元年十月三十一日
大韓民族代表

朴殷植　朴桓　朴世忠　安定根　安宗遠　趙宣弘
吳能祚　許玩　崔正植　崔志化　都寅權　鄭雲時
延秉祐　申泰和　韓于三　高一淸　李相老　李洛淳
李秉德　李鮞眸　李華淑　李根英　明濟世　金龜
金羲善　金景河　金漢軍　金可俊　金基昶　金哲

祝賀歌

(一)
自由民아소래쳐서萬歲불러라
大韓民國臨時政府萬歲불러라
大統領國務總理各部總長과
國際聯盟여러特使萬歲불러라
(렴후)
大韓民國臨時政府萬歲

(二)
우리이믜異民族의奴隸아니오
또한專制政治下의百姓아니라
獨立國民主政治自由民이니
同胞여소래쳐서萬歲불러라

(三)
自由民아닐어나라마즈막까지
三千里神聖國土光復하도록
凱旋式獨立宴의날이갓갑다
同胞여勇敢하게닐어나거라

〈大韓民國臨時政府 成立祝賀文〉

상해에서 박은식 등 대한민국임시정부를 지지 옹호하는 독립운동
가 30인이 선포한 독립선언 자료이다. 한국의 독립을 세계 만방에
천명하고, 전민족적 단결과 일제에 대한 항쟁을 호소하기 위해 작
성되었다. 임시정부는 3·1운동에 이은 제2차 독립시위운동을 계획
하고 천황의 생일인 1919년 10월 31일을 거사일로 정하고 이 선언
서를 배포하며 독립 의지를 다시금 불태웠다. 제2차 독립시위운동
은 국내외에서 조직적으로 준비되었다. 1919년 8~9월에 걸쳐 임시
정부 특파원들이 '제2차독립운동 조직', '제2차 시위운동 준비 및
실행'이라는 임무를 가지고 국내로 잠입했다. 3·1운동과 같은 대
규모 시위를 재현하려 했으나 국내 비밀결사와 연계하는 과정에서
국외 인사 중심의 민족대표 선정에 문제가 제기되었고, 거사일까지
인선이 완료되지 않아 제2차 독립시위운동은 연기되었다. 이러한

준비 과정의 혼란에도 불구하고 1919년 10월 31일 상해와 국내에서 동시에 시위운동이 일어났다. 상해에서 독립선언서가 발표되었고 국내에서는 서울을 비롯해 평양과 의주·선천·정주·영변 등지에서 시위운동이 전개되었다.

이 선언서는 31.5×21.0cm 크기의 국한문 혼용의 연활자 인쇄본이다. 내용과 형식은 3·1독립선언서와 유사하다. 선언서라는 제하에 선언문과 공약 3장이 수록되어 있고, 말미에 작성일자와 대한민족대표 30명의 명단이 게재되어 있다. 3·1운동 이후 성립된 대한민국임시정부를 중심으로 민족이 일치단결할 것을 호소하는 내용이 담겨 있다. 아울러 일제 통치의 잔학성을 고발하며 3·1운동 이후 일제가 통치 방식을 일부 변화시켜 회유를 시도하려 하지만 우리 민족의 유일한 요구는 완전한 절대독립뿐임을 명확히 선언하였다. 공약 3장에서는 질서를 유지하며 비폭력적으로 행동할 것, 부득이 자위행동을 하더라도 부녀·어린이·노약자·병자는 절대 해치지 말 것, 전 국민이 독립 요구를 강하게 표하되 최후의 1인까지 할 것 등 행동지침을 명시하였다.[07]

선언서 작성일은 '대한민국 원년 10월 31일'이고 서명한 민족대표는 박은식, 박환, 박세충, 안정근, 안종술, 조선홍, 오능조, 허완, 최정식, 최지화, 도인권, 정운시, 연병우, 신태화, 한우삼, 고일청, 이상로, 이낙순, 이병덕, 이종오, 이화숙, 이근영, 명제세, 김구, 김희선, 김경하, 김찬성, 김가준, 김기창, 김철 등 30인이다. 이 선언서는 대한민국임시정부가 지향하는 독립운동의 목표와 방향성, 그

---

07   차선혜, 「臨時政府宣言書」, 『민족운동 자료 해제』, pp.478~479.

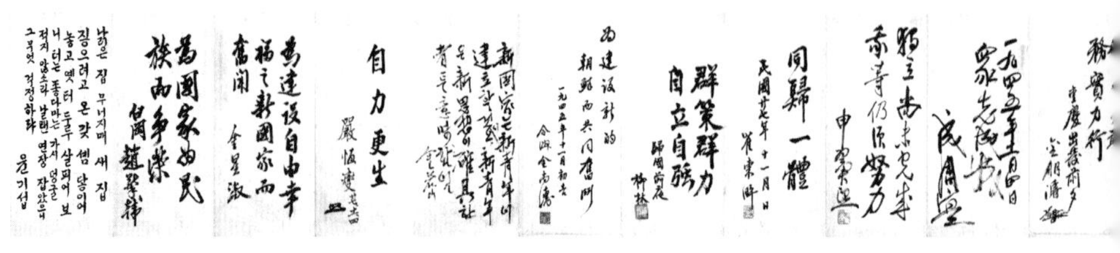

리고 운동 방식을 구체적으로 제시하고 있으며, 3·1운동의 정신을 계승하여 임시정부 중심의 독립운동 노선을 정립하려는 의지가 잘 드러나 있다.

〈大韓民國臨時政府 成立祝賀文〉(IA4435)은 1919년 10월 31일, 중국 상해에서 박은식 등 대한민국을 대표하는 임시정부 요인 30명이 서명하여 발표한 임시정부 통일내각 성립을 축하하는 문서이다. 26.0×20.4cm 크기로 국한문 혼용 연활자본으로 인쇄되었다. 축하문에는 이승만을 대통령, 이동휘를 국무총리로 선출하여 통일 내각이 성립되었음과 2천만민이 더 이상 일본의 노예나 전제 정치 하의 백성이 아니라 민주국의 자유민임을 천명하는 내용이 담겨 있다. 이와 함께 박은식을 비롯한 대한민국 대표 30인 명단, 임시정부 성립 축하가 3절, 후렴구 '대한민국임시정부만세'가 수록되어 있다. 이 축하문의의 작성일과 서명한 대표 30인은 앞서 소개한 〈대한민국임시정부 선언서〉와 동일하다. 이 축하문은 대한민국임시정부 수립의 역사적 의의와 독립운동의 정당성을 선언한 자료로, 임시정부의 존재를 국내외에 알리고 독립 의지를 표명한 중요한 사

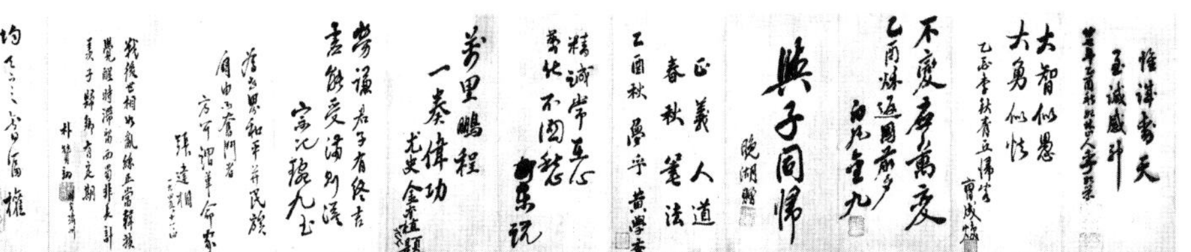

〈대한민국임시정부 환국기념 23인 필묵〉

료이다.[08]

    〈대한민국임시정부 환국기념 23인 필묵〉(IA4438)은 1945년 8월 15일 광복 이후 대한민국 충칭임시정부의 요인 23인이 귀국 전날인 11월 4일 저녁, 충칭에 모여 조국 독립의 감회를 각자의 필적으로 남긴 기념첩이다. 독립한 신생 조국에 대한 그들의 각오와 염원이 담겨져 있으며, 대동단결, 자위, 자유, 신사상 등의 표현이 확인된다. 필적을 남긴 23인의 임시정부 요인은 이시영, 조성환, 김구, 홍진, 황학수, 유동완, 김규식, 조완구, 장건상, 박찬익, 조소앙, 최우강, 김붕준, 성주식, 신익희, 최동오, 유림, 김상덕, 엄항섭, 김성숙, 조경한, 윤기섭이다. 이 기념첩은 광복 직후 임시정부 지도자들의 심경과 독립된 조국에 대한 비전을 보여주는 자료로, 환국의 감격과 새로운 국가 건설에 대한 다짐을 확인할 수 있는 중요한 사료이다.[09]

---

08 〈대한민국임시정부 선언서〉와 〈대한민국임시정부 성립 축하문〉 1건 2점은 2024년 국가등록문화유산으로 지정되었다.

09 〈대한민국임시정부 환국기념 23인 필묵〉은 2019년 6월 5일 국가등록문화유산으로 지정되었다.

2) 독립운동가 재판 관련 자료

박물관 소장 재판 관련 자료는 대부분 독립운동가에 대한 판결 자료이다. 이들 자료의 생산 시기는 1910년 한일강제병합 이후부터 1930년대 중반 일제의 대륙침략이 본격화되던 시기까지 걸쳐 있다. 소장 자료는 성격에 따라 가) 1910년대 재판 자료, 나) 3·1운동 관련 재판 자료, 다) 1920년대 민족운동 관련 재판 자료, 라) 광주학생운동 관련 재판 자료, 마) 1920년대 사회주의 운동가 재판 자료, 바) 1930년대 민족운동 관련 재판 자료 등 여섯 가지 유형으로 분류할 수 있다.

① 1910년대 재판 자료

1910년 강제합병 전후 재판 자료는 침략통치의 앞잡이로 활동한 주요 인물들에 대한 암살 시도와 관련된 기록이다. 한국 병탄의 기초를 쌓았던 초대 통감 伊藤博文, 초대 총독 寺內正毅와 3대 총독 齋藤實 암살 및 병합을 주도한 친일파 이완용에 대한 암살 기도 사건을 다룬 것이다.

〈伊藤博文暗殺事件判決〉(1910.2.14, IA2598)

〈李完用暗殺事件判決／寺內總督暗殺未遂事〉(1925.2.24／1922.7.22,
　　IA2605)

〈寺內總督暗殺陰謀事件〉(1913.7.15, IA2599)

〈齋藤總督暗殺事件檢證調書〉(1919.9.2, IA2603)

〈姜宇奎等 豫審終結決定〉(1920, IA2604)

고등법원 검사국 사상부에서 작성한 〈伊藤博文暗殺事件判決〉
(IA2598)과 〈李完用暗殺事件判決/寺內總督暗殺未遂事件〉(IA2605)은
원래 하나의 문건이었으나 현재는 두 개로 분리되어 등록되어 있
으며, 모두 극비문서로 분류되어 있다. 표제는 '併合前後と暗殺事
件'이며, 소장인 '山澤'이 찍혀있다. 목차는 一. 伊藤博文暗殺事件,
二. 李完用遭難事件, 三. 寺內總督暗殺陰謀事件이며, 머리말에 "본
서는 일한병합 전후에 있어서 詭激사상에 기본이 되는 범죄 판결의
요지를 集錄한 것"이라고 하여 해당 문건이 세 가지 암살 사건에
관한 판결을 모아놓은 자료집 성격임을 알 수 있다. 첫 번째 〈併合
前後暗殺事件判〉은 1909년 하얼빈에서 발생한 伊藤博文 저격 사
건의 판결문으로, 피고인은 안중근, 우덕순, 조도선, 유동하이다.
형법 제199조 제203조에 따라 안중근에게 사형, 우덕순에게 징역 2
년, 조도선과 유동하에게는 징역 1년 6개월이 선고되었다.[10] 두 번
째 문건인 〈李完用暗殺事件判決〉은 1925년 2월 24일 언도된 판결
로, 이완용 암살 기도 사건의 피고인 이동수에 대한 재판 요지를 담
고 있다. 1909년 12월 26일 이재명이 친일 정객 이완용을 습격하여
복부에 자상을 입힌 사건으로, 이재명은 사건 직후 체포되어 사형
이 집행되었으며, 이동수는 사건 발생 후 십수년 만에 체포되어 재
판을 받았다. 세 번째 문건은 〈寺內總督暗殺未遂事件〉으로, '105
인사건'으로도 알려진 寺內正毅 총독 암살미수사건에 관한 것이
다. 1911년 일제가 서북 지역 기독교계 독립운동가를 탄압하기 위
해 조작한 사건으로, 피고인 105인이 1심에서 유죄판결을 받았다.

10   김동선,「併合前後暗殺事件判」,『민족운동 자료 해제』, pp.20~21.

이 자료에는 사건 피고인 윤치호를 비롯한 피고인 107명의 명단과 사건명, 형량, 적용 법조(형법대전 제473조), 재판소 및 담당 판·검사 명단, 피고인의 전과, 그리고 '범죄사실'에 대한 내용이 상세하게 정리되어 있다.[11]

〈寺內總督暗殺陰謀事件〉(IA2599)은 1913년 7월 15일 대구복심법원에서 선고된 판결문으로, 寺內正毅 총독 암살미수사건에 연루되어 구속된 신민회 주요 인사 6인에 대한 재판 결과를 요약한 자료이다. 대상자는 윤치호, 양기탁, 임치정, 이인환, 이승훈, 안태국, 옥관빈 등으로 각 피고인의 주소, 직업, 나이 등 인적사항과 함께 판결의 주문 및 이유가 상세히 기재되어 있다. 주문에서 1심 판결 중 피고 6인에 관한 부분을 취소하고 각각 징역 6년을 선고한다고 명시하였다. "구류일수 180일을 본형에 산입한다"는 내용이 담겨 있다.[12]

〈齋藤總督暗殺事件檢證調書〉(IA2603)는 강우규 의사가 신임 총독 齋藤實을 암살하기 위해 폭탄을 투척한 사건과 관련하여, 경성지방법원 검사국에서 현장 검증을 실시한 후 작성한 공식 조서이다. 강우규 의사는 1919년 9월 2일 남대문정거장 앞에서 齋藤實 총독을 암살하기 위해 폭탄을 투척하였다. 하지만 총독을 태운 마차는 빠져나가고 인근에 있던 사람들 가운데 37명의 사상자가 나왔다. 조서는 사건 직후 山澤 검사 등이 주도하여 작성한 것으로, 현장의 상황, 폭탄 투척 지점, 폭발의 위력 및 범위 등에 대해 상세

---

11 전병무, 「李完用暗殺事件判決/寺內總督暗殺未遂事件」, 『민족운동 자료 해제』, pp.22~23.

12 차선혜, 「寺內總督暗殺陰謀事件」, 『민족운동 자료 해제』, pp.23~24.

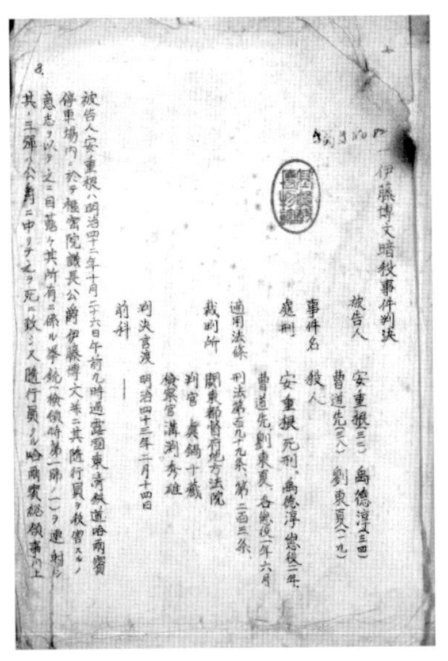

〈伊藤博文暗殺事件判決〉

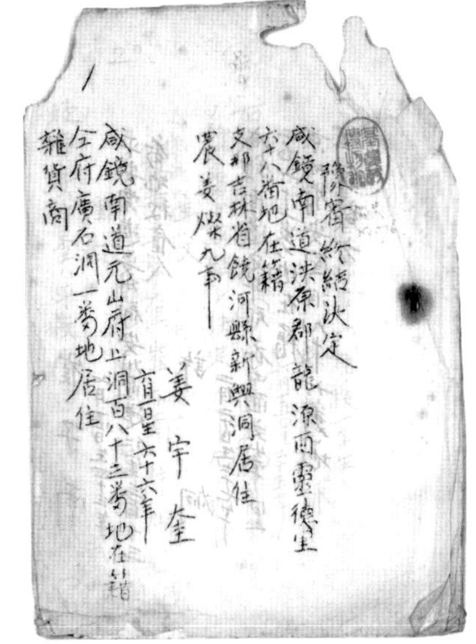

〈姜宇奎等 豫審終結決定〉

히 조사·기록하였다. 조서 말미에 중요한 현장 그림 네 개[남대문정거장 앞 見取圖, 폭탄 낙하로 인해 지면이 함몰된 부분도, 長岡 경부의 공술에 따른 폭탄 투하 당시의 각 위치도, 齋藤實 총독이 탄 마차의 내외부 彈痕]가 수록되어 있다.[13]

〈姜宇奎等 豫審終結決定〉(IA2604)은 강우규의 폭탄 투척 사건에 대한 예심종결을 결정한 기록이다. 이 문건은 강우규 외에 관련자로 지목된 최자남, 허형, 오태영에 대한 경성지방법원의 1920년 2월 24일 판결에 앞서 예심 절차를 종결하며 작성되었다.[14] 문서 일부가 결락되어 있지만 강우규 의사의 행적을 상세히 확인할 수 있

13 차선혜,「齋藤總督暗殺事件檢證調書」,『민족운동 자료 해제』, pp.24~25.
14 성주현,「한국기독교박물관 소장 일제강점기 '재판 관련 자료'의 현황과 활용방안」,『한국기독교박물관 자료를 통해 본 근대의 수용과 변용』, 선인, 2019, p.130.

다. 2면에 걸쳐 허형에 대한 기록이 수록되어 있지만 인쇄상태가 양호하지 않아 판독하기 어렵다.

② 3·1운동 관련 재판 자료

일제강점기 거족적인 항일독립운동인 3·1운동과 관련하여 민족대표 48인의 판결문을 비롯해 경성, 공주, 광주, 서산, 단천 및 서북지역의 만세운동 주도자들에 대한 예심종결결정 정본 등을 소장하고 있다.

〈三一運動民族代表 豫審終結決定正本〉(1919, IA4068)

〈三一運動民族代表判決文〉(1920, IA2596)

〈三一運動判決文〉(1920, IA3703)

〈金炯璣等 豫審終結決定正本〉(1919, IA3698)

〈3·1運動 관련자 尹益善 등 72명에 대한 판결문〉(1919, IA4036)

〈廉元亨等 判決文〉(1919, IA4291)

〈尹愿三等豫審終結決定〉(1919, IA4038)

〈李寅正等 豫審終結決定〉(1919, IA3589)

〈江華郡 3·1運動 관련자 豫審終結決定〉(1919, IA4039)

〈大正八年光州ニ於ケル萬歲事件〉(1919, IA2536)

〈3·1運動 지도자 재판 관련 자료〉(1920년경, IA3695)

〈三一運動民族代表 豫審終結決定正本〉(IA4068)은 1919년 8월 1일 경성지방법에서 내려진 손병희 등 3·1운동 민족대표 48인에 대한 예심종결 결정서이다. 3·1독립선언서의 내용과 선언서의 인쇄 및 배포 과정 등 운동의 전개 양상이 상세히 수록되어 있다. 아울러 민족대표들에게 적용된 관련 법률 조항과 일제 사법당국의 법적 판단 근거도 확인할 수 있다. 총 26면 등사본이며 재판 담당 판사는 永島雄歲이다.

〈三一運動民族代表判決文〉(IA2596)은 1920년 10월 30일 경성복심법원에서 선고한 3·1운동 민족대표 48인에 대한 판결문으로, 총 92면의 등사본이다. 문서번호는 '大正 9년 刑公 제522·523호'이다. 이 문건에는 손병희 등 33인과 박인호, 안세환 등을 포함한 48인의 활동과 3·1운동의 전개과정이 상세히 수록되어 있다.

〈三一運動判決文〉(IA3703)은 앞뒤 일부가 결실되어 판결, 주문 및 이유, 재판 법원 등을 알 수 없는 판결문이다. 피고인 32인의 명단으로 보아 3·1운동을 주도한 혐의로 법정에 선 민족대표 판결문임을 알 수 있다. 피고인의 이름, 주소, 직업, 나이 등 인적사항이 기재되어 있다. 이 판결문에 수록된 32인은 홍병기, 박준승, 이인환, 박희도, 최성모, 신홍식, 양전백, 이명룡, 길선주, 이갑성, 김창준, 이필주, 오화영, 박동완, 정춘수, 신석구, 한용운, 백상규, 안세환, 임규, 김지환, 최남선, 함태영, 이경섭, 한병익, 김홍규, 김도태, 박인호, 노헌용, 김세환 강기덕, 김원벽이다.

〈金炯璣等 豫審終結決定正本〉(IA3698)은 3·1운동으로 구속 기소된 200명의 예심종결결정 정본이다. 총 66면의 활자인쇄본이다. 경성지방법원에서 1919년 8월 30일 작성한 것으로, 경성의학전문학교의 김형기 등 서울 소재의 전문학교, 전수학교, 상업학교, 중학교, 고보 등에 다니는 학생 211명의 명단과 주문, 이유 순으로 이뤄져 있다. 예심을 받은 학생들이 많아 결정 이유서가 35면에 달한다.

〈三一運動民族代表 豫審終結決定正本〉

서울 소재 학생들의 3·1운동 참여 경위와 사전 계획, 학생 규모와 활동 등이 상세히 수록되어 있다.

〈3·1運動 관련자 尹益善 등 72명에 대한 판결문〉(IA40 36)은 경성지방법원에서 1919년 11월 6일 보안법 위반 혐의로 기소된 서울 소재 학생 72인이 청구한 2심의 재판기록이다. 기소된 대부분은 전문학교, 전수학교, 상업학교 등 서울 소재 공·사립학교의 학생들이다. 경성복심법원이 1920년 2월 27일 작성한 36면 분량의 활자인쇄본으로, 항소심 재판 결과를 담고 있다. 재판에는 山澤 검사 등이 참여하여 윤익선 등 피고인 72인의 항소를 기각하고, 4명에게만 무죄를 선고하였다. 3·1운동에 참여한 서울 소재 학생들의 사전 계획과 규모 및 신원, 활동 등을 파악하는 데에 유용한 자료이다.

전국 지방법원의 3·1운동 판결자료인 〈廉元亨等 判決文〉(IA 4291)은 1919년 3월 10일 함경남도 단천군에서 전개된 만세운동 주도자 염원형 등 20명에 대해 함흥지방법원이 1919년 5월 23일 선고한 판결문이다. 정현필에 대한 대정8년 형공 제42호 소요보안법 위반 사건, 염원형 외 다수 피고인에 대한 대정8년 형공 제26호 소요보안법 출판법 위반 사건 등 두 개의 사건 번호로 분리되어 있다. 총 17면 분량의 행초서 필사본이다. 단천군의 3·1운동은 천도교구에서 주도한 만세운동으로, 천도교와 연계된 단천군의 3·1운동 연

구에 중요한 자료이다.[15]

〈尹愿三等 豫審終結決
定〉(IA4038)은 1919년 8월 30
일 경성지방법원이 황해도, 평
안도, 함경도 등 서북지역에
서 3·1운동을 주도한 지도자
15명에 대해 내린 예심종결결
정서이다. 재판에 회부된 15

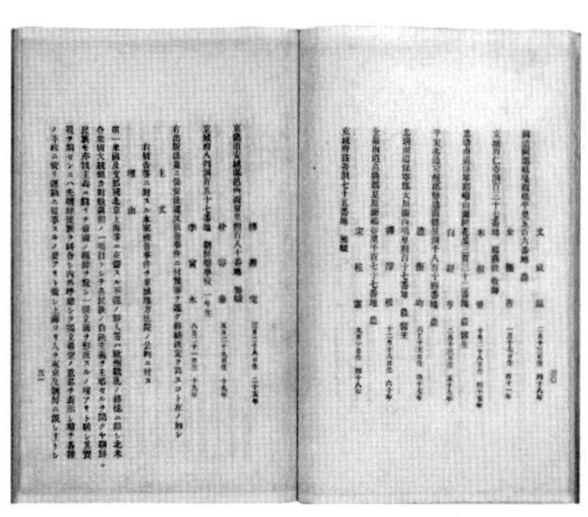

〈金炯璣等 豫審終結決定正本〉

명은 윤원삼, 김병농, 김희룡, 조영섭, 문창환, 이문일, 김창현, 조석
권, 이욱성, 이도재, 이기주, 이열성, 조석하, 이학년, 이학순이다.

〈李寅正等 豫審終結決定〉(IA3589)은 1919년 4월 4일 서산군 대
호지면에서 일어난 만세운동으로 체포된 이인정, 남계원 등 55명
에 대해 1919년 9월 8일 공주지방법원이 내린 예심종결결정서이
다. 대호지면 일대 8개 리에서 약 400명이 참여한 대규모 만세시위
의 조직과 전개 과정을 상세히 기록하고 있으며, 체포된 55명 중 52
명이 실형을 선고받은 사실도 확인할 수 있다. 55명의 주소, 직업,
나이 등의 인적사항이 수록되어 있고, 만세운동의 사전 계획 및 실
행 경로, 전개 과정 등이 상세히 기술되어 있다.

〈江華郡 3·1運動 관련자 豫審終結決定〉(IA4039)은 1919년 3월
18일 강화군 부내면에서 전개된 독립만세시위를 주도한 43명에 대
한 예심종결 결정서이다. 총 40면 등사본으로, 예심에 회부된 최창
인 등 43명의 이름, 주소, 연령과 '주문', '사실'이 수록되어 있다.

---

15   차선혜, 「廉元亨等 判決文」, 『민족운동 자료 해제』, pp.33~34.

〈大正八年光州ニ於ケル萬歲事件〉(IA2536)은 광주 지역 만세운동을 주도한 박애순에 대한 광주지방법원의 판결문이다. 박애순은 1919년 3월 10일 광주에서 만세운동을 주도하다 구속되었는데, 1919년 4월 30일 광주지방법원 高木安太郎 판사의 징역 1년 6개월 선고 판결문이다. 광주지역에서 전개된 만세운동의 주체, 전개과정과 양상 등을 살펴볼 수 있다.

이 외에 재판 과정에서 3·1운동 민족대표에 대한 공소불수리 결정에 관한 내용을 담고 있는 〈3·1運動 지도자 재판 관련 자료〉(IA3695)는 3·1운동 민족대표가 보안법 위반이냐 또는 내란죄에 해당되느냐를 놓고 검찰과 재판소 간의 대립이 있었고 이로 인해 일제 사법당국이 혼란을 겪었던 상황을 살펴볼 수 있는 자료이다.[16]

③ 1920년대 민족운동 관련 재판 자료

1920년대 민족운동과 관련하여 대한민국임시정부 활동, 무장 독립운동단체 활동, 학생 맹휴사건 등에 관한 재판 자료가 있다.

〈黃鍾和等 檄文配布事件 判決〉(1920, IA3564)

〈公訴取消書〉(1924, IA2534)

〈駐滿參議府員李壽興殺人等事件 判決〉(1928, IA3205)

〈吳學洙等 內亂事件 判決文〉(1920, IA4032)

〈大韓靑年團聯合會事件 判決文〉(1921, IA1633)

〈郭在驥等 爆發物取締罰則違反事件判決〉(1921, IA2542)

16　전병무, 「3·1運動 지도자 재판 관련 자료」, 『민족운동 자료 해제』, p.40.

〈釜山警察署爆破事件〉(1921, IA1637)

〈義烈團員金始顯等 陰謀事件判決〉(1923, IA2601)

〈金昌淑·李洪錫·鄭守基 豫審終結決定書〉(1928, IA3701)

〈金昌淑等ニ對スル治安維持法違反 被告事件 外〉(1929, IA3171)

〈大正九年 元山獨立騷擾事件〉(1920, IA3699)

〈光州公立高等普通學校 盟休事件 判決文〉(IA4028)

〈光州農業學校 盟休事件 判決文〉(IA4026)

　대한민국임시정부의 국내 활동과 일제의 탄압 양상을 살펴볼 수 있는 자료로 〈黃鍾和等 檄文配布事件 判決〉, 〈公訴取消書〉, 〈駐滿參議府員李壽興殺人等事件 判決〉이 있다.

　경성지방법원의 〈黃鍾和等 檄文配布事件 判決〉은 전국 각지에 독립사상을 고취하기 위해 포고문 등을 인쇄, 배포하여 체포된 황종화, 이영봉, 김규열, 이운형, 최익무에 대한 1919년 10월 29일 판결문이다. 피고인들이 변혁을 목적으로 불온문서를 배포하고 불특정 다수를 선동하여 독립운동을 도모한 혐의로 기소되었다. 정치범처벌령 위반, 공갈, 출판법 위반 혐의가 적용되어 황종화·최익무는 징역 5년, 이운형은 징역 3년, 이영봉·김규열은 징역 2년을 선고받았다.

　〈公訴取消書〉는 1924년 3월 7일, 고등법원 검사장 中村竹藏이 고등법원장 앞으로 제출한 공소취소서이다. 이는 1920년 8월 6일 고등법원 검사국이 상해임시정부의 이동휘 등 16명을 내란죄로 기소한 사안에 대한 공소를 취소하기 위한 문건이다. 내란죄로 기소된 16명은 임시정부 핵심요원인 지엘 쇼(ジーエル·ショウ), 이동휘, 이

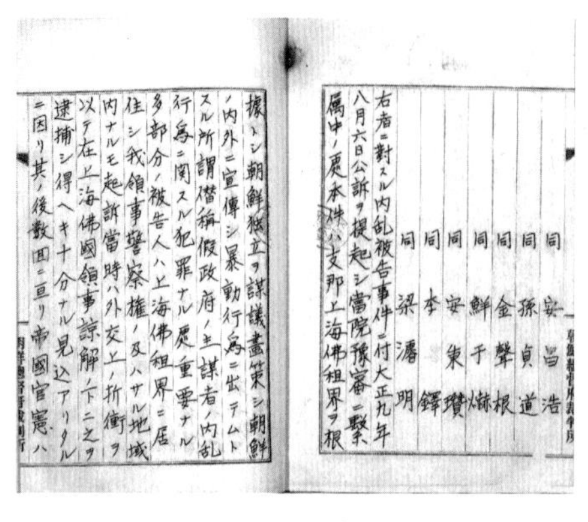

〈公訴取消書〉

동녕, 박용만, 노백린, 이시영, 고일청, 신규식, 김규식, 안창호, 손정도, 김성근, 선우혁, 안병찬, 이탁, 양준명이다. 검사장은 이들이 프랑스 조계 지역인 상해에 거주하고 있기 때문에 기소 목적을 달성할 수 없어 공소를 취소하고자 했다.

〈駐滿參議府員李壽興殺人等事件 判決〉은 1938년 7월 10일 경성지방법원이 조선총독부 고위직 암살 및 국내 군자금 모집 활동과 관련하여 이수흥, 유택수, 유남수에 대해 내린 판결문이다. 임시정부 주만참의부에서 활동하던 이수흥은 1919년 제령 제7호 위반, 공갈미수 살인, 살인미수, 강도 살인, 총포 화약류 취체령 위반 혐의로 사형이 선고되었고, 유택수는 제령 제7호 위반, 공갈미수, 강도 살인 혐의로 사형이 선고되었다. 유남수는 1919년 제령 제7호 위반, 범인장익, 총포 화약류 취체령 위반 혐의로 징역 2년이 선고되었다.

3·1운동 이후 서간도를 중심으로 활동한 무장독립운동단체인 대한청년단연합회의 활동을 확인할 수 있는 〈吳學洙等 內亂事件 判決文〉과 〈大韓靑年團聯合會事件 判決文〉이 있다. 현재 두 건으로 분리되어 유물로 등록되어 있으나, 원래 하나의 문건으로 작성되었다. 이 판결문은 고등법원 특별형사부에서 작성한 것으로, 임

시정부와 협력하여 무기 구입, 군자금
모집 등 무장투쟁을 준비하다 체포된
대한청년단연합회 관련자 8명에 대한
선고문이다. 피고인은 오학수, 지응진,
함석은, 홍이관, 백덕현, 김봉성, 최봉
린, 송세하로, 모두 내란죄 혐의로 기
소되었다. 대한청년단연합회는 1919
년 11월에 조직되어 독립전쟁을 준비
하였으며, 임시정부와 연대하여 광복
군사령부를 설치하고 항일 무장투쟁

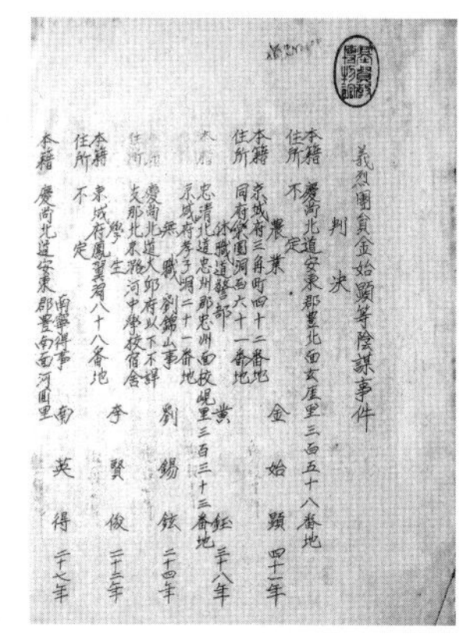

〈義烈團員金始顯等
陰謀事件判決〉

을 본격화하였다. 대한청년단연합회의 항일무장투쟁 및 임시정부
와의 연계 투쟁을 보여주는 자료이다.

　　1919년 만주 길림성에서 조직된 항일무장 독립운동단체인 의
열단 활동과 관련하여, 의열단의 조직 과정과 초기 활동을 살펴볼
수 있는 자료로는 경성지방법원의 곽재기 등 15명에 대한 판결문
인 〈郭在驥等 爆發物取締罰則違反事件判決〉, 대구 복심법원의 의
열단원 박재혁에 대한 판결문인 〈釜山警察署爆破事件〉, 경성지방
법원의 김시현 동 의열단원 11명에 대한 판결문인 〈義烈團員金始
顯等 陰謀事件判決〉, 〈義烈團ノ行動ニ関スル件〉이 있다.

　　〈郭在驥等 爆發物取締罰則違反事件判決〉은 1921년 6월 21일
경성지방법원 형사부에서 작성한 판결문으로, 의열단의 조직 과정
과 초기 활동이 잘 나타나 있다. 1919년 곽재기는 신흥무관학교 생
도인 이성우 등과 독립운동 방략을 논의한 후 의열단을 조직하고,
총기와 폭탄을 국내로 반입하여 조선총독부 관리 암살 및 동양척

식주식회사 폭파 등을 계획하였다. 그러나 경기도 경찰부가 사전
에 폭탄을 발견하고 대대적인 검거에 나서면서 계획이 무산되었다.
이 사건으로 곽재기와 이성우는 징역 8년, 김기득·이낙준·황상
규·윤소룡·신철휴는 징역 7년, 윤치형은 징역 5년, 김병환은 징역
3년, 배중세는 징역 2년, 이주현·김재수는 징역 1년을 선고받았다.

〈釜山警察署爆破事件〉은 1921년 2월 14일 대구복심법원 형사
제1부가 의열단원 박재혁에 대해 선고한 판결문이다. 박재혁은 상
해에서 김원봉으로부터 부산경찰서 청사에 폭탄 투척을 의뢰 받
고, 1919년 9월 14일 부산경찰서 사무실로 가서 서장 앞에서 폭탄
을 투척하였다. 이로 인해 橋本秀平 서장이 오른쪽 무릎에 부상을
입었다. 박재혁은 1920년 11월 6일 부산지방법원에서 무기징역을,
복심법원에서 사형 선고를 받았다.

〈義烈團員金始顯等 陰謀事件判決〉은 1923년 경성지방법원
합의부에서 작성한 의열단원에 관한 판결문이다. 의열단원이자 고
려공산당원으로 활동하던 김시현은 1922년 의열단 고문 장건상,
김원봉과 논의하여 국내에 대규모 폭탄과 대원을 투입하여 조선총
독부 주요 요인 및 시설을 암살, 파괴하려는 작전을 계획하였다. 의
열단 행동대원들은 무기 반입과 거사 실행을 위해 입국했으나 대
부분 경기도 경찰부에 체포되었고, 소지하고 있던 폭탄 등 무기는
압수되었다. 재판에서 김시현·황옥은 징역 10년, 유석현·남영득은
징역 8년, 유시태는 징역 7년, 유병하·홍종우는 징역 6년, 이현준·
백영무·조황은 징역 5년, 조동근은 징역 1년 6개월, 이경희는 징역
1년을 선고받았다.

유림단 사건 관련 대구지방법원의 예심종결 결정서와 판결문

으로 〈金昌淑·李洪錫·鄭守基 豫審終結決定書〉, 〈金昌淑等二對スル治安維持法違反 被告事件 外〉가 있다. 〈金昌淑·李洪錫·鄭守基 豫審終結決定書〉는 1938년 8월 6일 대구지방법원의 '慶北儒林團事件'의 주요 인물인 김창숙·이홍석·정수기에 대한 예심종결 결정서이다. 3인의 인적사항과 김창숙과 정수기는 공판에 회부하고 이홍석은 면소한다는 주문, 이들의 항일활동을 수록한 이유로 구성되어 있다. 이유서에는 김

〈金昌淑等二對スル治安維持法違反 被告事件 外〉

창숙이 의열단장 김원봉과 교유하면서 권총 및 폭탄 구입자금을 제공하였고, 1926년 나석주가 조선식산은행과 동양척식회사에 폭탄을 투척하는 거사에 실질적으로 관여하였다는 사실이 자세히 기록되어 있다.[17]

〈金昌淑等二對スル治安維持法違反 被告事件 外〉는 대구지방법원에서 담당한 6개 사건을 편철한 것으로 표제가 누락되어 있어 정확한 문서명을 확인하기 어려우나 각 사건별 판결 내용을 통해 구성과 성격을 파악할 수 있다. 6개 사건은 1) 김창숙 등에 대한 치안유지법 위반 피고사건, 2) 방한상 등 12명에 대한 치안유지법 위반 사건(眞友聯盟無政府主義事件), 3) 大垣丈夫에 대한 사기피의사건(징역 8월, 집행유예 2년), 4) 井浦義久에 관한 건, 5) 대구고등보통학교 맹

17　차선혜, 「金昌淑·李洪錫·鄭守基 豫審終結決定書」, 『민족운동 자료 해제』, pp.55~56.

휴사건, 6)토목사건 보석 출감자 19명 명단이 수록되어 있다. 이 중 김창숙 등에 대한 치안유지법 위반 피고사건에는 1919년 유림을 대표해 조선독립청원서를 제출한 '제1차 유림단 사건'과 1925년 600여 명의 유림계 인사가 체포된 '제2차 유림단 사건', 의열단원 '나석주 폭탄 투척사건'으로 김창숙이 1927년 대구지방법원에서 징역 14년이 선고된 내용이 담겨 있다.[18]

이 외 1920년대 민족운동 관련 자료로, 〈大正九年 元山獨立騷擾事件〉는 1920년 9월 함남 원산에서 제2의 3·1만세운동을 계획하며 전개한 독립만세운동으로 체포된 44명에 대한 함흥지방법원의 판결문이다. 원산지역 독립운동은 김장석 등이 제2의 3·1만세운동을 계획하고 9월 23일을 기하여 원산지역의 학생들과 시위를 벌이며 조선식산은행 원산지점 등 주요 시설을 습격한 사건이다. 이 과정에서 경찰의 발포로 학생 2명이 사망했다. 사건 관계자들 가운데 44명이 1920년 12월 22일 함흥지방법원 공판에 회부되었고 주도자인 김장석·최종현은 출판법 및 대정8년 제령 제7호 위반 혐의로 징역 2년 6개월을 선고받았다.[19]

1928년 광주에서 발생한 학생 맹휴사건과 관련된 판결문으로 〈光州農業學校 盟休事件 判決文〉와 〈光州公立高等普通學校 盟休事件 判決文〉이 있다. 〈光州農業學校 盟休事件 判決文〉은 광주농업학교 맹휴사건 주동자 송성수와 나석현에 대한 대구복심법원 형사부의 1928년 11월 8일 판결문이다. 송성수 등이 일본인 교원 盛

18　차선혜, 「金昌淑等ニ對スル治安維持法違反 被告事件 外」, 『민족운동 자료 해제』, pp.59~61.

19　차선혜, 「大正九年 元山獨立騷擾事件」, 『민족운동 자료 해제』, pp.43~44.

岡雅夫의 사직을 요구하며 배척운동을 전개하고, 이를 관철시키기 위한 동맹휴교를 벌였다. 이에 학교 당국은 송성수 등 13명을 퇴학 조치하고 나석현 등 103명에게 무기정학 처분을 내렸다. 이에 학생들은 '식민지 노예교육제도 철폐'와 '日韓 공학 실시 절대 반대'를 주장하며 맹휴화 시위를 계속하였다. 재판 결과 송성수은 출판법 및 보안법 위반 혐의로 징역 8개월을,

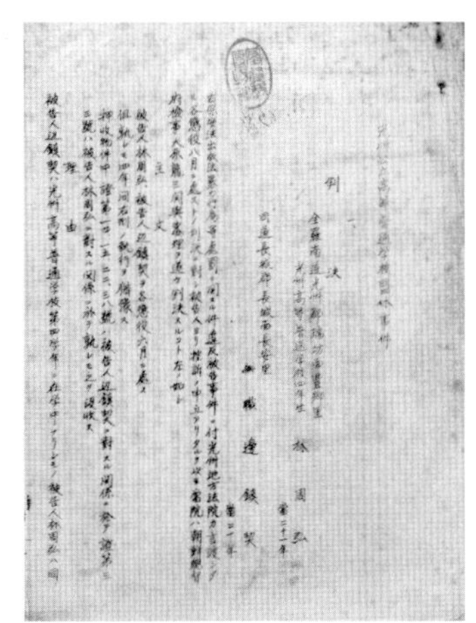

〈光州公立高等普通學校 盟休事件 判決文〉

나석현은 폭력행위 등 처벌에 관한 건 위반 혐의로 징역 6개월에 집행유예 4년을 선고받았다.

〈光州公立高等普通學校 盟休事件 判決文〉은 광주공립보통학교 맹휴사건과 관련된 두 건의 판결문이다. 첫 번째 건은 1928년 11월 29일 대구복심법원 형사부가 맹휴를 주도한 임주홍, 변진설에게 보안법, 출판법, 폭력행위 등 처벌에 관한 위반 혐의로 각각 징역 6개월에 집행유예 4년을 선고한 내용이다. 두 번째 건은 1928년 11월 6일 대구복심법원 형사부에서 동맹휴교를 주도한 허진환·김종호·조기석·정재억에게 폭력행위 등 처벌에 관한 위반 혐의로 징역 6개월과 4개월 집행유예 3년을 선고한 내용이다.[20]

---

20   김동선, 「光州公立高等普通學校 盟休事件 判決文」, 『민족운동 자료 해제』 pp.61~63.

④ 광주학생운동 관련 재판 자료

광주학생운동과 관련한 재판 자료는 다음과 같다.

〈光州學生不穩文書撒布事件〉(1928. IA0079)

〈光州學生事件ノ論告〉(1930, IA0005)

〈光州學生事件公判〉(1930, IA4043)

〈광주학생운동 관련자 張載性 외 34명 판결문〉(1931, IA3186)

〈광주학생독립운동 관련자 張載性 등 85명 판결문〉(1930, IA3180)

〈光州學生事件被告人ノ氏名年齡等〉(1930, IA0009)

〈京城市內女學生萬歲事件〉(1930, IA0004)

〈金占權·李斗玉·李弘淳·安文植·李壽奉 判決文〉(1930, IA2541)

〈조선학생전위동맹 관련자 판결문〉(1931, IA2591)

〈韓慶錫·金淳熙·李學鍾 判決文〉(1931, IA1649)

〈光州學生事件 刑確定者 身元調〉(1930, IA4212)

〈光州高等普通學校生徒ノ校長暴行事件 判決文〉(1930, IA4027)

1929년 광주학생운동은 1920년대 후반 광주 지역에서 축적되
어 온 학생들의 동맹휴학과 항일 저항의 흐름이 표출된 사건으로,
이후 전국적인 규모로 확산된 대표적인 학생 항일운동이다. 〈光州
學生不穩文書撒布事件〉은 1920년대 말 광주 지역 학생들의 동맹
휴교운동의 도화선이 된 사건에 대한 판결문이다. 광주지방법원
형사부는 1928년 10월 12일 박병하·윤해병·이경채를 치안유지법
및 출판법 위반 협의로 각각 징역 1년, 징역 1년 6개월, 징역 6개월
집행유예를 선고하였다. 세 사람은 어려서부터 죽마고우로 지내며

공산주의 서적을 접하고 사상을 공유하였고, 공산주의 체제 실현을 목표로 선전문서를 비밀리에 인쇄하여 광주역 앞 경찰관 파출소 게시판과 광주고등보통학교 앞 전신주 등에 부착하고 전남 각 중등학교 등지에 배포하였다. 이 사건으로 체포된 광주고등보통학교 5학년 이경채가 퇴학을 당하게 되자 이를 계기로 학생들 사이에 동맹휴학이 시작되었으며, 이후 '동맹휴교중앙본부'가 발족하기에 이른다. 박병하 등 3인의 공산주의 사상 수용 경로와 인쇄물 배포 활동이 상세히 소개되어 있어 광주학생운동의 전개 과정의 사전 배경을 이해하는 데 중요한 자료이다.

〈光州學生事件ノ論告〉는 1929년 11월 발생한 광주학생운동으로 기소된 학생들에 대한 광주지방법원 검사 酒井赴夫의 논고 요지를 담은 문서로, 1930년 3월 3일 작성되었다. 1929년 11월 3일 시작된 광주학생운동은 광주 지역 사회청년단체와 연계하여 대규모로 전개되어 서울을 비롯해 전국으로 확산되었다. 이 논고에는 광주-나주 간 통학하던 한·일 학생들의 충돌로 시작된 학생운동의 경과와 이 사건으로 기소된 49명에 대한 선고 내용이 담겨 있다. 11월 3일 시위운동 때 의장으로 주도한 김향남, 시위운동 주동자 노병주 등 10명에게 징역 8개월, 11월 3일 광주역 폭행단에 가담하고 시위를 주도한 박형기 등 17명은 징역 6개월, 기타 22명은 징역 4개월에 집행유예가 각각 선고되었다.

〈光州學生事件公判〉은 1930년 10월 8일 광주지방법원 형사부가 1929년의 광주학생독서회 사건과 광주학생운동 참여자 70명을 재판에 회부하여 판결한 공판문이다. 광주공립고등보통학교 김상환·김보섭·김동은 등은 1929년 '독서회중앙부'라는 학생 비밀

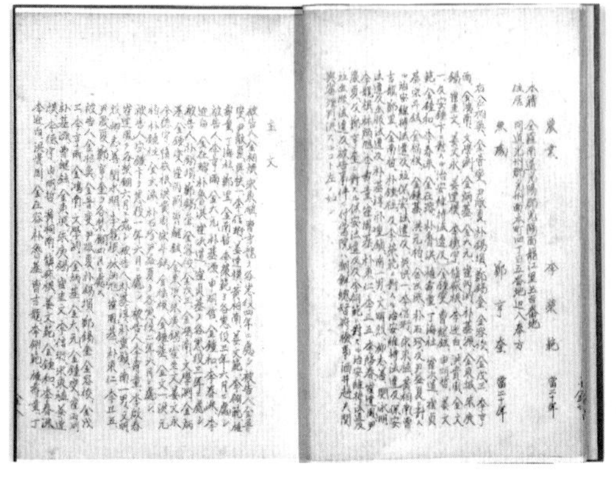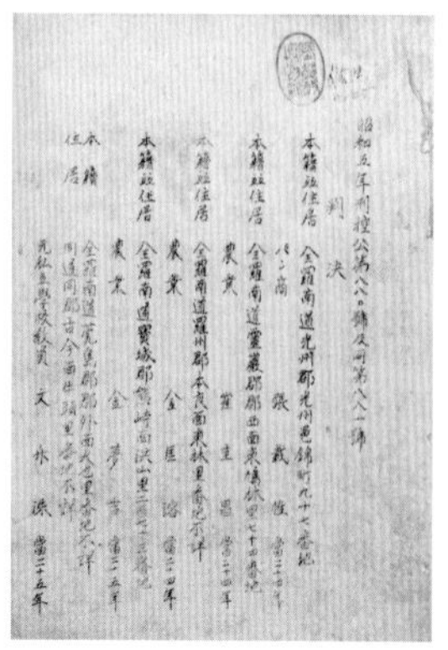

(왼쪽) 〈光州學生事件公判〉
(오른쪽) 〈광주학생독립운동 관련자 張載性 등 85명 판결문〉

결사를 조직하고 교내 독서회 모임을 기반으로 항일 사상을 공유하였고, 광주학생운동이 일어나자 적극 참여하여 운동의 확산에 기여했다. 일제는 이들의 활동을 치안유지법 위반, 보안법 위반, 출판법 위반 혐의로 간주하고 재판에 회부하였으며, 김상환·송동식·조길룡 등에게는 각각 징역 4년의 중형을 선고하였다. 광주학생들의 비밀결사인 독서회의 조직적 활동과 이들의 학생운동 참여 양상을 파악할 수 있다.

〈광주학생운동 관련자 張載性 외 34명 판결문〉은 광주지방법원이 1930년 10월 27일 작성한 판결문이다. 판결을 받은 장재성 등 34명은 광주고등보통학교, 광주농업학교, 광주공립사범학교 등에서 수학한 학생들로, 1926년 11월 광주에서 조선의 독립과 사유재산제도를 부인하고 공산제 사회 실현을 목적으로 '성진회'라는 비밀결사를 조직하였다. 1929년에는 각 학교 단위의 독서회를 연결하는 독서회중앙부를 조직하여 활동하였다. 이 조직은 항일투쟁의

방법으로 각급학교의 동맹휴학을 지도하였으며, 이후 광주학생운동의 조직적 토대가 되었다. 장재성은 징역 7년, 왕재일은 징역 4년, 최규창 등 4인은 징역 3년 6개월이 선고되었다. 성진회와 독서회중앙부의 결성과 활동을 파악하는 데 유용한 자료이다.[21]

위의 판결문에 이은 대구복심법원의 2심 판결문인 〈광주학생독립운동 관련자 장재성 등 85명 판결문〉은 대구복심법원이 1931년 6월 13일 작성한 판결문이다. 장재성은 징역 4년, 김상환 등 8명은 징역 2년, 왕재일 등 3명은 징역 1년 6개월이 선고되었다. 장재성·왕재일 등이 광주공립고등보통학교 재학 당시 사유재산제도를 부인하고 공산제 사회를 실현하기 위해 비밀조직인 성진회를 조직하였고, 각급학교에 독서회를 조직하여 광주학생운동을 사전 계획하고 시위운동을 전개하였던 사실, 이에 참여한 학생 규모와 학생들의 역할 및 활동 등을 파악할 수 있다.[22]

〈光州學生事件被告人ノ氏名年齡等〉은 광주학생운동의 연장선상에서 1930년 1월 15일과 16일 양일간 서울지역에서 전개된 여학생 만세운동에 관해 경성지방법원 검사국에서 작성한 문서이다. 이 문서에는 '피고인의 씨명 인명 등'(8명), '기소유예 처분을 받은 피의자 씨명 연령 등'(78명)으로 나뉘어 본적, 주소, 당시 나이와 신분이 기록되어 있다. '피고인의 씨명 연령 등'에 근우회 본부 서무부장 허정자, 이화여자고등보통학교 학생 최복순·김진현·최윤

---

21 김동선, 「광주학생운동 관련자 張載性 외 34명에 대한 판결문」, 『민족운동 자료 해제』, pp.72~74.
22 전병무, 「광주학생독립운동 관련자 張載性 등 85명에 대한 판결문」, 『민족운동 자료 해제』, pp. 76~77.

숙·임경애, 이화여자 전문학교 학생 이순옥, 경성여자미술학교 학생 박계월, 경성여자상업학교 학생 송계월 등 8명의 본적, 주소, 당시 나이와 신분이 기록되었고 '공소사실'에는 서울 시내 여학교 생도들이 "학교는 경찰의 침입을 반대한다, 식민지 교육정책을 전폐하라, 일본의 야만정책에 반대한다, 각 학교의 퇴학생을 복교시켜라"라고 결의하고 시위를 벌였다는 내용이 수록되어 있다.

〈京城市內女學生萬歲事件〉은 위의 〈光州學生事件被告人ノ氏名年齡等〉에 기록된 허정자 등 피고인 8인에 대한 '경성시내여학생만세소요사건 제1·2·3회 공판 개황'이 수록된 자료이다. 1회 공판(1930.3.18) 개황에는 피고인 8명 명단, 사건명('보안법위반 피고 사건'), 변호인 6인 명단, 공판기일, 법정 내외 취체, 공판 판사와 입회 검사, 공판 진행 상황 등이 수록되어 있다. 2회 공판(1930.3.19) 개황에는 입회 검사 伊藤憲郎의 논고와 변호인 6인(김병로·한국종·강세형·양윤식·이창휘·이인)의 논고가 상세히 기록되어 있다. 3회 공판(1930.3.22.) 개황에는 판결 내용이 짧게 적시되어 있다. 허정숙(허정자와 동일인)은 징역1년, 최복순은 징역 8개월, 이순옥은 징역 7개월 집행유예 4년, 김진현·최윤숙·임경애·박계월·송계월은 징역 6개월 집행유예 3년을 선고받았다.

〈金占權·李斗玉·李弘淳·安文植·李壽奉 判決文〉은 1930년 3월 1일, 3·1운동 11주년을 맞이하여 독립시위를 계획하고 '일본제국주의 타도' 격문을 배포한 혐의로 체포된 김점권 등 5인에 대해, 같은 해 9월 6일 경성지방법원이 선고한 판결문이다. 김점권·이두옥은 징역 1년, 이홍순·안문식·이수봉은 징역 8개월을 선고받았

　　　　　　　　　　　　

다.[23]

〈조선학생전위동맹 관련자 판결문〉은 1931년 4월 7일 경성지
방법원이 작성한 판결문으로, 비밀결사체 '조선학생전위동맹' 관
련자 12인에 대한 형량과 그 사유가 기재된 재판기록이다. 조선학
생전위동맹은 광주학생운동의 전국화를 도모한 학생 비밀결사체
로, 1927년 숭인동 고학당에 재학 중이던 한경석이 조선을 일본의
굴레에서 벗어나게 하고 공산 제도를 실현하고자 하는 목적으로
학당 내 생도들을 규합하여 '조선학생혁명당'을 조직하였는데, 이
조직이 1929년 3월 '조선학생전위동맹'으로 개칭되었다. 조선학생
전위동맹은 광주학생운동을 지지하며 '식민지 노예교육을 반대한
다' 등의 격문을 배포하고, 광주학생운동으로 체포된 학생들의 석
방을 요구하며 동맹휴교 시위를 주도하였다. 이러한 활동으로 재
판에 회부된 한경석·김순희는 징역 5년, 이학종은 징역 4년, 정종
근은 징역 3년, 차재정·황대용·곽양훈은 징역 2년, 김인배·유축
운·윤영순·이능종은 징역 2년 집행유예 5년을 선고받았다.

〈韓慶錫·金淳熙·李學鍾 判決文〉은 1931년 5월 11일 경성복
심법원이 조선학생혁명당 및 조선학생전위동맹 관계자 한경석·김
순희·이학종에 대해 내린 판결문이다. 세 피고인은 1927년 조선 독
립과 공산제도를 실현하기 위한 목적으로 조직된 비밀결사 조선학
생혁명당에 가입하였다. 조선학생전위동맹은 식민지 노예교육에
대한 반대와 1929년 광주학생운동으로 체포된 학생들의 석방을 요

---

23 김동선, 「金占權·李斗玉·李弘淳·安文植·李壽奉 判決文」, 『민족운동 자료 해제』,
 pp.106~107.

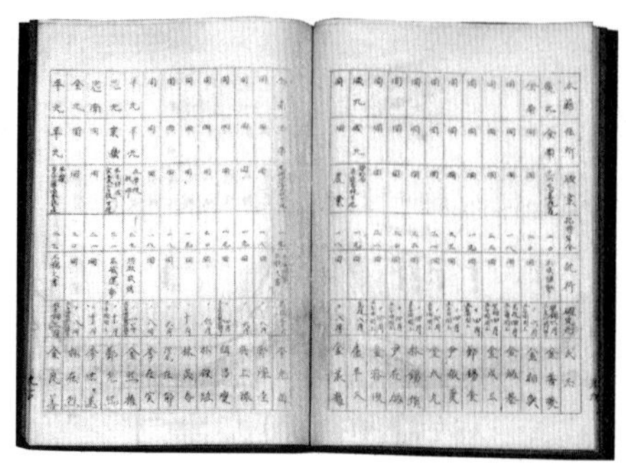

〈光州學生事件 刑確定者 身元調〉

구하며 동맹휴교 시위를 주도하였는데, 이들의 활동은 광주학생운동을 전국적으로 확산시키는 데 결정적 역할을 하였다. 한경석 등 3명은 경성지방법원에서 유죄 판결을 받고 공소를 제기하였지만 복심법원은 이를 기각하고 한경석·김순희에게 징역 5년, 이학종에게 징역 4년을 선고하였다.[24]

〈光州學生事件 刑確定者 身元調〉는 광주학생운동을 비롯해 1930년 전국에서 일어난 학생운동과 관련하여 실형을 선고받은 이들의 신원을 표로 정리한 문서이다. 총 355명의 이름, 도별 본적과 주소, 직업, 연령, 범행, 확정 형이 기재되어 있다. '직업'은 학생, 농업, 무직, 교사, 신문기자, 상업, 직공, 農會技手, 저술 및 출판업, 변호사, 노동, 어업으로 세분화되어 있고, '범행'은 결사 조직, 결사 가입, 결사 협의, 불온문서, 시위운동, 선동, 등교저지, 폭행, 협박, 상해, 주거침입으로 분류되어 있다.

〈光州高等普通學校生徒ノ校長暴行事件 判決文〉은 1929년 5월 30일 대구복심법원 형사부에서 광주공립고등보통학교 4학년 김몽길과 여도현에게 출판법 및 폭력행위 등 처벌에 관한 건으로, 광주지방법원 판결인 징역 6개월 선고에 공소 제기 심리로 각각 징

24　김동선, 「韓慶錫·金淳熙·李學鍾 判決文」, 『민족운동 자료 해제』, pp.90~91.

역 6개월, 집행유예 4년을 선고한 판결문이다. 김몽길 등은 학생들에 대한 諭示退學 조치가 빈번해지자 "대중적 퇴학과 낙제에 반대한다, 조선노예교육에 항쟁한다, 독서의 자유를 획득하자, 학원 내경찰에 절대 반대한다"는 등이 적힌 유인물을 배포하며 항의하였다.

⑤ 1920년대 사회주의 운동가 재판 자료

1920년대 후반, 사회주의 계열의 항일운동이 급속히 확산되었고, 그 이념적 기반과 조직 활동은 고려공산당, 조선공산당, 고려공산청년회 등을 중심으로 전개되었다. 1921년 상해에서 조직된 고려공산당과 1925년 서울에서 비밀결사 형태로 결성된 고려공산청년회 및 조선공산당은 일제하 독립운동의 중요한 흐름 가운데 하나로 평가된다. 이들 단체에서 활동한 독립운동가들에 대한 일제의 판결문은 사회주의 계열의 항일운동 연구에 유용한 자료이다. 이와 관련하여 다음과 같은 자료가 있다.

〈朴憲永入鮮宣傳事件判決〉(1922, IA3190)

〈金俊淵ニ對スル其ノ出生地ノ関心狀態 /金俊淵豫審終結決定〉
  (1929, IA3643)

〈思想事件 9건 判決文〉(1930, IA3182)

〈鄭碩行·金道燁 判決文〉(1930, IA3558)

〈韓林 判決文〉(1930, IA3191)

〈金龍出 判決文〉(1930, IA1650)

〈李明壽·崔圭燮·李允植 判決文〉(1931, IA3557)

〈林宗桓等 判決文〉(1931, IA3664)

〈被疑者 金昌洙 決定書〉(1935, IA3782)

〈趙東祜·林宗桓 判決文〉(1931, IA4033)

〈上野平雄 判決文〉(1930, IA3192)

〈日本共産党事件公判概況〉(1931, IA3750)

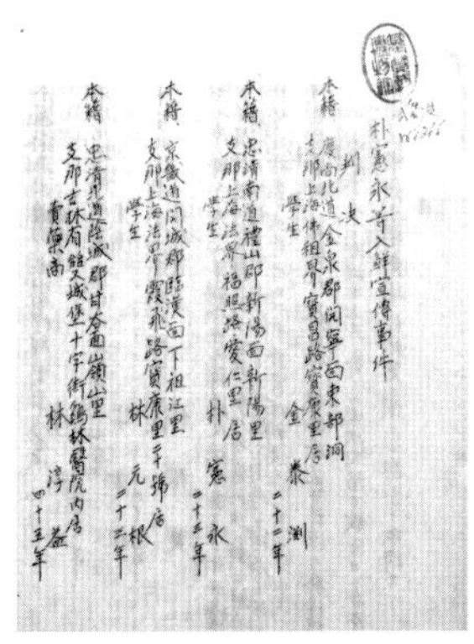

〈朴憲永入鮮宣傳事件判決〉

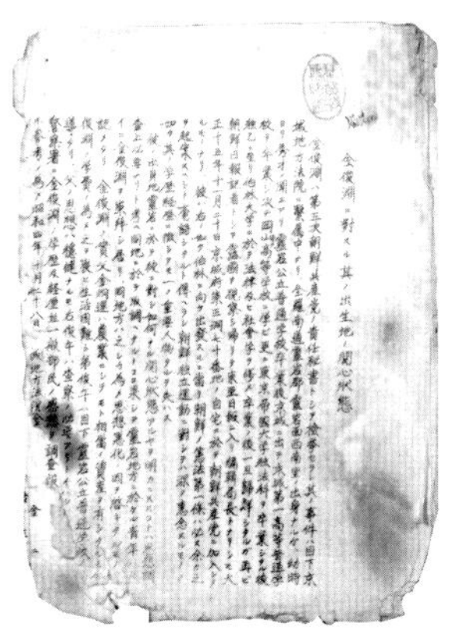

〈金俊淵二對スル其ノ出生地ノ
関心狀態/金俊淵豫審終結決定〉

〈朴憲永入鮮宣傳事件判決〉은
1922년 10월 28일 평양복심법원이 고
려공산당원 김태연·박헌영·임원근·
임순익·이승호·안병규·박근영에 대
해 내린 판결문이다. 김태연 등 7명은
평양지방법원 신의주지청에서 1심 유
죄 판결을 받고 공소하였으나, 김태
연·박헌영·임원근·임순익·김승호는
기각되었다. 김태연·박헌영·임원근 등
은 중국 상해로 건너가 안병찬이 조직
한 고려공산당에 가입하였다. 사유재
산을 부정하고 공동생산과 분배로 평
등사회를 이루자는 사회주의 사상을
전파하는 선전 임무를 띠고 1922년 귀
국을 시도하던 중 체포되었다.

〈金俊淵二對スル其ノ出生地ノ関
心狀態/金俊淵豫審終結決定〉은 경성
지방법원에서 제3차 조선공산당 사건

당시 책임비서였던 김준연에 관해 작성한 두 건의 자료이다. '김준연의 출생지에 대한 관심 상태'는 경성지방법원이 재판에 참고하기 위해 김준연의 학력·경력과 고향인 전남 영암군의 일반 부민의 감상을 조사·정리한 것이다. '김준연의 예심종결 결정'은 1929년 10월 28일 경성지방법원에서 조선공산당 사건 관련자 32명 가운데 김준연에 관한 부분이다. 김준연이 조선공산당에 가입하게 된 경위, 선전부장과 책임비서로 활동한 내용 및 치안유지법 제1조에 의해 범죄 혐의가 인정된다는 내용이 수록되어 있다. 김준연은 이 사건으로 7년간 옥고를 치렀다.[25]

〈思想事件 9건 判決文〉은 사회주의 계열의 항일독립운동가 김태희 등 43명에 관한 판결문이다. 이른바 '사상사건'으로 분류된 9건에 대한 판결문으로, 조선의 독립과 사유재산제도를 부인하고 항일민족운동을 전개한 관련자들에 대한 것이다. 9건의 판결문 내용은 아래와 같다.[26]

문건명	생산처	생산시기	주요 내용
金泰熙·黃永浩·吳允珍·金炅元 판결문	신의주지방법원	1930.8.13.	평북 영변에서 사회주의에 기초한 신흥청년회 조직, 조선독립과 계급의식 고취를 위한 각종 격문 배포

25 차선혜, 「金俊淵ニ對スル其ノ出生地ノ関心狀態/金俊淵豫審終結決定」, 『민족운동 자료 해제』, pp82~85.
26 전병무, 「思想事件 9건 判決文」, 『민족운동 자료 해제』, pp.84~86 및 성주현, 앞의 글 참조.

朴弘濟 · 朴姓女 · 李培根 · 金永胤 판결문	경성지방법원	1930.11.4.	경성에서 노동절을 맞이하여 조선독립과 계급의식 고취를 위한 각종 격문 배포
朴姓女 판결문	경성복심법원	1930.12.1.	경성에서 노동절을 맞이하여 조선독립과 계급의식 고취를 위한 각종 격문 배포. 징역 1년
金俊培 · 趙鎭羽 판결문	경성지방법원	1930.11.22.	국체 변혁 시도, 사유제산제도 부인 및 조선공산당 지지 등의 격문을 제작 배포
李寅燮 · 權赫 판결문	신의주지방법원	1930.11.26.	사립학교 교사 이인섭은 중국 요녕성 유하현에서, 사립학교 목사 권혁은 해룡현에서 중국공산당에 가입하여 활동
金復鎭 등 20인 판결문	경성지방법원	1930.11.28.	프롤레타리아 독재를 통해 공산제도 사회를 실현하기 위해 각종 격문을 작성 배포
洪鍾國 · 黃稷淵 판결문	경성지방법원	1930.12.6.	'조선민족 독립', '전세계 약소민족 해방', '전세계 무산동지 단결'을 주장하는 격문을 작성 배포
李熙日 판결문	신의주지방법원	1930.12.24.	중국 길림성 반석현의 중국공산당 농민협회에 가입하여 선전 활동 전개
朴有德 등 7인 판결문	경성지방법원	1930.12.24.	중국 길림성에서 고려공산청년회에 가입하여 활동하였고 국내에 잠입하여 동지 포섭과 선전 활동 전개

이상 9건의 자료는 1920년대 말 국내외에서 전개된 사회주의 계열의 독립운동과 공산제 사회 실현 운동의 전개양상을 구체적으로 살펴보는 데에 유용한 자료이다.

한편 1925년 4월 조선공산당이 결성된 이후 비밀결사로 조직된 사회주의 청년운동단체인 고려공산청년회 관련자에 대한 판결문도 다수 확인된다. 〈鄭碩行 · 金道燁 判決文〉은 1930년 6월 10일

평양지방법원 형사부가 제1차 공산당 사
건 관계자인 정석행·김도엽에 대해 선고
한 판결문이다. 정석행은 평북 철산 출신
으로 1925년 공산주의 혁명과 조선의 독
립을 목적으로 고려공산청년회에 가입하
였고, 1928년 동방노력자공산대학을 졸
업하고 귀국한 후 경성과 평양에서 결사
를 조직하다 체포되었다. 김도엽 역시 동
방노력자공산대학 재학 중 고려공산청년

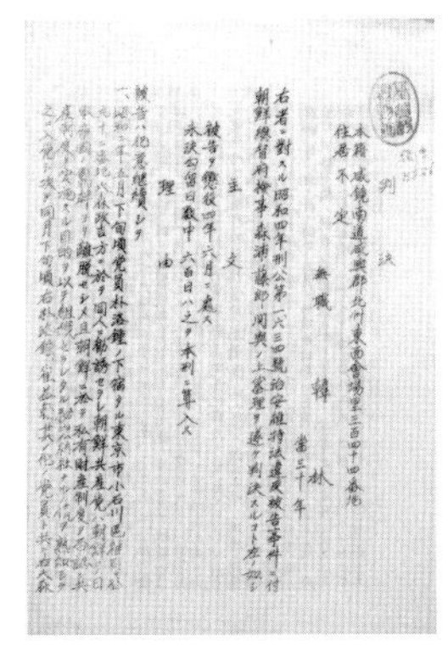

〈韓林 判決文〉

회에 가입하였고 대학 졸업 후 귀국하여 활동하다 치안유지법 위
반 혐의로 체포되었다. 두 사람 모두 징역 2년 6개월을 선고받았
다.[27]

　　〈韓林 判決文〉은 4차 조선공산당 사건 관계자 한림에 대한 경
성지방법원의 1930년 10월 29일 판결문이다. 판결문에서 치안유지
법 위반 혐의로 징역 4년 6개월 선고를 받은 한림은 일본 도쿄에서
조선공산당에 입당하여 도쿄 지부인 일본부의 선전부 부원으로 활
동했고 이후 고려공산청년회에 가입하여 활동하였다. 1928년 6월
제4차 조선공산당 일본총국 책임비서로 활동하던 중 체포되었다.
일본에서의 조선공산당 활동 연구에 도움이 되는 자료이다.[28]

　　〈金龍出 判決文〉은 경성지방법원이 1930년 11월 12일 고려공
산청년회 관련자 김용출에게 치안유지법 위반 혐의로 징역 1년을

27　김동선, 「鄭碩行·金道燁 判決文」, 『민족운동 자료 해제』, pp.86~87.
28　김동선, 「韓林 判決文」, 『민족운동 자료 해제』, pp.87~88.

선고한 판결문이다. 김용출은 경북 청송군 출신으로 1928년 요녕성 해룡현에 고려공산청년회에 가입하여 활동하다 치안유지법 위반 혐의로 체포되어 징역형을 선고받았다.

〈李明壽·崔圭燮·李允稙 判決文〉은 조선공산당원 이명수·최규섭·이윤직에 대해 경성지방법원이 선고한 판결문 세 건이다. 이명수는 전북 임실청년동맹 집행위원장을 역임하며 고려공산청년회와 조선공산당에 가입하여 활동하다 체포되어 1931년 5월 14일 치안유지법 위반 혐의로 징역 5년을 선고받았다. 최규섭은 같은 지역에서 고려공산청년회와 조선공산당에 가입하여 임실야체이카를 조직하고 활동하다 검거되어 1931년 5월 14일 치안유지법 위반 혐의로 징역 3년 6개월을 선고받았다. 이윤직은 경성 낙원동에서 조선공산당에 가입하고 야체이카회를 개최한 혐의로 검거되어 1931년 5월 6일 치안유지법 위반 혐의로 징역 1년 집행유예 4년이 선고되었다. 1930년대 초 조선공산당과 그 하부조직인 야체이카의 지역별 활동과 조직 등을 파악할 수 있다.

〈林宗桓等 判決文〉은 1931년 5월 14일 경성지방법원에서 전라북도 익산, 임실, 정읍 등지에서 조선공산당과 고려공산청년회 등에 가입하여 활동하다 검거된 임종환 등 16인에 대한 판결문이다. 16인 중 임종환, 노재홍은 징역 3년, 박득수·이두용·문병국·한명석·노병춘·박해근·윤규섭은 징역 2년을 선고받았고, 나머지 7인은 무죄 판결을 받고 석방되었다.

〈被疑者 金昌洙 決定書〉는 조선공산당 국내공작위원회 사건 관련자 김창수에 대한 경성지방법원(1935.11.22)과 경성복심법원(1935.12.24), 고등법원(1936.3.2)의 결정서 3건이다. 1934년 6월 25일 경성지방법원 형사 제2부에서 김창수에게 징역 3년에 미결구류 500일을 통산 집행한다는 선고와 관련하여 판결 집행 과정에서 미결 구류 통산 일수를 둘러싼 이의신청과 항고, 기각 등에 관한 결정서이다. 김창수는 1927년 중국 북경에서 김준연과 공산당 조직에 착수해 입국했다 체포되어 치안유지법 위한 혐의로 재판을 받았다.[29]

〈趙東祜·林宗桓 判決文〉은 조선공산당 상해지부에서 활동한 조동호에 대한 경성지방법원 판결문과 조선공산당 전북도당위원 임종환에 대한 경성복심법원 판결문이다. 조동우는 1925년 조선공산당 창당 과정에 참여한 인물로, 이후 상해에서 활동하다 체포되어 1931년 6월 18일 경성지방법원에서 징역 4년을 선고받았다. 화요계의 공산주의자인 임종환은 조선공산당 전북도당 위원으로 활동하던 중 '적색연하장 발송사건'을 계기로 체포되어 1931년 6월 18일 경성복심법원에서 징역 3년을 선고받았다.

위의 판결문 가운데 한림, 김용출 관련 판결문과 사상사건 판결문은 현재 박물관이 단독으로 소장하고 있는 유일본으로, 1920~30년대 사회주의 계열 항일운동가들의 사상 형성과 조직 활동, 그리고 일제의 사법적 대응을 살필 수 있는 귀중한 자료이다.[30]

이 외에도 국내에서 공산주의 활동에 참여한 일본인 관련 자료로 일본공산당원 上野平雄의 판결문인 〈上野平雄 判決文〉과 일본공산당 관련 극비자료인 〈日本共産党事件公判概況〉이 있다. 〈上

29　차선혜, 「被疑者 金昌洙 決定書」, 『민족운동 자료 해제』, pp.91~93.
30　성주현, 앞의 글, pp.138~141 참조.

野平雄 判決文〉은 1930년 9월 6일 경성지방법원이 경성에서 '조선 공산당을 지켜라'라는 격문을 제작·배포한 일본인 上野平雄에게 치안유지법 및 출판법 위반 혐의로 징역 1년을 선고한 판결문이다. 上野平雄은 1930년 6월 구직 목적으로 조선에 건너왔으나 불합리한 사회제도의 타파와 사유재산제도의 부정을 통해 공산제 사회를 실현하려고 목적을 품고 일반 민중을 선동하고 격문을 배포하는 활동을 전개하였다. 재조일본인 가운데 조선 내 공산주의운동에 적극적으로 참여한 사례를 보여주는 드문 자료로, 조선공산당과 일본인 공산주의자 간의 연계를 추정해볼 수 있다는 점에서 주목된다. 특히 현재까지 국내에 다른 소장처가 확인되지 않은 유일본이라는 점에서 사료적 가치가 높다.

〈日本共産党事件公判概況〉은 도쿄지방재판소에서 진행된 '일본공산당 중앙부 사건'의 공판 과정을 네 차례(1931.6.25/1931.7.7/1931.7.9/1931.7.11)에 걸쳐 정리한 문건이다. 추후 공판 기일 및 내용 순으로 구성되어 있다. 일본 공산당 창립 과정과 활동, 특히 예심재판 과정이 상세히 수록되어 있다.

⑥ 1930년대 민족운동 관련 재판 자료

1930년대 민족운동 관련 재판 자료 가운데 1920~30년대 만주 지역 항일독립운동단체인 대한독립단, 참의부, 국민부에서 활동한 독립운동가들에 대한 판결문을 주로 소장하고 있다.

〈崔昌植·金慶先 判決文〉(1930, IA3201)
〈參義府員 朴昌鐵·金炳植 判決文〉(1930, IA4031)

〈朴應璇 判決文〉(1931, IA3188)

〈金承麗 判決文〉(1931, IA4327)

〈韓成島 判決文〉(1931, IA3562)

〈金聖淑 判決文〉(1931, IA2540)

〈金炳龍 判決文〉(1931, IA2538)

〈李亨術 判決文〉(1931, IA2539)

〈李俊益·金澤善·徐成國·文京熙 判決文〉(1931, IA4324)

〈金鳳化 判決文〉(1931, IA4323)

〈宋慶潤 判決/李濟宇·金世浩 判決文〉(1930, IA3184)

〈金豪九·吳秉鉉·李鶴儀·金養福·宋柱軾 判決文〉(1930, IA1636)

〈警察犯處罰規則違反 被告事件〉(1930, IA3173)

〈李義鳳·金福介·丁寬鎭 判決〉(1930·1931, IA3185)

〈丁寬鎭·趙成澤·鄭允弼·金鍾源·李元奉 判決〉(1931, IA3187)

〈邊昌祐·金壽仁·黃學成 判決〉(1930, IA3189)

〈金秉業 判決文〉(1931, IA3563)

〈金義浩 判決文〉(1931, IA4325)

〈崔翰桂 判決文〉(1931, IA2537)

〈被告人鞠眞淳上告趣意〉(1932, IA3632)

〈申泰益 上告趣意書〉(1939, IA3636)

〈申泰益 判決文〉(1938, IA3760)

〈保安法違反 被告 申泰益 事件〉(1939, IA3638)

〈神社參拜拒否判決文〉(1938, IA2616)

〈崔昌植·金慶先 判決文〉(IA3201)은 대한민국임시정부의 제10

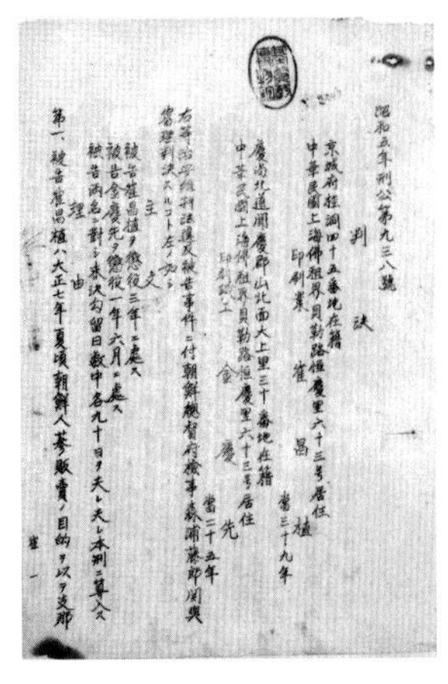

〈崔昌植·金慶先 判決文〉

대 의정원 의장을 역임했던 최창식과 상해한인청년동맹 정치교육운동부원으로 활약했던 김경선에 대해 1930년 10월 22일 경성지방법원이 내린 판결문이다.[31] 최창식은 1918년 조선 인삼 판매를 목적으로 중국에 건너가 북경, 한구, 상해 등지에 체류하며 독립운동에 참여하였다. 상해임시정부에 가입한 후 의정원 의원, 국무원 비서장 및 의정원 의장으로 활약하였고 1923년 한국노병회를 조직하여 독립자금을 조성했으며, 1927년에는 한국유일독립당촉성회를 조직하는 등 활발한 독립활동을 전개하다 체포되어 1930년 경성지방법원에서 징역 3년을 선고받았다. 김경선은 1929년 중국으로 건너가 최창식이 경영하는 인쇄소 직공으로 일하던 중 조선 독립을 목적으로 조직된 상해한인청년동맹에 가입하여 정치교육운동부의 일원으로 활동하다 체포되어 징역 1년 6개월을 선고받았다.

1920년대 만주지역 독립운동단체인 참의부와 정의부, 국민부 등에서 활동하던 독립운동가들의 판결문이 다수 소장되어 있다. 1924년 만주에서 발족한 참의부, 곧 대한민국임시정부 육군주만참의부는 대한민국임시정부 직할 독립군 단체로, 항일 게릴라전을 수행하였다. 정의부는 1924년 11월 대한통의부, 길림주민회, 의성

31 성주현, 앞의 글, p.145.

단, 대한독립군단 등 독립운동 단체들이 결성한 무장독립운동 단체이다. 본부는 길림성 화전현에 있었으며 군사 행동을 주목적으로 하였고 관할 지구에서 초등교육을 의무적으로 실시하여 실력양성에 힘썼다. 참의부와 정의부는 1929년 4월 신민부와 통합하여 국민부를 조직하였다.

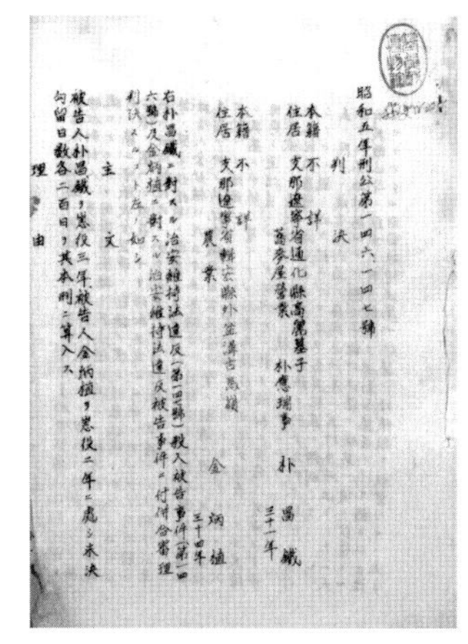

〈參義府員 朴昌鐵 · 金炳植 判決文〉

먼저 참의부 관련 자료인 〈參義府員 朴昌鐵 · 金炳植 判決文〉은 1930년 12월 24일 신의주지방법원이 참의부 소속 박창철과 김병식에 대해 각각 징역 3년과 2년을 선고한 판결문이다. 참의부는 일본군 및 경찰에 대한 무력 공격, 일제 통치기관 파괴, 친일파 숙청, 군자금 모집 활동 등을 주요 투쟁 방략으로 삼아 활동하였다. 박창철은 1925년 4월 참의부에 가입하여 제2중대 제1소대장으로 집안현에서 휘하 군사들의 군사훈련에 종사했다. 김병식은 1926년 11월 참의부에 가입하여 제2중대 소속 古馬嶺 沙尖隊長이 되었고 참의부 통신원으로 보초경계 및 통신연락 임무를 수행하였다.[32] 집안현과 환인현을 중심으로 군사 활동을 전개한 참의부의 활동을 파악하는 데에 유용한 자료이다.

〈朴應璇 判決文〉은 1930년 9월 17일 신의주지방법원이 박응선에 대해 내린 판결문이다. 박응선은 1923년 만주 집안현에서 조

---

32 황민호,「參義府員 朴昌鐵 · 金炳植 判決文」,『민족운동 자료 해제』, p.105.

선 독립을 목적으로 조직된 비밀결사 대한독립의용단에 가입하여
제2중대 무등졸로서 보초 근무를 하였고 일본 관헌의 밀정을 처단
하는 활동에 가담하였다. 이후 1927년에는 참의부에 가입하여 제2
중대 소속 상등병으로 보초 근무 등의 군사업무에 종사하였다. 일
제는 박응선의 활동에 대해 제령 7호 및 치안유지법 위반과 살인
혐의로 징역 3년을 선고하였다.[33]

〈金承麗 判決文〉은 1931년 5월 20일 신의주지방법원이 대한
독립단원 김승려에 대해 내린 판결문이다. 김승려는 1919년 남만
주 지역을 근거지로 활동한 무장독립운동단체인 대한독립단에 가
입한 후 평안북도 영변군에 있는 白鶴寺를 거점으로 군자금 모금
및 경찰관 주재소를 습격하여 경찰 관리를 살해하고 총기를 강탈
하는 등의 무장투쟁을 벌였다. 또한 통의부와 참의부에서 군자금
모금활동을 벌였다. 신의주지방법원은 김승려에게 주거 침입 및
강도, 공갈, 살인 등의 혐의를 적용하여 징역 10년을 선고하였다.[34]

〈韓成島 判決文〉은 1931년 4월 15일 신의주지방법원 형사부
에서 중국 요녕성에서 농업에 종사하던 한성도에 대한 판결문이
다. 한성도는 1924년 통의부에 참여하였고 1928년에는 정의부의
중앙집행위원으로 군자금을 모집하고 농민동맹을 결성하였다. 치
안유지법 위반 혐의로 징역 2년이 선고되었다.

〈金聖淑 判決文〉은 1931년 7월 6일 신의주지방법원이 김성숙
에 대해 내린 판결문이다. 김성숙은 1925년 길림성에 본부를 둔 무

33　김동선, 「朴應璇 判決文」, 『민족운동 자료 해제』, pp.108~109.
34　차선혜, 「金承麗 判決文」, 『민족운동 자료 해제』, pp.119~120.

장독립운동단체인 정의부에 가입하여 독립단원의 군자금을 모집하고, 구성군에 있는 파출소를 습격하고 일제 관공리를 처단하는 활동을 하였다. 치안유지법 위반과 살인미수, 강도미수 혐의로 징역 15년이 선고되었다.[35]

〈金炳龍 判決文〉은 1931년 7월 20일 신의주지방법원이 김병용에 대해 내린 판결문이다. 김병용은 평북 선천 출신으로, 1929년 정의부 혁명군 제5중대에 가입하여 활동하던 중 요녕성 봉성현에 거주하는 조선인 약 15호로부터 의무금 약 50엔을 징수하였다. 일제는 치안유지법 제1조 제1항 위반 혐의를 적용하여 징역 2년을 선고하였다.[36]

〈李亨術 判決文〉은 1931년 4월 13일 신의주지방법원이 국민부 중앙집행위원 이형술에 대해 내린 판결문이다. 이형술은 1919년 중국으로 건너가 환인현에서 대한독립단에 가입하였고 1922년부터는 대한통의부, 정의부, 참의부에서 활동하였다. 1925년 참의부·정의부·신민부가 통합한 국민부에 소속되어 중앙집행위원을 역임하였으며, 혁명군에 가입하여 제4대장을 맡아 군사 활동을 수행하였다. 이러한 활동으로 인해 치안유지법 위반 혐의로 체포되어 징역 5년형을 선고받았다.[37]

〈李俊盆·金澤善·徐成國·文京熙 判決文〉은 1931년 4월 22일 신의주지방법원이 국민부 관련자 4인에 대해 내린 판결문으로, 만주 관전현 일대를 중심으로 한 국민부의 지역적 기반과 활동, 조직

---

35 김동선, 「金聖淑 判決文」, 『민족운동 자료 해제』, pp.122~123.
36 김동선, 「金炳龍 判決文」, 『민족운동 자료 해제』, p.125.
37 김동선, 「李亨術 判決文」, 『민족운동 자료 해제』, pp.113~115.

원들의 역할과 담당 업무를 살펴볼 수 있다. 평북 벽동군 출신의 이준익은 영농 목적으로 중국 관전현으로 이주하였다가 1929년 1월 정의부에 가입한 후 관동지방공소의 검무관으로 도박·절도의 예방 경계, 의무금 징수 업무를 수행하였고, 김택선은 1929년 4월 정의부에 가입 제5중대 제2소대 삼등졸로 활동하였다. 서성국은 1929년 10월 국민부에 가입하여 관동지방공소 통신원으로 활동하며 연락 및 정보 전달 업무를 수행하였고, 문경희는 1927년 11월 정의부에 가입하여 제5중대 제2소대 군비 경리로 활동했다. 재판에서 이준익·문경희는 징역 2년, 김택선·서성국은 징역 1년을 선고받았다.[38]

〈金鳳化 判決文〉은 1931년 4월 27일 신의주지방법원이 국민부원 김봉화에 대해 내린 판결문이다. 평북 구성군 출신인 김봉화는 1929년 중국 요녕성 관전현에서 국민부에 가입하여 혁명군 제5대 소속 병졸로 관전현 나한구(羅漢溝)에서 경찰사무에 종사하였고 1930년에는 조선혁명군에 들어가 중대본부 서기로 簿冊 정리 등의 행정 업무를 수행하다가 체포되어 치안유지법 위반 및 형법 위반 혐의로 징역 2년을 선고받았다.[39]

〈宋慶潤 判決/李濟宇·金世浩 判決文〉은 1930년 11월 13일 경성복심법원 검사부의 송경윤 벽서사건에 대한 판결문과 1931년 3월 12일 경성복심법원 형사부에서 선고한 이제우·김세호의 판결문으로 이뤄졌다. 송경윤은 중앙청년동맹 동부지부 위원이자 신간

38　차선혜, 「李俊益·金澤善·徐成國·文京熙 判決文」, 『민족운동 자료 해제』, pp.115~117.

39　차선혜, 「金鳳化 判決文」, 『민족운동 자료 해제』, p.117.

회 회원으로 활동하던 중 1930년 8월 29일 국치일을 맞아 동대문 성벽에 '백의동포에게 줌'이라는 격문을 붙였다가 체포되어 징역 1년형을 선고받았다. 이제우는 정의부 소속으로 일제 경찰의 밀정들을 두 차례 처단하였는데, 재판에서 치안유지법 위반, 살인, 강도살인 등의 혐의로 사형을 선고받았다. 김세호는 조선혁명군에 가입하여 군자금 모집활동을 하다 체포되어 징역 7년을 선고받았다.[40]

〈金豪九·吳秉鉉·李鶴儀·金養福·宋柱軾 判決文〉은 1930년 11월 13일 평양지방법원이 김호구 등 5인에 대해 내린 판결문이다. 판결을 받은 김호구·오병현·이학의·김양복·송주식은 일본 토쿄에서 무정부주의 선전 잡지 『黑戰』을 발행하고 국체 변혁과 사유재산제도 부인을 목적으로 비밀결사 '黑戰社'를 조직하였다. 흑전사는 일본 제국주의의 상징인 천황의 암살과 중요 기관의 파괴를 목표로 하였다. 재판에서 치안유지법, 신문지법, 출판법 위반 혐의로 김호구 징역 5년, 오병현 징역 3년 6개월, 이학의 징역 2년 6개월, 김양복·송주식 징역 1년 집행유예 3년이 선고되었다.[41]

〈警察犯處罰規則違反 被告事件〉은 1930년 조선일보 사회부 및 정치부 기자 권용상에 대한 판결문이다. 권용상은 1930년 6월 14일 청진지방법원에서 열린 공판과 관련하여 피고인 가족의 법정 출입을 경찰이 제지한 사건을 다룬 기사를 보도하며 '臨場警官에 被打', '당황한 경찰 자택 호송' 등의 제목 하에 사건 경위를 비판적

---

40 김동선, 「宋慶潤 判決/李濟宇·金世浩 判決文」, 『민족운동 자료 해제』, pp.112~113.
41 김동선, 「金豪九·吳秉鉉·李鶴儀·金養福·宋柱軾 判決文」, 『민족운동 자료 해제』, pp109~111.

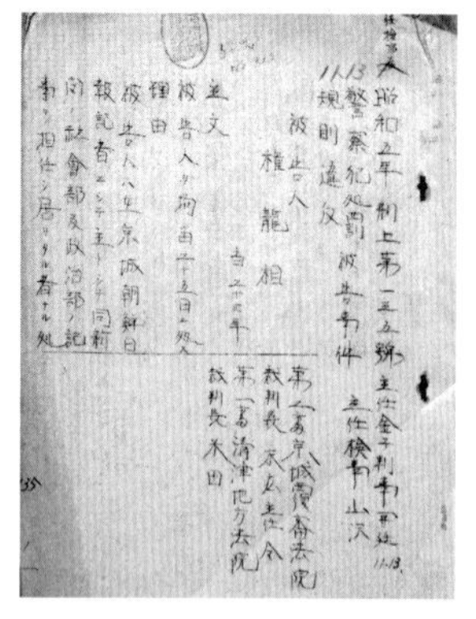

〈警察犯處罰規則違反 被告事件〉

으로 서술하였다. 일제는 이를 과장 보도라 하여 재판에 회부, 경찰범처벌규칙을 적용하여 구류 25일에 처했다.[42]

〈李義鳳·金福介·丁寬鎭 判決〉은 판결문 두 건을 묶은 것이다. 첫 번째는 이의봉과 김복개, 두 번째는 정관진에 대한 판결문이다. 이의봉은 1929년 중국 요녕성에서 비밀결사단체인 농민동맹에 가입하였고 1930년에는 중국 공산당의 농민협회에 가입하여 선전부장으로 활동했다. 김복개 역시 1929년 1월 비밀결사인 농민동맹에 가입하여 자위대 제6중대장으로 활동하며 자위대비 징수 등의 활동을 하다 체포되었다. 신의주지방법원 형사부는 1931년 4월 20일 두 피고인에게 징역 2년을 선고하였다. 정관진은 1925년 공산청년회를 조직하고 이후 비밀결사 고려공산청년회에 합류하여 활동하였다. 경성복심법원은 1931년 5월 4일 국체변혁 목적의 결사 가입죄를 적용하여 징역 5년형을 선고하였다.

〈丁寬鎭·趙成澤·鄭允弼·金鍾源·李元奉 判決〉은 1931년 4월 2일 경성지방법원 형사부가 선고한 판결문으로, 경성 숭인동에 위치한 사립학교 고학당에 입학하여 공산주의 조직 활동을 전개한 5인에 대한 재판기록이다. 정관진은 징역 5년, 조성택·정윤필은 징역 2년, 이원봉·김종원은 징역 1년 6개월이 선고되었다.

42 표영수, 「警察犯處罰規則違反 被告事件」, 『민족운동 자료 해제』, pp.104~105.

〈邊昌祐 · 金壽仁 · 黃學成 判決〉은 1931년 4월 15일 함흥지방법원 형사부가 중국 요녕성에서 조선혁명군단에 가입하여 군자금 모집활동을 전개한 3인에 대해 선고한 판결문이다. 변창우는 징역 2년, 황학성은 징역 1년 6개월, 김수인은 징역 6개월이 선고되었다.

〈金秉業 判決文〉은 중국 관헌과 일본영사관 밀정으로 활동하던 김병업에 대해 1931년 5월 20일 신의주지방법원에서 징역 8개월을 선고한 판결문이다. 김병업은 요녕성 집안현 외차구(外岔溝)에서 독립운동 단체에 반대하는 자치단 사무원으로 일하면서 교민의 자치단비를 횡령하고 공갈 등의 행위를 한 혐의로 징역형을 선고받았다. 특히 김병업은 일본 밀정으로 활동하며 참의부 중대장 이광하와 김용택 등의 체포를 유도하였다. 중국 교민사회에 활동하던 일본 밀정의 활동과 폐해를 살펴볼 수 있는 자료이다.[43]

〈金義浩 判決文〉은 1931년 5월 30일 경성지방법원이 김의호에 대해 선고한 판결문이다. 김의호는 중국 산동성 제남관에 거주하던 중 1930년 조선 독립을 목적으로 결성된 결사체인 山東韓僑大會에 가입하여 사무원으로 종사하였고, 같은 해 8월경 산동한교대회가 산동한국독립당주비회로 개칭된 후에도 사무원으로 집무하였다. 재판부는 이러한 결사 활동을 개정치안유지법 위반에 해당된다고 하여 징역 2년을 선고하였다. 재중한인 사회에서 이루어진 정치 결사의 조직 구성과 운영 실태를 보여주며 산동한교대회와 산동한국독립당주비회의 성격과 활동 범위 및 관련 인물에 대

---

43 김동선, 「金秉業 判決文」, 『민족운동 자료 해제』, p.118~119.

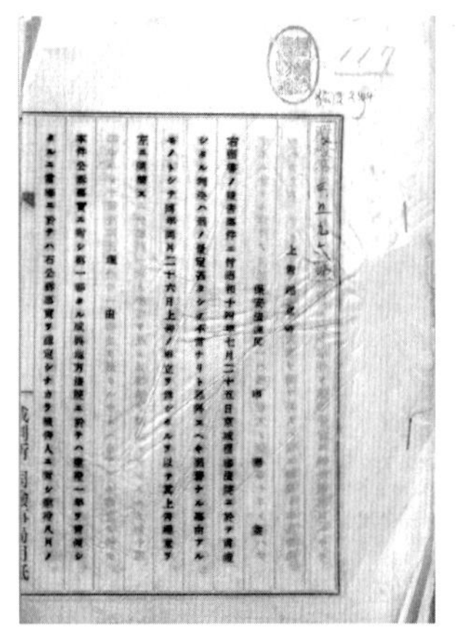

〈申泰益 上告趣意書〉

해 파악할 수 있는 자료이다.[44]

〈崔翰桂 判決文〉은 1931년 7월 17일 신의주지방법원이 최한계에 대해 징역 2년을 선고한 판결문이다. 최한계는 평북 선천 출신으로 중국 요녕성 집안현에 거주하던 중 1924년 무장 독립운동 단체인 光武隊에 가입하여 결사 목적 수행을 위한 대원 모집활동을 하다가 제령 7호 및 강도, 살인미수, 약취 등의 혐의로 징역 2년을 선고받았다.[45]

〈被告人鞠眞淳上告趣意〉은 1930년 6월 5일 고등법원 형사부가 작성한 것으로, 1930년 4월 2일 대구복심법원에서 징역 2년형을 선고받은 국진순이 상고한 상고이유서에 대해 기각을 결정한 판결문이다. 일한문 필사본이며 총 8장이다. 국진순은 전남 담양 출생으로 상해와 길림성에서 독립운동을 하다가 조선 청년 모집 및 독립자금 모금을 위해 영광, 고창 등지에서 활동하던 중 체포되어 전주지방법원에서 징역 5년, 대구복심법원에서 치안유지법 위반 및 공갈죄로 2년형을 선고받았다. 이에 대해 피고인은 상고하였으나 고등법원은 이유 없음으로 기각하였다.[46]

〈申泰益 上告趣意書〉는 1939년 보안법 위반 혐의로 유죄 판결

44　차선혜, 「金義浩 判決文」, 『민족운동 자료 해제』, pp.121~122.
45　김동선, 「崔翰桂 判決文」, 『민족운동 자료 해제』, p.124.
46　차선혜, 「被告人鞠眞淳上告趣意」, 『민족운동자료 해제』, pp.127~128.

을 받은 변호사 신태익에 대해 조선
총독부 검사와 변호인이 각각 제출한
상고취의서를 담은 문서이다. 신태익
은 1939년 5월 28일 함흥에서 열린 전
국경제조사기관연합회시찰단 환영회
석상에서의 발언으로 인해 보안법 위
반으로 기소되었고, 같은 해 7월 3일
함흥지방법원에서 징역 1년을, 이어 7
월 25일 경성복심법원에서 징역 8개
월을 선고받았다. 이에 대해 조선총

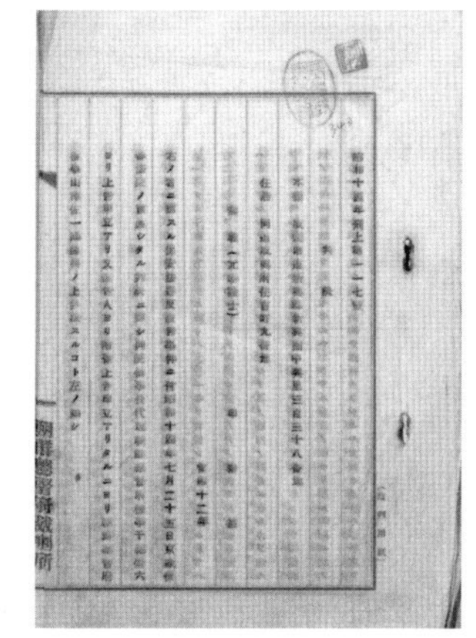

〈申泰益 判決文〉

독부 검사 千細榮六은 8월 23일 고등법원장에게 형량 축소에 대해
이의를 제기하며 상고의 취지를 설명한 상고취의서를 제출하였다.
이에 반해 신태익의 변호인 永島雄藏은 피고인의 행위가 음주로 인
한 심신상실 상태에서 이루어진 것이므로 유죄 언도는 잘못되었음
을 주장하는 상고취의서를 제출하였다. 이 문서는 증인들의 심문
조서 및 청취서 내용이 수록되어 있는 附帶 상고취의서로 필사본
13장으로 구성되어 있다.[47]

　〈申泰益 判決文〉은 상기 두 상고취의서에 대해 1939년 9월 25
일 고등법원 형사부가 모두 기각한 판결문이다. 山澤 검사의 상고
에 대해 경성복심법원이 선고한 징역 8개월의 형량이 부당하지 않
으며, 변호인의 상고취의서에 대해서는 범행 당시 신태익이 심신

47　표영수, 「申泰益 上告趣意書」, 『민족운동 자료 해제』, pp.134~135.

상실의 상태라고 보기 어렵다고 판단하여 기각 결정을 내렸다.[48]

〈保安法違反 被告 申泰益 事件〉은 9월 3일 고등법원 增永正一 검사장이 南次郎 총독에게 보고한 문건으로, 고등법원 공판에 입회했던 山澤 검사의 논고 요지이다. 함흥지방법원에서 선고된 징역 1년이 경성복심법원에서 8개월로 감형된 사실을 문제 삼고, 이에 대해 검찰 측이 상고한 이유를 정리하였다.

〈神社參拜拒否判決文〉은 1938년 9월 30일 일본 오사카재판소에서 신사참배를 거부한 조선인 나이순에 대해 선고한 판결문으로, 일제강점기 일본 본토에서 기독교 신앙을 이유로 신사참배를 거부한 사례를 보여준다. 나이순은 전남 장성 출신으로, 당시 오사카에 거주하며 기독교 신앙생활을 이어가던 중 종교적 신념에 따라 신궁 참배를 거부하였다. 이로 인해 징역 6개월, 집행유예 3년을 선고받았다.

⑦ 기타 재판 자료

기타 조선에서 재판이 진행된 일본인 관련 자료로 군기보호법 위반 혐의 및 형무소 내 폭행치사에 대한 판결문 등이 있다.

〈宗正磯吉의 上告趣意書〉(1931, IA3731)

〈酒句ツル答辯書〉(1931, IA3732)

〈酒句ツル判決文〉(1931, IA3741)

〈今泉三郎 判決文〉(1938, IA3169)

48　표영수, 「申泰益 判決文」, 『민족운동 자료 해제』, pp.135~136.

〈被告人公判決定;조선충독부 간수장 今泉三郎 등의 傷害 및 傷害
　致死 사건〉(1938, IA3606)

〈連續罪ノ公訴時效〉(1933, IA1639)

〈金永基·玄濟明·尹慶求·尹致昌·佐伯顯·鄭在洽　豫審終結決定〉
　(1939, IA3712)

〈酒句ツル答辯書〉(1931, IA3732)

〈滿洲に於ける戰爭(マチャール) 外 判決文 外〉(1930년대 초, IA1329)

〈宗正磯吉　上告趣意書〉는 군기보호법 위반 혐의로 1심
(1931.3.21)과 2심(1931.4.30)에서 유죄판결을 받고 서대문형무소에서
복역 중이던 일본인 宗正磯吉가 필사로 작성한 상고취의서이다.
宗正磯吉은 히로시마 해군공창 조선부에서 근무하면서 군사상 기
밀에 해당하는 군함의 갑판배치도를 업무상 보관하고 있다가 당시
카페 여급인 酒句ツル에게 증여하여 군기보호법 위반으로 복역하
고 있었다.[49] 이 사건과 관련하여 역시 군기보호법 위반으로 서대
문형무소에서 복역 중이던 酒句ツル가 무죄를 주장한 〈酒句ツル
答辯書〉와 1931년 7월 20일 고등법원에서 작성한 〈酒句ツル判決
文〉이 있다.

　　〈今泉三郎　判決文〉은 1938년 12월 12일 고등법원이 작성한
판결문으로, 경성형무소 계호과장으로 재직 중이던 일본인 今泉三
郎이 수형자 폭행치사 혐의로 기소되어 경성복심법원에서 유죄 판
결을 받은 후 상고한 사건에 대한 최종 판결을 담고 있다. 총 35장

49　전병무, 「宗正磯吉 上告趣意書」, 『민족운동 자료 해제』, pp.126~127.

〈今泉三郎 判決文〉

에 이르는 장문의 판결문이다. 今泉三郎은 일본 사가현 출신으로 1936년 8월 경성형무소에서 사상범 수형자들을 관리하던 중 수형자들이 열악한 식료와 처우 개선을 요구하며 단식동맹과 만세시위를 일으키자 이들을 구타하여 다수에게 중상을 입히고, 3명을 사망에 이르게 한 혐의로 기소되었다. 경성복심법원은 1938년 6월 7일 유죄를 선고하였다. 이에 불복한 今泉三郎은 고등법원에 상고를 제기하였으나, 고등법원은 상고를 기각하였다. 일제강점기 열악한 교정시설의 현황과 실태, 특히 사상범에 대한 가혹행위를 살펴볼 수 있다. [50]

〈被告人公判決定;조선총독부 간수장 今泉三郎 등의 傷害 및 傷害致死 사건〉은 1936년 경성형무소에서 발생한 수형자 폭행치사 사건과 관련하여 작성된 판결문 및 상고취의서 일체를 수록한 문서이다. 총 123장 분량으로 필사본과 인쇄본이 혼재되어 묶여있다. 1936년 8월, 경성형무소에서 열악한 식료 및 처우에 대한 분만을 표출하여 소요를 일으킨 사상범 수형자들을 당시 경성형무소 계호과장 今泉三郎과 간수장 東鄕宜秀 등이 구타를 가해 다수의 중상자를 내고 3명을 사망에 이르게 한 사건의 전모를 담고 있다. 문서는 ①今泉三郎의 고등법원 판결문, ②今泉三郎의 변호인이 작성한 상고취의서, ③東鄕宜秀의 변호인이 작성한 상고취의서,

---

50   김동선,「今泉三郎 判決文」,『민족운동 자료 해제』, pp.132~133.

④東鄕宜秀와 今泉三郎의 경성복심법원 판결문, ⑤東鄕宜秀의 고등법원 판결문으로 구성되어 있다. 언론통제로 인해 세상에 공개되지 않았던 형무소 내 폭행치사 사건의 전말과 일제의 형무소 行刑 운영의 실태, 특히 사상범에 대한 가혹행위와 형사적 책임 추궁 과정을 구체적으로 살펴 볼 수 있는 자료이다.[51]

〈連續罪ノ公訴時效〉는 1933년 5월 26일 고등법원 제4형사부에서 선고한 판결문으로, 연속죄의 공소시효에 관한 고등법원의 판례를 정리한 것이다. 수뢰 혐의로 기소된 피고인 今庭雄太郎의 공소시효와 관련하여 판결요지에서 "연속죄의 공소시효는 그 죄를 구성하는 각 행위 중 최후의 행위가 종료될 때부터 진행하는 것으로 한다."고 하였다.[52]

한편 〈金永基·玄濟明·尹慶求·尹致昌·佐伯顯·鄭在洽 豫審終結決定〉은 1937년 12월 27일 경성지방법원이 작성한 예심결정서로, 일본 관료와 조선 사회지도층이 연루된 대규모 뇌물 수수 사건 관련 자료이다. 본 사건은 정재흡이 경기도 경찰부장이던 佐伯顯에게 미국 방문을 위한 여권 발급을 청탁하고, 흥사단과 수양동우회 사건 및 각종 사상사건과의 연루 무마를 위해 금품을 제공한 사실이 발단이 되었다. 이에 따라 김영기·현제명·윤경구·윤치창은 뇌물 수수, 佐伯顯은 뇌물 수수 및 사기, 정재흡은 뇌물수수, 공갈, 私印 위조 및 사용, 사문서 위조 행사 등의 혐의로 기소되어 예심을 받았다. 윤경구·윤치창을 제외한 4인은 경성지방법원의 공판

---

51 전병무, 「被告人公判決定:조선총독부 간수장 今泉三郎 등의 傷害 및 傷害致死 사건 」, 『민족운동 자료 해제』, pp.130~132.

52 전병무, 「連續罪ノ公訴時效」, 『민족운동 자료 해제』, p.129.

에 회부되었다.[53]

〈滿洲に於ける戰爭(マチャール) 外 判決文 外〉는 1930년대 초 공산주의·사회주의 계열과 노동계·교육계의 항일운동, 판결문 및 통계 자료 등 다양한 내용의 자료가 철로 묶여있다. 이 가운데 판결 관련 내용을 살펴보면 다음과 같다. 첫째, 중국인 습격사건과 관련하여 경성지방법원 등에서 유죄 확정 판결을 77인의 피고인에 대해, 言渡廳, 본적, 주소, 직업, 연령, 범행 내용, 확정형, 이름 등을 표로 정리한 문서가 수록되어 있다. 둘째, 일본 내 좌파 지식인들에 의해 창립된 신흥교육연구소와 관련된 '교육노동자 조합사건 판결' 관련 내용이다. 이는 上甲米太郎가 경성사범학교 재학생이자 제자인 조판출에게 보낸 편지가 발각되면서 드러난 사건이다.[54] 이 자료는 1)사건의 경과 개요, 2)피고의 신상조사, 그 사상, 3)신흥교육연구소의 창립 경과, 4)신흥교육연구소의 규약과 구성, 5)1931년 1월 26일 경성지방법원 형사제1부의 판결 내용, 6)이와 관련한 각종 증거자료, 7)내지에서의 교원 적화사건 순으로 수록되어 있어 해당 사건의 개요와 전말

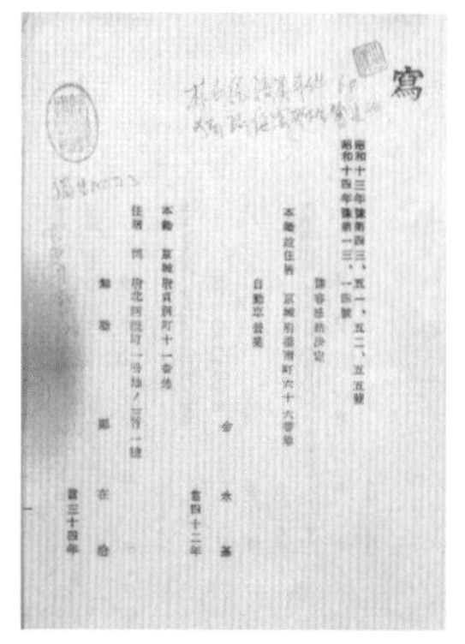

〈金永基·玄濟明·尹慶求·尹致昌·佐伯顯·鄭在洽 豫審終結決定〉

---

53 김동선, 「金永基·玄濟明·尹慶求·尹致昌·佐伯顯·鄭在洽 豫審終結決定」, 『민족운동 자료 해제』, pp.136~137.

54 上甲米太郎가 1930년 11월 27일 조판출에게 쓴 편지는 조선총독부 재판소 용지에 베껴 쓴 세 통의 편지 〈朝鮮京城官立京城師範學校寄宿舍演習科生 趙判出樣 親展 外〉(1930, IA3737)에 수록되어 있다.

을 상세히 살펴볼 수 있다. 셋째, '일본공산당 사건 공판 방청기'로, 일본공산당중앙부 사건 공판 개황 제25~27보가 수록된 극비문서이다. 넷째, 1931년 10월 15일 대구복심법원 형사제1부가 전남 여수에서 항일계몽운동을 전개하던 원정상 등 4인에 대해 내린 판결문이다. 이들은 여수에서 청소년 야학을 개설해 항일계몽운동을 하며 공산주의 사상을 유포하고 일본 천황을 폄훼했다는 혐의로 체포되었다. 원정상은 징역 1년 6개월 및 징역 8개월, 원정상·김보물은 징역 1년 6개월, 이효동은 징역 1년을 선고받았다. 마지막 판결문은 1931년 10월 26일 경성지방법원 형사1부가 인천지역에서 노동운동을 하던 권평근 등 6인에 대해 내린 판결문이다. 이들은 인천지역에서 일본 제국주의를 배격하고 공산주의 사회 실현을 위해 조직 활동을 전개하였으며, 중국 만보산 사건의 주범인 일본 제국주의의 타도를 역설하며 항일운동을 전개하였다. 이로 인해 권평근·김성규는 징역 3년, 이수봉은 징역 2년 6개월, 이창식은 징역 2년, 권문용은 징역 1년 6개월, 심경원은 징역 6개월을 선고받았다.

이 같은 판결문 외에 『공산주의 인터내셔널』에 수록된 '만주에서의 전쟁'을 번역하여 일본 제국주의의 침략성을 고발한 문건, 대구지방법원 검사정이 보고한 '반전 격문 살포의 건', '日支충돌에 즈음하여 혁명적 병사와 노동자 제군에게 묻는다'는 제목의 격문, 경성제대 학생으로 공산주의 활동을 하던 市川朝彦의 감상록과 이에 대한 森浦 검사의 의견서, 1931년 조직된 경성제국대학 반제동맹의 행동 강령 전문, 일본 내 사상범 교화 방법과 사상범 석방자 보호 문제, 1931년 8월과 9월의 全鮮 제1심사상사건표와 1931년 10월의 전선사상사건 月表, 조선 치안유지법 위반 조사(二)

(1938.3.1~1930 말)로 비밀결사 단체별로 단체명, 주의 소재, 피고 총인원, 본적지, 거주지, 전과 形名 및 형량, 형집행유예 인원, 치안유지법 조항, 죄명, 범죄 일시 및 장소 등이 표로 상세히 소개되어 있다.

이상의 재판 자료는『사상월보』와『사상휘보』등에 수록되었거나 또는 공훈전자사료관에 공개된 자료와 동일한 내용이 있지만 박물관 소장 유일본도 상당수에 이른다. 이들 자료는 민족운동 관련 재판 문서뿐만 아니라 밀정 활동에 대한 기록이나 일본인 피고인을 대상으로 한 형사사건 등 기존 연구에서 상대적으로 간과되었던 영역까지 포괄하고 있는 특징이 있다.[55]

3) 사법·경찰기관의 훈시, 지시 및 주의사항과 회의 자료

박물관은 일제 식민통치기 사법정책의 집행 및 운영과 관련된 자료로, 일본 사법대신의 훈시 자료, 조선 내 사법·경찰기관에서 작성된 각종 훈시, 주의, 지시 등의 자료를 소장하고 있다. 이들 자료의 대부분은 '대외비'로 분류된 문건이며, 조선총독부 검사 및 검사정으로 재임한 山澤의 소장인이 찍혀 있는 것이 특징이다. 문건은 山澤이 사법기관에서 근무했던 1917년부터 1941년까지의 기간에 해당하며, 전국 각 도 경찰서장회의 또는 경찰부장회의, 지청검사회의, 사법관회의, 검사국 감독관회의에 제출된 사법통치, 치안유지, 사상범보호관찰제도 등에 관한 내용과 1930년대 후반 전

---

55   성주현, 앞의 글, pp.127~148 참조.

시동원체제 하의 각종 정책 등이 담긴 훈시와 주의, 지시, 희망사항 요청 등에 관한 것이 대부분이다.

이러한 문건은 일제의 식민지 사법행정의 역할이 재판 집행에 국한되지 않고, 치안·사상·사회 전반에 걸친 통제 정책의 일환으로 기능했음을 보여준다. 특히 일선 현장에서 구체적으로 지시되고 시행된 행정 문서의 성격을 지닌다는 점에서 당시의 사법통치의 실태를 미시적으로 복원할 수 있는 중요한 사료적 가치를 지닌다. 이 자료들을 크게 네 유형으로 나누어 살펴보고자 한다.

① 일본 사법대신 훈시 자료

일본 사법대신의 훈시 자료는 일제 사법당국이 밝히고 있는 사법정책의 추이와 사법 실무의 방향을 확인할 수 있는 사료로, 식민지 조선에서 사법관에게 부여된 역할과 임무, 그리고 일본 내 좌우익 사상운동의 현황 및 이에 대한 대응, 보호관찰제도의 내용과 그 운영 방향 등을 살펴볼 수 있다.

〈大正十五年四月二十八日司法官會同席上ニ於ケル江木司法大臣訓示〉(1926, IA2588)

〈小原司法大臣ノ訓示〉(1935, IA3779)

〈林司法大臣訓示〉(1936, IA3595)

〈鹽野司法大臣の訓示〉(1937, IA3802)

〈保護觀察所長ニ對スル鹽野法相訓示〉(1938, IA3639)

〈大正十五年四月二十八日司法官會同席上ニ於ケル江木司法

〈大正十五年四月二十八日司法
官會同席上ニ於ケル江木司法
大臣訓示〉

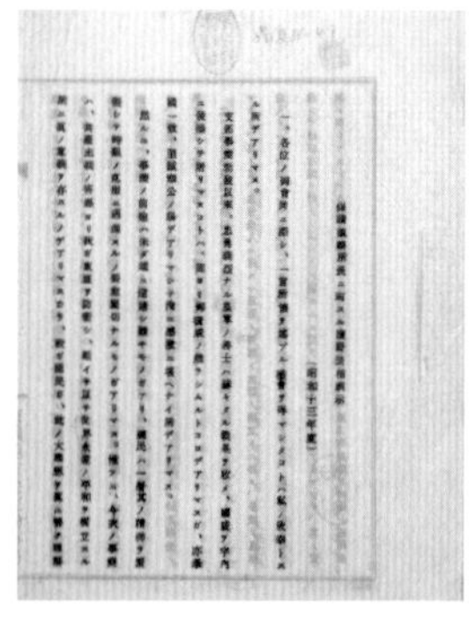

〈保護觀察所長ニ對スル鹽野
法相訓示〉

大臣訓示〉는 1926년 4월 28일 일본 사법대신 江木翼이 사법관회의 석상에서 하달한 훈시사항이다. 당시 빈번히 전개되고 있던 사상운동에 대응하기 위한 조사와 선도 방안 강구, 사법관의 직분에 대한 충실한 이행 등 사법관의 임무와 처신에 관한 7개 사항을 담고 있다.[56] 조선총독부재판소 용지에 필사되어 있다.

〈小原司法大臣ノ訓示〉는 1935년 일본 사법관회의에서 사법대신 小原直이 훈시한 문서로, 사법관의 자세와 역할 등에 관한 10개 항목, 대심원장 林賴三郎이 연술한 합리적 법률 해석 적용 강조 등 5개 항목, 검사총장 光行次郎의 용의주도한 범죄 수사 강조 등 12개 항목으로 구성되어 있다. 1935년 당시 일본 사법부의 사법정책 및 사법실무 방향에 대해 살펴볼 수 있는 자료이다.[57] 광주지방법원 용지에 활자 인쇄되어 있다.

〈林司法大臣訓示〉는 1935년 코민테른 제7차대회 이후 일본 사법대신 林賴三郎이 사상운동의 동향에 관한 사법경찰관의 임무

---

56 차선혜, 「大正十五年四月二十八日司法官會同席上ニ於ケル江木司法大臣訓示」, 『민족운동 자료 해제』, pp.158~159.
57 전병무, 「小原司法大臣ノ訓示」, 『민족운동 자료 해제』, pp.210~212.

등의 내용을 담은 훈시이다.[58] 조선총독부재판소 용지에 활자 인쇄되어 있다.

〈鹽野司法大臣の訓示〉는 1937년 6월 24~26일 일본 사법성에서 열린 전국 사상계 판사 및 검사 회동에서 사법대신 鹽野季彦이 하달한 훈시이다. 주요 내용은 일본 좌우익 사상운동과 사상사건 및 사상범보호관찰제도의 운영에 관한 사법관의 책임과 역할에 관한 것이다.[59] 조선총독부재판소 용지에 활자 인쇄되어 있다.

〈保護觀察所長ニ對スル鹽野法相訓示〉는 1938년 법무상 鹽野季彦이 보호관찰소장에게 하달한 훈시로, 사상범보호관찰제도의 도입 배경, 사상범 보호 방법, 제도 운용 등을 중심으로 구성되어 있다.[60] 경성지방법원 검사국 용지에 활자 인쇄되어 있다.

② 일제 검찰사무 관련 훈시 자료

조선총독부 고등법원 검사가 사법관회의에서 검사국 감독관에게 하달한 훈시 또는 희망사항 관련 자료는 일제강점기 검찰 사무 및 사법 사무의 실상을 파악할 수 있는 주요 자료이다.

〈大正七年二月京城地方法院管內支廳檢事會同決意要項〉(1918, IA3178)

〈檢事局監督官會議席上ニ於ケル草場高等法院檢事注意事項〉(1921, IA3149)

---

58 김인덕,「林司法大臣訓示」,『민족운동 자료 해제』, p.214.
59 전병무,「鹽野司法大臣の訓示」,『민족운동 자료 해제』, pp.212~213.
60 정혜경,「保護觀察所長ニ對スル鹽野法相訓示」,『민족운동 자료 해제』, pp.196~198.

〈大正十一年十一月二十七日管內支廳檢事會同席ニ於テ赤井檢事
　　正指示事項要旨〉(1922, IA3775)

〈檢事局監督官ニ對スル境高等法院檢事希望事項〉(1924, IA3624)

〈檢事局監督官ニ對スル中村高等法院檢事長訓示〉(1921, IA3148)

〈檢事局監督官ニ對スル中村高等法院檢事長訓示〉(1924, IA3621)

〈檢事局監督官ニ對スル水野高等法院 檢事希望事項〉(1930, IA3158)

〈山澤京城地方法院檢事正訓示〉(1941, IA3574)

〈第十次司法官會議ニ於ケル外部機関希望事項〉(1941, IA3608)

〈大正七年二月京城地方法院管內支廳檢事會同決意要項〉은
1918년 2월 경성지방법원 관내 지청검사회동에서 검사 및 검사사
무 취급 제출안에 대한 결의사항과 관내 사법경찰관이 사법사무
취급에 관해 제출한 질의사항에 대한 협의결정을 정리한 내용이 담
겨있다.[61]

〈檢事局監督官會議席上ニ於ケル草場高等法院檢事注意事項〉
은 1921년 5월 9일 검사국 감독관회의 석상에서 고등법원 검사 草
場林五郎이 범죄수사에 관한 일반적인 사항과 수사과정에서의 주
의사항에 관해 지시한 내용이다.

〈大正十一年十一月二十七日管內支廳檢事會同席ニ於テ赤井
檢事正指示事項要旨〉는 1922년 11월 27일 전주지방법원 검사정
赤井定義가 관내 지청검사회동 석상에서 하달한 지시사항이다. 검

61　전병무, 「大正七年二月 京城地方法院管內支廳檢事會同決意要項(秘)」, 『민족운동 자료
　　해제』, pp.165~167.

찰 사무 일반에 대한 주의사항이 담겨
있다.

〈檢事局監督官二對スル境高等法
院檢事希望事項〉은 1924년 5월 8일 사
법관회의에서 고등법원 검사 境長三郎
이 검사국 감독관에게 검사 사무 등에
관한 희망사항을 하달한 내용이다. 뒷
부분에 1919~1923년 수형 인원 표, 벌
금 과료 징수 성적표가 첨부되어 있
다.[62]

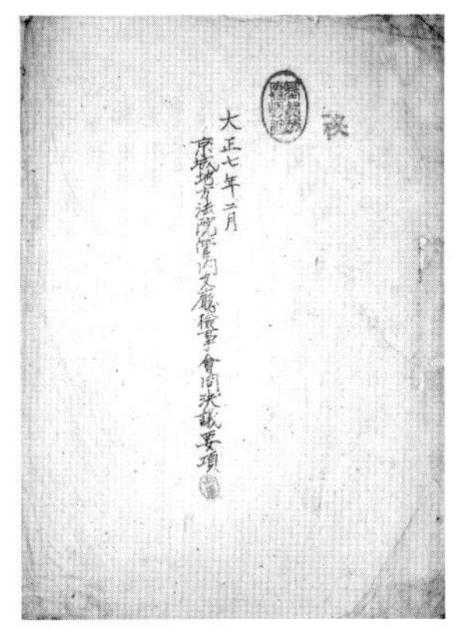

〈大正七年二月京城地方法院管
內支廳檢事會同決意要項(秘)〉

〈檢事局監督官二對スル中村高等法院檢事長訓示〉는 1921년
5월 9일 고등법원 검사장 대리 中村竹藏이 검사국 감독관 회의석
상에서의 훈시 및 주의사항을 첨부하여 복심법원 검사장, 지방법
원 검사정, 법원지청 검사 앞으로 발송한 문서이다. 범죄 처리에 관
한 지침이 담겨 있는데, 특히 일반 형사처벌보다 독립운동에 대한
처벌을 중하게 하라는 지침을 확인할 수 있는 자료이다.[63]

〈檢事局監督官二對スル中村高等法院檢事長訓示〉는 1924년
5월 8일 사법관회의에서 고등법원 검사장 中村竹藏이 검사국 감독
관에게 하달한 훈시이다. 조선 내에서 확산되고 있던 노동쟁의와

---

62 전병무, 「檢事局監督官二對スル境高等法院檢事希望事項」, 『민족운동 자료 해제』,
    pp.153~154.
63 김인덕, 「檢事局監督官二對スル中村高等法院檢事長訓示」, 『민족운동 자료 해제』,
    pp.147~148

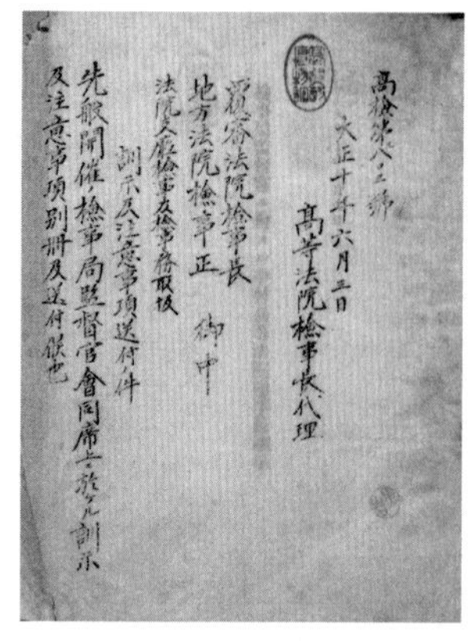

〈檢事局監督官ニ對スル中村
高等法院檢事長訓示〉

사상운동에 대한 엄중한 대처를 강조한 내용이다.[64]

〈檢事局監督官ニ對スル水野高等法院 檢事希望事項〉은 1930년 6월 사법관회의에서 고등법원 검사 水野重功이 검사국 감독관에게 하달한 희망사항을 정리한 문서이다. 사상사건이 증가하고 있는 가운데 수사 진행 및 조서작성과 같은 사법실무 과정에서 나타나는 문제점을 지적하고 이를 개선할 것을 요구하는 내용을 담고 있다.[65]

〈山澤京城地方法院檢事正訓示〉는 1941년 6월 9일 경성지방법원 검사정 山澤佐一郎이 관내 지청검사 회동에서 훈시한 내용을 정리한 필사본이다. 일제가 전시 총력체제 강화하는 정세 속에서 검사 중심의 수사 원칙을 강조하는 내용 등이 담겨 있다.[66]

한편 일본이 만주에 세운 괴뢰정부 만주국 사법부의 자료인 〈第十次司法官會議ニ於ケル外部機關希望事項〉도 있다. 만주국 제10차 사법관 회의에서 외부기관으로부터 제기된 희망사항을 정리한 문서이다. 홍보처 검찰관에 의한 출판물 기사 게재 금지에 관

64　전병무, 「檢事局監督官ニ對スル中村高等法院檢事長訓示」, 『민족운동 자료 해제』, pp.154~155.

65　전병무, 「檢事局監督官ニ對スル水野高等法院 檢事希望事項(秘)」, 『민족운동 자료 해제』, pp.168~170.

66　전병무, 「山澤檢事 訓示」, 『민족운동 자료 해제』, pp.209~210.

한 건, 藥煙總局의 아편 마약 단속에 관한 건, 地政總局의 審定 개시 지역 내의 소송 사건 등의 취급에 관한 건과 사법대서인의 업무 감독에 관한 건이 수록되어 있다.

③ 일제 검찰이 경찰에 하달한 훈시·지시 자료

일제가 식민지 통치과정에서 사법경찰관에게 부여한 역할과 임무를 파악할 수 있는 자료로, 일제검찰이 사법경찰관에게 하달한 훈시, 지시 및 주의사항 관련 문건들이 있다. 이들 문건은 고등법원 또는 지방법원의 검사정이 경찰서장회의, 경찰부장회의 또는 검사의 지휘를 받아 수사를 하는 사법경찰관과의 회동에서 작성된 것으로, 일제 검찰과 사법경찰관이 어떠한 방식으로 협력해서 치안 업무를 수행했는지를 잘 보여준다. 또한 사상단체, 종교단체, 사회주의단체, 학생운동 등 식민통치에 저항하는 세력들의 정치적 동향을 일제 검찰이 어떻게 인식하고 대응했는지에 관한 내용도 상세히 드러나 있다. 다음은 이에 해당되는 각 자료의 개요를 정리한 것이다.

〈鄕津京城地方法院檢事正訓示要項〉(1917, IA1648)

1917년 11월 16일 경성지방법원 검사정 鄕津友彌가 경기도 경무부 소집 당시 사법경찰관 회동석상에서 한 훈시와 지시사항이다. 훈시는 주로 사법경찰관의 역할과 임무와 자세 등에 관한 것이다. 함께 제시된 지시사항 17항은 사건 접수에서 수사, 피의자 신문, 조서 작성, 송치에 이르기까지 사법경찰관이 지켜야 할 내용

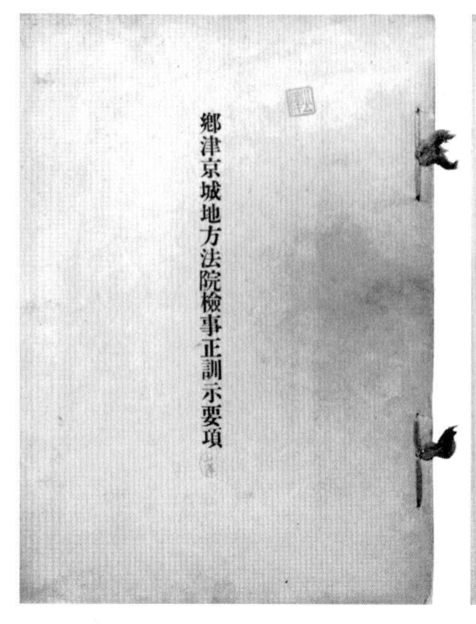 

〈鄕津京城地方法院檢事正訓示要項〉　　　　　　〈境檢事正訓示要項〉

에 관한 것이다.[67]

〈境檢事正訓示要項〉(1920, IA3576)

1920년 10월 26일 경성지방법원 검사정 境長三郎이 경기도 사법

경찰관 회동에서 하달한 훈시 및 지시 사항이다.

〈境檢事正訓示要項〉(1921, IA3625)

1921년 6월 22일 경성지방법원 검사정 境長三郎이 강원도 사법

경찰관 회동에서 하달한 훈시 및 지시 사항이다.

〈慶尙北道警察署長會議ニ於ケル塚原大邱地方法院檢事正訓示要

旨〉(1923, IA3753)

1923년 6월 23일 대구지방법원 검사정 塚原友太郎이 경상북도

67　차선혜,「鄕津京城地方法院檢事正訓示要項」,『민족운동 자료 해제』, pp.140~141.

경찰서장 회의에서 훈시한 요지이다.

〈管內警察署長ニ對スル杉村釜山地方法院檢事正訓示〉(1923, IA3751)

1923년 7월 부산지방법원 검사정 杉村逸樓가 부산 관내 경찰서
장회의에서 경찰서장에게 하달한 훈시와 지시사항으로, 개정형
사소송법에 관한 내용과 소작쟁의와 같은 사회운동에 대한 대응
등의 내용이 수록되어 있다.

〈司法警察官ニ對スル檢事正訓示〉(1923, IA3142)

1923년 7월 청진지방법원 검사정이 함경북도 경찰서장회의에서
사법경찰관을 대상으로 국경경찰에 관한 사항 등을 훈시한 내용
이 수록되어 있다.

〈大正十四年六月慶尙北道警察署長會同席上下村檢事指示事項〉
(1925, IA3611)

1925년 6월 경상북도경찰서장 회동 석상에서 검사 下村이 하달
한 지시사항으로, 쌍방 폭행상해를 입혔을 경우 경찰관리집무규
정에 의해 1건으로 처리해야 한다는 등 경찰 업무 수행 중 주의해
야 할 사항 13가지가 수록되어 있다.

〈慶北警察署長會同ニ於ケル塚原大邱地方法院檢事正訓示要旨〉
(1924, IA3803)

1924년 9월 20일 대구지방법원 검사정 塚原友太郎이 경상북도
경찰서장 회의에서 훈시한 요지이다.

〈慶尙北道警察署長會議ニ於ケル窪田大邱地方法院檢事正訓示
要旨〉3건(1925년 6월 24일, IA3612/1926년 10월 14일, IA3752/1927년 9월 30일,
IA3616)

1925년 대구지방법원 검사정 窪田頴이 경상북도 경찰서장 회의

에서 훈시한 요지이다. 이 중 6월 24일의 훈시는 사상단체 단속, 공산주의 방지, 치안유지법 연구, 사법경찰관의 피의자와 기타 관계인에 대한 태도, 훈계방면 처분, 범죄 보고 등에 관한 내용으로 구성되어 있다.

〈橋本公州地方法院檢事注意事項〉(1927, IA3623)

1927년 10월 공주지방법원 검사 橋本恒五郎이 충청남도 경찰서장 회의에서 사건 수사 및 기록 작성 등에 관한 주의사항을 하달한 내용이다.

〈寺田公州地方法院淸州支廳檢事注意事項〉(1928, IA3140)

1928년 6월 공주지방법원 청주지청 검사 寺田克己가 충청북도 경찰서장 회의에서 사법경찰관의 사건 수사 실무와 관련하여 하달한 주의사항이다.

〈警察部長ニ對スル中村高等法院檢事長訓示〉(1929, IA3165)

1929년 5월 고등법원 검사장 中村竹藏이 경찰부장 회의에서 불온사상, 사상단체 등에 대한 대응 자세를 훈시한 내용이다. 뒷부분에 1911년 이후 범죄 건수 및 검거 건수 통계표가 첨부되어 있다.

〈警察部長ニ對スル松寺高等法院檢事長訓示〉(1931, IA3622)

1931년 8월 고등법원 검사장 松寺竹雄이 경찰부장 회의에서 행한 훈시를 정리한 것이다. 조선의 민족운동을 잔학하고 부화뇌동적인 성격으로 규정하고 있다.

〈警察部長ニ對スル境高等法院檢事長訓示〉(1932, IA3626)

1932년 7월 고등법원 검사장 境長三郎이 경찰부장회의에서 사상운동에 관한 경계와 당부를 주문한 내용의 훈시이다.

〈里見公州地方法院檢事正訓示〉(1931, IA3620)

1931년 11월 공주지방법원 검사정 里見寬二가 충청남도 경찰서
장 회의에서 행한 훈시 개요이다. 검사국에서 다룬 경찰송치 사
건과 각 경찰서의 사법사무 시찰 결과를 토대로 하여 훈시한 내
용이 수록되어 있다.

〈松本全州地方法院檢事注意事項〉(1932, IA3629)

1932년 9월 전주지방법원 검사 松本要가 전라북도 경찰서장 회
의에서 범죄수사와 수사서류 작성 사례와 방법에 관해 하달한 주
의사항이다.

〈慶尙北道警察署長會議ニ於ケル草場大邱地方法院檢事訓示〉
(1922, IA3179)

1922년 9월 16일 대구지방법원 검사정 草場林五郎이 경상북도
경찰서장회의에서 사법경찰 사무와 관련하여 훈시한 10개 항목
이다.

〈警察部長ニ對スル笠井高等法院檢事部長訓示〉(1935, IA3609)

1935년 4월 고등법원 검사장 笠井健太郎이 경찰부장회의에서 범
죄수사에 관한 일반적인 사항과 유의사항에 대해 훈시한 내용
이다.

〈玉名高等法院檢事希望事項〉(1935, IA3610)

고등법원 검사 玉名友彦이 1935년 4월 사법관회의에서 사법사무
에 관한 사항과 사상사건에 관한 유의사항 등에 관해 훈시한 내
용이다.

〈山澤光州地方法院檢事正訓示(秘)〉(1935, IA3221)

1935년 6월 광주지방법원 검사정 山澤佐一郎이 전라남도 경찰서

장회의에서 훈시한 12개 항목이 수록되어 있다.

〈警察部長ニ對スル笠井高等法院檢事長訓示〉(1936, IA1652)

1936년 6월 고등법원 검사장 笠井健太郎이 전국 경찰부장회의에서 하달한 훈시 5개 항목이 수록되어 있다.

〈昭和11年各警察署長會議注意事項(秘)〉(1936, IA3617)

1936년 경성지방법원 검사 酒見綴次가 8월 경기도, 9월 강원도에서 열린 각 경찰서장회의에 하달한 주의사항이 수록되어 있다.

〈福田京城地方法院檢事正訓示〉(1937, IA3566)

1937년 5월 경성지방법원 검사정 福田이 경기도 경찰서장회의에서 훈시한 내용이다. 훈시 내용은 道會 의원 선거, 사상범 검거, 민족주의 대두, 사법경찰관의 瀆職事犯, 수사에 대한 비난 절멸 도모, 수사의 기밀 유지, 미검거 중요 범죄, 중지사건 수사, 신속한 수사, 각 경찰서간 연락 협조, 밀정 사용 시 戒愼, 수사 중추기관인 검사와의 연계, 사법경찰관의 교양 훈련 등이다.

〈警察部長ニ對スル笠井高等法院檢事長訓示〉(1937, IA3572)

1937년 5월 고등법원 검사장 笠井健太郎이 경찰부장회의에서 하달한 훈시 내용이다.

〈旱田公州地方法院檢事正訓示〉(1937, IA3168)

공주지방법원 검사정 旱田이 1937년 6월 11일 충청남도 경찰서장회의, 1937년 7월 9일 충청북도 경찰서장회의에서 훈시한 내용이다.

〈司法警察官敎養資料 造言飛語ノ罪ニ付テ〉(1937, IA3211)

중일전쟁 발발 직후인 1937년 7월 경성지방법원 검사국 사상부에서 사법경찰관 교육용 교양자료로 제작한 문건이다. 조언비어·유언비어 관련 죄에 대한 일제 당국의 대응 양상을 살펴볼 수 있는 자료로, 사상통제와 여론 단속을 위한 검찰의 시각과 방침이 담겨있다.

〈警察部長ニ對スル增永高等法院檢事長訓示(秘)〉(1938, IA3614)

1938년 5월 고등법원 검사장 增永正一이 경찰부장회의에서 하달한 6개 항목의 훈시 내용이다.

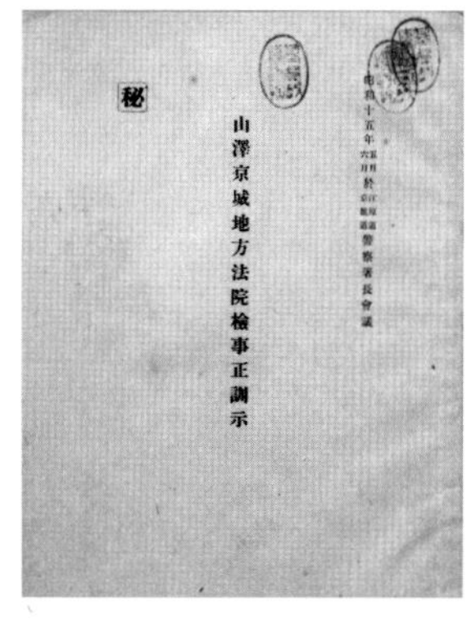

〈山澤京城地方法院檢事正訓示〉

〈昭和十三年度全國警察部長會同ニ於ケル泉二檢事總長訓示〉(1938, IA3146)

1938년도 검사총장 泉二가 전국 경찰부장 회동에서 훈시한 내용이다. 뒷부분에 사법대신 鹽野秀彦의 인사말이 수록되어 있다.

〈松前京城地方法院次席檢事注意事項〉(1939, IA3136)

1939년 5월 경성지방법원 차석검사 松前謙助가 경기도·강원도 경찰서장회의 석상에서 지시한 주의사항으로, 경찰 사무와 관련하여 5개 항목이 수록되어 있다.

〈山澤京城地方法院檢事正訓示〉(1940, IA3139)

경성지방법원 검사정 山澤佐一郎이 1940년 5월 경기도 경찰서장회의와 6월 강원도 경찰서장회의 석상에서 하달한 훈시 자료이다. 山澤이 직접 수기한 필사본(IA2543)을 활자화한 문건으로, 총 7개 항목으로 구성되어 있다. 첫 번째 항목은 恩赦에 관한 것으로, 일본정부가 황기 2,600년을 맞이하여 내린 은사에 따라 검사국 본청 및 지청에서 언도한 수형자 가운데 3,113명을 감형하고

1,467명을 복권한다는 내용이다. 이어 창씨제도의 의미, 실화죄 단속 강조, 전시체제 하에서 금 밀수출 방지 필요, 경제사범에 대한 단호한 처리, 사상범 방지, 전시체제 하 방첩의 중요성 강조 등의 내용으로 구성되어 있다.

〈管內高等外事主任打合會, 酒井京城覆審法院檢事挨拶〉(1941, IA3591)

1941년 6월 16일 개최되는 경기도 관내 고등·외사주임 打合會 관련 문건으로, 경성복심법원 酒井超夫의 인사말을 비롯하여 회동 인원 명부, 타합회 진행 순서, 참석자 명단 등이 수록되어 있다.

이상의 자료는 일제강점기 검사와 사법경찰관의 역할과 업무 수행의 추이를 종합적으로 살펴보는 데에 도움이 되는 자료이다. 특히 일제 검찰과 사법경찰관이 조선 내 항일독립운동에 대해 어떻게 대응했는지, 일제의 통치 방식이 변화하면서 사법경찰사무에 어떤 방식으로 반영되었는지 그 실상을 파악할 수 있다. 치안유지법 시행 전후 사상사건에 대한 검찰의 대응 양상을 살펴보는 데에도 유의미하다.

④ 재판소 및 검사국 감독관 회의자료

광주·전주·대구지방법원 검사정이 재판소 및 검사국 감독관 회의에서 요청한 자문사항에 대해 법무국장 또는 조선총독에게 보낸 답신자료이다. 1936년부터 시행된 사상범보호관찰제도와 관련된 내용이 주를 이루고 있다. 그리고 조선총독부 법무국장이 감독

관회의에서 다루는 총독의 자문사항과 이에 대한 답신서 작성 요
령 등을 공지한 공문, 감독관회의에 내린 주의사항, 청진지방법원
장이 감독관회의에 제출한 사상범 보호관찰에 관한 건에 대한 의
견서 등이 있다.

〈裁判所及檢事局監督官會議諮問事項ニ
関スル件〉(1937, IA3653)

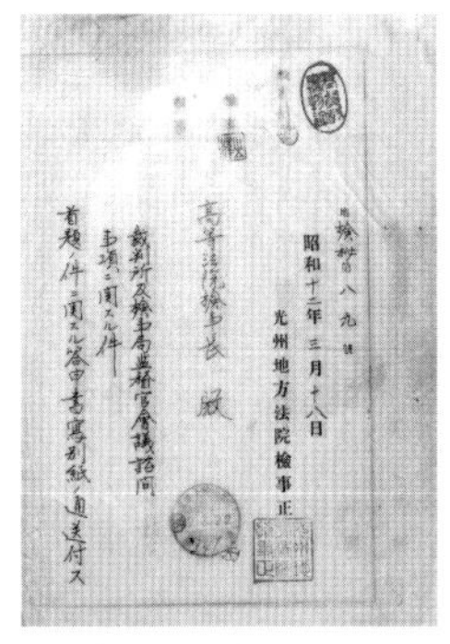

〈裁判所及檢事局監督官會
議諮問事項ニ関スル件〉

1937년 3월 18일 광주지방법원 검사정
이 재판소 및 검사국 감독관회의의 자
문사항인 사상범보호관찰제도 실시 등
에 대해 법무국장에게 보낸 의견서

〈裁判所及檢事局監督官會議ノ諮問事項
ニ對スル答申書〉(1937, IA3227)

1937년 3월 18일 전주지방법원 검사정
이 재판소 및 검사국 감독관회의의 자문사항(사상범보호관찰제도 실시
에 따른 검찰 직무상 고려할 점, 사법사무를 통하여 일반 施政上의 참고사항)에 대
해 고등법원 검사장에게 보낸 의견서

〈裁判所及檢事局監督官會議ニ於ケル諮問事項ニ関スル件〉(1937,
IA3640)

1937년 3월 20일 전주지방법원 검사정이 재판소 및 검사국 감독
관회의의 자문사항에 대해 고등법원 검사장에게 보낸 의견서

〈裁判所及檢事局監督官會議ニ於ケル諮問事項ニ関スル件〉(1937,
IA3172)

1937년 3월 24일 대구지방법원 검사정 里見寛二가 재판소 및 검

사국 감독관회의에서의 자문사항에 대해 고등법원 검사장과 조
선총독에게 보낸 답신 의견서
〈裁判所及檢事局監督官會議ニ於ケル諮問事項ニ関スル件〉
(1938, IA3163)

1938년 8월 13일 조선총독부 법무국장 宮本元이 1938년 10월 하
순 개최 예정인 재판소 및 검사국 감독관회의를 앞두고, 회의에
서 다루게 될 자문사항과 이에 대한 답신서 작성에 관해 고지한
주의사항
〈裁判所及檢事局監督官會議 法務局長 注意事項〉(1938, IA3618)

1938년 10월 조선총독부 법무국장 宮本元이 1938년 10월 재판소
및 검사국 감독관회의에서 하달한 23개 항목의 주의사항
〈裁判所及檢事局監督官会議提出意見〉(1938, IA4403)

1938년 청진지방법원장이 재판소 및 검사국 감독관회의에 제출
한 경제 판검사 임용 및 사상범보호관찰에 관한 의견서

이밖에도 조선총독부 법무국에서 보호관찰소장회의의 자문사
항에 대해 보호관찰소장들이 제시한 의견을 사안별로 정리한 〈保
護觀察所長會議諮問事項答申要項〉(1937, IA3577), 고등법원 검사장
이 종교범죄와 관련하여 각 복심법원 검사장, 각 지방법원 검사정
및 각 지청 검사에게 보낸 〈宗敎犯罪ノ搜査取調ニ関スル件〉(1937,
IA3568), 1941년 6월 13일 경기도 고등·외사주임 회동 회의 자료인
〈京畿道高等·外事主任會同 會議〉(1941, IA3592) 등이 있다.

⑤ 일제 경찰 기관의 훈시·주의·지시·회의자료

일제 경찰의 정책 방향과 역할, 실무 등에 대해 살펴볼 수 있는 자료들로, 1933년부터 1942년까지 경찰기관이 내린 훈시·주의·지시·회의록 및 의견서 등을 포함한다. 주로 전남 경찰서장회의 자료가 많으며 의견서와 지시사항·훈시 등이 기재되어 있다. 이들 자료는 경찰 실무와 관련하여 고등경찰, 보안경찰, 사법경찰, 위생경찰 등 각 부문 경찰의 구체적인 운영

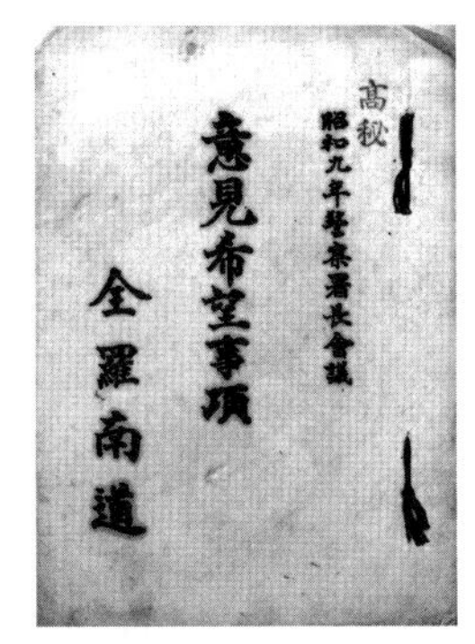

〈昭和九年警察署長會議
意見希望事項-全羅南道〉

방식과 더불어 조선인의 사상운동과 사회주의 운동에 대한 대응방식, 전시체제기 치안정책의 운영 방향과 역할 등을 살펴볼 수 있다. 또한 각 지방의 경찰사무의 실태를 파악하고, 일제의 식민지 통치기구로서 경찰이 수행한 기능과 정책적 기조를 이해하는 데에도 유용하다. 이에 해당되는 자료는 다음과 같다.[68]

〈昭和八年六月二十二日全羅北道警察部長下村進訓示〉(1933, IA3578)

1933년 6월 22일 전라북도 경찰부장 下村進의 훈시. 고등경찰, 보안경찰, 사법경찰, 위생경찰의 유의사항과 경무상 주의사항 수록

〈昭和九年警察署長會議 意見希望事項-全羅南道〉(1934, IA3567)

1934년 전라남도 경찰서장회의에서 각 지역 경찰서가 제출한 의견과 이에 대한 답변 내용. 순천 등 14개 지역 경찰서의 제출 의견

68　『민족운동 자료 해제』, pp.217~237 참조.

수록

〈昭和九年全羅南道警察署長會議 指示事項〉(1934, IA2600)

1934년 전라남도 경찰서장회의에서 제기된 지시사항. 사상운동 단속, 재외 불령자 잠입 방지, 자력갱생운동에 대한 주의자의 책동 방지, 노자(勞資)분쟁 단속, 종교 유사단체 사찰 단속, 우익단체원 동정 사찰, 출판물 단속에 관한 건 등에 관한 지시 내용 수록

〈意見書〉(1934, IA3570)

1934년 1월 전라남도 경찰부 사법경찰관이 광주지방법원 검사국 검사정 山澤佐一郎에게 제출한 의견서. 피의자 30명의 본적, 주소, 직업, 성명, 연령과 범죄사실 수록

〈昭和十年 全羅南道 警察署長會議 部外希望事項〉(1935, IA3756)

1935년 전라남도 경찰서장회의에서 제기된 부외(部外) 희망사항. 지방과, 토목과, 산업과, 농무과 등 경찰 외 행정 부서의 희망사항과 농무과와의 협의사항 수록

〈昭和十年全羅南道警察署長會議 意見希望事項〉(1935, IA3560)

1935년 전라남도 각 지역 경찰서에서 경찰서장회의에 제출한 24건의 의견에 대한 답변 및 질의·협의사항 수록

〈昭和十年全羅南道警察署長會議 警察部長訓戒〉(1935, IA3641)

1935년 전라남도 경찰서장회의에서 경찰부장이 내린 훈계. 사회 기강 유지, 민심 계도, 주의운동 사찰 단속, 사상 정화의 철저, 민간신앙 선도 및 단속 등에 관한 지침 수록

〈訓示〉(1939, IA3202)

1939년 4월 15일 경기도 경찰부장 高安彦의 훈시. 중일전쟁 이후 전시체제 하에서의 聖戰 완수, 면협의회원 선거 단속 등에 관한

내용 수록

〈指示注意事項〉(1940, IA3561)

1940년 6월 외사경무과 주관 경찰서장회의 자료. 방첩대책 강화, 중국인 노동자 단속 등 지시 및 주의사항 수록

〈特別警備對策ニスル件〉(1940, IA3181)

1940년 경기도 경찰부장이 경성지방법원 검사정에게 발송한 특별경비 대책에 관한 건 및 경기도 각 경찰서장 회의를 통해 추진 중인 '특별경비대책요강' 수록

〈昭和十六年六月於警察署長會議 指示注意事項〉(1941, IA4326)

1941년 6월 경찰서장회의 자료. 경무과, 방호과, 보안과, 경제경찰과, 위생과 등에서 제출한 지시 및 주의사항 수록

〈昭和七年五月 京畿道 指示注意打合事項〉(1942, IA3155)

1942년 5월 경기도 경찰서장회의 자료. 경기도의 지방과, 사회과, 농무과, 이재과, 산림과에서 제출한 지시 및 주의사항 수록

〈昭和十七年五月京畿道警察部警察署長會議意見希望事項〉(1942, IA3170)

1942년 5월 경기도 경찰부가 경찰서장회의에서 관내 각 경찰서 및 소방서로부터 제출된 의견과 희망사항을 정리한 자료

〈警察署長會議日程〉(1942, IA3156)

1942년 5월 20일과 21일에 개최된 강원도 경찰서장회의 참고자료. 회의 일정, 참석한 경찰서장 22인 명단, 숙소 정보 등 수록

〈署長會議 指示事項〉(일제강점기, IA3689)

경기도 경찰서장회의 자료. 경기도의 사회과, 이재과, 산림과 등에서 제출한 지시사항 수록

⑥ 조선 총독의 훈시·지시 자료

다음은 총독이 조선총독부 관서, 사법관 및 도지사 회의에서 전달한 훈시 자료이다.[69]

〈司法官ニ対スル總督訓示〉(1921, IA1653)

〈朝鮮總督府及所屬官署職員ニ對スル訓示〉(1936, IA3708)

〈昭和十三年十月裁判所及檢事局監督官ニ対スル總督訓示〉

　(1938.10, IA3619)

〈昭和十五年十月臨時道知事會議 總督指示〉(1940.10, IA3175)

〈昭和十五年十月臨時道知事會議 總督訓示要旨〉(1940.10, IA3635)

〈道知事指示〉(1934, IA3143)

〈經濟事犯處理ニ関スル件通牒〉(1940, IA4328)

〈京城師團參謀長ヨリノ要望事項〉(1942, IA3573)

〈司法官ニ対スル總督訓示〉는 1921년 5월 5일부터 10일까지 개최된 전국 사법관회의에서 齊藤實 총독이 조선총독부의 사법행정사무에 관하여 훈시한 내용을 담고 있다.

〈朝鮮總督府及所屬官署職員ニ對スル訓示〉는 1936년 8월 27일 南次郎 총독 부임 직후 조선총독부 및 소속관서 직원을 대상으로 행한 훈시로, 전임 총독의 내선융화 정책을 계승하여 황민화를 수행하겠다는 조선 통치 방침과 실행 의지를 표명하고 있다. 1938년 10월 25일부터 28일까지 개최된 전국의 재판소 및 검사국 감독

69　『민족운동 자료 해제』, pp.238~249 참조.

관 회동에서 南次郎 총독이 행한 훈시인
〈昭和十三年十月裁判所及檢事局監督官
ニ対スル總督訓示〉는 전시체제하에서
사법관의 '사법의 사명'을 강조한 내용
이 수록되어 있다.

〈司法官ニ対スル總督訓示〉

　〈昭和十五年十月臨時道知事會議
總督指示〉는 南次郎 총독이 1940년 10
월 개최된 임시 도지사 회의에서 국민총
력연맹의 조직 신설과 구체적인 조직 운
영에 대해 지시한 자료이다. 〈昭和十五年十月臨時道知事會議 總
督訓示要旨〉는 임시 도지사 회의에서 南次郎 총독이 국민총력조
선연맹 조직하며 발표한 훈시 요지이다. 이 두 자료는 1938년 5월
실시된 국민정신총동원운동과 그 연장선에서 조직된 국민총동원
조선연맹의 체계 정비 과정 속에서, 일제가 전시체제 하 조선을 통
치하기 위해 취한 정책 방향과 실행 의지를 잘 보여준다.

　이 외에도 조선총독부의 경제 정책 및 군사 통제와 관련된 자
료들이 확인된다. 〈道知事指示〉는 1934년 10월 전라남도 도지사
가 府의 내무과장과 내무주임 郡島에게 농지령 및 소작인 관련 업
무에 대해 지시한 대외비 문건이다. 〈經濟事犯處理ニ関スル件通
牒〉은 1940년 4월 6일 경제사범 처리에 관해 발송한 통첩으로, 통
제경제 실시 이후 급증한 경제사범에 대한 대처 방안과 유의사항이
수록되어 있다. 〈京城師團參謀長ヨリノ要望事項〉은 1942년 5월
15일 작성된 대외비 자료로, 경성사단참모장이 재향군인, 징발, 징
병, 恩賞 등에 관해 관계 기관에 제시한 요구사항을 담고 있다. 징

병제 실시 이후 강화된 군사 통제 정책의 실행 방향이 잘 드러나
있다.

4) 사법·경찰기관의 각종 보고, 정리, 통계 및 법령 자료

① 일제 사법기관의 보고, 정리 자료

1930년대 일제 법원 및 검찰 등 사법기관은 조선인의 민족운동을 통제하고 식민통치를 원활히 수행하기 위한 목적으로 각종 보고 자료를 작성하였다. 박물관에는 법무국, 조선총독부재판소, 고등법원 검사국, 그리고 경성·광주·대구·전주·함흥 지방법원 검사국 등에서 작성한 관련 보고 자료들이 소장되어 있다. 주로 광주학생운동, 각 지역 사상단체 및 사상운동, 공산당 활동 등 독립운동과 관련된 검찰사무와 사법통제, 그리고 사상범보호관찰제도의 운영 등에 관한 것이다. 이에 해당되는 자료는 다음과 같다.[70]

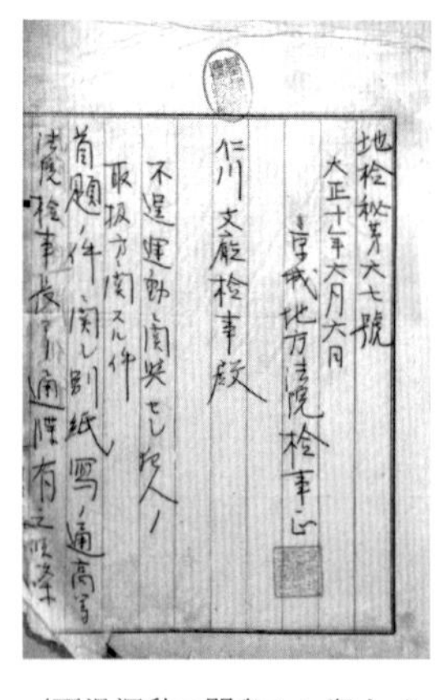

〈不逞運動ニ関與セン犯人ノ
取扱方法ニ関スル件〉

〈不逞運動ニ関與セシ犯人ノ取扱方法ニ関スル件〉(1921, IA3600)

1921년 6월 6일 경성지방법원 검사정이 인천지청검사에게 보낸

70　『민족운동 자료 해제』. pp.252~306 참조.

'불령운동에 관여된 범인의 취급방법에 관한 건'

〈大邱部內思想團体ノ重ナル幹部ノ氏名及團圓數〉(1926, IA3685)

1926년 2월경 대구 내 사상노동단체 26개의 주요 간부와 단체 규모, 창립일, 회원 수, 활동상황 및 종교 포교 상황 및 종교유사단체, 1925년 강연강좌 단속 상황 등을 정리한 문서

〈被疑者李種守檢察事務報告〉(1928, IA3715)

1928년 9월 28일 대구지방법원 의성지청 검사사무 취급 도경부에서 조선 총독 山梨半造에게 보낸 검찰 사무 보고. 의성우편소 사무원 이종수의 범죄에 관한 검찰사무의 처리 경과 및 내용 수록

〈朝鮮共産黨事件(一)〉(1929, IA3704)

1929년 4월 무렵 경성지방법원 검사국에서 작성한 조선공산당의 조직과 재건 움직임, 경찰의 단속과 검거 내용이 수록된 문건 비밀문건

〈檢察事務ニ関スル件通牒〉(1929, IA3145)

1929년 5월 7일 고등법원 검사장이 일본 황실 불경죄 사건에 대해 기소유예 처분을 내린 취지를 설명하며 부산지방법원 검사정에게 보낸 문서

〈支那ニ於ケル共産党運動ノ現況ニ関スル件〉(1929, IA3758)

1929년 6월 1일 일본 사법성 형사국장 泉二新熊가 일본의 검사총장, 검사장, 검사정에게 보낸 공문과 보고서. 중국의 공산운동(1928.12~1929.4)의 일반 정황, 조직 계통도, 중국 공산당과 소비에트러시아와의 관계, 중국원공산당과 일본공산당의 연합운동 등 수록

〈光州ニ於ケル學生ノ社會運動〉(1930, IA4029)

1930년 6월 30일 고등법원 검사국 伊藤憲郎이 고등법원 검사장 松寺竹雄에게 광주학생운동의 배경 및 주요 세력, 성격 등을 정리하여 제출한 보고서

〈管內狀況報告〉(1930, IA3177)

1930년 6월 경성복심법원 검사장이 1929년도 관내 검찰사무 현황과 학생 범죄 등을 분석하여 작성한 보고서. 1929년도 범죄 증감상황, 공산당 활동상황, 신간회의 이면적 행동상황, 광주학생 사건의 여파로 경성부 내에서 발생한 학교 소동에 있어 학생들의 주소와 연령 등의 통계 자료 수록

〈間島方面出張報告書〉(1930, IA4168)

1930년 11월 간도지역의 사상 상황을 시찰하고 돌아온 고등법원 伊藤憲郎이 고등법원 검사장에게 제출한 출장보고서. 간도의 일반상황, 간도의 치안상황, 간도에서의 형사사건과 조선, 간도사건의 법률 문제, 그리고 간도공산당 사건 등을 정리한 부록으로 구성

〈思想新刊書購入報告〉(1930, IA3710)

1930년 9월 29일과 10월 29일 조선총독부 고등법원 검사국 사상부에서 고등법원, 복심법원, 지방법원, 법무국에 보낸 사상 신간 서적 보고서. 사상 통제의 일환으로 매월 사상 관련 신간 서적을 구입하고 그 목록을 보고한 자료로, 각각 신간 11권과 5권의 목록 수록

〈調査書〉(1930년경, IA3667)

1930년경 전주지방법원 검사국에서 1928~1930년 관내 범죄사건 동향, 사상노농운동의 상황 등을 정리한 조사서

〈京城市內女學校萬歲事件報告〉
(1931, IA2597)

1931년 2월 경성지방법원 검사
국에서 작성한 보고서. 1930년
1월 15일 경성 시내에서 여학생
2천여 명이 전개한 만세운동의
원인, 조직, 범위, 기타 중요한
사항 등을 조사한 내용 수록

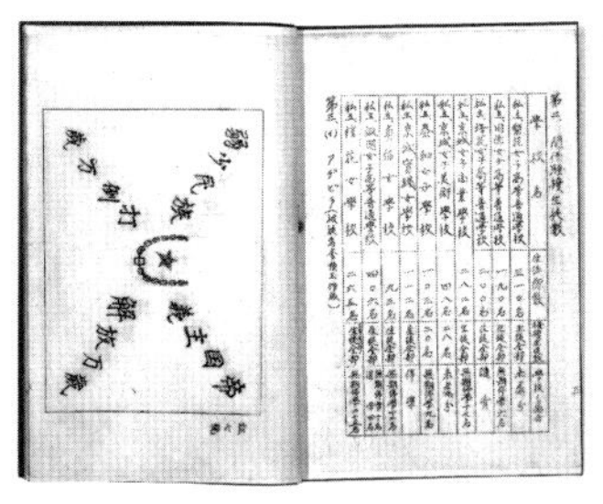

〈京城市內女學校萬歲事件報告〉

〈高檢思想月報〉(1931, IA3757)

1931년 7월 15일 고등법원 검사국 사상부에서 발간한 대외비 문
건. 조선공산당원 신원조사, 조선공산당의 '슬로건', 러시아의 교
육, 間島 五州事件 예심종결, 좌익노동조합의 결성과 출판물, 사
상문제 자료 전람회 등 수록

〈朝鮮共産黨再建設準備會の出現より解體まで 外〉(1931, IA3761)

1931년 고등법원 검사국에서 작성한 문건으로, 조선공산당 조직
활동 등 사회주의사상 및 관련 사건과 함남 장풍 탄광 폭동사건
판결문 등 전선사상사건 월표와 같은 통계 자료 등을 발췌, 정리.
이 문건의 내용은 『사상월보』 제1권 제6호(1931.9.15. 발행)에 수록

〈全州地方法院 群山支廳 檢事分局 管內狀況〉(1932, IA3215)

1932년 전주지방법원 군산지청 검사분국에서 작성한 관내상황
으로 사상에 관한 범죄 상황과 공무원의 범죄상황, 변호사 및 사
법대서인의 업무상황, 그리고 공무원의 범죄사건표 등 각종 통계
표 수록

〈第一回總會研究事項等諮問ニ對スル答申錄〉(1934, IA3707)

1934년 7월 6일 대구사법보호사업연구회에서 작성한 문건으로 총회에서의 행사 개요, 연구 및 협의사항, 총회 외의 협의사항 수록

〈中樞院施設硏究會社會部 免囚保護事業ノ擴充方策〉(1934, IA3565)

1934년 3월 법무국의 지시에 따라 대구복심법원 관내 사법보호사업연구회에서 사법보호사업 확대방안에 대한 대책을 제시한 문건. 면수(免囚)에게 직업을 후원하는 방안, 보호회의 통일과 증설 도모, 보호관찰회 설치 방안, 재정 확보를 위한 염출 방법 등 수록

〈司法保護事業打合事項ノ要領〉(1935, IA3755)

1935년 4월 대구복심법원 관내 사법보호사업연구회에서 작성한 문서로, 사법보호사업에 관한 연구 내용과 연구회의 활동, 향후 사법보호사업의 방향, 사법보호사업의 선전 방법 등에 관한 내용 수록

〈昭和十年二月光州地方法院檢事局 調査事項〉(1935, IA3212)

1935년 2월 광주지방법원 검사국에서 작성한 문건으로, 전남운동협의회사건과 제주도적색농민조합창립준비위원회사건 등에 관한 관내 사상운동의 동향을 정리. '관내에서의 사상운동의 개황', '검사수사사건증감비교표', '1933~4년 주요범죄사건증감비교표', '미징수금표', '미처분중거물건수표', '3개년간수리사건표' 등 수록

〈所謂人民戰線運動ニ就て〉(1936, IA3786)

1936년 11월 고등법원 검사국 사상부에서 사회주의운동의 신경향을 소개하고 대응방안을 검토한 내부 문건. 인민전선운동, 합법단체에 대한 문제, 소련의 신헌법 초안, 불경죄의 취급 등을

수록

〈蘇聯軍事密偵ノ身柄引渡ニ関スル件〉(1936, IA3801)

1936년 3월 11일 고등법원 검사장이 법무국장의 문의에 대해 회
답한 문서. 청진지방법원 검사국을 거쳐 청진지방법원 공판에 계
류 중인 소련 군사 밀정의 신병을 만주국에 인도하는 문제에 관
한 내용 수록

〈檢事事務報告ニ関スル件〉(1936, IA3692)

1936년 9월 12일 고등법원 검사장이 신의주지방법원 검사장에게
보낸 검사 사무 보고. 1930년 7월 1일 이청천 등이 길림성 위하현
에서 조직한 한국독립당 관련 사항과 경성형무소에 복역 중인 한
국독립당 조직자 이규채에 관한 내용 등 수록

〈千綿檢事正ノ書翰〉(1936, IA3674)

신의주지방법원 검사국 검사 千綿榮六이 경성부 고등법원 검사
국 검사 山澤佐一郎에게 보내는 편지로, 집안현에서 조선혁명군
소속으로 활동하다 자수한 김창학 외 1인에 대해 기소유예 처분
을 내린 사항에 대한 의견 수록

〈假出獄思想犯處遇規程ニ依リ交付スベキ旅券及證明書ノ様式ニ
関スル件〉(1937, IA3744)

1937년 6월 29일 법무국장이 민족운동으로 구금되었다가 가출
옥한 사상범의 처우 규정에 따라 작성한 문서. 각 보호관찰소장
이 서명하고 직인을 찍어 가출옥자에게 교부하는 여권 및 증명서
양식, 그리고 이를 교부받은 가출옥자의 의무사항 수록

〈英國ライジングサン石油會社ノ日鮮滿情報網ニ関スル件〉(1937,
IA3672)

1937년 11월 29일 고등법원 검사국 검사장이 복심법원 검사장과
지방법원 검사정에게 보낸 문건. 영국 라이징선석유회사의 영업
조직 및 첩보망, 그리고 하얼빈고등검찰청 차장의 보고 내용 수록

〈保護觀察ノ實績ニ関スル參考資料ノ件〉(1937, IA3733)

1937년 6월 22일 법무국장이 각 보호관찰소장에게 보낸 보호관
찰 실적에 관한 참고자료 등 4건의 공문. 일본 사법대신관장 보
호과장과 일본 보호관찰소가 주고받은 문서를 참고자료로 법무
국장에게 보낸 문서

〈檢察事務報告ニ関スル件〉(1937, IA4329)

1937년 12월 6일 고등법원 검사장이 함경남도 문천군 좌익농민
조합 재건운동으로 재판에 회부된 강탄구·김요한 등의 판결에
대해, 함흥지방법원 검사정에게 가중처벌의 오류를 지적한 조회
문서와 이에 대해 같은 해 12월 22일 판결의 오류를 인정하고 경
위를 해명한 답신

〈保護觀察事件處理狀況等調〉(1938, IA3615)

조선총독부 법무국에서 작성한 보호관찰 관련 문건으로, 1938년
1월~6월 보호관찰사건 처리 현황과 보호관찰 대상자의 이력 등
을 조사·정리한 자료와 1936년 12월~1938년 6월 전국 보호관찰
소의 활동 내용 및 보호관찰 대상자의 취업 현황 기록 문건 수록

〈檢察事務報告 乙號〉(연도 미상, IA3735)

검찰사무 보고 시 생략 가능한 사례들을 정리한 문건으로, 경미
한 보안규칙과 보안법 위반 등 보고의 필요성이 없는 11가지 항
목 수록

〈佐伯事件豫審終結決定ニ対スル意見〉(1939, IA3666)

조선총독부재판소 검사 松前謙助가 경성부윤 佐伯顯의 뇌물수수사건, 즉 부하 직원 정재홉 등으로부터 각종 물품과 현금 등의 뇌물, 향응을 제공받은 사건에 대한 예심종결결정서를 검토하고

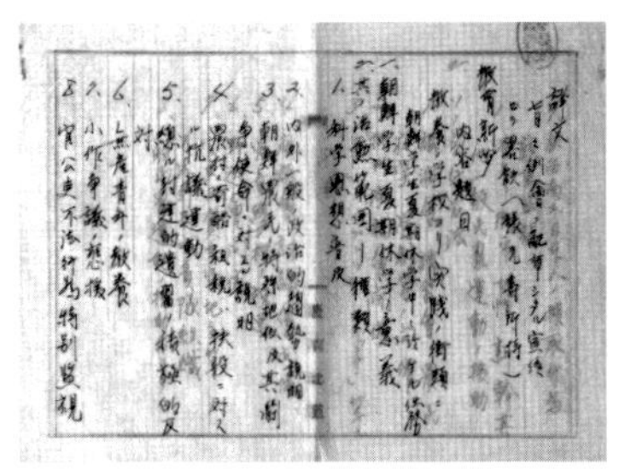

〈七月月例會ニ配布シタル宣傳ビラ略譯〉

이에 대한 의견을 검사정 山澤佐一郎에게 보낸 의견서

〈被疑者申泰益の報告內容〉(1939, IA3767)

1939년 6월 14일 함흥지방법원 검사정 酒井趌夫가 일제의 식민 정책을 비판하는 연설을 한 함경남도 함흥 변호사회 회장 신태익의 보안법 위반 혐의에 대해 작성한 조사보고서

〈七月月例會ニ配布シタル宣傳ビラ略譯〉(1939, IA3773)

1939년 8월 4일 법무국장이 고등법원 검사장에게 보낸 것으로, 張元壽가 소지한 삐라를 일본어로 번역하여 필사한 문서. 삐라의 제목은 '교양의 학교에서 실천의 가두로'이며 부제는 '조선 학생 하기휴학 중의 임무'

〈管內巡視復命書ニ関スル件〉(1939, IA3680)

1939년 1월 25일 고등법원 검사정이 청진지방법원 검사에게 보 낸 '관내 순시 복명서에 관한 건'으로, 길주경찰서에서 정신수를 경찰범처벌규칙 위반 혐의로 즉결처분하려 한 사안에 대해 육군 형법 또는 해군형법 위반 사건으로 송치해야 한다는 의견 수록

〈保護觀察ノ實績ニ関スル件〉(1940, IA3714)

1940년 1월 29일 보호사 吉岡定次郎이 경성지방법원 검사정과

경성보호관찰소장에게 보호관찰 대상자인 안재홍의 행적에 관해 보고한 문건

〈白白敎事件論告草稿〉(1940, IA3655)

1940년 2월 19일 경성지방법원검사국에서 사이비 종교단체 백백교의 개황, 사기 및 민간인 살해·암매장 등 범죄사실의 개요, 관련 증거 등을 기록한 문건

〈經濟事件件數人員表〉(1940, IA3718)

경성지방법원검사국이 1940년 1월부터 5월까지 관내 경제사건을 조사한 통계 문건으로, 외국위체관리법 및 조선산금령 위반, 기타 사건 등 총 630건, 449인의 피의자에 관한 내용

〈被疑者李大浩ノ査閲簿〉(1940, IA3647)

1940년 경성지방법원 검사국에서 작성한 것으로, 경찰관의 형사사건 처리 과정 중 불명예 또는 칭찬 사례를 정리한 문건. 강도살인범 이대호 사건을 사례로 형사사건의 참고자료로 활용하기 위해 작성한 사열부

〈日滿司法協議會附議事項ニ對スル意見〉(1941, IA3670)

1941년 10월 10일 조선총독부 법무국이 일만사법협의회(日滿司法協議會)의 부의사항에 대해 제출한 의견서. 법무국의 민사과, 형사과, 행형과 순으로 부의사항에 대해 협의사항, 간담사항 등으로 구분하여 대응 방안 제시

〈慶尙北道出身ノ著明思想運動者〉(연도 미상, IA3662)

조선총독부 고등법원 검사국에서 박열 등 경상북도 출신의 사상운동자 13인의 활동 경력과 출신 배경, 그리고 대구 지역 내 일본인과 조선인 간의 갈등 관계 수록

② 일제 경찰기관의 보고, 정리 자료

1930년대 일제 경찰기관이 작성한 각종 보고 및 정리 자료로 조선총독부 경무국, 각 도 및 군 경찰의 관내상황 보고, 조선인 동향, 언론사 통제, 민족운동 조사 보고와 검찰사무, 사상범보호관찰 제도의 운영 등에 관한 자료가 있다. 조선총독부 경무국, 경기도·평북·함남 경찰부에서 작성한 자료와 전국 각 지역 경찰서인 개성·곡성·금산·금화·수원·안성·양구·원주·이천·인제·인천·제주도·종로·줄포·춘천·평강·홍천·화천경찰서에서 작성한 관내 상황이 다수를 차지한다. 자료의 내용은 독립운동가 김창숙, 항일 무장투쟁단체인 의열단 등에 관한 내용과 각 지역 경찰서에서 파악한 일반 치안 상황, 민심 동향, 사상운동, 소작 및 노동쟁의, 각종 범죄 등 지역의 경찰 치안 업무 내용에 관한 것이다. 이에 해당되는 자료는 다음과 같다.[71]

〈宗敎類似團體槪觀〉(1916, IA4303)

1916년 4월 경무총감부가 각도 경찰부의 보고를 토대로 종교유사단체 현황을 정리한 것이다. 종교유사단체를 천도교, 宋派천도교, 金派천도교, 權派천도교, 태극교, 단군교, 대종교로 분류하고 각 종교별 기원 및 연혁, 교의 및 신앙형식, 포교기관 및 교도, 유지방법, 정치관계 등을 정리하였다. 공자교, 대동교, 대성종교에 대해서는 연혁만 간략하게 수록하였다.

〈金昌淑의 活動에 관한 件〉(1919~1920, IA3569)

71　『민족운동 자료 해제』, pp.307~372 참조.

경상북도 경찰부 등에서 3·1운동 직후 작성한 보고 문건으로, 김창숙이 주도한 파리장서운동과 유림단 활동에 대한 동향을 담고 있다. 유림들이 파리평화회의에 조선 독립을 호소하는 독립탄원서를 제출하려다 일제에 발각된 과정을 중심으로, 김창숙의 동향을 기록하였다.

〈上海國民代表會決裂ト露領新政府樹立ニ関スル件〉(1923, IA4025)

1923년 6월 27일 함경북도 경찰부장이 국민대표회의의 동향에 관한 정보를 정리하여 관내 각 경찰서장과 혼춘 파견원 앞으로 보낸 문건이다. 대한민국임시정부에서 추진한 상해국민대표회의에 대한 개략적 상황과 파벌적 경향을 상세히 수록하고 있다.

〈金昌淑歸鮮ニ関スル件〉(1925, IA2592)

조선총독부 경무국이 김창숙이 귀국할 것이라는 정보를 수집하여 경기·경남·경북·평북의 경찰당국에게 보낸 3건(1925년 12월 9일, 2915년 11월 2일, 1926년 4월 13일)의 자료이다. 제1·2차 유림단사건의 주도자인 김창숙이 만주와 상해 등지에서 전개한 활동 양상과 북경과 천진 등을 거쳐 국내로 들어올 것이라는 예상, 그리고 그의 소재에 대한 엄중한 수사를 강조하는 내용이 수록되어 있다.

〈無政府主義系朝鮮人ノ概況ニ関スル件〉(1926, IA3766)

1926년 8월 6일 일본 경시총감 大田政弘이 일본 도쿄에서 조직한 한인 무정부주의 단체인 흑우회의 활동과 주요 인물의 동향을 정리하여 내무대신, 조선총독부 경무국장 등에게 발송한 문건이다. 말미에는 '무정부주의계 조선인 씨명'이 표 형식으로 첨부되어 있으며, 이정근·이횡근 등 19명의 원적, 직업, 이명, 연령 등이 수록되어 있다.

〈義烈團ノ行動ニ関スル件〉(1926, IA 0089)

종로경찰서에서 1926년 5월 28일 작성한 의열단 관련 정보문서이다. 경상북도에서 군자금 모집 활동을 벌인 김창숙과 의열단의 관계 및 그의 동향에 관한 정보가 수록되어 있다.

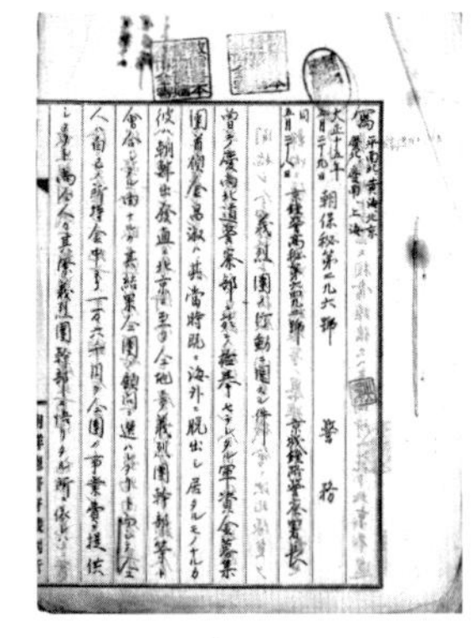

〈義烈團ノ行動ニ関スル件〉

〈光州學生関聯報告書〉(1930, IA2532)

일본 경찰이 광주학생사건과 관련하여 작성한 보고서로 '경성부 내 불온행동을 표출한 중학교'와 '경성부 내의 주요 사상단체'라는 두 항목으로 구성되어 있다. 시위에 참여한 학교들의 이름과 일시, 장소, 인원 등이 수록되어 있으며, 신간회 등 주요 사상단체의 명칭, 소재지, 표면에 나타난 목적이 표 형식으로 작성되어 있다.

〈昭和七年十月 錦山警察署管內狀況〉(1932, IA2594)

1932년 10월 금산경찰서에서 관내 상황에 대해 정리한 문건이다. 관내상황, 범죄발생 및 검거 건수표, 다수의 범죄사건 건수표, 공무원 범죄 사건표, 소년 범죄 사건표, 구속피의자 처분결과표, 훈계 방면 인원표 순이다. 관내상황에는 '증감이 두드러진 범죄', '지방특수범죄', '사상운동 및 사상범죄 상황', '형평사 금산지부', '진산농우회' 관련 내용이 수록되어 있다.

〈昭和八年十月 濟州島警察署管內狀況〉(1933, IA3197)

1933년 10월 제주도경찰서에 관내 상황에 대해 정리한 문건이다. '제주도와 사상관계', '사상운동 상황', 사상단체 상황, 조선의 요시찰인, 일본 오사카로의 도항 상황, 오사카와 제주도 간의 기선 경쟁 상황, 교육 및 종교 현황, 외국인 거주 현황 등의 내용이 수록되어 있다.

〈朝鮮人共産主義者ノ特質ニ関スル續報〉(1934, IA1647)

일본 경시총감 小栗一雄이 내무대신, 사법대신, 검사총장, 도쿄 공소원 검사장, 조선총독부 경무국장 앞으로 보낸 문서로, '극비 취급'이라는 도장이 찍혀있다. 공산주의자들의 특질에 대해 이미 보고한 두 건(1934.4.13, 1934.9.1)에 대한 후속 보고로 작성되었으며, 조선인 공산주의자들이 실제 운동에 진출한 동기와 경과에 대해 별도로 수기하여 보고한다는 내용이다. 본 자료에는 첨부 자료가 결실되어 있다.

〈玉果青年團創設に至る迄の概要〉(1935, IA3748)

1935년 11월 1일 곡성경찰서에서 전남 곡성군의 옥과청년단의 연혁과 활동, 해산에 이르기까지의 개요를 상세히 작성한 문건이다. 작성자는 곡성경찰서의 河原 경부이다. 1920년 공산주의 단체로 창설되어 옥과노동회, 옥과청년동맹으로 개편되면서의 활동과 1933년 해산까지의 면모를 상세히 확인할 수 있는 자료이다.

〈谷城警察署 河原警部가 山澤檢事正에게 보낸 편지〉(1935, IA3792)

곡성경찰서 河原 경부가 1935년 11월 2일 山澤 검사정에게 옥과청년단의 창설되기까지의 개요 문건(위의 〈玉果青年團創設に至る迄の概要〉)을 보내면서 동봉한 편지이다.

〈鮮匪自首に関する件〉(1936, IA3675)

1936년 3월 4일 평안북도 경찰부가 조선총독부 경무국장에게 보고한 문건으로, 조선혁명군 제2중대원 소속으로 활동하던 김창학과 이강희의 자수 경위를 담고 있다. 두 사람은 평북 초산군 출신으로 남만주에서 국민부에 가입하여 항일무장투쟁에 참여하다가 1936년 2월 1일 자수하여 2월 26일 기소유예 처분으로 검찰에 송치되었다.

〈中國共産黨員ノ鮮內工作及後方攪亂計劃ニ関スル件〉(1937, IA3677)

1937년 11월 13일 함경남도 경찰부장이 함흥지방법원 검사정 앞으로 보낸 문서로, 동북항일연군 정치위원이자 중국공산당원인 권창욱·김창만 등 72명이 중일전쟁을 계기로 조선 내에서 인민전선을 결성하고 일본의 후방을 교란할 계획을 세운 혐의로 구속되었다는 내용이 담겨 있다.

〈朝鮮新聞記事ノ一般民衆ニ對スル反響〉(1937, IA3223)

함경북도 경찰부를 비롯해 각 도의 경찰부에서 일본 중의원이자 조선신문사 회장인 牧山耕藏에 대한 사찰 기록을 묶은 것이다. 기록 기간은 1937년 11월 19일부터 12월 20일까지이다. 牧山耕藏이 『朝鮮新聞』[72]에 '조선신문과 나'라는 제목으로 역대 총독과 정무총감 등을 비판하고 조선인 차별을 지적하는 기사를 기고하자 이에 대한 조선의 지식인층과 언론계 인사, 재조일본인들의 반응을 각 지방 경찰이 수집, 보고한 극비 문서이다.

〈中國共産黨ノ朝鮮內抗日人民戰線結成及日支事變後方攪亂事件檢擧ニ関スル件〉(1938, IA3679)

---

72 1908년부터 1942년까지 일본인이 조선에서 발행한 일본어 일간신문으로, 京城日報와 釜山日報와 함께 조선에서 발행된 3대 일본어 신문이다.

1938년 4월 함경남도 경찰부장이 조선총독부 경무국장 및 함흥 지방법원 검사정에게 보낸 문건이다. 1937년 惠山경찰서에서 검 거하여 취조하던 권창욱·권영벽 등 102명의 신병을 구속하고 박 인진 이하 7명을 기소유예한다는 내용이 담겨 있다.

〈代議士牧山耕藏ノ起訴猶豫處分ニ對スル部民ノ感想ニ関スル 件〉(1938, IA2593)

1938년 5월 27일 경기도 경찰부장이 경무국장에게 보고한 문건 이다. 조선신문사 사장 牧山耕藏이 총독정치를 비판한 필화사건 으로 경성지방법원에서 기소유예 처분을 받은 것에 대한 사회 각 계의 감상을 수록하였다. 조선신문사 대표이사 權藤四郎介 등 일 본 언론인과 정치인, 동아일보 사장 백관수 등 조선인의 의견이 포함되어 있다.

〈朝鮮新聞社ノ內情ニ関スル件〉(1938, IA3740)

1938년 11월 8일 경기도 경찰부장이 경무국장에게 조선신문사 내정에 관해 보고한 문서로, 인천에 거주하는 최호가 조선신문사 대표이사 김갑순을 주식 2,000주 사기죄로 고소한 사실과 해결 과정, 그리고 김갑순의 내부 인사 조치와 관련한 내용이 수록되 어 있다. 조선신문사 내정에 관해 보고한 문건이다.

〈朝鮮新聞社ノ動靜ニ関スル件〉(1939, IA1641)

1939년 2월 27일, 위의 〈朝鮮新聞社ノ內情ニ関スル件〉의 후속 으로 경기도 경찰부장이 조선신문사의 동정을 경무국장에게 보 고한 문건이다. 조선신문사 이사 野崎, 江藤의 퇴사와 관련된 분 규를 조사한 내용을 담고 있다. 그리고 회장 權藤四郎介와 편집 국장 廣幡의 회견 전말, 사장 김갑순 對 廣幡·松村의 회견 상황,

石森久彌 對 廣幡·松村의 회견 상황, 野崎 對 廣幡·松村 등의 회견 상황, 기타 내부 동요 상황 등이 수록되어 있다.

〈辯護士申泰益ニ對スル懲戒事件ニ付意見書〉(1939, IA3151)

1939년 6월 고등법원 검사장이 조선총독부 판사징계위원장 原正鼎에게 보낸 신태익 변호사 징계 사건에 관한 의견서이다. 신태익은 1939년 5월 28일 일본은행조사국 江澤 차장, 동경상공회의소 圓地 기획부장 등 內鮮滿 경제계의 권위자 38명으로 구성된 전국경제조사기관북선시찰단이 함흥을 시찰할 때, 함흥부윤의 허가 하에 연설을 하였는데, 연설 내용 중 조선의 취학률 저조, 내선일체와 일시동인의 허위성, 조선인 차별 문제 등을 역설하였다. 이 같은 발언이 문제가 되자 신태익은 취중 발언으로 기억이 나지 않는다고 주장하였지만, 보안법 위반 혐의로 징역 1년(후에 8개월로 감형)을 선고받았다. 이에 고등법원 검사장은 '흥아의 대업'을 비난하고 일본의 시정방침인 내선일체를 파괴한 중대한 잘못이므로 변호사 제명 처분을 해야 한다는 의견서를 보낸 것이다.

〈申泰益弁護士ノ保安法違反事件判決ニ對スル部民ノ感想ニ関スル件〉(1939, IA3225)

1939년 7월 30일 경기도 경찰부장이 신태익 변호사의 보안법위반사건 판결에 대한 각계의 의견을 내사하여 경무국장과 경성지방법원 검사정 山澤佐一郎에게 보낸 문건이다. 징역 1년형을 복심법원에서 8개월로 감형한 판결에 대한 이의제기 차원에서 진행된 내사문건으로 보인다.

〈朝鮮新聞社ノ內訌ニ関スル件 外〉(1939, IA3684)

경기도 경찰부가 작성한 조선신문사 관련 보고서 3건이 묶여 있는 자료이다. 첫째는 조선신문사 김갑순 사장의 전횡으로 내분을 겪고 있는 상황 보고, 두 번째 자료는 경기도 경찰부장이 山澤佐一郎에게 보낸 조선신문사의 내부 사정에 관한 건이며 세 번째 자료는 신문사 내 조선인과 일본인 간부 간의 갈등과 관련된 정황 조사 내용이다.

〈地方選擧取締ニ對スル高等主任事勢打合會開催ニ関スル件〉
(1939, IA3203)

1939년 4월 15일 경기도 경찰부장이 경무국장 및 경성지방법원 검사정에게 보고한 문서이다. 1939년 5월 21일 시행되는 부읍회 의원 및 면협의회원 선거와 관련하여 4월 15일 경기도 각 경찰서 고등주임을 소집하여 취체 방침을 훈시하고 취체 표준을 명확히 지시했다는 등의 내용이 담겨 있다.

〈刑ノ執行猶豫者ノ感想〉(1940, IA3702)

춘천경찰서가 작성한 보고서로, 학생맹휴사건을 주도하여 치안 유지법 위반으로 검거되었다가 집행유예를 받은 신영철·이종식·이홍채의 동향을 추적하여 보고한 문건이다.

〈思想犯罪刑ノ執行猶豫歸來後ノ動靜ニ関スル件〉(1940, IA3161)

1940년 1월 27일 강원도 경찰부장이 경무국장·강원도 관찰부장·경성지방법원 검사정·관하 각 경철사장에게 보낸 문서이다. 춘천지역의 독서회 운동인 상록회와 관련된 이른바 '무명그룹사건'에 연루되어 재판 받은 이들 중 집행유예를 받은 이홍채·신영철·박우홍·이종식의 동정을 조사·보고한 자료이다. 두 번째 장부터 결실되어 자세한 내용을 확인할 수 없다. 당시 경성지방법원 검사정 山澤佐一郎이 수령해 보관해온 문서이다.

〈諺文新聞統制ニ関スル件〉(1940, IA4317)

1940년 2월 25일 경무국장 三橋孝一郎이 정무총감 大野綠一郎에게 보고한 극비문서로, 조선일보와 동아일보의 폐간과 관련한 협의 경과가 일자별로 상세히 수록되어 있다. 특히 조선일보가 1939년 12월 28일 폐간계를 제출하며 제시한 "조선일보의 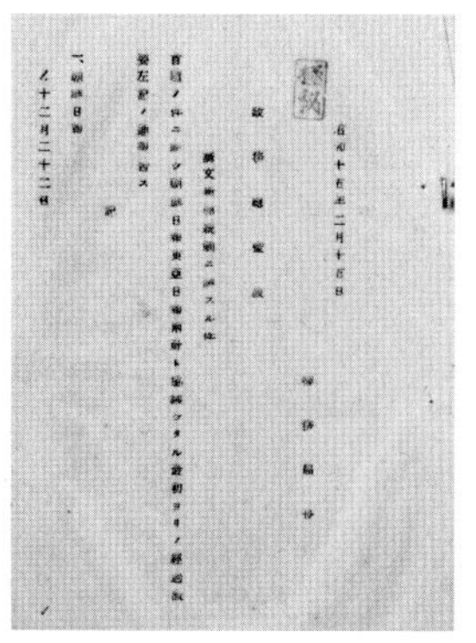

〈諺文新聞統制二関スルケ件〉

유한재산 및 발행기를 매수하고 매일신보사에서 1백만원을 지출한다"는 등의 조건이 수용되면서 자진 폐간으로 이어지는 과정을 기록하고 있다. 전시체제기 조선총독부의 언론 통제 방침과 조선일보사의 순응적 태도가 드러난 사료로, 언론사와 식민 권력 간의 타협 구조를 보여준다는 점에서 주목된다.[73]

〈出征兵士ニ對スル善行ニ関スル件〉(1940, IA3162)

1940년 3월 1일 평택경찰서장이 경성지방법원 검사정 山澤佐一郎에게 보낸 보고서로, 출병 병사에 대한 미담 사례를 기록한 문서이다. 선행에 관한 건'이다. 보고서에는 37세의 나이로 부인을 잃고 2남 1녀를 홀로 부양하던 평택역 역수 西元團次가 군 입대 후 출병하자, 그의 장남이 평택역에 채용되어 가족 생계를 돕게 된 사례가 소개되어 있다. 전시 협력과 병사 가족에 대한 사회적

---

73 장신, 「조선총독부의 언론통제와 동아일보·조선일보 폐간」, 『역사문제연구』 35, 2016, p.389.

배려를 강조하며 전시 동원을 미화하려는 의도라고 할 수 있다.

〈參考表/管內治安狀況〉(1939/1941, IA4320)

경기도 경찰부 고등경찰과가 1925년부터 1939년까지 관할 경찰서로부터 수집한 관내 사상 및 치안 관련 통계 자료와 황해도 경찰부 고등경찰과가 1941년 11월과 12월에 작성한 관내 치안상황 2건 등 총 3건이 함께 편철된 문서이다. 일제 말기 경기도와 황해도의 사상 및 치안 관련 현황과 다양한 반일운동의 양상을 상세히 파악할 수 있다.

〈開城警察署 二月五日視察〉(1941, IA3780)

1941년 2월 5일 개성경찰서가 즉결언도서 및 기록철을 조사한 시찰기록으로, 사실 확인을 위한 취조 절차, 즉결언도서 기재 사실 적시, 법률 적용 및 형량 결정 등에서 주의할 점을 제시하고 있다. 酌量減輕 적용 사례, 무허가 의료 영업, 의사 규칙 위반, 火葬取締規則 등에 관한 주의사항을 제시하고 시찰에 참여한 개성법원지청의 上坂廣道 외 1인, 개성경찰서 서장 竹隈伊裁 외 5인의 명단도 수록되어 있다.

〈仁川警察署 二月七日視察〉(1941, IA3781)

1940년 인천경찰서의 시찰 기록으로, 즉결언도서 및 기록철 점검, 사실 의 취조, 즉결언도서 기재 사실 적시, 법률적용 및 형량 결정 등에 대한 주의사항이 포함되어 있다. 酌量減輕 적용 사례, 도박 및 국가총동원법 위반사건의 연속범에 형법 제55조 적용, 무인가 돼지 도축 사례 등이 제시되어 있고 시찰에 참여한 인천법원지청, 인천소년형무소, 인천경찰서 등 소속 직원 7인의 명단이 수록되어 있다.

〈麟蹄警察署 범죄 사건 관련 통계자료〉(1940년대 초, IA1612)

1940~1941년 인제경찰서에서 작성한 것으로 보이는 각종 범죄 관련 통계자료 묶음이다. 첫째, '범죄사건 발생 검거 일람표'는 1940~1941년 인제에서 발생한 상해죄를 비롯해 각종 범죄 유형을 죄명, 연도, 발생건수, 증감 이유 등 표로 정리되어있다. 둘째, '管內犯罪發生檢擧事件處分別表'는 1939~1941년 발생한 범죄와 검거 건수, 인원수, 처분 내용 등이 수록되어 있다. 셋째, '時局関係犯罪槪況表'는 1940~1941년 시국관련 사건 13건에 대한 죄명, 발생 시기, 범죄 개요, 처분 결과, 직업과 인명, 연령 등이 표로 정리되어 있다. 이 외에도 未檢擧重要犯罪槪況表, '不送致事件一覽表', '未濟事件一覽表', '身柄拘束事務處分結果標', '犯罪卽決處分一覽表', '訓戒放免處分事件件數人員表', '逮捕狀執行成績表' 등이 수록되어 있다.

한편 1940년대 전후 전시경제와 총동원체제가 강화되는 시기, 전국 각지 경찰서에서 작성한 관내상황 보고 자료를 통해 당시 지역 민심의 동향, 사상운동, 소작 및 노동문제의 현황과 이에 대한 경찰의 대응을 구체적으로 파악할 수 있다. 이들 자료의 구성은 1)사법계 직원 사무 분담표, 2)관내상황 일반(관내 민심의 경향, 사상운동 상황, 소작 및 노동문제, 지방적 및 특수범죄), 3)관내 사상범죄 및 범죄 발생, 시국관계 범죄 개황표, 미검거 중요범죄 개황표, 미제사건 일람표, 범죄 즉결처분 일람표 등 다양한 표로 되어 있다. 각 경찰서의 관내상황 보고 자료는 모두 필사본으로 작성되어 있다.

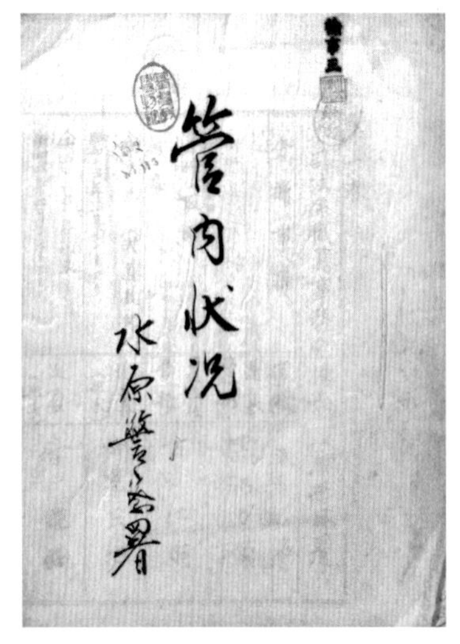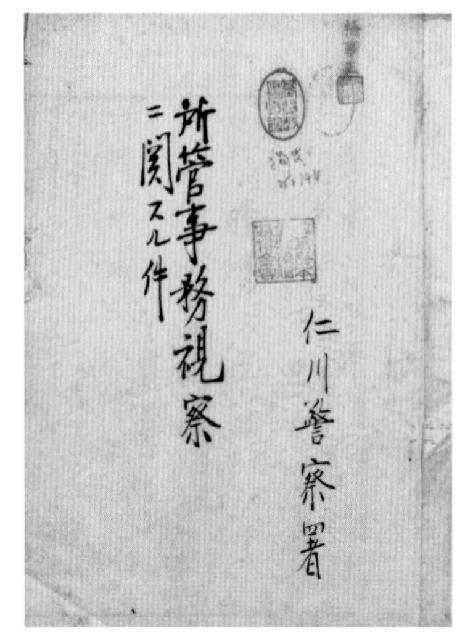

〈水原警察署 管內狀況〉　　　　　　〈仁川警察署 所管事務視察ニ関スル件〉

〈水原警察署 管內狀況〉(1939, IA3196)

　1939년 수원경찰서에서 작성한 관내상황. 수원경찰서 사법계 직원 사무분담 상황과 1919년 이후 관내 사상운동과 소작, 노동문제와 관련한 민심의 경향, 1937년 이후 소작 및 노동쟁의와 관련한 각종 범죄 및 사상범죄 건수 인원 조사 및 '사상단체 명부' 등 총 12개 표 수록

〈仁川警察署 所管事務視察ニ関スル件〉(1939, IA2590)

　1939년 11월 30일 인천경찰서장이 관내상황과 각종 표를 첨부하여 경성지방법원에 보고한 문건

〈昭和十五年七月 楊口警察署 管內狀況〉(1940, IA3571)

　양구경찰서에서 1940년 7월 작성한 관내상황

〈昭和十五年七月 麟蹄警察署 調査事項〉(1940, IA3228)

인제경찰서에서 1940년 7월 인제경찰서에서 작성한 관내상황

〈昭和十五年七月 伊川警察署 管內狀況報告〉(1940, IA3208)

　1940년 7월 이천경찰서에서 작성한 관내상황

〈昭和十五年八月 平康警察署 管內狀況〉(1940, IA3216)

　1940년 8월 평강경찰서에서 작성한 관내 상황

〈昭和十五年 金化警察署 管內狀況〉(1940, IA3598)

　1940년 강원도 금화경찰서에서 작서한 관내상황

〈昭和十五年 華川警察署 管內狀況〉(1940, IA3213)

　1940년 화천경찰서에서 작성한 관내상황

〈安城警察署 管內狀況〉(1940, IA3597)

　1940년 안성경찰서에서 작성한 관내상황

〈春川警察署 管內情況 関聯表〉(1941, IA3659)

　춘천경찰서에서 작성한 1940~1941년 관내상황

〈昭和十六年 洪川警察署〉(1941, IA3682)

　1941년 홍천경찰서에서 작성한 관내 상황. 앞부분이 결실되어 있
고 '지방적 및 특수범죄의 개황'에는 산금(産金)관계 범죄, 양곡사
기사건, 육군형법 위반사건, 양곡조합자금 횡령사건 수록

〈昭和十七年三月 楊口警察署 管內狀況〉(1942, IA3596)

　1942년 3월 양구경찰서에서 작성한 관내상황

〈昭和十七年三月 原州警察署 管內狀況〉(1942, IA3218)

　1942년 3월 원주경찰서에서 작성한 관내상황

〈昭和十七年三月 華川警察署 管內狀況〉(1942, IA3590)

　1942년 3월 화천경찰서에서 작성한 관내상황

〈昭和十七年 춘천경찰서 관내상황/춘천지청 검사분국 조사표〉

(1942, IA3229)

1942년 춘천경찰서에서 작성한 관내상황과 1940년과 1941년의 사건 사고에 관해 춘천지청 검사분국이 작성한 각종 통계자료

〈昭和十八年三月 茁浦警察署 管內狀況〉(1943, IA3556)

1943년 3월 줄포경찰서에서 작성한 관내상황

③ 기타 일제 권력기관의 보고, 정리 자료

생산 주체가 명확하게 기재되어 있지 않지만 효율적인 식민통치 수행을 위해 권력기관에서 작성한 것으로 추정되는 각종 보고 및 정리 자료이다. 학생동맹휴교와 같은 학생비밀결사조직과 독립운동가에 대한 조사, 1930년대 말 이후 국가동원체제와 전시통제체제기에 작성된 시국좌담회, 조선일보와 동아일보 등 조선 언론기관 통제방안, 그리고 조선혁명당원 문순룡 등 독립활동으로 수감 중이거나 보호관찰 중인 조선인 조사보고서 등이 포함되어 있다.

〈慶尙北道出身ノ著名思想運動者 著名ナル事實〉(1920년대, IA3686)

〈眞友聯盟 관련 참고자료〉(1927, IA3730)

〈檢事求刑及判決〉(1927, IA3595)

〈休職知事 朴重陽ノ行動ニ関スル件〉(1925, IA3691)

〈昭和二年ヨリ三年迄ノ間ニ於ケル同盟休校ニ関シ發生シタル犯罪ノ狀況〉(1929, IA4030)

〈全州刑務所ニ於ケル任富得ノ行狀〉(1930, IA1640)

〈軍ニ関スル新聞記事取締通牒 /日支事變ニ関シ「コミンテルン」ノ

策謀〉(1937, IA1644)

〈전 경성부윤 佐伯顯의 뇌물수수사건 수사기록〉(1938, IA3160)

〈전 경성부윤 佐伯顯 의 수뢰사건에 관한 각계 동정〉(1938, IA3694)

〈1938年末 京城府·京畿道 情況 調査 資料〉(1938, IA3687)

〈思想硏究資料 特輯三十號〉(1935, IA3693)

〈思想犯の取締に就て/類似宗敎團體の取締に就て〉(1938, IA3209)

〈犯罪檢擧成績ノ擧揚ニ関スル件刑事防犯對策ノ强化徹底ニ関ス
ル件〉(연도 미상, IA3790)

〈每日申報ノ印刷强化ニ関スル件〉(1937, IA4034)

〈諺文新聞統制案〉(1930년대 말, IA4037)

〈朝鮮二於ケル言論機関ノ統制指導策〉(1939, IA1643)

〈朝鮮日報에 관한 상황 보고문〉(1940, IA4318)

〈東亞日報에 관한 상황 보고문〉(1940, IA4319)

〈時局座談會ノ狀況〉(1941, IA3669)

〈文順龍 調査書〉(1941, IA1638)

〈崔敦根 資料〉(1941, IA3159)

〈金山潤 調査書〉(1941, IA3739)

〈囑託保護司表彰ニ関スル件〉(1942, IA3164)

〈刑事實務家會同諮問事項〉(연도 미상, IA3681)

〈小作及勞働問題〉(연도 미상, IA3736)

〈慶尙北道出身ノ著名思想運動者 著名ナル事實〉은 1920년대 경상북도 출신의 저명 사상운동가 13인의 이름, 출신 지역, 주요 활동을 기록한 문건이다. 의열단 활동에 참여한 박열·이종암·김지

섭, 제2차 유림단 사건의 주역인 이동흠·곽종석·김창숙, 조선공산
당의 권오설·정운해, 사회주의 운동에 가담한 강웅진·강택진 형
제, 대구에서 무정부주의 조직인 眞友聯盟을 결성한 방한상·정명
준·서동성 등에 대한 동향이 정리되어 있다. 일제가 주목한 경상북
도 지역 독립운동가들의 동향을 간략하게나마 파악하는 데에 도움
이 되는 자료이다.[74]

〈眞友聯盟 관련 참고자료〉는 진우연맹에서 활동한 사람들의
명단과 관련 내용을 조선총독부 재판소 용지에 필사한 자료이다.
방한상·신재모·정명준·서학이·하종진·서동성·김동석·마명·우
해룡의 판결 내용이 간략히 필사되어 있다.

〈檢事求刑及判決〉은 진우연맹과 흑우회 관련자 10인에 대한
검사 구형과 실제 판결 내용을 조선총독부 재판소 용지에 표 형식
으로 필사한 문건이다. 진우연맹 관련자 방한상 등과 흑우회 소속
김정근, 일본인 栗原一男, 掠本運雄 등이 포함되어 있다. 이들은 아
나키즘 사회 건설을 목표로 대구를 거점으로 활동하며 일본의 흑
색청년연맹과 제휴하여 무정부주의 운동을 전개하였다. 방한상의
경우 검사 구형 5년, 판결 5년, 栗原一男은 검사 구형 10년, 판결 3
년으로 기재되어 있다.

〈休職知事 朴重陽ノ行動ニ関スル件〉은 1925년 12월 19일 조
선총독부 재판소 용지에 필사된 문건이다. 경북 의열단 사건에 연
루된 이종암·이기양·김재수·배중세를 체포한 사건을 계기로 당시

---

74 윤지현, 「慶尙北道出身ノ著名思想運動者 著名ナル事實」, 『민족운동 자료 해제』,
    pp.383~386.

휴직 중인 충남도지사 박중양과의 연관성을 관계를 탐지하여 정리하였다. 이종암 등 의열단원이 자금 확보를 위해 충남도지사를 역임한 박중양에게 청탁한 정황이 수록되어 있다.

〈昭和二年ヨリ三年迄ノ間ニ於ケル同盟休校ニ関シ發生シタル犯罪ノ狀況〉은 1927~1928년 대구고등보통학교를 비롯한 대구 지역 학생들이 주도한 맹휴 사건에 대한 구체적인 경과를 정리한 보

〈昭和二年ヨリ三年迄ノ間ニ於ケル同盟休校ニ関シ發生シタル犯罪ノ狀況〉

고서이다. 이 사건은 3·1운동 이후 대구 지역에서 발생한 최대 규모의 학생운동으로, 본 자료는 학생비밀결사 주도로 실행에 옮겨진 맹휴의 전개 양상, 결사 조직의 구성과 주도세력, 그리고 이들의 사상적 기반과 활동 내용이 서술되어 있다.

〈全州刑務所ニ於ケル任富得ノ行狀〉은 전주여자고등보통학교에서 비밀결사 赤光會를 조직하고 유인물 '全女高普 뉴스'를 제작·배포한 혐의로 전주형무소에 수감된 임부득에 대해 상세히 기록한 문건이다. 임부득의 학창 시절 생활과 성적, 수형 중 열람한 서적 목록과 감상록, 教誨師의 질문과 이에 대한 임부득의 답변, 그리고 수감 중 임부득이 작문한 '여자의 천직' 등이 수록되어 있다. 일제 하 여성 사회주의운동

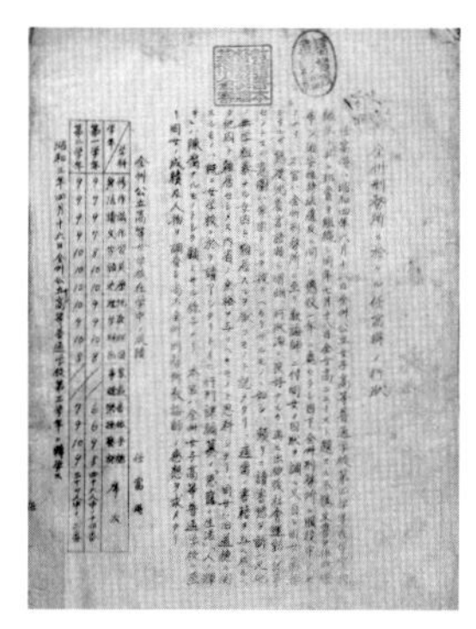

〈全州刑務所ニ於ケル任富得ノ行狀〉

가 임부득의 사상과 현실 인식을 이해하는 데에 도움이 되는 자료이다.[75]

〈軍ニ関スル新聞記事取締通牒/日支事變ニ関シ「コミンテルン」ノ策謀〉는 중일전쟁 이후 작성된 일본군의 기밀문서로, 두 건의 자료가 한데 묶여 있다. 첫 번째 문건인 '군에 관한 신문기사 취체 통첩'은 육군성령 제24호의 내용과 공포 이후 군사 정보를 통제하는 방식을 살펴볼 수 있는 자료이다. 두 번째 문건인 '중일전쟁에 관한 코민테른의 策謀'는 국제공산주의 조직인 코민테른이 중일전쟁을 둘러싸고 좌익세력과 연계해 공작활동을 전개하고 있다는 판단 아래, 이에 대한 경시청의 단속 대책을 정리한 자료이다.[76]

〈전 경성부윤 佐伯顯의 뇌물수수사건 기록〉은 1938년 경성부윤 佐伯顯의 뇌물수수 사건과 관련한 수사기록으로, 조선총독부 검사국의 용지에 필사되어 있다. 佐伯顯은 1937년 경성부윤에 임명된 이후, 부하직원인 정재흡으로부터 각종 물품과 현금, 향응을 제공받은 혐의로 기소되었으며, 이 사건으로 인해 1938년 11월 경성부윤직에서 물러났다. 문건 앞부분에는 '피해자 명부'와 함께 친일단체인 時中會의 회원 명부가 수록되어 있고 윤경구·윤광선·윤치창과 정재흡 간의 금전 수수 상황이 표 형식으로 정리되어 있다. 이 표에는 뇌물 제공 일시, 목적, 액수 등이 구체적으로 기록되어 있어 경성부윤과 친일파 간의 유착 비리의 실상을 확인할 수 있다. 문건 말미에는 1937년 佐伯顯의 수첩 내용이 정리되어 있는데, 10

---

75 전병무, 「全州刑務所ニ於ケル任富得ノ行狀」, 『민족운동 자료 해제』, pp.375~376.

76 윤지현, 「軍ニ関スル新聞記事取締通牒/日支事變ニ関シ「コミンテルン」ノ策謀」, 『민족운동 자료 해제』, pp.377~378.

차례에 걸친 금품 및 향응 수수 사실이 일자, 회합 상대 이름, 장소, 금액과 함께 기술되어 있다.

〈전 경성부윤 佐伯顯의 수뢰사건에 관한 각계 동정〉은 佐伯顯 뇌물수수 사건에 대해 신문기자, 변호사, 부회의원 등 사회 각계 인사의 의견을 정리한 문건이다. 먼저 신문기자는 세간의 주목을 끌고 있어 앞으로 사건이 확대될 것이며, 佐伯顯이 경찰부장 재직 당시부터 세인의 의혹과 비난을 받아왔다고 지적하였다. 변호사들은 佐伯顯이 권한을 남용하여 부정을 저지른 사례에 주목하였다. 부회의원 역시 일반 민중에게 악영향을 끼칠 수 있다고 우려하며 엄정하게 대처해야 한다는 견해를 피력하였다.

〈1938年末 京城府·京畿道 情況 調査 資料〉는 1938년 말 전시체제상황에서 일제가 경성부·경기도 민의 동향과 단체들의 활동 등을 조사한 문건이다. 본문은 부민의 언동, 각종 단체 기타의 동정, 조선신궁 참배자 상황, 시국관계 집회표, 국방헌금 및 위문금표, 慰問袋, 기타 헌납표로 구성되어 있다.

〈思想硏究資料 特輯三十號〉는 1936년 7월 발간된 『사상연구자료 특집』 제30호에 수록된 문건으로, 1935년 7월 25일부터 8월 20일까지 모스크바시에 개최된 제7회 코민테른 세계대회의 보고 연설, 결의문, 그리고 일본 및 중국 대표의 일부 토론을 번역해 수록한 자료이다. 조선총독부재판소 용지 2면에 연활자본으로 인쇄되어 있다.

〈思想犯の取締に就て/類似宗敎團體の取締に就て〉는 1938년 전시체제기 조선을 효율적으로 통제하기 위해 일제 사법기관에서 작성한 것으로 보이는 두 편의 내부 문건이다. 첫 번째 문건은 사상

범 단속에 관한 내용으로, 전시 하 치안의 확보가 '성전' 수행에 매우 중요한 조건임을 강조하며, 공산주의 진영과 민족주의 진영을 막론하고 사상범을 조기에 검거하여 사회에 미치는 영향을 최소화하고 그들을 전향시켜야 한다는 방침을 제시하고 있다. 두 번째 문건은 유사종교단체 단속에 관한 내용으로, 문서의 후반부는 결실되어 있으나 천리교와 같은 유사종교단체가 퍼뜨리는 황당무계하고 불온한 말이 사회의 치안을 문란케 한다고 명시되어 있다. 이에 따라 유사종교단체에 대한 감시와 통제의 필요성을 강조하고 있다.

〈犯罪檢擧成績ノ擧揚ニ関スル件/刑事防犯對策ノ強化徹底ニ関スル件〉은 전시체제기 치안 유지와 범죄 예방을 목적으로 마련된 두 건의 형사·방범 대책 문건으로, 문서 앞부분에 '형사과 주관'이라고 명시되어 있는 점으로 보아 경찰서에서 작성된 것으로 추정된다. 첫 번째 문건은 범죄 검거 성적의 제고에 관한 내용으로, 전반적인 검거 실적은 양호한 편이나 절도범죄가 점차 지능화되고 있으므로 특히 장물 처분에 관해서는 각 경찰서 간 긴밀한 연락 체계를 통해 검거 실적을 높일 것을 지시하고 하고 있다. 두 번째 문건은 형사 범죄에 관한 대책을 강화하는 내용으로, 준법정신 앙양, 자위방범 강화, 우범분자에 대한 사찰 및 보호선도 철저, 시국불인식 또는 시국편승적 범죄 단속, 전시 범죄 예방조치 철저 등의 지시사항이 수록되어 있다.

1937년 중일전쟁 발발 이후 일제가 전시총동원체제를 구축하며 조선 내 언론 통제를 강화하였다. 조선총독부 기관지 역할을 하던 『매일신보』의 기능을 확대하는 한편 국한문 신문인 『조선일

보』·『동아일보』의 위상을 약화시키기 위한 조치를 취하였다. 〈每日申報ノ印刷強化ニ関スル件〉은 이러한 흐름 속에서 1937년 『매일신보』의 역할과 기능을 확대·강화하기 위한 방안을 담은 문건이다. 조선총독부 용지에 인쇄되었으며, '극비' 도장이 찍혀 있다. 문서의 후반부는 일부 결실되어 있다. 내용은 1.매일신보의 독립과 강화가 필요한 이유, 2.매일신보 독립계획 개요, 3.당국의 적극적 원조 순으로 구성되어 있다. 매일신보가 창립된 지 30여 년이 지났음에도 불구하고 사회 교화 및 시정 선전 기관으로서 민중 지도상에 필요한 박력이 결핍되었고 조선총독부 기관지 기능을 충분히 발양하지 못하고 있다고 하며, 이에 대한 개선책으로 『매일신보』를 독립된 매체로 개편하고 총독부의 적극적 지원을 통해 신문사의 위상을 제고할 것 등을 제시하였다.

〈諺文新聞統制案〉은 경무국장 三橋孝一郎이 작성하여 정무총감 大野綠一郎에게 보고한 10장 분량의 문건으로, 중일전쟁 이후 전쟁 장기화에 대비해 조선의 언론을 효율적으로 통제하고 전쟁 수행에 활용하기 위한 한글신문 통제 방안을 담고 있다. 본문은 '언문신문의 현상', '언문신문 통제의 필요성', '통제의 구체적 방법', '통제 후의 사업 계획' 등으로 구성되어 있다. 통제의 구체적 방법에는 '통제를 요하는 신문', '통제의 방법 및 득실', '매수방법 및 금융', '자금계획', '종업원의

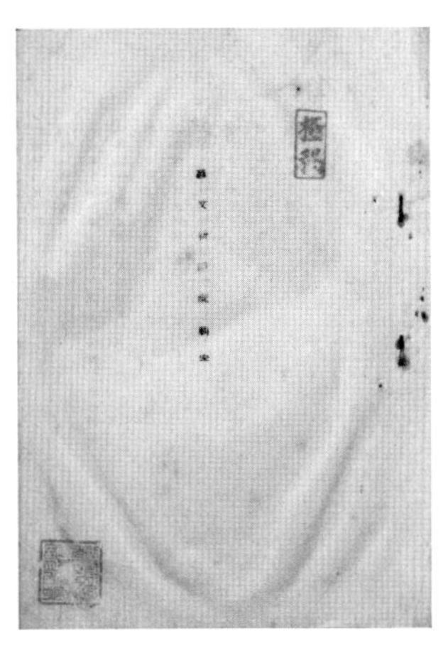

〈諺文新聞統制案〉

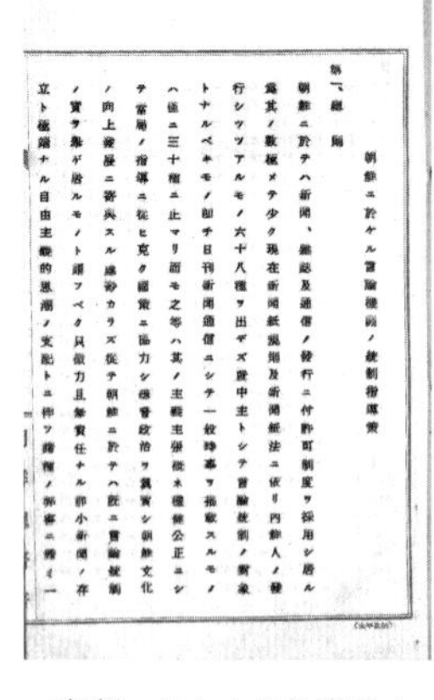

〈朝鮮ニ於ケル言論機関ノ
統制指導策〉

취직 알선' 등의 내용이 수록되어 있어 전시체제 하 한글신문 통제 정책의 흐름을 파악할 수 있다.

〈朝鮮ニ於ケル言論機関ノ統制指導策〉은 조선총독부가 1939~1941년에 걸친 언론기관 통제 방안을 계획한 문건이다. 본문은 제1장 총칙, 제2장 신문사의 경영통제, 제3장 언론보도 통제(소위 보도원에 대한 통제), 제4장 언론통제계획 소요경비 槪算 및 연차 구분으로 되어 있다. 신문사 경영 통제 방안으로 일본어신문 대책, 한글신문 대책, 특수신문 대책, 移入新聞 대책으로 구분하여 신문사 경영에 대한 구체적인 방향이 제시되어 있다. 이 가운데 일본어신문에 대한 대책으로 지방신문 통제,『경성일보』강화, 새로운 신문 불인가 방침이 제시되었고 한글신문에 대한 대책으로『매일신보』가『동아일보』와『조선일보』를 매수하여『매일신보』를 강화하고,『경성일보』와 합병하여 한글신문을 폐지하는 방안이 제시되었다.

한편『조선일보』과『동아일보』가 폐간되기 직전의 상황을 소략하게 정리한 보고문 두 건이 있다. 이 가운데 하나인 〈朝鮮日報에 관한 상황 보고문〉은『조선일보』의 창간 이래 운영 전반에 관한 사항에 대해 보고서 형식으로 작성되었다. '朝鮮日報'라는 제하에 1920년 창간 당시의 상황을 기록한 '창간 당시의 사정', 창간 이후 압수 처분 사례 네 가지를 적은 '중요한 失態', 1937년 중일전쟁 이후 동아일보와의 논조 비교 등을 적은 '최근의 경향', '주된 공적',

여자빙상경기대회, 야담대회, 전조선도
시대항축구대회 등 13가지의 '恒例事
業'과 『朝光』, 『女性』, 『少年』, 『부록소
년조선일보』 등 '부속출판물', 마지막으
로 '부속사업'으로『조광』,『여성』등 간
행물은 조선일보사에서 분리된 조광사
에서 단독 발행한다는 내용이 수록되어
있다. 조광사는 1940년 1월 출판부를 독
립했으므로, 이 문서의 작성 시기는
1940년 1월 이후부터 폐간된 8월 이전
으로 추정된다.

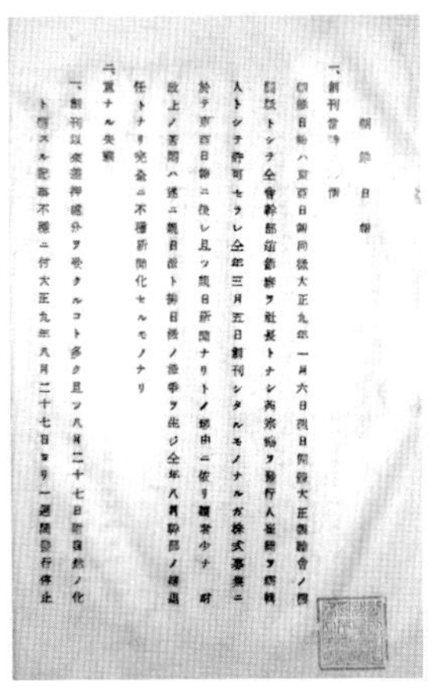

〈朝鮮日報에 관한 상황 보고문〉

〈東亞日報에 관한 상황 보고문〉 역시 앞의 〈朝鮮日報에 관한
상황 보고문〉과 마찬가지로『동아일보』창간 이후 운영과 관련된
상황에 대해 보고서 형식으로 작성한 것이다. 1920년 '창간 당시의
사정'과 창간 이후 일장기 말소사건 등 발행정지 처분 사례 네 가지
를 적은 '중요한 失態', 1937년 중일전쟁 이후 정치적 논조를 적은
'최근의 경향', 민심을 혼란케한 죄과도 있으며 계몽의 공적도 크다
는 내용의 '주된 공적', 남녀전문졸업생간친회, 연극경연대회 등 11
가지의 '恒例事業'과 마지막으로 '부속출판물'은 '없음'으로 기록
되어 있다.

〈時局座談會ノ狀況〉은 경성과 경기도에서 1937년부터 1941
년 4월까지 개최한 시국좌담회 상황에 대해 정리한 문건이다. 시국
좌담회의 필요성과 효과, 좌담회에서 제기된 전쟁과 계획경제에 관
한 질문사항과 각 경찰서별 개최상황, 관할 경찰서별 개최건수와

참여인, 시국좌담회 개최상황표가 수록
되어 있다. 일제가 국가총동원체제와 전
시통제경제 유지의 일환으로 민심을 계
도하고 여론을 동원하기 위한 수단으로
시국좌담회를 어떻게 활용했는지를 파
악할 수 있는 자료이다.

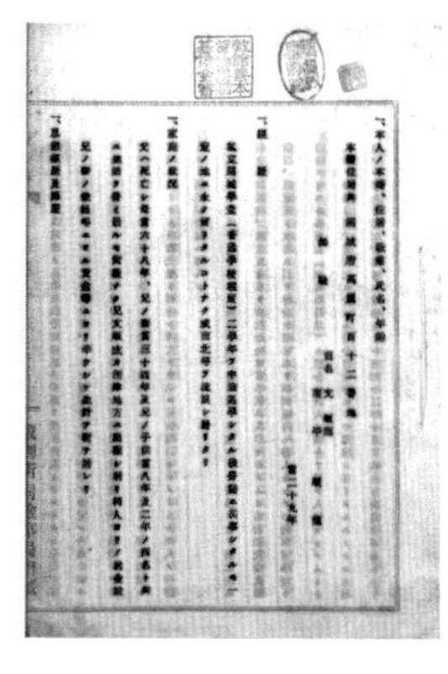

〈文順龍 調査書〉

〈文順龍 調査書〉는 조선혁명당에 가입하여 활동하다가 검거된 문순룡에 대한 조사서이다. 조선총독부 재판소 검사국 용지에 인쇄되었다. 경력과 가정 상황, 사상경력 및 죄력, 형 집행 중의 행장, 출소 후 현재까지의 행장, 본인의 진술, 마지막으로 조선혁명당의 조직과 활동이 개략적으로 수록되어 있다. 문순룡이 1935년 8월 조선혁명당에 가입하였고, 1936년 6월 검거되어 1938년 3월 경성지방법원에서 징역 2년 6개월의 판결을 받고 옥중 투쟁을 벌였음이 확인된다.

〈崔敦根 資料〉는 공산주의 사상을 지니고 농민운동과 노동운동에 참여하다가 검거된 최돈근에 관한 보호관찰 조사보고서이다. 최돈근의 가정 상황, 성품, 행실과 신체 상황, 학력, 사상경력 및 죄력, 사상추이 상황, 최돈근의 공술 및 이에 대한 검사의 관찰 항목으로 구성되어 있다. 검찰은 최돈근이 1941년 3월 공산주의 사상을 포기하고 사상 전향을 표명했지만 실제로는 예방구금을 피하기 위한 위장 전향이며 재범의 우려가 높다고 판단하였다.

〈金山潤 調査書〉는 공산주의 사상을 연구하기 위해 독서회를 조직하고 활동하다가 검거된 김산윤에 대해, 경성보호관찰소 보호

                                                                제4장

사가 작성한 시찰조사 보고서이다. 김산윤은 1934년 12월 검거되어 1938년 1월 출소하였다. 보고서는 김산윤의 가정 상황, 성품, 행실과 심신 상황, 학력, 사상경력 및 죄력, 사상 추이 정황, 출소 후의 사상 정황으로 구성되어 있다. 김산윤이 출소 후에도 여전히 비전향 상태로 있어 향후 치안유지법 위반 범죄를 일으킬 우려가 매우 크다고 판단한 내용이 수록되어 있다.

〈囑託保護司表彰ニ関スル件〉은 1942년 1월 16일 경성보호관찰소장이 심사회 회장 山澤佐一郎에게 보낸 '촉탁보호사 표창에 관한 건'이다. 조선에서 사상범보호관찰제도 실시 이후 획기적인 대성공을 거두었기 때문에 그 공로가 큰 촉탁보호사에게 표창을 수여한다는 내용을 담고 있으며, 표창의 일시와 장소가 부기되어 있다. 일제가 사상범에 대한 관리와 교화를 제도화하는 과정에서 촉탁보호사의 역할을 적극적으로 독려한 사례를 보여주는 자료이다.

〈刑事實務家會同諮問事項〉은 작자 미상으로 조선총독부재판소 용지에 필사된 '형사실무가 회동 자문사항'이다. 당시의 범죄정세를 반영하여 재판 및 검찰 업무상 유의해야 할 점 세 가지에 대해 기재하였다. 첫째 군기보호법, 육군형법, 해군형법 등 직접 지나사변에 관한 사건을 처리한 경험에 비추어 장래 이 같은 종류의 사건 처리상 특히 유의해야 할 점, 둘째, 전쟁터에서 귀환한 자의 사상 및 언동 단속에 특히 유의해야할 점, 셋째, 방첩에 관한 현행 법제도의 불비한 점이 무엇인지에 대한 자문사항이다.

〈小作及勞働問題〉는 앞뒤 일부가 결실된 불완전한 낱장 문서로, '三. 小作及勞働問題'라는 항목부터 남아있어 해당 부분의 내용을 중심으로 소작 및 노동문제에 대한 상황을 단편적으로 보여준다. 소작문제는 북한강 주변 우두평야 일대를 중심으로 발생한 지주와 소작농의 분쟁 처리에 관한 내용이며, 노동문제는 경춘선 철도 부설에 따른 각종 공장부설로 인해 야기된 문제가 언급되어 있다.

④ 일제 사법·치안 기관의 각종 통계자료

조선총독부 법무국, 고등법원 검사국, 전주지방법원, 경찰, 형무소 등은 사법·치안과 관련하여 각종 통계자료를 작성하였다. 이들 통계는 조선 사회의 사상 동향과 범죄 현황을 수치로 관리하고 분류함으로써 사상범과 치안대상자에 대한 식민권력의 통제 전략을 구체화한 기록물이라고 할 수 있다. 작성된 통계의 주요 내용은 1919~1929년 조선인 사상사건 통계를 비롯하여 시국관계 법령 위반 건 통계, 평양형무소 수감자 통계, 각종 범죄 통계, 그리고 공산주의운동 및 사회주의 학생 비밀결사단체 등에 관해 조사 정리한 통계 등이다.

㉮ 조선총독부 법무국 관련 자료

〈昭和十二年 保護觀察事件處理狀況等調査〉(1937, IA3141)

〈昭和十二年度司法保護事業成績表〉(1938, IA1646)

〈昭和十二年一月 保護觀察所長會議議席 表〉(1937, IA3765)

〈保護觀察所長會議日程〉(1937, IA3788)

〈刑事ニ関スル參考資料〉(1938, IA0314)

〈昭和十二年 保護觀察事件處理狀況等調査〉는 조선총독부 법

무국이 1937년도 보호관찰사건의 처리상황을 정리한 문서이다. 이와 관련하여 ①1925~1937년 치안유지법위반, 검거, 기소, 기소유예, 형집행유예, 수형 후의 석방인원 조사표, ②1937년 보호관찰사건 처리상황 조사표, ③1937년 보호관찰 대상자의 교육상황 조사표, ④연령 조사표, ⑤가산상태 조사표, ⑥抱懷思想 조사표, ⑦전향 상태 조사표, ⑧전향 동기 조사표, ⑨결사관계 조사표 등 총 9개의 표가 수록되어 있다.[77]

〈昭和十二年度司法保護事業成績表〉는 법무국 행형과가 1937년 4월 1일부터 1938년 3월 31일까지 추진한 사법보호사업의 현황과 실적을 정리한 통계 문서이다. 1933년부터 1938년까지 전조선 형무소에서 석방된 인원과 보호 인원을 연도별 통계로 작성하였고, 사법보호사업 경비 운용 현황과 자산 상태를 표로 정리하였다. 이와 함께 전국 26개 보호단체별 사법보호사업 실적 통계표도 작성되어 있어 조선총독부가 실시한 사후 교화 정책의 실제 운영 양상과 지역별 편차를 확인할 수 있다.[78]

〈昭和十二年一月保護觀察所長會議議席表〉는 1937년 1월 보호관찰소장회의의 참석자 자리 배치표로, 회의에 참가한 주요 인사의 위계와 배치 구도를 시각적으로 보여주는 1장 분량의 문서이다. 조선 총독을 비롯해 광주보호관찰소 등 7개소의 보호관찰소장과 고등법원장, 고등법원 검사장, 경성복심법원 등 복심법원 검사장, 경성지방법원 검사정, 경기도 경찰부장 등의 배석한 구조가 담

---

77   윤지현, 「昭和12年 保護觀察事件處理狀況等調査」, 『민족운동 자료 해제』, pp.407~410.
78   차선혜, 「昭和十二年度司法保護事業成績表」, 『민족운동 자료 해제』, pp.415~416.

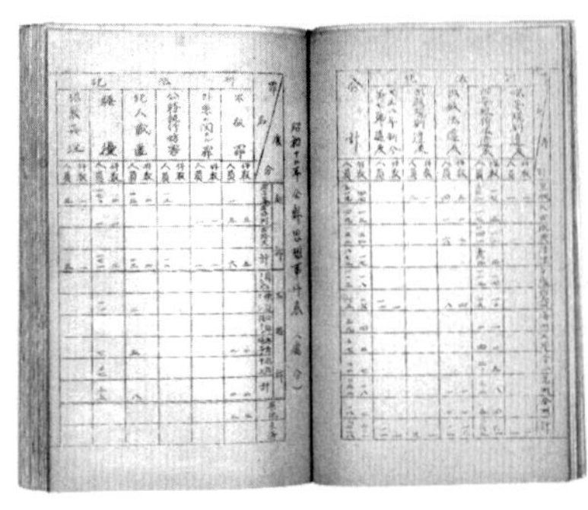

〈刑事ニ関スル參考資料〉

겨있다.

〈保護觀察所長會議日程〉은 1937년 1월 15일과 16일의 보호관찰소장회의 일정표로 총독훈시, 법무국장 주의, 자문사항, 관계국장 희망, 보호관찰소장 제출의견 및 협의 일정이 수록되어 있다. 또한 부록에는 회의 일정표, 자문사항 답신 요령, 협의사항, 수행원 타합사항 등 9개의 회의 배포 문서 목록이 첨부되어 있다.

〈刑事ニ関スル參考資料〉는 법무국의 법무과와 행형과에서 작성한 문서로, 1938년 10월에 개최된 재판소검사국 감독관회의에 제출된 형사 관련 각종 참고자료를 편철한 것이다. ① 1937년 공무원 범죄사건표, ② 1933~1938년 6월 전조선 사상사건표, ③ 匪賊·共匪 등 조선 내 습격사건 제조사표, ④ 행형 참고통계, ⑤ 지나사변 관계 범죄 조사표 및 시국경제 관계 범죄 조사표 등 시국사건에 관한 사법 및 형사 관련 현황이 수록되어 있다.[79]

㉯ 고등법원 검사국 자료

〈全鮮思想事件檢事局統計〉(1919~1929, IA3222)
〈檢事搜査事件數〉(1930, IA3696)

---

79 차선혜, 「刑事ニ関スル參考資料」, 『민족운동 자료 해제』, pp.411~413.

〈軍機保護法違反事件調査〉(1933~1936, IA3800)

〈檢事搜査事件件數表/檢事搜査事件人員表〉(1937, IA1635)

〈時局関係法令違反件受理件數人員調〉(1938, IA1657)

〈辯護士ノ懲戒ニ関スル件〉(1939, IA3660)

〈時局関係法令違反事件罪名件數人員調〉(1938, IA4409)

〈全鮮思想事件檢事局統計〉는 고등법원 검사국 사상부에서 작성한 문서로, 1919년부터 1929년까지 10년간 조선 전역에서 발생한 주요 사상사건에 대한 통계 자료이다. 각 죄명에 따른 건수와 인원수, 전년 대비 수리 건수, 기소·불기소·이송 등의 수리 상황과 미제 건수 등이 표로 작성되었다.[80]

〈檢事搜査事件數〉는 고등법원 검사국이 1928년부터 1930년까지 삼림령 위반에 따른 훈계·방면 수 등을 정리한 통계자료다. 1928년~1930년 검사수사 사건 수, 1930년 1월~12월 국외에서 송치된 사건 인원표, 1929년 삼림령 위반 훈계 방면 수, 1929년 삼림령 위반 검사수리사건 건수 및 동 징수성적표가 수록되어 있다.[81]

〈軍機保護法違反事件調査〉는 고등법원 검사국 사상부가 1933년 1월부터 1936년 5월까지 군기보호법 위반사건을 표로 정리한 문서이다. 이 기간 동안 군기보호법 위반 건수는 총 7건으로 나타나 있으며, 관련자는 황운천·한봉인 등 14명이다. 연도별로는 1934년 1건 3명, 1935년 3건 5명, 1936년 3건 6명이며 직업별로는

---

80   전병무, 「全鮮思想事件檢事局統計」, 『민족운동 자료 해제』, pp.395~396.
81   차선혜, 「檢事搜査事件數」, 『민족운동 자료 해제』, pp.400~401.

서화간판업 1명, 상업 3명, 어업 4명, 광업 5명, 노동 2명, 무직 5명
이다. 지령을 받은 장소별 분포는 조선 2명, 만주 4명, 노령 8명이
며, 지령 내용별로 경원 방면 일본 군대의 행동 상황 3명, 나진·부
산 방면의 항만시설 및 도로 상황 1명 등이 상세히 정리되어 있
다.[82]

〈檢事搜査事件件數表/檢事搜査事件人員表〉는 고등법원 검
사국이 1937년도 검사 수사사건 건수 및 인원을 체계적으로 정리
한 통계자료이다. 수사사건 건수 표는 수사 대상자를 일본인, 조선
인, 외국인으로 구분하고 죄명은 살인죄, 강도죄, 황실에 대한 죄,
내란에 관한 죄 등으로 분류하여 정리하였다. 인원표는 각 죄명별
수사 대상자의 인원을 기록한 것이며, 부록에는 1928년부터 1937
년까지의 재감자를 구분한 재감인원 비교표와 같은 기간 수형자의
초범 및 누범 비율표가 첨부되어 있다.[83]

〈時局関係法令違反件受理件數人員調〉는 고등법원 검사국 사
상부가 작성한 문서로, 1937년 7월부터 1938년 8월말까지의 시국
관계법령 위반건 수리 건수와 인원 현황을 정리한 통계자료이다.
총 87건, 153명이 수리되었으며, 죄명은 외환에 관한 죄, 범인 은닉,
왕래 방해, 협박, 강도, 갈취, 사기, 공갈, 횡령, 치안유지법, 군기보
호법 등으로 적시되어 있다.[84]

〈辯護士ノ懲戒二関スル件〉은 1939년 1월 9일 고등법원 검사

82　차선혜,「軍機保護法違反事件調査」,『민족운동 자료 해제』, pp.405~406.

83　전병무,「檢事搜査事件件數表, 檢事搜査事件人員表」,『민족운동 자료 해제』, pp.410~
　　411.

84　김인덕,「時局関係法令違反件受理件數人員調」,『민족운동 자료 해제』, p.414.

장이 복심법원검사장과 지방법원검사정에 보낸 문건으로, 1938년 12월 26일의 조선총독부 판사징계위원에서 변호사 切山篤太郎에 대해 정직 6개월에 처한 사실을 알린 것이다. 징계 이유는 경성변호사회의 관선변호사 切山篤太郎이 치안유지법 위반 혐의로 구속된 김명균 등을 변론하는 과정에서 중일전쟁 이후 일본의 군사행동과 경제정책을 비판하는 사회주의 이데올로기와 일맥상통하는 관점에서 변론했다는 점이다. 판사징계위원회는 이러한 변론이 조선변호사령 제17조에 위반되며, 변호사의 품위를 실추시켰다고 판단하여 정직 처분을 내렸다.

한편 〈時局関係法令違反事件罪名件數人員調〉는 1937년 7월 7일부터 1938년 8월 말까지 보고된 검찰사무보고서를 바탕으로 작성된 통계 문서로, 시국관계 법령 위반 사건의 죄명별 건수와 인원수를 정리한 것이다. 죄명은 산금령, 조선광업령, 외국위체관리법, 관세법 등에 관한 위반이며, 지역은 경성, 대전, 함흥, 청진, 평양, 신의주, 해주, 대구, 부산, 광주, 전주 지역으로 구분하여 지역별 건수 및 인원수를 표기하고 있다.

㉔ 지방법원 검사국 자료

〈昭和五年九月平壤地方法院檢事局調査表〉(1930, IA1634)

〈調査事項〉(1933, IA3607)

〈京城地方法院受刑者報告件等參考資料〉(연도 미상, IA3723)

〈清津檢事正談話要旨〉(1936, IA3776)

〈山澤京城地方法院檢事正謹話〉(1939, IA3646)

〈次席上席檢事會議議事錄〉(1939, IA3210)

〈昭和五年九月平壤地方法院檢事局調査表〉는 평양지방법원 검사국이 1928~1930년 9월까지의 각종 수사 기록을 바탕으로 작성한 조사표로, 1930년 9월 필사본으로 작성되었다. 「檢事搜査事件旣濟期間別件數表」(1929년), 「사상사건 건수 인원표」, 「昭和4년 중요 사상사건」 등 검사국의 수사 및 사상사건 관련 내용이 포괄적으로 수록되어 있다.[85]

〈調査事項〉은 1933년 전주지방법원 군산지청 검사분국에서 작성한 문서 13건을 편철한 자료이다. 검사분국의 내부 운영과 사건 처리 실적을 정리한 통계 및 내역으로 구성되어 있다. 수록 문서는 직원분과조서, 공무원 범죄사건표, 검사수리건수 및 처분결과 건수표, 죄명별 수리건수 증감비교표, 제1심 검사수사사건 旣濟 기간별 건수표 등이다.[86]

〈京城地方法院受刑者報告件等 參考資料〉는 작성자가 각기 다른 네 건의 문서를 합철한 자료로, 경성지방법원과 관련된 형사사건 처리 및 사법 판단의 구체적 사례를 보여준다. 첫 번째 문건은 山澤佐一郎 검사에게 보고한 경성지방법원 및 관내 지청 언도 수형자 수에 관한 통계성 보고서이다. 두 번째 문건은 佑伯사건의 예심종결서에 대한 의견 보고이며, 세 번째는 笠井 검사가 작성한 것으로 추정되는 문서로 독립운동가 이수봉에 대한 비상상고 사건의

---

85 김인덕, 「昭和五年九月平壤地方法院檢事局調査表」, 『민족운동 자료 해제』, pp.399~400.

86 정혜경, 「調査事項」, 『민족운동 자료 해제』, pp.402~404.

 제4장

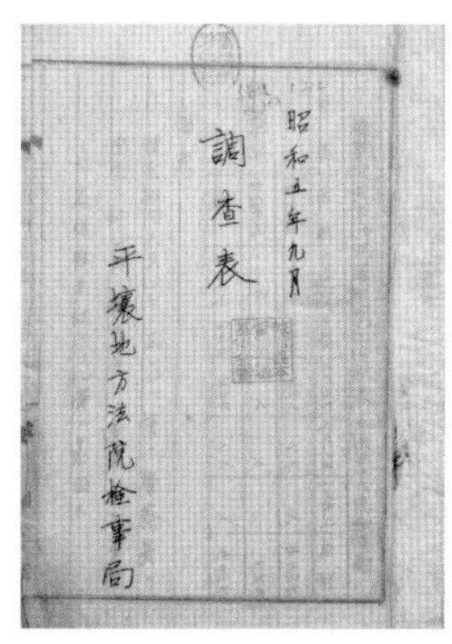
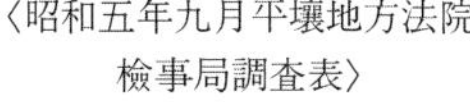
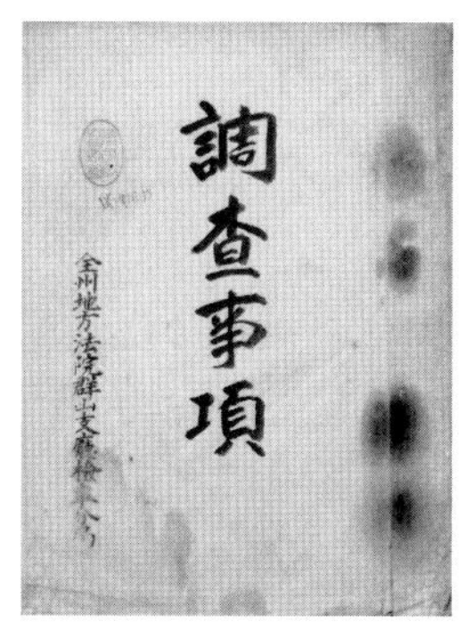
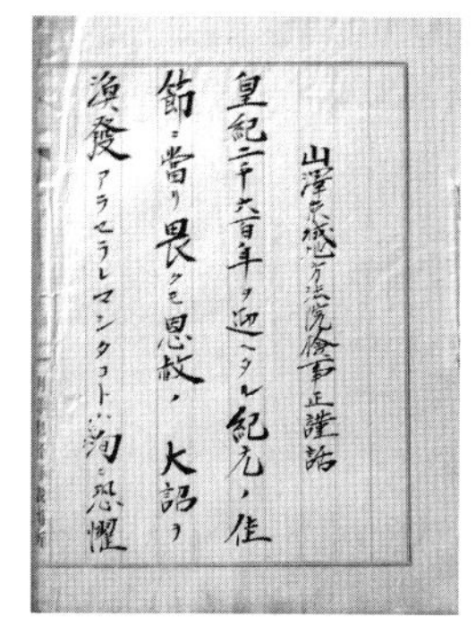

〈昭和五年九月平壤地方法院
檢事局調査表〉 〈調査事項〉 〈山澤京城地方法院檢事正謹話〉

보고가 담겨있다. 네 번째는 청진지방법원 용지에 기록된 문건으로 무역상 전과범 德山岳吉에 대한 검사의 취조 결과를 정리한 보고서이다.

〈淸津檢事正談話要旨〉는 1936년 청진지방법원 검사정의 담화 요지를 정리한 문서로, 군기보호법 위반 혐의로 나남헌병대에서 송치된 청진 주재 중국영사 孫秉乾 등 6명에 대해 불기소 처분한다는 내용을 담고 있다.[87]

〈山澤京城地方法院檢事正謹話〉는 1940년 경성지방법원 山澤佐一郎 검사의 발언을 정리한 문서로, 조선총독부 재판소 용지에 붓글씨로 작성되어 있다. 이 문서는 황기 2600년을 기념하여 단행된 은사에 대한 소회를 담고 있는데, 山澤 검사는 이 조치에 대해 '恐懼感激'하다고 표현하였다. 아울러 관내에서 감형의 성은을 입은 450명이 모두 개과천선하여 성지를 받들 각오를 다지고 있다는

---

87 전병무, 「淸津檢事正談話要旨」, 『민족운동 자료 해제』, p.450.

내용을 포함하고 있다.

〈次席上席檢事會議議事錄〉은 1939년 10월 2일부터 이틀간 개최된 전조선 각 법원의 차석·상석검사회의 의사록이다. 회의에는 고등법원 검사장을 비롯한 전국의 검사 22인이 출석하였고 열석자로 법무국장 등 13인이 배석했다. 첫날 회의는 경제통제사범에 관한 처리 방침과 치안유지에 관한 사안이 주요 의제로 논의되었고, 둘째 날에는 법 해석 및 집행에 관한 15개 항목을 선정하여 각 기간 관의 정보와 자료를 교류하였다.[88]

㉛ 경찰 자료

〈1930년대 진도지역 공산주의운동 계보도〉(1932, IA3789)
〈昭和十六年五月警察署長會議參考表〉(1941, IA3599)
〈思想事件受刑者調査表〉(연도 미상, IA3630)
〈檢事搜査中ノ重要思想事件調査表〉(1941, IA3153)

〈1930년대 진도지역 공산주의운동 계보도〉는 1930년대 진도지역 공산주의 운동의 경과를 도표로 정리한 1장 분량의 문서이다. 1932년 5월 조규선 등을 중심으로 조직된 연구 서클과 같은 해 11월 자체 교양과 대중 교양의 획득을 목적으로 결성된 '自覺會', 1933년 개설된 중앙일보 지국, 1934년 농민의식 교양과 소작료 면제 등을 강령으로 하여 결성된 진도적색농민조합 등의 조직 현황

---

88 전병무, 「次席上席檢事會議議事錄」, 『민족운동 자료 해제』, pp.498~500.

이 상세히 정리되어 있다.[89]

〈昭和十六年五月警察署長會議參考表〉는 1941년 5월 경기도 경찰서 고등경찰과가 도내 각 경찰서장회의에 참고자료로 제공하기 위해 편철한 통계표 모음이다. 수록된 표는 1)각 경찰서별 사상범죄 검거표, 2)요시찰, 요주의인 사상 동향 조사표, 3)요시찰, 요주의인 소재불명자 수 조사표, 4)불경 및 불온 낙서 조사표, 5)불온 통신·투서 등 조사표, 6)종교·유사단체의 검거 상황 일람, 7)내지도항 관계표, 8)소작쟁의 관계표, 9)노동쟁의 관계표, 10)공장·광산·농장 조사표 등이다.[90]

〈思想事件受刑者調査表〉는 평양형무소에서 작성한 사상사건 관련 수형자에 대한 조사표로, 인원수, 죄명, 직업, 교육정도, 품행과 개선의 여지 유무 등을 항목별로 정리한 필사본 문서이다. 정확한 작성 시기는 명시되어 있지 않으나, 1919년 이후로 추정된다. 표에 따르면, 수형자 67명 가운데 33명이 치안유지법 위반이며 수형자 67명 가운데 교원이 27명으로 가장 많은 비중을 차지하고 있다. 문서 뒷부분에는 해주형무소에 수감된 사상사건 수형자 2인에 대한 조사표가 별도로 수록되어 있다.[91]

〈檢事搜査中ノ重要思想事件調査表〉는 1941년 당시 치안유지법 위반 등 주요 사상사건에 관한 내용을 통계표로 작성한 자료로,

---

89 표영수, 「1930년대 진도지역 공산주의운동 계보도」, 『민족운동 자료 해제』, pp.401~402.

90 전병무, 「昭和十六年五月警察署長會議參考表」, 『민족운동 자료 해제』, pp.419~422.

91 차선혜, 「思想事件受刑者調査表」, 『민족운동 자료 해제』, pp.422~423.

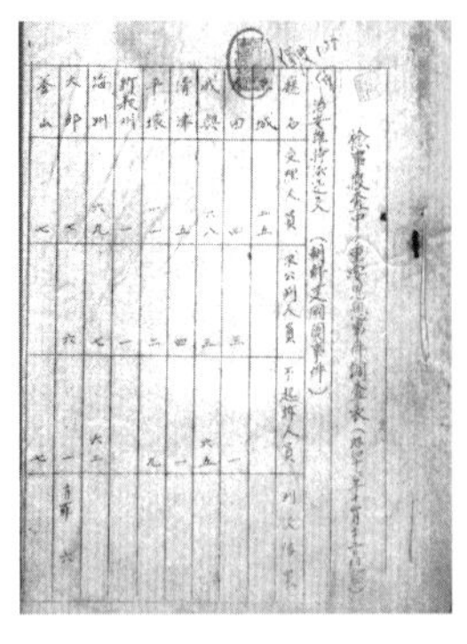

〈檢事搜査中ノ重要思想事件
調査表〉

작성 주체가 명확하지 않다. 이 문서는
1) 검사 수사 중인 중요 사상사건 조사표,
2) 사상사건 수리 건수 및 人員調, 3) 학교
관계자의 치안유지법 위반 사건 등에 관
한 조사, 4) 경제통제에 관한 최근 주요한
독직사건, 5) 경제사건 제1심재판결과 건
수 및 인원표 등 7개 항목으로 구성되어
있다.[92]

㉤ 형무소 관련 자료

〈昭和五年九月十二日現在在監人員其ノ他〉(1930, IA3656)

〈思想事件受刑者罪名及人員表 外〉(1919, IA3631)

〈昭和五年九月十二日現在在監人員其ノ他〉는 1930년 9월 12
일을 기준으로 평양형무소의 재감자 현황을 통계로 작성한 문서이
다. 이 자료에는 재감자 1천여 명의 인원표, 형량 및 인원수, 죄명
표, 연령별표, 형사피고인 구류기간표, 감방배치표, 작업인원별표,
1930년도 작업 수입조, 작업종별 수입조, 재적자 식료, 환자표 등
이 수록되어 있다.[93]

〈思想事件受刑者罪名及人員表 外〉는 평양형무소, 해주형무

92　전병무, 「檢事搜査中ノ重要思想事件調査表」, 『민족운동 자료 해제』, pp.416~418.

93　동선희, 「昭和五年九月十二日現在在監人員其ノ他」, 『민족운동 자료 해제』, pp.398~
　　399.

소 등 3개 형무소에서 복역 중인 사상사건 수형자들의 정보를 표로 정리한 자료이다. 평양형무소의 경우 사상사건 수형자의 범죄 및 인원표, 죄명 및 인원표, 직업별표, 교육정도표, 행장에 관한 건 등이 수록되어 있다.

㉺ 기타 자료

〈朝鮮の犯罪に付て〉(1930, IA4169)

〈諸思想團體狀況調查表〉(1929년경, IA3722)

〈ハルピンを中心とする司法權の消長について〉(1940, IA3633)

〈朝鮮の犯罪に付て〉는 1920년대 조선에서 발생한 범죄의 성격과 관련 통계자료를 수록한 문서로, 검찰 또는 경찰이 작성한 자료로 추정된다. 조선 범죄의 특징에 대해 다음과 같이 서술하고 있다. 1)조선에서는 부자연스러운 결혼제도로 인하여 姦夫·奸婦가 공모 또는 단독으로 本夫를 살해하는 범죄가 적지 않고, 2)사상범이 매년 증가 추세에 있으며 1929년 치안유지법 위반 사례는 1천여 건에 달하고, 3)강도 死傷罪는 1925년에 600명, 1929년에 440명이며, 4)방화·살인·강도죄는 감소한 반면 공무집행방해·상해·절도·사기·공갈·연도전

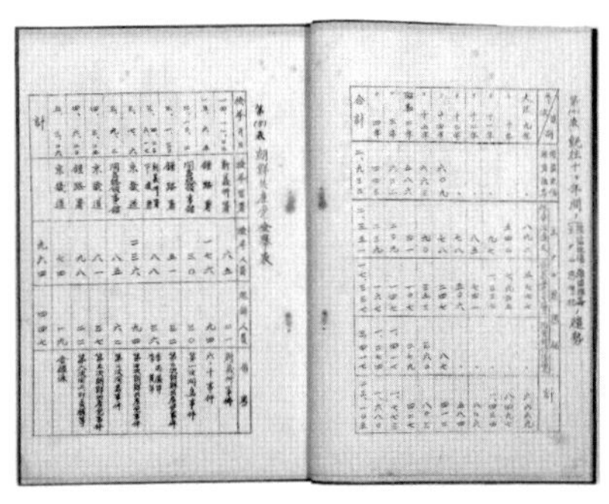

〈朝鮮の犯罪に付て〉

매령·주세령·아편·코카인 등에 관한 범죄와 사상범 증가, 5) 사형 및 무기징역 감소, 6) 범죄 원인은 利慾, 習癖, 빈곤, 게으름 등 12가지 범주로 분류하였다. 이와 관련하여 1920~1930년 범죄 총 인원수, 조선 및 내지의 수사사건과 인구에 대한 비례, 조선 姦夫·奸婦의 本夫殺調 등 총 8개의 통계표가 수록되어 있다.[94]

〈諸思想團體狀況調查表〉는 1920년대 후반 대구 지역에서 결성된 사회주의 계열 학생 비밀결사단체인 新友同盟·革友同盟·赤友同盟 및 관련 단체들의 조직 구성을 도표 형식으로 정리한 1장 분량의 문서이다. 각 단체의 조직과 구성원, 방계단체 현황 등을 한눈에 파악할 수 있다.[95]

이 외에도 국외 사법 관련 기록으로 하얼빈고등법원에서 작성한 〈ハルピンを中心とする司法權の消長について〉는 하얼빈을 중심으로 한 약 40년간 사법권의 변천과 소멸·확장 과정을 정리한 자료이다. 러시아 통치 시대, 중국 통치 시대, 만주국 건국 시대로 구분하여 정리되어 있다.

⑤ 일제 법령 관련 자료

일제가 식민지 통치를 정당화하고 조선인의 사상과 행동을 강력히 통제하기 위해 제정·운영한 법령들과 그에 관련된 자료들이 있다. 주요 법령으로는 치안유지법, 사상범보호관찰법, 군기보호법, 국방보안법 등이 있으며, 이들 법령은 조선 내 사회주의·공산

94　조건, 「朝鮮の犯罪に付て」, 『민족운동 자료 해제』, pp.397~398.
95　조건, 「諸思想團體狀況調查表」, 『민족운동 자료 해제』, p.396.

주의 활동뿐 아니라 광범위한 독립운동 전반을 억압하는 데 활용
되었다. 특히 1925년 4월 치안유지법을 공포하여 일본의 국체 변혁
이나 사유재산제 폐지를 주장하는 모든 활동을 처벌 대상으로 규
정하였고, 이후 수차례 개정을 통해 처벌 범위를 확대하고 형량을
강화해 나갔다. 이는 조선인의 사상과 결사를 법적으로 탄압할 수
있는 대표적 수단으로 기능했다. 이 외에도 사상범보호관찰법은
형 집행을 마친 사상범을 지속적으로 감시하고 교화하기 위한 제
도적 장치였으며, 군기보호법과 국방보안법은 전시체제 하에서 군
사 기밀 유출, 첩보 활동 등을 사전 차단하기 위한 법적 기반이었
다. 이와 관련한 각종 법령의 목록은 다음과 같다.

〈治安維持法理由〉(1925, IA3214)

〈治安維持法違反卜公訴時效〉(1930년대, IA3673)

〈治安維持法新舊對照〉(1941, IA3559)

〈改正治安維持法理由書〉(1941, IA3634)

〈思想犯保護觀察法案提出理由〉(1936, IA4321)

〈思想犯保護觀察法案二関スル件〉(1936, IA3219)

〈思想犯保護觀察法施行令(勅令)案〉(1936, IA3575)

〈思想犯保護觀察法施行令〉(1936, IA4172)

〈思想犯保護觀察法通過二際シテ〉(1936, IA4171)

〈朝鮮思想犯保護觀察令私案〉(1936, IA4041)

〈思想保護審査會官制案〉(1936, IA3220)

〈朝鮮思想保護審査會官制案〉(1936, IA4331)

〈朝鮮思想犯保護觀察令施行規則左ノ通定ム〉(1937, IA3683)

〈思想犯保護觀察ニ関スル法律ノ實施ニ際リ思想轉向者ノ希望〉

　(1940, IA3198)

〈京城保護觀察審査會 繼續審査事件一覽表〉(1939, IA3195) 외 9건

〈朝鮮思想犯保護觀察令の發布に就て〉(1936, IA1651)

〈法律第九二號第二條ノ規定ニ依ル纖維工業設備ノ制限ニ関スル

　件左ノ通定ム〉(1939, IA3768)

〈朝鮮麻藥取締令第七條ノ讓渡3讓受ノ意義ニ関スル件〉(1938,

　IA3746)

〈釋防者保護要鋼〉(연도 미상, IA1632)

〈朝鮮司法保護事業に寄す〉(연도 미상, IA1656)

〈改正軍機保護法解說〉(1937, IA4170)

〈國防保安法理由書〉(1941, IA3645)

〈不穩文書臨時取締法逐條說明書〉(1936, IA3705)

〈昭和十二年法律第九二號ヲ朝鮮,臺灣及樺太ニ之ヲ施行スルノ

　件〉(1937, IA3763)

〈暴利取締令及朝鮮物品販賣價格取締規則の解說〉(1930년대 후반,

　IA3150)

〈經濟警察の使命〉(연도 미상, IA1658)

〈朕國民職業能力申告令ヲ裁可シ茲ニ之ヲ公布セシム〉(1940년대 초,

　IA3593)

〈流言蜚語ニ関スル罪〉(연도 미상, IA3605)

〈造言飛語ノ字源〉(1930년대 후반, IA3661)

〈朝鮮總督府事務分掌規程改定 및 國民總力運動指導委員會規

　程制定〉(1940, IA3602)

〈國民總力朝鮮聯盟規約〉(1940, IA4330)

〈昭和十年八月朝鮮總督府所屬官署委任事項規程(秘)〉(1935, IA3627)

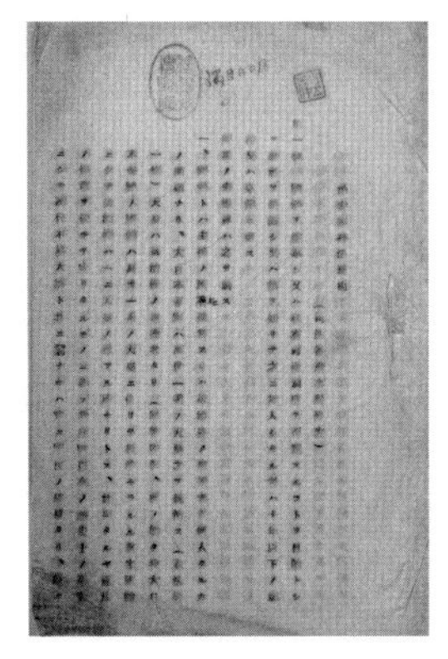

〈治安維持法理由〉

〈治安維持法理由〉는 일본 사법성 형사국에서 발표한 치안유지법에 대한 공식 해설 자료로, 이 법의 입법 취지와 구체적 조항 해석을 담고 있다. 치안유지법은 1925년 일본의 국체를 변혁하거나 사유재산제를 부정하는 일체의 사상과 운동을 처벌하기 위해 제정한 법률로, 일제가 조선의 항일독립운동을 탄압하는 주요한 법제적 수단이었다. 이 문서에는 조선, 대만, 사할린 등 식민지 전역에 적용된 치안유지법의 전문과 각 조문에 대한 보완 설명이 수록되어 있다.[96]

〈治安維持法違反卜公訴時效〉는 치안유지법 위반에 따른 공소시효 문제를 심의하기 위해 일본 사법협회가 형사부 위원 山澤佐一郎에게 보낸 문건으로, 작성 시기는 1930년대로 추정된다. 당시 조선총독부는 법령 해석에 있어 쟁점이 발생할 경우, 일본 사법협회의 결의를 통해 공식적인 해석을 채택하였다. 이 자료에는 치안유지법 제1조 결사를 조직한 자의 공소시효 기산점을 결사를 조직한 날부터 할 것인지 아니면 해산한 날부터 적용할 것인지에 대한 논의가 담겨있다. 문서에는 결사 조직 행위를 마친 시점부터 공소

96　표영수, 「治安維持法理由」, 『민족운동 자료 해제』, pp.438~439.

시효가 적용해야 한다는 의견이 수록되어 있다. 일제가 사법회의를 통해 식민지 형사법 해석의 정당성을 확보하고자 했던 방식을 보여주는 자료이다.[97]

〈治安維持法新舊對照〉는 경성지방법원 검사국에서 1941년 개정된 치안유지법의 신구안을 비교·대조하여 작성한 것이다. 상단에는 1925년 제정 당시의 구법을, 하단에는 1941년 개정된 신법을 배열해 신구대조할 수 있도록 구성되어 있다. 1925년 처음 시행된 치안유지법에는 국체변혁 또는 사유재산 제도를 부정하는 결사를 조직하거나 가입한 자에 대해 15년 이하의 징역 또는 금고에 처한다고 했고 1928년 개정된 법에서는 국체변혁의 경우 사형이나 무기징역, 또는 5년 이상의 징역이나 금고에 처하도록 하였는데, 1941년 개정된 법에서는 사형, 무기징역 또는 7년 이상의 징역으로 강화되었다. 제7조에 신궁 및 황실에 대한 모독의 경우 무기징역 또는 4년 이상의 징역에 처한다는 내용이 새롭게 포함되는 등 탄압 조항이 추가되었다.[98]

〈改正治安維持法理由書〉는 1941년 4월 경성지방법원 검사국에서 개정된 치안유지법에 대한 법조문 중 해석이 필요한 대목의 취지와 관련 설명을 엮은 자료이다. 개정된 치안유지법 가운데 국체변혁을 목적으로 조직된 결사뿐 아니라 결사를 지원하는 단체나 결사를 결성하고자 준비하는 행위까지 처벌 대상이 확대되었고 예방구금제도를 마련하여 범죄 가능성 있는 자를 구금, 재범을 미연

---

97 전병무, 「治安維持法違反卜公訴時效」, 『민족운동 자료 해제』, pp.439~440.
98 황민호, 「治安維持法新舊對照」, 『민족운동 자료 해제』, pp.461~462.

에 방지하려는 내용 등이 수록되어 있다.[99]

　박물관 소장 법령 관련 자료는 사상범에 대한 사회적 통제장치를 마련하는 내용이 많은 비중을 차지한다. 일제는 1936년 5월 일본 제국회의에서 '사상범보호관찰법'을 입안하고 1936년 12월 '조선사상범보호관찰령과 시행규칙'을 제정하였다. 치안유지법 위반으로 처벌을 받은 이들을 보호관찰 대상으로 하고 이들의 재범 방지를 위해 사상과 행동을 관찰하고 조치를 취하는 목적에서 만들어진 법이다. 박물관에는 사상범보호관찰법의 제정 취지와 배경, 시행령과 시행규칙의 구체적인 내용이 망라된 자료가 소장되어 있다.

　〈思想犯保護觀察法案提出理由〉는 1936년 5월 일본이 사상범보호관찰법을 제정하게 된 배경과 이유를 상세히 설명한 자료이다. 주된 내용으로 '제1 우려해야할 사상범인의 정세', '제2 경계해야 할 객관적 諸情勢', '제3 사상범 대책의 긴요', '제4 현재에 있어 사상범 보호관찰의 결함' 등이 수록되어 있다.[100]

　〈思想犯保護觀察法案ニ関スル件〉은 1936년 5월 6일 조선총독부 법무국장이 고등법원장과 검사장, 복식법원장과 검사장, 지방법원장과 검사정에게 보낸 것으로, 일본 각의에서 통과된 사상범보호관찰법안 내용이다. 총 14조 및 부칙으로 되어 있다.

　〈思想犯保護觀察法施行令(勅令)案〉은 1936년 5월 29일 법률 제29호로 공포된 사상범보호관찰법 시행령(안)과 촉탁사상보호

99　조건, 「改正治安維持法理由書」, 『민족운동 자료 해제』, pp.466~467.
100　차선혜, 「思想犯保護觀察法案 提出理由」, 『민족운동 자료 해제』, pp.467~469.

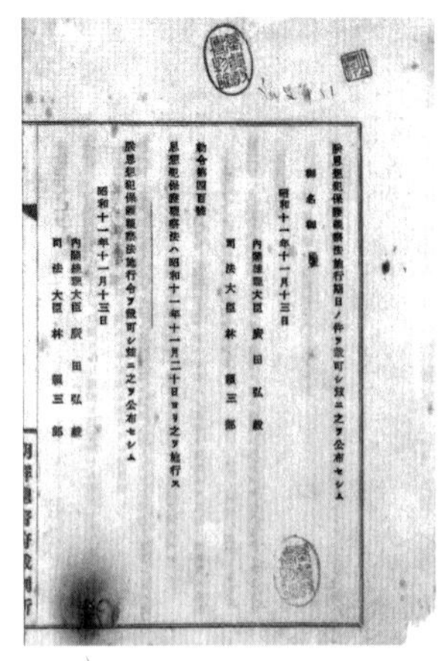

〈思想犯保護觀察法施行令〉

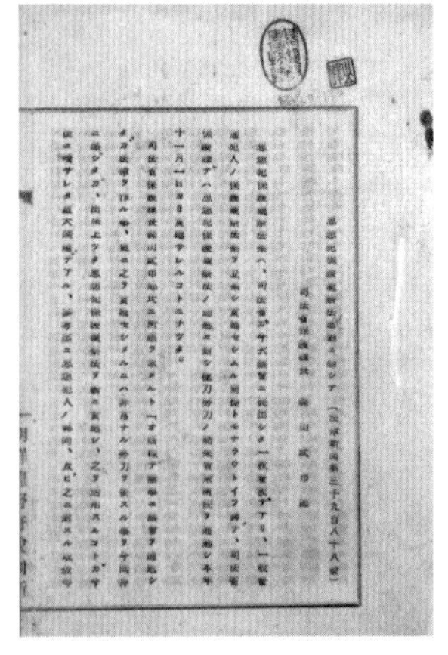

〈思想犯保護觀察法通過ニ際シテ〉

사 후보자의 구성 요건과 명단을 수록하였다. 촉탁사상보호사의 자격대상을 사법성 관계, 내무성 관계, 문부성 관계, 민간으로 구분하고, 이에 따른 72명의 후보자 소속과 이름을 수록하였다.[101]

〈思想犯保護觀察法施行令〉은 1936년 11월 13일 내무총리 대신 廣田弘毅와 사법대신 林賴三郎의 서명으로 공포된 것을 조선총독부재판소 용지에 인쇄한 한 것이다. 시행령은 총칙, 보호관찰에 관한 수속, 보호관찰처분이 집행, 부칙으로 구성되어 있으며, 일제가 시행했던 사상범보호관찰제도의 대강을 파악할 수 있는 자료이다.[102]

〈思想犯保護觀察法通過ニ際シテ〉는 사상범보호관찰법안에 참여했던 사법성 大臣官房 보호과장 森山武市郎이 법 통과에 즈음하여 법안의 취지와 감회가 언급되어 있어 입안 과정과 취지를 파악할 수 있는 자료이다.[103]

---

101 차선혜, 「思想犯保護觀察法施行令(勅令)案」, 『민족운동 자료 해제』, pp.443~445.
102 황민호, 「思想犯保護觀察法施行令」, 『민족운동 자료 해제』, pp.442~443.
103 조건, 「思想犯保護觀察法通過ニ際シテ」, 『민족운동 자료 해제』, pp.445~446.

〈朝鮮思想犯保護觀察令私案〉은 일본에서 공포된 사상범보호관찰법을 조선의 실정에 맞춰 조선총독부령으로 공포하기 위한 계획안이다. 본문은 법안의 조선 내 적용 범위와 보호관찰소 운영에 관해 간략히 규정한 조선사상범보호관찰령私案과 사상범보호관찰법안으로 이루어져 있다. 일제의 사상통제 및 식민지배 정책의 단면을 파악할 수 있는 자료이다.[104]

한편 사상범보호관찰법에 의해 실치된 일본의 〈思想保護審査會官制案〉은 사상범 보호관찰의 실시 여부를 심의하는 심의회의 구성과 권한 등을 규정하고 있다. 총 10조로 구성되어 있다. 제1조에 사법대신의 감독에 속하는 사상범보호관찰법에 의해 사상보호관찰심사회의 권한에 속하는 사항을 조사 심의하는 역할이 규정되어 있다. 이를 조선에 적용하기 위해 만든 〈朝鮮思想保護審査會官制案〉은 감독 권한이 일본 사법대신에서 조선총독으로 변경하는 등 일본의 관제안을 조선에 그대로 적용한 것이다. 총 10개 조로 구성되어 있다.

〈朝鮮思想犯保護觀察令施行規則左ノ通定ム〉은 조선총독부령 제128호 조선사상범보호관찰령 시행규칙(1936년 12월 18일)과 조선총독부보호관찰소의 명칭, 위치 및 관할 구역표(부령 제129호), 보호관찰비용규칙(부령 제130호) 등 관련 법령이 수록되어 있다.[105]

〈思想犯保護觀察ニ関スル法律ノ實施ニ際リ思想轉向者ノ希望〉은 사상범보호관찰법 실시됨에 따라 조선총독부 고등법원 村

---

104 조건, 「朝鮮思想犯保護觀察令私案」, 『민족운동 자료 해제』, pp.471~472.
105 정혜경, 「朝鮮思想犯保護觀察令施行規則左ノ通定ム」, 『민족운동 자료 해제』, pp.453~455.

田左文 검사가 일본과 조선의 사상전향자들이 동법 실시운용에 관한 희망사항과 이에 대한 자신의 의견을 서술한 것이다. 뒷부분에는 1940년 6월 경성보호관찰심사회에서 작성한 보호관찰대상자 이름, 나이, 직업, 본적, 주소, 학력, 가정환경 등 개인신상과 사건번호, 담당보호사, 범죄내용, 범죄동기, 법원판결, 사상상태와 전향상태 등을 기록한 '심사회사건일람표'가 수록되어 있다.[106] 경성보호관찰심사회는 일제 말 사상범보호관찰법에 의해 사상범 보호관찰 기간 연장을 결정하던 위원회이다. 박물관에는 경성보호관찰심사회 관련 자료로 심사사건 일람표를 다수 소장하고 있다.

〈京城保護觀察審査會 繼續審査事件一覽表〉는 경성보호관찰심사회에서 1939년 11월 25일 山澤佐一郎 심사회장에게 보낸 것으로, 박득현 등 13인에 대한 계속심사사건 일람표이다. 13인의 진행번호와 사건번호, 보호사, 이름, 연령, 직업, 본적 및 주소, 학력 등이 상세히 기입되어 있다.

〈京城保護觀察審査會 繼續審査事件一覽表〉는 1940년 1월 경성보호관찰심사회에서 작성하여 山澤佐一郎 검사에게 보낸 것이다. 유현일, 오화영, 김순만(大瀧龍之助), 조봉암, 서구원(大原禮助), 송유근 등 계속심사 대상자에 대한 내용이 표로 정리되어 있다.

〈京城保護觀察審査會 審査事件一覽表〉는 1940년 3월 29일 경성보호관찰심사회에서 山澤佐一郎 심사회장에게 보낸 것으로, 1940년 3월 29일 '심사회사건일람표'와 '계속심사회사건일람표'

---

106 차선혜,「思想犯保護觀察ニ関スル法律ノ實施ニ際リ思想轉向者ノ希望」,『민족운동 자료 해제』, pp.446~448.

두 개가 표로 정리되어 있다.

1940년 9월 30일 경성보호관찰심사회에서 작성한 〈京城保護觀察審查會 審查事件一覽表〉는 김오돌 등 보호관찰대상자 4인에 관한 심사사건일람표와 최이칠 등 10인의 계속심사사건일람표가 합철되어 있다. 심사사건일람표는 진행번호, 사건번호, 보호사, 보호관찰대상자의 이름과 나이, 직업, 본적 및 주소, 학력이 기입되어 있고 이와 함께

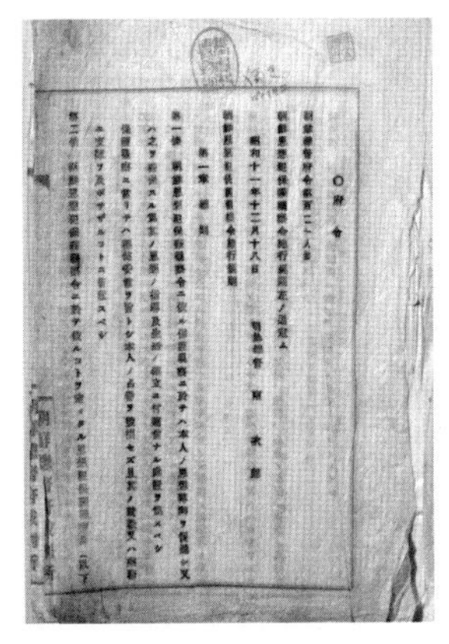

〈朝鮮思想犯保護觀察令施行規則左ノ通定ム〉

관청 처분 내용, 재판소 판결 내용, 범죄 내역, 범죄 동기, 사상 상태와 그 가정관계 및 생활상태, 보호처분에 관한 내용이 정리되어 있다. 범죄 내역에는 문흥화전농민조합 가입, 와세다대학 무산청년회 입회 활동 등과 같이 구체적 내용이 적시되어 있다. 반면 계속심사사건일람표는 진행번호, 사건번호, 이름과 나이, 직업, 본적 및 주소, 학력, 그리고 보호관찰 처분 연월일, 사상상태, 가정관계 및 생활상태, 보호처분의 예정에 관한 내용이 정리되어 있다. 사상상태에는 전향과 정도와 전향 이후 사상보국연맹 행사에 참석했다는 등의 구체적인 활동이 비교적 상세히 기입되어 있다.

경성보호관찰심사회에서 1941년 7월 17일 작성한 〈京城保護觀察審查會 繼續審查事件一覽表〉는 1940년도 1월의 일람표(IA2602)와 동일한 양식으로 작성되었다. 다음은 경성보호관찰심사회에서 작성한 심사일람표 명단을 표로 정리한 것이다.

구분	연도	보호관찰대상자	비고
繼續審査事件一覽表 (IA3195)	1939.11.28.	朴得鉉 · 孔啓得 · 尹昇玄 · 韓泰烈 · 許次吉 · 具昶書 · 南宮愼 · 韓昌熙 · 鄭在達 · 金祚伊 · 崔秀峰 · 金炯國 · 金龍生 · 崔浩善 · 文錫	16인
審査事件一覽表 (IA3700)	1940.3.29.	文庸培 · 李承燁 · 金鎔吉 · 林虎權 · 徐載喆 · 車桂環 · 李種彦 · 金鎔炳 · 金鐘千 · 全洪基 · 徐善吉 · 沈遠燮 · 金顯斗 · 李海良	14인
繼續審査事件一覽表 (IA3700)	1940.3.29.	羅士行 · 南相檍 · 金成源 · 金鎭守 · 李在仲 · 洪南杓 · 任鴻彬 · 金德元 · 異晩圭	9인
審査事件一覽表 (IA3199)	1940.5.17.	成田五郎 · 金顯周 · 池光浩 · 金轍洙 · 金鼎弼 · 孫錫泰 · 申泰淳 · 韓永乭 · 金剛潛 · 千鳳出 · 金潤會 · 姜若秀 · 姜永直 · 朴世彔 · 尹相南 · 金台洙 · 孫旭鉉 · 劉斗熙 · 田甫鉉	19인
審査事件一覽表 (IA3204)	1940.6.24.	鄭仁鈺 · 李相旭 · 安在鴻 · 朱龍甲 · 金順元 · 崔基洙 · 金容澤 · 李康赫 · 朴炳允 · 宋吉漢 · 朴仁善	11인
繼續審査事件一覽表 (IA3200)	1940.6.24.	李容俊 · 車道舜 · 白奉欽 · 金光鳳 · 金壽昌 · 李泰英 · 金斗洙 · 申鳳洙 · 張垓 · 沈承文 · 金元經 · 金桂春 · 孫順興 · 秋教慶 · 吳成老 · 權五淳 · 李相熹	17인
審査事件一覽表 (IA3207)	1940.7.26.	金弘植 · 金弘鎭 · 金弘權 · 李炳烈 · 金守枰 · 李鍾植 · 朴禹弘 · 張湜連 · 沈壽石 · 朴英達 · 柳宅夏 · 鄭奎連 · 崔成浩 · 鄭永培 · 金容善 · 閔泰福 · 崔浩極 · 金完洙 · 金福泰 · 金順化 · 李丁奎 · 李順令 · 朴澤正盛	23인
審査事件一覽表 (IA4040)	1940.8.30.	權泰鍾 · 金貴用 · 方興範 · 洪麒麟 · 韓永錫 · 俞民植 · 洪淳煥 · 朴禹龍 · 嚴澤龍 · 金泰默 · 安教憲 · 朴容喆 · 李元植 · 邊基在 · 山下洪大 · 尹道淳 · 魚允鳳 · 高宗圭 · 金琪善 · 高喜錫 · 劉仁洙 · 崔興元 · 李載天	23인
審査事件一覽表 (IA3138)	1940.9.30.	金五突 · 張明植 · 李熙春 · 尹斗憲	4인
繼續審査事件一覽表 (IA3138)	1940.9.30.	崔利七 · 高在烋 · 趙玩熙 · 張學善 · 朴奇盛 · 劉熊慶 · 金俊相 · 李元世 · 洪石杓 · 尹炳吉	10인
繼續審査事件一覽表 (IA2602)	1940.12.19.	劉賢逸 · 吳華英 · 金順萬 · 曺奉岩 · 徐球源 · 宋裕根	6인
繼續審査事件一覽表 (IA3137)	1941.7.17.	崔龍根 · 禹重夏 · 卞奇學 · 徐仁植 · 宋武鉉 · 李箕永 · 廉椿子 · 權五相 · 坡平光浩 · 金花玉 · 宋在獜 · 宋判石 · 大原興錫 · 青木福基 · 吳元吉 · 李初生 · 崔善珪 · 咸在眞 · 趙龍鳳 · 高山春文 · 崔南守	21인

〈朝鮮思想犯保護觀察令の發布に就て〉는 1936년 12월 21일
조선사상범보호관찰령이 발포되면서 조선총독부 보호관찰소 관

제와 보호관찰소심사회 관제가 제정되어 시행되었는데, 조선총독부 법무국장 增永正一이 보호관찰령에 대한 입법 취지를 설명한 문서이다.[107]

〈法律第九二號第二條ノ規定ニ依ル纖維工業設備ノ制限ニ関スル件左ノ通定ム〉는 1939년 1월 28일 南次郎 총독이 조선총독부령 제4호로 1937년 법률 제92호 제2조 규정에 의한 섬유공업 설비의 제한에 관해 규정한 것이다. 섬유 관련 제조기계의 신설 또는 증설 시 총독의 허가를 받아야 하는 사항과 제조기계의 종류, 허가신청서 제출 등에 관한 규정으로, 중일전쟁 이후 군수물자 관리 차원에서 이루어진 조치이다.

〈朝鮮麻藥取締令第七條ノ讓渡, 讓受ノ意義ニ関スル件〉은 1938년 11월 4일 고등법원 검사장이 복심법원 검사장 및 지방법원 검사정에게 보낸 것으로 제목은 '조선마약취체령 제7조의 양도, 양수의 의의에 관한 건'이다. 마약의 양도, 양수뿐 아니라 실물의 이전도 조항에 포함해야 한다는 사법협회의 결의 내용이 첨부되어 있다.

한편 〈釋防者保護要鋼〉은 발행 주체와 시기가 표기되어 있지 않지만 일본 국내에서 사법보호사업의 영역으로 마련된 요강으로 보인다. 석방자에게 적합한 보호 지도를 통해 재범을 방지하고 석방자 보호 대상자를 구분하여 적합한 지원 방법과 담당자를 규정한다는 내용 등이 수록되어 있어 일본이 시행한 사법보호사업의 일면을 파악할 수 있는 자료이다.

---

107 황민호, 「朝鮮思想犯保護觀察令の發布に就て」, 『민족운동 자료 해제』, pp.463~464.

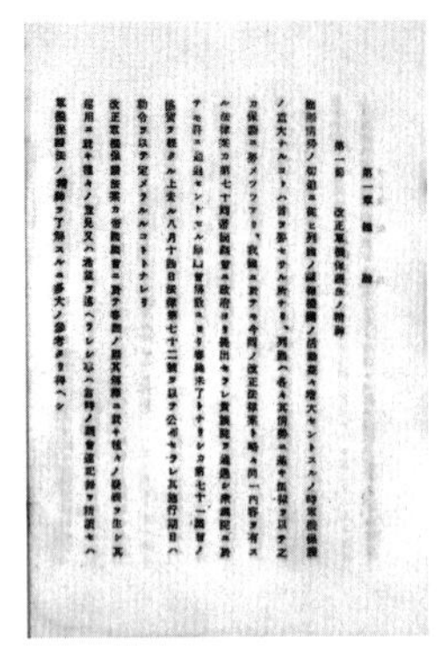

〈改正軍機保護法解說〉

조선에서 사법보호사업의 중요성을 언급한 자료인 〈朝鮮司法保護事業に寄す〉는 경성지방법원 山澤佐一郎 검사정이 '조선사법보호협회' 원고용지에 필사한 원고 초본이다. 1941년 조선에 사법보호협회가 설립되어 점차 업무가 향상되어 가며 중요성이 높아지고 있는 상황임을 설명하고 중요한 시국을 맞이하여 사법보호 업무에 종사하는 자들은 그 임무의 중차대함을 절감하고 더욱 보호 보국의 정신을 철저히 하여 조선에서의 사법보호사업을 진작시키길 기대한다는 내용이 수록되어 있다.

사상범보호 관찰 관련 자료 외에 1937년 조선헌병대사령부에서 작성한 개정군기보호법 해설서와 1941년 경성지방법원 검사국에서 작성한 국방보안법 조문 이유서가 있는데, 이 또한 치안유지법과 마찬가지로 치안 방해 및 이적행위를 단속하고 사회주의자들을 감시하고 처벌하기 위한 목적으로 작성된 것이다.

〈改正軍機保護法解說〉은 일본이 1899년 군사상 기밀을 보호할 목적으로 제정한 「군기보호법」을 1937년 그 대상과 범위를 확대 강화하여 개정하였는데, 이때 조선헌병대사령부에서 작성한 해설서이다. 「군기보호법시행규칙의 설명」, 「군기보호법에 의해 보호할 군사상의 비밀 및 용어 해설」, 「해군에 있어서 군사상 비밀의 종류와 범위」, 「군기보호법에 관한 신문사측이 질문 및 이에 대한

응답」이 수록되어 있다.[108]

〈國防保安法理由書〉는 경성지방법
원 검사국에서 1941년 작성한 국방보안
법에 대한 해설서로, 전시체제기 일제가
식민지 조선에 대한 법적 통제의 일면을
살펴볼 수 있는 자료이다.[109]

한편 1936년 8월 조선총독부 법무국
에서 표현 및 사상의 자유를 통제하기 위
해 공포한 훈령 '조선불온문서임시취체
령'의 운영과 관련한 설명서가 있다.〈不

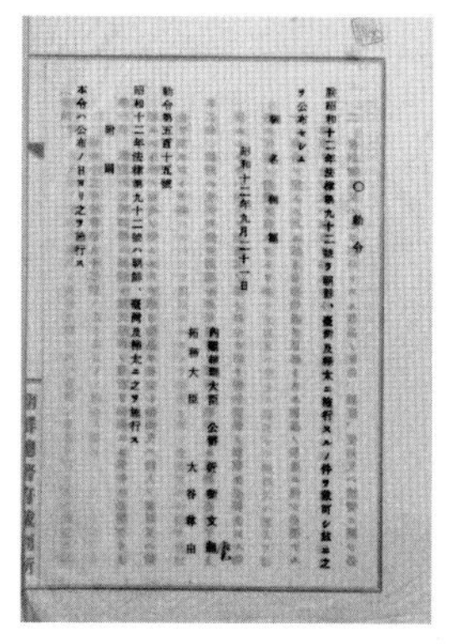

〈昭和十二年法律第九二號ヲ
朝鮮, 臺灣及樺太ニ之ヲ施行
スルノ件〉

穩文書臨時取締法逐條說明書〉는 1936년 8월 22일 조선총독부 법
무국에서 조선불온문서임시취체령(1936.8.8. 공포)의 운영과 관련하
여 일본 국내의 상위법인 불온문서임시취체법(1936.6.15. 공포)을 조목
별로 설명하기 위해 작성한 것이다. 설명서에는 치안을 방해하는
불온문서를 방지함으로써 조선에서의 사상과 표현의 자유를 억압
하려는 의도가 잘 나타나 있다.[110]

〈昭和十二年法律第九二號ヲ朝鮮, 臺灣及樺太ニ之ヲ施行ス
ルノ件〉은 1937년 9월 21일 일본 내각총리대신과 척무대신에 의해
공포된 법률 제92호「수출입품에 관한 임시조치법」을 칙령 제515
호로 조선, 대만 및 화태에 시행한다는 문서이다. 이 임시조치법은
중일전쟁 이후 경제통제의 일환으로 품목을 지정하여 수출이나 수

108 표영수,「改正軍機保護法解說」,『민족운동 자료 해제』, pp.448~449.
109 전병무,「國防保安法理由書」,『민족운동 자료 해제』, pp.462~463.
110 차선혜,「不穩文書臨時取締法逐條說明書」,『민족운동 자료 해제』, pp.441~442.

입을 제한 또는 금지하는 내용을 담고 있다.[111]

〈暴利取締令及朝鮮物品販賣價格取締規則の解說〉은 경무국 경무과 경제경찰계에서 작성한 「폭리취체령」과 「조선물품판매가격취체규칙」에 대한 해설 자료이다. 전시체제기 일제가 조선에서 취했던 경제정책의 단면을 살펴볼 수 있다.[112] 1930년대 후반에 작성한 것으로 추정된다.

경제경찰제도와 관련한 자료로 〈經濟警察の使命〉은 조선총독부 경무국에서 근무하던 淸水重夫가 연도는 확실치 않으나 10월 3일자 『京城日報』에 게재한 원고를 필사한 것이다. 1938년 11월 조선총독부 경무국 산하에 경제경찰을 두어 경제경찰제도를 시행하였는데, 이와 관련하여 전시체제 하에서의 경제통제정책에 따른 경제경찰의 사명, 곧 전쟁 수행상 물화 통제와 물가 조정이 가장 중요한 업무임을 역설한 내용이 수록되어 있다.

〈朕國民職業能力申告令ヲ裁可シ玆ニ之ヲ公布セシム〉는 조선총독부 재판소 검사국 용지에 인쇄된 국민직업능력신고령 관련 법령이다. 1939년 1월 6일 제정 공포된 국민직업능력신고령과 국민직업능령신고령 시행규칙, 그리고 이와 관련한 조선총독부령 제78호, 훈령 제28호, 고시 제124호와 제128호가 수록되어 있다.[113]

〈流言飛語ニ関スル罪〉는 일제가 유언비어 통제·처벌의 기초

---

111 표영수, 「昭和十二年法律第九十二號ヲ朝鮮, 臺灣及樺太ニ之ヲ施行スルノ件」, pp.451~452.

112 표영수, 「暴利取締令及朝鮮物品販賣價格取締規則の解說」, 『민족운동 자료 해제』, pp.473~474.

113 정혜경, 「朕國民職業能力申告令ヲ裁可シ玆ニ之ヲ公布セシム」, 『민족운동 자료 해제』, pp.457~460.

자료를 제공하기 위해 중요 법조항과 참고 조문을 수록한 자료이다. 관련 법조항으로 군형법, 국방보안법, 조선임시보안령 등이 있고 참고 조문으로 형법, 朝鮮取人所令, 보안법, 신문지규칙, 출판법, 불온문서임시취체법 등 관련 조항이 정리되어 있다.[114]

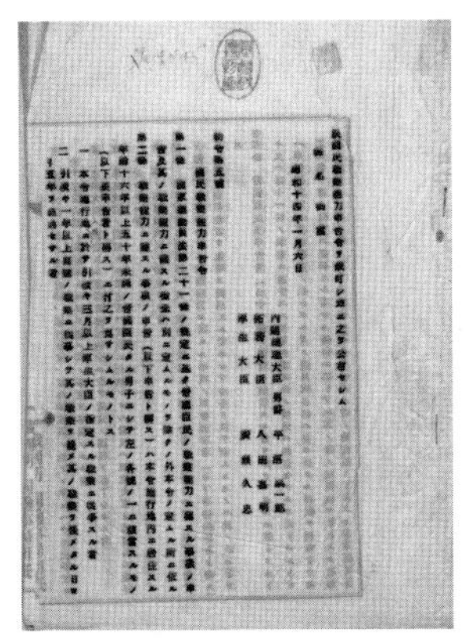

〈朕國民職業能力申告令ヲ裁可シ玆ニ之ヲ公布セシム〉

〈造言飛語ノ字源〉은 일본 사법당국이 조언비어 유포 등 이적행위에 대한 군형법 개정 내용을 정리한 문건의 일부이다. 중일전쟁 이후 일제가 당국의 의사에 반하는 조언비어를 엄중 단속하고 있었음을 알 수 있는 자료이다.[115]

조선총독부령에 의한 규정 개정 자료인 〈朝鮮總督府事務分掌規程改定 및 國民總力運動指導委員會規程制定〉에 1940년 5월 16일 총독부령 제54호로 제정된 '국민총력운동지도위원회규정' 전문과 총독부령 제55호 '국민정신총동원위원회규정' 폐지 및 제56호 조선총독부사무분장규정 중 '회계과 및 國勢조사과'를 '회계과, 국세조사과 및 국력총력과'로 개정하는 등의 일부 개정 내용이 수록되어 있다.

〈國民總力朝鮮聯盟規約〉은 1940년 작성된 국민총력조선연맹 규약과 사무국 직제 및 사무분장규정이다. 일제는 1940년 8월 내

114　황민호,「流言飛語ニ関スル罪」,『민족운동 자료 해제』, pp.469~470.
115　조건,「造言飛語ノ字源」,『민족운동 자료 해제』, pp.472~473.

각에서 '동아신질서 건설' 방침을 구체화하기 위해 신체제운동의 일환으로 국민총력연맹을 조직하였고, 이 자료는 조선에서 적용할 규약 내용을 정리한 것이다. 규약 제1조에서 '연맹은 국체의 본의에 기초한 내선일체의 실을 거두고 각각 그 직역에서 멸사봉공의 성심을 받들고 協心戮力으로서 국방국가체제의 완성, 동아신질서의 건설에 매진하는 것을 목적으로 한다'고 하여 연맹의 성격을 규정하고 있다. 제6·7조에서는 연맹의 총재는 조선총독을 추대하고 부총재는 조선총독부 정무총감을 추대한다고 되어 있다. 규약과 더불어 '국민총력조선연맹 사무국 직제 및 사무분장규정' 14개조가 수록되어 있다.

〈昭和十年八月朝鮮總督府所屬官署委任事項規程〉은 1930년 8월에 개정된 '朝鮮總督府所屬官署委任事項規程' 18조 내용이다. 대외비 문서로 되어 있고 조선총독부 각 관서의 장이 전행하는 사항을 규정한 것으로, 체신국장·철도국장·전매국장·고등법원장·복심법원장·지방법원장·중추원의장·세관장 등의 위임업무가 명시되어 있다.

5) 기타 민족운동 관련 자료

식민통치기 민간인 또는 단체의 독립운동, 친일활동의 일면을 살펴볼 수 있는 것으로 다음과 같은 자료가 있다.

〈安重根의사 옥중護衛巡査 古川氏 회고〉(연도 미상, IA3167)

〈當面ノ學生問題〉(1926, IA3174)

〈朴命根ノ感想文〉(1928, IA3769)

〈張鍾煥ガ昭和三年六月下旬「一友党」月例會席上ニ於ケ一般党員
　ニ配付シタル論文ノ原稿〉(1928, IA3772)

〈張鐘煥ガ本年九月「一友堂」夏季課題トシテ稿シタルモノ〉(1928,
　IA3771)

〈新友同盟 綱領 外〉(연도 미상, IA3144)

〈韓相勳ガ作製所持シタルモノ革命歌〉(연도 미상, IA3770)

〈共産党ノ急務〉(1928, IA5925)

〈朝鮮共産党行動綱領〉(1934, IA3652)

〈朝鮮共産党行動綱領ニ関スル件〉(1934, IA3759)

〈慶州共産党件〉(연도 미상, IA3644)

〈KommYHnnct(コムニスト) 十一月特別輯號〉(1940, IA3648)

〈教養科目題名〉(연도 미상, IA3774)

〈手記〉(1934, IA1642)

〈日本勞動組合全國協議會 吳寅浩 관련 문건〉(1934, IA3724)

〈伊原相弼(尹相弼)의 발언에 대한 호소문〉(1942, IA3658)

〈朝鮮人ノ皇國臣民完成運動ニ對スル反對思想ヲ撲セヨ〉(1942,
　IA3604)

〈同胞榮辱の大問題在滿朝鮮人歸化問題に関して朝野官民諸賢に
　檄す〉(1930, IA3749)

〈昭道會總會〉(1941, IA3706)

〈臨戰體制下に於る綠旗聯盟の運動〉(연도 미상, IA3642)

〈日滿司法事務協議會ニ於ケル前料共通問題懇談會參考資料目

錄〉(1917, IA3671)

〈裁判所通譯生トシテノ私ノ感想ト意見〉(1921, IA3668)

〈正學會義勇奉公團團規〉(연도 미상, IA1654)

〈昭和九年十月府內務課長, 群島內務係主任打合會打合事項〉(1934, IA3157)

〈內地及滿洲人口比較〉(1940, IA3657)

〈管內創氏屆出件數調〉(연도 미상, IA3717)

〈제주지역 書堂·私立普通學校·朝鮮少年總同盟·朝鮮靑年總同盟 組織表〉(연도 미상, IA3721)

〈安重根의사 옥중護衛巡査 古川氏 회고〉는 2면에 걸쳐 일한문으로 필사한 것으로 연도 및 필자 미상의 문서이다. 안중근 의사가 하얼빈 감옥에 투옥되었을 때 순사로 근무했던 古川의 회고를 기초로 정리한 글인데, 안의사를 존경할만한 훌륭한 인물로 술회하였다는 내용이 담겨있다.

학생운동 관련 자료로, 대구고등보통학교 학생들이 1927년 독립운동을 목적으로 조직한 비밀결사 혁우동맹 관련 자료인 〈當面ノ學生問題〉, 〈朴命根ノ感想文〉이 있다.

〈當面ノ學生問題〉는 대구학생비밀결사 사건의 주역인 장종환 관련 자료로, 1928년 대구고등보통학교에서 맹휴를 주도한 장종환의 강연 원고를 번역하여 수록하였다. 일제 검찰이 조선인의 독립운동의 실상을 파악하기 위해 일본어로 정리한 것이다. 자료 서두에 장종환이 "新友同盟의 목적을 완수하기 위해 1927년 11월 대구고보에서 점심시간을 이용하여 3학년 40여 명에게 강연한 것"이

라고 되어 있다. 정종환은 대구고보
학생들이 중심이 되어 1927년 12월
결성한 혁우동맹에 참여하였고 1928
년 4월에는 일우당을 결성하여 학생
운동을 주도하였다. 정종환은 치안
유지법 위반 등의 혐의로 징역 3년을
언도 받았다.[116]

〈朴命根ノ感想文〉은 비밀결사
혁우동맹 활동으로 체포된 박명근의
감상문을 일본어로 번역한 것으로,

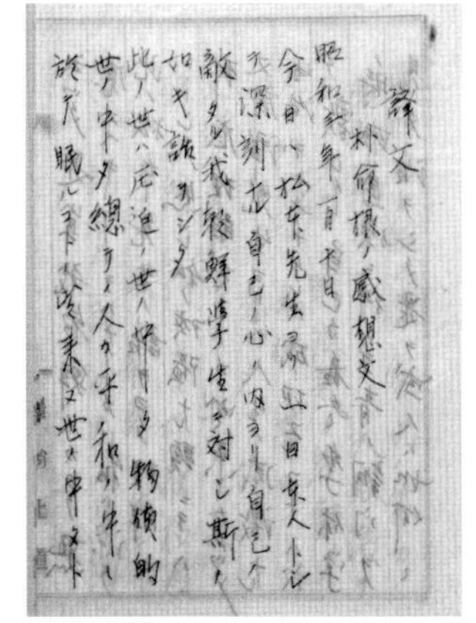

〈朴命根ノ感想文〉

일종의 전향서로 추정되는 문서이다. '경상북도'가 찍힌 용지에 필
사되어있다. 박명근은 대구고보 재학 중 혁우동맹에 가입하여 소
속세포 제2야체이카 소속원으로 활동하다 치안유지법 위반 혐의
로 대구경찰서에 체포되었다.[117]

〈張鍾煥ガ昭和三年六月下旬「一友党」月例會席上ニ於ケ一般
党員ニ配付シタル論文ノ原稿〉는 대구학생운동을 주도한 장종환
이 1928년 6월 하순, 일우당 월례회에서 당원에게 배부한 논문을
일한문으로 필사한 것이다. 원고는 '동지제군이여, 우리의 임무는
무엇인가'라는 물음으로 시작되며, 조선의 현실과 사회주의의 실
천 필요성이 언급되어 있다.[118]

116　차선혜, 「當面ノ學生問題」, 『민족운동 자료 해제』, pp.481~482.
117　전병무, 「朴命根ノ感想文」, 『민족운동 자료 해제』, pp.482~483.
118　윤지현, 「張鍾煥ガ昭和三年六月下旬「一友堂」月例會席上ニ於ケ一般党員ニ配付ジタル
　　　論文ノ原稿」, 『민족운동 자료 해제』, pp.510~512.

〈張鐘煥ガ本年九月「一友堂」夏季課題トシテ稿シタルモノ〉은 장종환이 1928년 9월 일우당의 하계 과제로 작성한 민족문제 원고를 일한문으로 번역 필사한 자료이다. 민족문제와 관련한 '문제 제기'와 '피압박민족의 해방운동으로 프롤레타리아의 혁명 수행' 등에 관한 두 가지 주제가 담겨 있다.[119]

1920년대 말 대구지역의 학생운동 조직 관련 자료인 〈新友同盟 綱領 外〉는 신우동맹, 혁우동맹, 赤友同盟, 일우당, 丘火會, プルクセ會 등 여섯 조직의 강령이 간략히 메모되어 있다. 신우동맹의 강령은 "1)마르크스주의의 혁명전술을 목적으로 한다. 2)우리들은 피압박민족의 해방운동을 한다"로 되어 있다. '裁判所'라는 글자가 인쇄된 용지에 총 3면으로 메모하듯 필사되어 있다.

〈韓相勳ガ作製所持シタルモノ革命歌〉는 한상훈이 제작하여 가지고 있던 혁명가를 경상북도 용지에 일한문으로 필사한 것이다. "일어나 움직여라, 우리들의 광활한 천지와 자유로운 낙원을 유린하고 횡령하는 자 어떤 놈인가"라는 혁명가 가사가 적혀 있다. 한상훈은 대구의 학생운동 조직인 신우동맹을 조직하여 활동하였고, 1929년 경북중학생공산당 사건으로 대구지방법원에서 징역 3년을 선고받았다.[120]

공산당 활동 관련 자료인 〈共産堂ノ急務〉는 1928년 6월 하순 일우당 월례회 석상에서 정치문화부 위원인 권영구가 당원에게 배

---

119 차선혜, 「〈張鐘煥ガ本年九月「一友堂」夏季課題トシテ稿シタルモノ〉」, 『민족운동 자료 해제』, pp.512~513.
120 「大邱學生事件事實審理を終る, 檢事は峻烈に論告, 各被告に懲役の求刑」, 『朝鮮新聞』 1929년 9월 20일.

부한 논문을 일한문으로 번역한 것으로, 재판의 증거자료로 제출되었다. 일우당의 당면 급무가 '현재 13당원으로 (마르크스주의적) 혁명전술을 함양'하는 데에 있다고 하며, 사유재산제도 부정 및 격렬한 계급투쟁의 필요성을 강조하는 내용이 담겨 있다.

〈朝鮮共産堂行動綱領〉은 조선공산주의자발기 그룹이 1934년 2월 23일 작성하여 발표한 문건으로, 코민테른의 기관지 'In-precor' 영문판에 게재되었다. 문건은 조선공산당의 기본적인 혁명노선을 정리한 전반부와 '혁명의 부분적인 요구를 위한 투쟁'이라는 제목의 후반부로 구성되어 있다.[121]

〈朝鮮共産堂行動綱領ニ関スル件〉은 1934년 9월 18일 전라남도 경찰부장이 관할 하에 있는 각 경찰서장에게 보낸 문건으로, 상기 〈朝鮮共産堂行動綱領〉이 첨부되어 있다. 문서번호는 全南高第2,580號이다. 조선공산당 활동이 왕성하게 이루어지고 있으니 행동강령을 숙독하여 그들의 활동을 사찰하는 데 참고자료로 활용하라는 내용이 수록되어 있다.

〈慶州共産堂件〉은 경주 공산당 관련 자료로, 조선총독부재판소 용지에 일한문으로 총 4면에 필사되어 있다. 1925년 1월 김용찬·양명이 조선의 독립과 공산주의사회 실현을 목적으로 '혁명사(革命社)'를 조직했다는 메모와 함께 혁명사에 가입한 허장환·한림·하필원·박낙종·김정규·안효구·남대관 등의 이력이 기재되어 있다.

〈KommYHnnct(コムニスト) 十一月特別輯號〉는 '코뮤니스트 11

<hr>

121 황민호, 「朝鮮共産黨行動綱領」, 『민족운동 자료 해제』, pp.491~492.

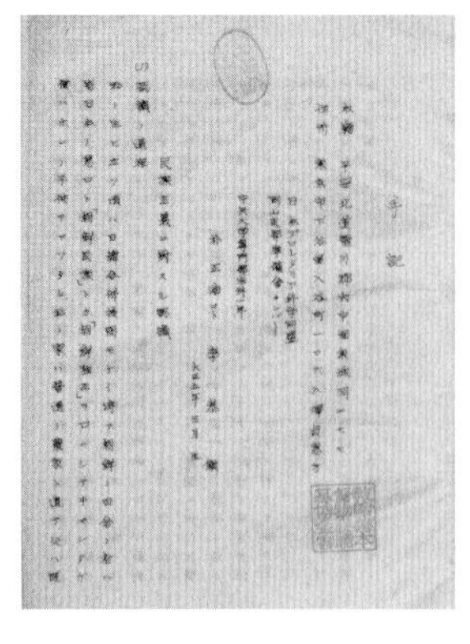

〈手記〉

월 특집호·러시아혁명기념호'라는 제목의 일본어 등사본 문건으로 작성 주체는 확인되지 않는다. 목차는 '러시아혁명 제23주년을 맞이하여, 조선공산당 행동 강령에 대하여, 공장 내 활동에 대하여, 사회주의에서 공산주의로, 우리들의 기본적 표어, 붉은 시월 준비' 등으로 구성되어 있다.[122]

〈教養科目題名〉은 경상북도 용지에 교양과목명 목록 44권이 일한문으로 작성되어 있다. 마르크주의강좌, 마르크스자본론, 마르크스 엥겔스 전집 등 44권의 서적은 공산주의 이론과 관련된 서적으로, 대구지역 학생공산주의운동과 관련 있는 자료로 추정된다.

〈手記〉는 일본에서 활동한 사상운동가 19인의 자신의 생활이나 체험을 직접 쓴 것으로, 등사본 49장이다. 사상범 전향공작 과정에서 작성됐을 것으로 추정된다. 작성인은 이태진·양태성·김보현·조필대·윤용빈·윤구용·정삼갑·김덕엽·손태복·이봉희·김최선·이홍종·김봉섭·이태호·고기선·박은철·박태흠·김계석·오인호이다. 이들의 당시 주소는 모두 일본 도쿄이며, 공산주의 단체에서 활동하였다.[123]

〈日本勞動組合全國協議會 吳寅浩 관련 문건〉은 일본노동조

---

122 조건, 「KommYHnnct(コムニスト) 十一月特別輯號」, 『민족운동 자료 해제』, pp.500~501.

123 윤지현, 「手記」, 『민족운동 자료 해제』, pp.488~491.

합전국협의회 소속의 오인호가 1934년 9
월 26일 下谷坂本 경찰서에 보낸 사상전
향 관계 문건이다. 오인호는 투옥 중인
공산당원에게 차입하는 일 등 혁명가 가
족을 돌보는 구원사업을 주도하는 日本
赤色救援會 관계자로 활동하다 체포되
어 전향한 인물이다.[124]

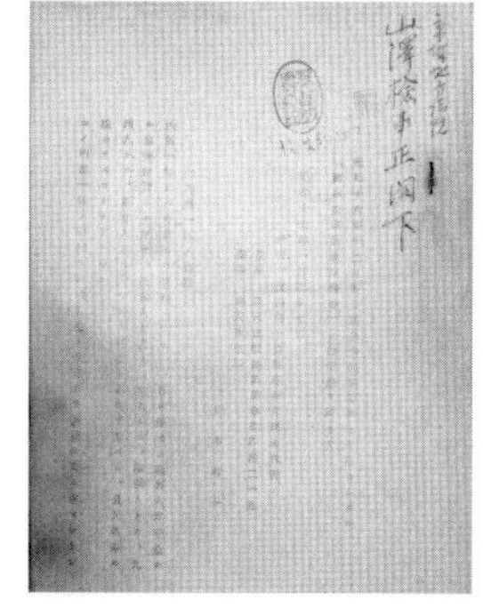

〈伊原相弼(尹相弼)의 발언에
대한 호소문〉

한일간의 민족 갈등 관련 자료로
〈伊原相弼(尹相弼)의 발언에 대한 호소
문〉이 있다. '1941년 12월 4일 新京 中銀俱樂部에서 개최된 '鮮系
指導問題座談會'의 속기록을 읽고'라는 제목으로 山本和一이 쓴
호소문이다. 만주협화회 본부 이사 윤필상이 선계지도문제좌담회
에서 조선어를 온존해야 한다고 한 발언에 대해 비판하는 내용을
담아 만주국 정부 및 관동군, 협화회 등의 주요 관계자에게 1942년
1월 27일자로 발송하였다.[125] 본 자료는 앞면에 '京城地方法院 山
澤檢事正閣下'라고 수기되어 있어 山澤 검사에게 보낸 것임을 알
수 있다.

〈朝鮮人ノ皇國臣民完成運動ニ對スル反對思想ヲ撲滅セヨ〉역
시 山本和一이 작성한 것으로, 조선인의 일본어 상용을 반대하며
조선어를 남겨야 한다는 윤상필의 발언에 대해 재차 비판하였

---

124 황민호, 「日本勞動組合全國協議會 吳寅浩 관련 문건」, 『민족운동 자료 해제』, pp.493~
494.
125 표영수, 「伊原相弼(尹相弼)의 발언에 대한 호소문」, 『민족운동 자료 해제』, p.502.

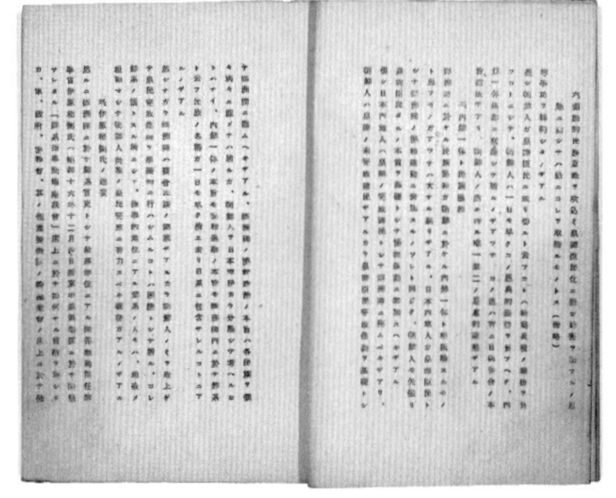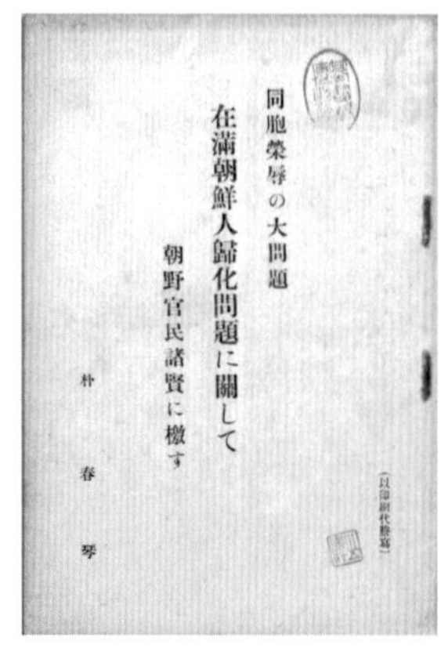

(왼쪽) 〈朝鮮人ノ皇國臣民完成運動ニ對スル反對思想ヲ撲滅セヨ〉
(오른쪽) 〈同胞榮辱の大問題 在滿朝鮮人歸化問題に関して朝野官民諸賢に檄す〉

다.[126] '조선인의 황국신민 완성운동에 대한 반대사상을 박멸하라'는 제목 하에 본문은 '1.조선인은 황국신민이다. 2.내선일체와 민족협화, 3.윤상필씨의 迷妄' 등으로 구성되어 있다.

〈同胞榮辱の大問題 在滿朝鮮人歸化問題に関して朝野官民諸賢に檄す〉는 1920년대 후반 이후 중국이 재만 조선인 구축정책을 실시하자, 친일파 박춘금이 이에 대응하여 조선인의 귀화권 부여 논의에 관해 자신의 견해를 담은 문건이다. 1930년 7월 일한문 연활자본으로 인쇄되었다.[127]

친일단체 활동과 관련한 자료인 〈昭道會總會〉는 일제 말기

---

126 윤지현, 「〈朝鮮人ノ皇國臣民完成運動ニ對スル反對思想ヲ撲滅セヨ〉」, 『민족운동 자료 해제』, pp.510~512.

127 황민호, 「同胞榮辱の大問題 在滿朝鮮人歸化問題に関して朝野官民諸賢に檄す」, 『민족운동 자료 해제』, pp.483~484.

'사상범 선도'를 위해 설립된 昭道會에서 1941년 개최한 총회 내용을 엮은 자료이다. 의결사항, 승인사항, 보고사항, 참고사항으로 구성되어 있다. 사상범에 대한 교화선도와 신상상담, 직업알선 등의 사업을 추진했던 친일단체 소도회의 활동 내용을 파악할 수 있는 자료이다.[128]

〈臨戰體制下に於る綠旗聯盟の運動〉은 친일사상단체 녹기연맹이 전시체제기 전개한 극단적인 사상보급운동의 내용과 방법이 수록되어 있는 자료이다. 총론, 임전체제 하에서의 긴급대책, 사상·교화·농민·재정대책으로 구분한 反恒久對策으로 구성되어 있다.[129]

〈日滿司法事務協議會ニ於ケル前料共通問題懇談會參考資料目錄〉은 일만사법부협의회에서 전과와 관련해 개최한 간담회의 참고자료를 수록한 목록이다. 자격 제한에 관한 법령조와 전과 취조 방법에 관한 훈령 통첩 등 두 주제로 구성되어 있다.

〈裁判所通譯生トシテノ私ノ感想ト意見〉은 조선총독부 재판소 통역생 조원환이 2년 반 동안 통역 사무를 담당하며 느낀 감상과 의견을 정리한 것이다. 그는 죄의 유무를 판단하는 데 있어 검사의 수사가 핵심적 역할을 하며, 검찰과 피고인 및 관계 인물 사이의 문답을 통역하는 통역생의 책임과 임무가 매우 막중하다고 강조하였다. 또한 정확한 통역을 위해서는 어학 능력뿐 아니라 조선 각지의 사정에 대한 폭넓은 이해가 필요함을 역설하였다.

---

128 조건, 「昭道會總會」, 『민족운동 자료 해제』, pp.503~504.
129 황민호, 「臨戰體制下に於る綠旗聯盟の運動」, 『민족운동 자료 해제』, pp.508~509.

〈管內創氏屆出件數調〉

〈正學會義勇奉公團團規〉는 황도사상의 보급과 자유노무자의 동원을 목적으로 결성된 정학회 산하 의용봉공단의 단규 22개 조를 수록한 문건이다.[130]

〈昭和九年十月府內務課長, 群島內務係主任打合會打合事項〉은 1934년 10월 전라남도 내무과장과 군·도의 내무계 주임이 모여 협의한 세 가지 사항을 정리한 문건이다. 그 내용은 1) 농지령 및 동시행규칙의 주지 및 관계 직원의 지도훈련에 관한 건, 2) 소장 계약 시 증서 계약의 보급에 관한 건, 3) 수해를 입은 소작지 처리에 관한 건으로, 이와 관련해 합의된 사항들이 간략히 기록되어 있다.

〈內地及滿洲人口比較〉는 만주 지역을 중심으로 작성된 통계표 자료이다. 1940년 내지와 만주의 인구 비교, 1940년도 내지 非訟事件 수, 재만 일본인의 신분에 관한 手續事件 건수 예상, 소년·준소년 범죄명별 인원표, 금고 이상의 조선인 수형자 조사표 등이 표로 정리되어 있다.

〈管內創氏屆出件數調〉는 관내 창씨개명 신고 건수를 집계한 표로, 조선총독부 재판소 검사국 용지에 필사되었다. 경성, 개성, 수원, 인천, 춘천, 철원, 원주 등 총 664,560호 가운데 494,003호가

---

130 황민호, 「正學會義勇奉公團團規」, 『민족운동 자료 해제』, pp.514~515.

신고하여 창씨개명 신고율이 74.4%에 달했음을 보여준다.

〈제주지역　書堂·私立普通學校·朝鮮少年總同盟·朝鮮青年總同盟 組織表〉는 제주 지역의 서당, 사립보통학교, 조선소년총동맹, 조선청년총동맹의 조직 구조를 표로 나타낸 문건이다. 총 6장으로 구성된 일한문 문서로, 생산연도와 작성 주체는 확인되지 않는다. 첫 장에 '명치 42년 목사 윤원구 주사 한석봉 조천개량사숙' 계통도가 수록되어 있고, 이어서 '대정13년 朝郵', '서당·사립보통학교 조직도', '조선소년동맹-제주소년연맹 조직도', '조선청년총동맹-제주청년동맹 조직도' 등이 포함되어 있다.

5

해외 한국학 자료

5. 해외 한국학 자료

근대전환기 한국을 방문한 수많은 서양인들은 그들이 경험하고 느낀 바를 솔직담백하게 기록으로 남겼다. 이들의 저술은 당시 한국의 역사와 문화를 이해하는 데 필수적인 연구 자료일 뿐 아니라, 시대상을 파악하는 데에도 매우 유의미하다. 한국의 역사와 문화에 대한 관심을 저술로 남긴 이들 가운데는 선교사가 가장 많았고, 여행가·외교관·기자·사업가들도 한국의 역사·문화와 정치 변동에 주목하였다.

서양인의 한국 관련 저술은 방문 목적이 다양했던 만큼 한국을 바라보는 시각도 다채롭게 드러난다. 한국을 문명화되지 않은 나라로 바라보며 동정적인 온정주의를 보이는가 하면, 서양 문명의 우월성을 전제로 한국인을 계몽해야 할 열등한 대상으로 규정하기도 했다. 또한 일본 등 외부 침략 세력을 우호적인 관점에서 이해하려는 편향된 시각도 나타났다.

서양인들의 눈에 비친 한국은 침략과 지배의 대상으로 타자화되어 왜곡되었지만, 동시에 근대사회의 도래와 전개 과정을 보여주는 기록이 되기로 했다. 이들은 저술 활동을 통해 한국을 세계에 알리고, 세계를 한국에 소개하는 전파자의 역할을 수행했다. 그들의 한국학 관련 저술은 '한국을 세계에 알리는 창'이자 '한국을 비춰

주는 거울'이었으며, '한국과 세계를 이어주는 다리'가 되었다.[01]

1) 한국어 문법서와 어학사전

개항 이후 한국을 찾은 외국인은 선교사·여행가·외교관·기자·사업가 등 다양한 직업군에 걸쳐 있었다. 특히 1882년 조미수호통상조약 체결 이후 미국 선교사들의 내한이 본격적으로 시작되면서, 이들은 선교 활동의 일환으로 한국어 관련 서적을 발행하였다.

한편 미국 선교사들보다 앞서 이미 프랑스 신부들이 내한하여 천주교 문서운동을 전개하였다. 이들은 전교에 힘쓰는 한편 한국어 학습에 열중하였고 뒤이어 입국하는 신부들을 위해 어학사전과 문법서를 편찬하였다. 근대 한국어 사전의 시초는 프랑스의 리델(F. C. Ridel) 신부가 한국 천주교인 최지혁의 도움을 받아 편찬한 『한불즈뎐 韓佛字典 Dictionnaire Coreen-Francais』(1880, IA2326)[02] 이다. 이 자전은 최지혁이 쓴 글씨를 字本으로 삼아 연활자를 주조한 뒤, 요코하마에서 인쇄한 것이다. 또한 『한불즈뎐』은 한글 연활자로 인쇄된 최초의 출판물이라는 점에서 국어학사와 한국 근대 출판문화사에서 중요한 의의를 지닌다. '사전부', '문법부', '지리부'로 구성되어 있다.

01 이덕주, 『푸른 눈에 비친 백의민족』, 한국기독교역사박물관, 2008, pp.7~8. 해외 한국학 자료를 정리함에 많은 참고가 되었다.
02 李萬烈, 앞의 책, p.304.

최초의 한국어 문법서는 『한불문전 韓佛文典 GRAMMAIRE COREENNE』(1881, IA2327)이다. 이 문법서는 원래 1845년 내한하여 포교 활동을 하던 다블뤼 신부가 편찬을 시작하였으나, 1866년 병인박해 때 순교하면서 완성을 보지 못하였다.

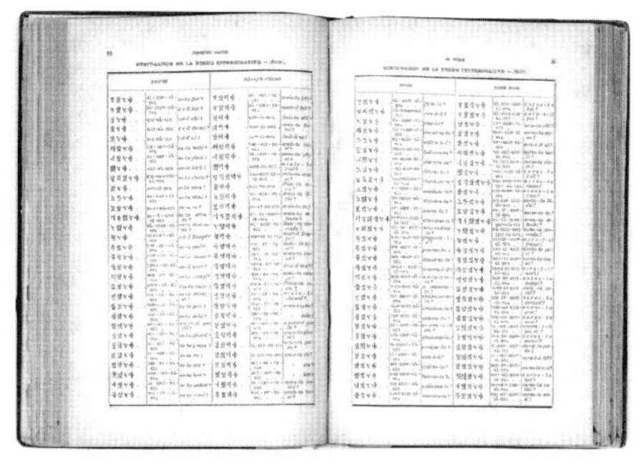

『한불문전』

이후 리델 주교가 이를 이어받아 10년 동안 최지혁 등 교우들의 조력으로 재편찬하였고, 일본 요코하마에서 인쇄하였다. 제1부 일반어휘, 제2부 문법, 제3부 지리 등으로 구성되어 있으며, '한국'이라는 명칭을 처음으로 사용한 점이 주목된다. 또한 부록에서 '하다', '있다' 등의 기본 동사 어미 변화를 설명하고, 품사편·문장편과 함께 계절, 십간십이지, 도량형, 방위, 친척관계 등과 같은 간단한 회화문을 수록하였다.[03] 이 사전과 문법서는 향후 개신교 선교사들의 어학서 편찬에 큰 도움을 주었다.

1885년 이후 개신교 선교가 본격적으로 활발해졌다. 미국 선교사 언더우드와 아펜젤러가 입국한 이래 미국·캐나다·호주 등지에서 교파별 선교사들의 내한이 잇따랐다. 이들이 한국 사회에 적응하기 위해 시급해 해결해야 할 과제는 한국어 습득이었다. 언어 소통은 선교 활동의 전제조건이었기에 선교사들은 한국어 학습에

03   盧孤樹, 『韓國基督教書誌研究』, 藝術文化社, 1981, p.165, 175.

『한국문법』

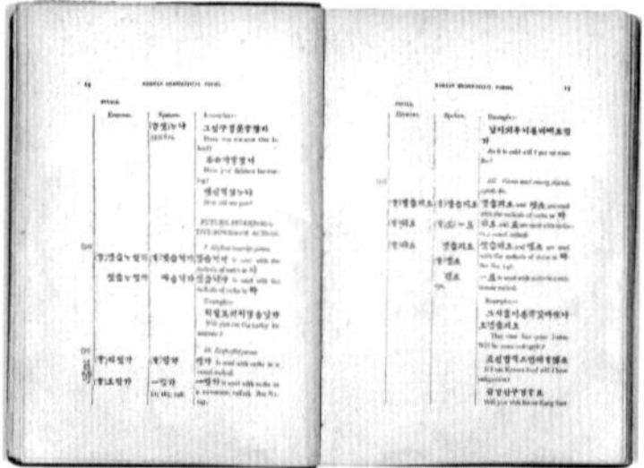

『辭課指南』

몰두하였다. 아울러 후속 선교사들의 선교 활동을 돕기 위해 한국어 문법서와 어학사전을 편찬하였는데, 이 과정에서 한국어 문법서와 한영 대조 사전이 발행되었다.

영어로 된 한국어 문법서의 시초는 1887년 제임스 스콧(James Scott)이 저술한 『한국문법 A Corean Manual』(1887, IA2410)이다. 원제는 'A Corean Manual or Phrase Book with Introduction Grammar'로, 한국어의 자음과 모음, 그리고 문법에 관해 품사와 문장 단위별로 구분하여 영어로 설명한 문법서이다. 외국인의 실용적 학습에 편의를 제공했을 뿐 아니라 한국어 문법의 체계화에도 도움이 되었다.

언더우드는 1890년 한국어와 문법에 관한 지침서인 『韓英文法 Grammatical Notes of the Korean Spoken Language』(1890, IA2308)을 발행하였다. 그는 일본에서 접한 'Handbook of English-Japanese Etymology'를 한국어 연구에 활용하면서 편찬을 계획하였고, 한국 주재 미국공사관에서 근무하던 해군 중위 베르나도(T. E. Bernadou)와 송순용의 도움을 받아 저술한 것으로 알려져

제5장

있다.[04] 이후 언더우드는 1914년에 『鮮英文法』(IA6643)을 발행하여, 1890년의 문법서를 보완하는 증보판을 마련하였다. 이 책은 문법적 내용을 보완하는 동시에 일상 회화를 영문과 대조하여 수록함으로써 한국어 학습의 실용성을 한층 높였다.

언더우드의 문법서가 나온 지 3년 후인 1894년, 캐나다 출신의 독립선교사 게일(J. S. Gale, 奇一)은 한국어 문법서 『辭課指南』(1894, IA2325)을 발행하였다. 이 문법서는 한국 문법 체계의 정립보다는 외국 선교사들의 한국어 학습에 도움을 주는 데 목적을 주고자 하는 데에 편찬 목적이 있었다. 게일은 1916년 수정증보판 『사과지남』을 예수교서회에서 재발행하였다.

한국에서 최초로 간행된 영어사전은 언더우드가 리델 신부의 『한불주뎐』(1880, IA2326)을 참조하여 1890년 편찬한 『英韓字典 A Concise Dictionary of the Korean language Volume Ⅱ English-Korean』(IA2378)과 『韓英字典 A Concise Dictionary of the Korean language; In two Parts Korean-English & English-Korean』(IA2300)이다.

『英韓字典』은 언더우드가 헐버트(H. B. Hulbert)의 도움을 받아 편찬한 자전으로, 일본 요코하마의 製紙分社에서 293면으로 인쇄하였다. 알파벳 순의 영어 단어와 한국어 번역을 병기하였다. 『韓英字典』은 앞의 『英韓字典』에 더해 게일의 지원을 받아 가나다 순의 한국어 명사와 영어 번역을 병기한 『영한사전 A Korean-English』을 묶어 한 권으로 출간한 한영·영한사전이다. 이 사전은 한

---

04 김명배, 『개화기의 영어 이야기』, 국제영어대학원대학교 출판부, 2006, p.206.

『英韓字典』

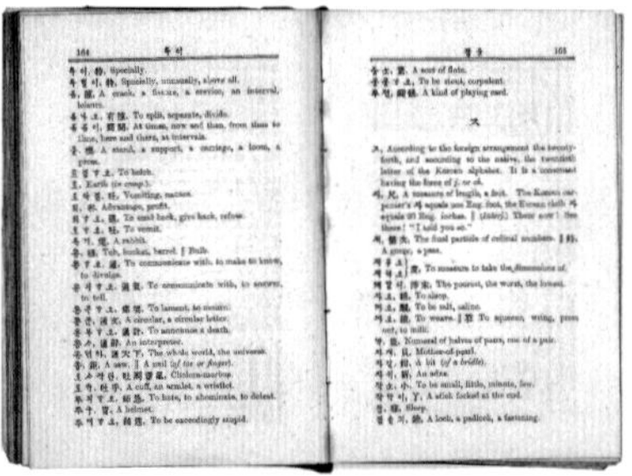

『韓英字典』

영사전 및 문법 연구의 교본이 되었다. 다른 선교사들의 사전 편찬과 한국어 문법 연구의 기초자료로 활용되었을 뿐 아니라 한글 연구에도 크게 기여하였다.[05]

이듬해 제임스 스콧은 『英韓字典 English-Corean Dictionary』(1891, IA4163)을 편찬하였다. 주한 영국 총영사 애스턴(W. G. Aston)의 보좌관으로 내한한 스콧은 인천 주재 영국영사관에 재직하면서 1884년부터 약 8년간 우리말을 연구하였다. 그는 박문국의 한글 활자 5,600개를 차용하여 영국 선교회 인쇄소(Church of England Mission Press)에서 『英韓字典』을 인쇄하였다. 서문에 한국어의 자음과 모음의 특징을 설명하고 이어 「한국 문법의 기본적 특징」(The principal features of Corean grammar)와 「한국어의 어족」(Corean-What family of race and language) 등을 설명하였다.[06] The Corean Alphabet 1면, 본문은 345면이며, 알파벳 순서로 배열된 영어 단어와 이에 해당하

---

05 한국기독교역사박물관,『푸른 눈에 비친 백의민족』, 2008, p.58.
06 김명배, 위의 책, pp.211~212.

는 한국어 뜻을 병기하는 형식으로 구성되어 있다.

게일은 조선예수교서회에서 3만 5천 단어를 수록한 1,096면 분량의 대규모『韓英字典』(1897, IA2293)을 편찬하였다. 언더우드의 『英韓字典』에 수록된 8,400개 어휘에 비해 크게 확장된 양의 어휘를 담았다. 게일은 자전 편찬뿐 아니라 한국어 성경 번역과 한국학 연구에도 많은 업적을 남긴 선교사로 알려져 있다.

미 감리교 선교사 존스(G. H. Jones, 趙元時)도 392면의『韓英字典』(An English-Korean Dictionary, 1912, IA2296)를 편찬하였다. 과학 및 종교 용어에 중점을 두고 있으며, 212면은 알파벳 순서로 영한 대역의 낱말 풀이를 하였고, 나머지 178면에는 총 5,086단어의 '한영 색인 표'가 실려 있다.[07]

한편 소매에 넣어 휴대할 수 있는 수진본 크기의 영한·한영사전도 출판되었다. 북장로교 선교사로 내한하여 평양에서 교육 및 문서선교에 전념하던 베어드 선교사가 외국 선교사들을 위한 휴대용 어학사전으로 휴대용 어학사전으로 102면 분량의『英韓·韓英字典』(1928, IA4816)을 펴냈다. 이 사전의 영문서명은 'English-Korean & Korean-English Dictionary of Parliamentary, Ecclesiastical and Some Other Terms'이다. 직역하면 '회의, 교회 및 기타 용어들에 관한 영한·한영사전'으로, 교회의 예배 의식과 치리에 관한 용어뿐 아니라 민주주의의 근간을 이루는 회의와 의결 관련 용어를 포함하고 있는 점이 특징이라 할 수 있다.[08]

---

07 김명배, 위의 책, pp.215~216.
08 윤영실 번역 및 해제,『숭실대학교 한국기독교박물관 소장 베어드 선교사 부부의 한국어 학습서』, 선인, 2020, pp.10~14.

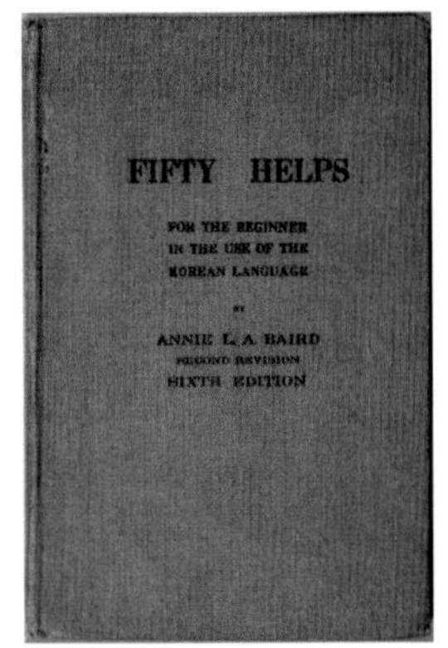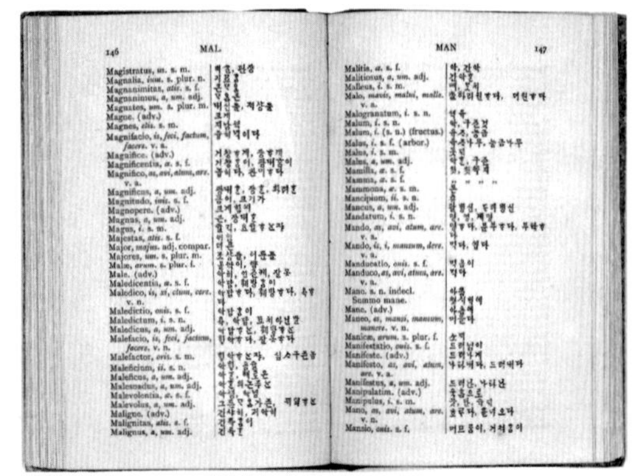

(왼쪽) 『Fifty Helps for the Beginner in the Use of the Korean Language』
(오른쪽) 『羅韓字典』

    다양한 종교 소설 및 근대 과학교과서를 발행한 애니 베어드는 1898년 한국어 문법서 『Fifty Helps for the Beginner in the Use of the Korean Language』(1926, IA6642)을 저술하였다. 본 소장본은 1926년 발행된 제6판이다. 한국어의 동사 활용을 중심으로 자주 쓰이는 문형 50가지를 제시하여 한국어 학습의 효율성을 높이고자 했다. 특히 애니 베어드는 한국어의 고유한 문법 체계가 정립되기 이전에 자신의 모국어인 서구 문법체계를 바탕으로 한국어 학습을 체계화하려 했다.[09] 또한 이 자료는 한국어를 배우고자 하는 외국인들이 쉽고 간편하게 참고할 수 있도록 소책자 형태로 발행한 특징도 있다.

    인도 언어와 비교를 시도한 문법서도 등장하였다. 친한파 선교사이자 외교관인 헐버트는 한글과 인도 드리비다어계 언어를 문

---

09   윤영실 번역 및 해제, 위의 책, pp.18~19.

법과 어휘의 측면에서 대조하여 1905년『A Comparative Grammar of the Korean Language and the Dravidian Languages of India』(1905, IA3265)를 편찬하였다.

이밖에도 한국인 신부 方達智師가 1891년 홍콩에서 편찬한 라틴어 사전인『羅韓字典 Parvum Vocabularium Latino-Coreanum』(1891, IA2415)이 있다. 라틴어에 한국어를 대역한 수진본 사전으로, 사용된 한글 글씨체는『韓佛字典』에 쓰인 활자체와 동일하다.[10]

알레베크(C. Aleveque, 晏禮百)가 편찬한 프랑스어 사전인『법한즈던 Petit Dictionnatre Francais Coreen』(1901, IA2416)은 한국에 거주하는 프랑스인과 프랑스어를 배우고자 하는 한국인을 위해 발행되었다. 프랑스어 어휘에 한국어 뜻을 병기하였고 부록으로 한글로 정리된 '數詞'가 첨부되어 있다. 이와 같은 다양한 문법서와 사전은 한글 연구의 단초가 되었고 한국인의 국문 연구를 자극하는 촉진제가 되었다.

2) 개신교 선교사의 한국학 출판물

개화기 및 일제강점기에 내한한 서양인들은 한국 체류 경험을 바탕으로 저술 활동을 하였다. 그들의 눈에 비친 한국의 역사와 사회문화, 대외 관계를 통해 전통 한국과 근대 서양의 만남과 교류, 나아가 변화하는 한국사회의 일면을 조망해볼 수 있다.

10　노고수, 앞의 책, p.176.

① 한국 관련 소개서

　개항기 서양인의 저술 가운데 한국을 종합적으로 소개한 입문서는 스코틀랜드 연합장로교회 선교사 존 로스(John Ross)가 1879년에 상해에서 초판 발행한『History of Corea, Ancient and Modern with Description of Manners and Customs』(1880, IA2299)가 대표적이다. 이 책에는 고조선부터 조선시대에 이르는 한국 역사와 전통문화, 언어, 지리, 종교, 풍습 등이 망리되어 있으며, 선교사로서의 직업적 관심이 투영된 시각이 담겨있다. 특히 한국을 서구 사회에 본격적으로 소개한 최초의 저작이라는 점에서 역사적 의미가 있다.

　이보다 2년 뒤인 1882년에는 일본에 머물고 있던 그리피스(W. E. Griffis)가『Corea, the Hermit Nation』(1904, IA6244)을 저술하였다. 이는 미국에서 발간된 최초의 한국사 개설서로, 그리피스는 한국의 역사를 고조선 시대부터 러일전쟁기까지 편년체로 서술하고, 한국의 지리적 특징·정치·경제·문화 및 대외관계·기독교와의 교류 등을 폭넓게 다루었다. 그러나 기독교적·근대문명적 관점에서 서양과 일본의 자료에 의존하여 저술되었기 때문에 한국의 역사를 온전히 반영하지 못한 한계가 있다. 이 두 저작은 한국을 종합적으로 다룬 성격으로 인해 1880년대 한국에 들어온 선교사들의 필독서가 되었다.

　1885년 이후 선교 목적으로 내한한 선교사들은 한국에서의 정치적 경험과 생활 풍속을 주제로 수많은 저술을 남겼다. 특히 한국학 관련 저술을 다수 집필한 게일은『Korean Sketches』(1898, IA6230)를 발행하여 한국 초기 선교 활동을 기록하였다. 한국인의 생활문화와 풍습을 애정 어린 시선으로 서술한 이 책에는 총 13개의 주제

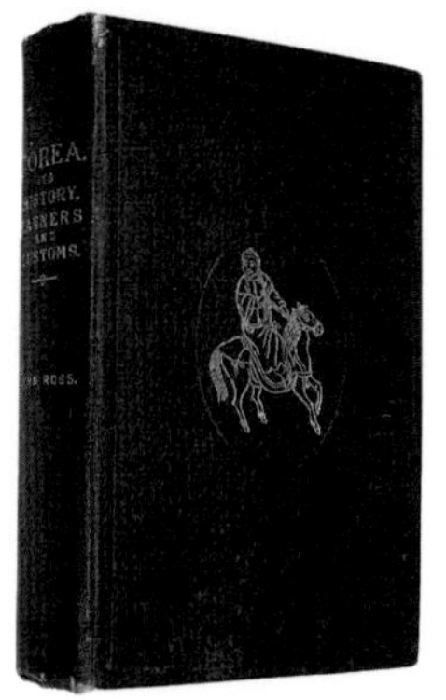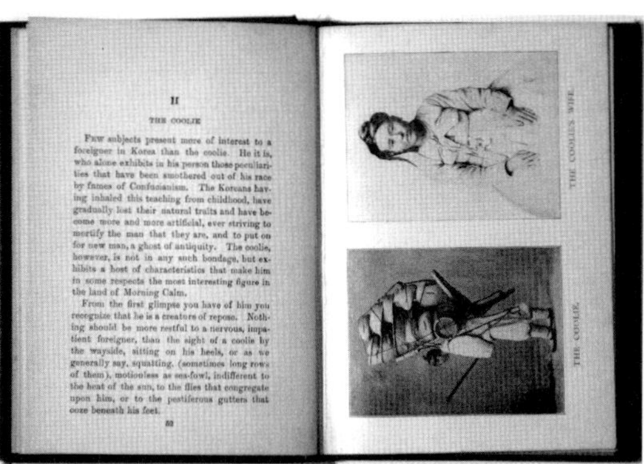

(왼쪽) 『History of Corea, Ancient and Modern with Description of Manners and Customs』
(오른쪽) 『Korean Sketches』

가 사진 자료와 함께 담겨 있다. 첫 장 '한국에 대한 첫인상'을 시작으로 '조선이 짐꾼, 압록강 너머 중국 여행 관련 내용, 여행에서 겪은 인물들, 조랑말, 조선의 신년 풍경, 조선의 정신, 조선의 선비, 조선의 정치 경제적 상황, 의친왕 등 그가 교우한 사람들, 선교 활동 상황과 현황' 등이 소개되어 있다.

게일의 한국학 관련 대표 저술로는 『Korea in Transition』(1909, IA6272)이 있다. 그는 선교활동을 통해 체험한 당대의 정치 사회와 종교 문화 전반을 기록하였는데, 한국의 지리와 역사, 정치와 종교, 풍습, 선교에 이르기까지 다양한 내용을 서술하였다. 제1장은 한국 사회 전반에 관한 소개, 제2장은 사회정치적 상황, 3장은 신앙, 4장은 생활모습과 풍습을 다루었다. 5장부터 8장까지는 선교적 관점에서 한국사회를 논하고 선교활동과 그 이후 나타난 변화 양상을 진단하였다.

1884년 최초의 개신교 의료 선교사로 내한한 알렌(H. N. Allen, 安

『Things Korean』

連)은 외교관으로서 한국에서 경험한 정치와 외교·사회문화·경제 등에 대한 기록으로 『Things Korean』(1908, IA2306)을 저술하였다. 1884년부터 1905년까지의 체류 경험을 토대로 한국 문화를 세밀하게 묘사하였고, 후반부에는 한국과 주변국과의 정세에 관한 내용을 수록하였다.

1887년 일찍이 내한한 미감리회 선교사 존스는 20여 년간의 선교 경험을 토대로 『Korea: The Land, People, and Customs』(1907, IA6346)를 남겼다. 한국의 땅, 사람, 관습, 종교적 삶, 토착종교, 그리고 선교의 출범과 확장까지 총 6장으로 구성되어 있다. 제1장은 한국의 자연과 인문지리의 특성을 다루었고 제2장은 생활 풍속 등, 3장은 애니미즘, 유교, 불교 등 한국의 종교의 특징, 4장은 한국 선교 초기 선교사 활동, 5장은 한국 선교 거점의 확장, 6장은 선교 활동의 결과와 변화 등에 관해 서술하였다.

1908년 미감리회 의료선교사로 내한한 반 버스커크(J. D. Van Buskirk, 潘福基)는 선교 과정에서 관찰한 한국의 역사와 종교를 정리하여 1921년 뉴욕에서 『Korea: Land of the Dawn』(1931, IA6825)을 발행했다.

이 외에 성공회 자료로 한국성공회 3대 주교를 지낸 트롤로프

(M. N. Trollope)가 저술한 『The Church in Corea』(IA2383)이 있다. 한
국의 역사와 문화 등 전반적인 상황을 설명하고 아울러 그들의 선
교 활동도 소개하였다.

② 선교 체험서

선교 활동 중 급변하는 한국의 정치 상황을 세밀하게 기록한
대표적인 저작으로 언더우드 부인(L. H. Underwood)의 선교체험 보고
서 『Fifteen Years Among the Top - Knots: Life in Korea』(1908,
IA6255)와 헐버트 선교사의 『The Passing of Korea』(1906, IA2321), 그
리고 감리교 선교사 노블(W. A. Noble, 魯普乙)의 『EWA a Tale of Ko-
rea』(1906, IA6248)가 있다.

언더우드 부인은 1888년 미 북장로교 선교사로 내한하여 명성
황후의 주치의 역할을 하는 동시에 언더우드 선교사를 도와 선교
사역, 교육사역 및 문서사역 등의 활동을 하였다. 그녀의 저서 『Fif-
teen Years Among the Top』에는 명성황후의 주치의로 궁궐에 출
입하면서 경험한 당시의 정치 상황과 초기 선교사 활동의 모습이
담겨 있다. 특히 명성황후 시해사건과 같은 현안에 대해 여성 선교
사의 시각으로 증언한 점이 주목된다. 헐버트의 『The Passing of
Korea』는 그가 목격하고 경험한 청일전쟁, 명성황후 시해사건, 춘
생문사건을 거쳐 러일전쟁에 이르기까지 격동기의 한국 역사와 정
치·경제·사회·문화·풍속 등을 친한적 관점에서 기록한 저서이다.
특히 을사늑약의 부당성을 폭로하는 내용이 담겨 있어 주목된다.

노블 선교사는 청일전쟁, 갑오개혁, 을미사변 등 한국의 역사
적 사실을 반영하여 『EWA a Tale of Korea』라는 소설을 저술하였

다. '이화'라는 여인의 삶을 중심으로 한국의 자연과 풍습, 종교, 사고방식을 깊이 투영하면서 기독교의 평등 정신을 문학적으로 그려냈다. 특히 이 소설에는 명성황후가 시해되던 날 밤에 경험한 장면이 상세히 묘사되어 있다.

언더우드 부인은 자신의 가족이 한국에서 생활한 경험기로 '토미 톰킨스와 함께 보낸 조선생활'이라는 제목의 『With Tommy Tompkins in Korea』(1905, IA6239)를 남겼다. 토미 톰킨스는 언더우드 선교사의 아들 언더우드(H. H. Underwood, 元漢慶)를 가리키며, 그녀가 어머니의 시각에서 아들의 출생부터 유년 시절까지 한국에서의 생활 모습을 기록한 것이다. 언더우드 가족이 선교사들과 현지인을 만나 겪은 경험을 담은 선교 일기 형식으로, 외국인의 시각에서 한국의 출생과 죽음, 결혼, 종교 등 다양한 풍습과 관습을 흥미롭게 전개하였다. 또한 사진을 수록하여 당시 한국의 생활상과 문화를 생생하게 묘사하였다.

언더우드는 한국에서의 생활 경험을 바탕으로 '한국의 소명-정치, 사회, 종교'라는 제목의 『The Call of Korea: Political-Social-Religious』(1908, IA6261)를 저술하였다. 한국의 위치와 자연지리적 환경에 관한 개괄적 소개를 비롯하여 한국인들의 세속적·종교적 삶을 서술하고 의료 선교 등 개신교 선교 활동, 서양 기독교의 한국 유입과정, 한국에서의 교육·의료·여성 사역 등을 분석적으로 다루었다. 특히 종교적 관점에서 한국 전통 샤머니즘과 유교, 불교에 주목한 점이 특징적이다.

독일 베네딕토회 신부 로베르트 베버(Norbert Weber)는 1911년 2월부터 6월까지의 한국 체류 경험을 바탕으로 방문기간한국의 민

(왼쪽) 『The Call of Korea: Political-Social-Religious』
(오른쪽) 『IM LANDE DER MORGENSTILLE』

속과 풍속, 민간신앙 및 베네딕토회의 선교 활동을 사진과 함께 정리하여 '조용한 아침의 나라에서'라는 제목의 견문기 『IM LANDE DER MORGENSTILLE』(1915, IA6459)를 출판하였다. 이방인의 시선으로 바라본 조선의 생활 문화를 촘촘하게 담아내고 있으며, 표지의 태극 문양과 '朝鮮'이란 표현에서 그의 한국에 대한 관심과 사랑을 엿볼 수 있다.

재한 선교사들의 관심은 한국 너머의 공간, 즉 일본과 아시아 전역으로 확장되었다. 언더우드는 1908년 뉴욕대학에서 행한 강연 원고를 묶어 종교학 저서로 『The Religions of Eastern Asia』(1910, IA6274)를 발간했다. 그는 자신의 경험을 토대로 한국과 중국, 일본의 종교를 비교 분석하였는데, 동양의 전통 종교인 유교·불교·도

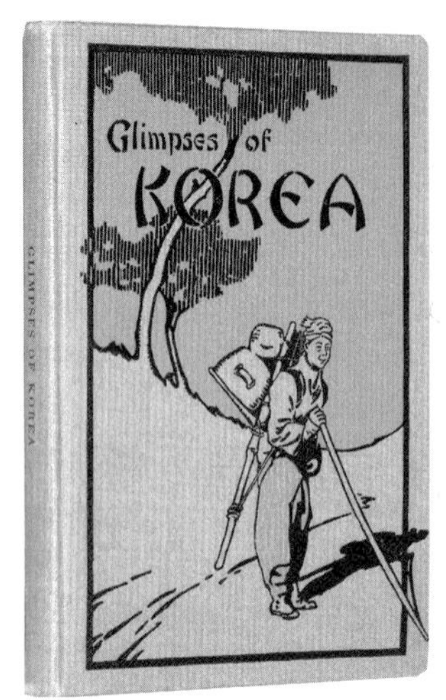

『Glimpses of Korea』

교와 더불어 한국의 무속신앙, 일본의 신도를 주요 대상으로 삼았다. 이들 종교와 기독교를 비교하면서 종교의 사회적 기능과 역할에 주목한 저술이라 할 수 있다.

안식교 선교사 어쿠하트(E. J. Urquhart, 禹國華) 선교사는 한국 각지를 여행하며 경험한 문화와 풍습을 정리하여 『Glimpses of Korea』(1923, IA6297)를 발행하였다. 어쿠하트는 제칠일안식일예수재림교회 선교사로 1916년 내한하여 20년간 선교활동을 하였는데, 이 책은 저자가 선교 활동하며 방문한 도시에서의 경험담을 중심으로 서술되었다. 특히 종교적 관점에서 한국의 전통 신앙과 풍습에 대한 호기심을 잘 담아냈다. 안식교의 선교 모습과 제주도의 풍경, 한라산 등정 경험 등도 담고 있다. 또한 당대의 풍경과 민중의 모습을 담은 삽화를 수록하여 현장감을 배가시켰다.

한편 한국의 들꽃에 대해 정리한 식물도감 보고서로 『FLOWERS AND FOLK-LORE FROM FAR KOREA』(1931, IA6321)가 있다. 이 책은 장로교 선교사 존 크레인(J. C. Crane 具禮仁)의 부인 헤들스턴 크레인(F. H. Crane)이 정리한 것으로, 총 148종의 컬러 도판이 수록되어 있다. 당시의 한국의 들꽃을 영어로 서양에 소개한 서적으로, 식물학적으로도 예술적으로도 가치를 지닌 자료이다.

③ 선교 역사서

선교사들은 한국에서의 경험을 다수의 보고서와 회고록 형식으로 남겼다. 1888년 북장로교 선교사로 내한한 기포드(D. L. Gifford, 奇普)는 10년 동안의 선교활동을 정리하여 『Every-day Life in

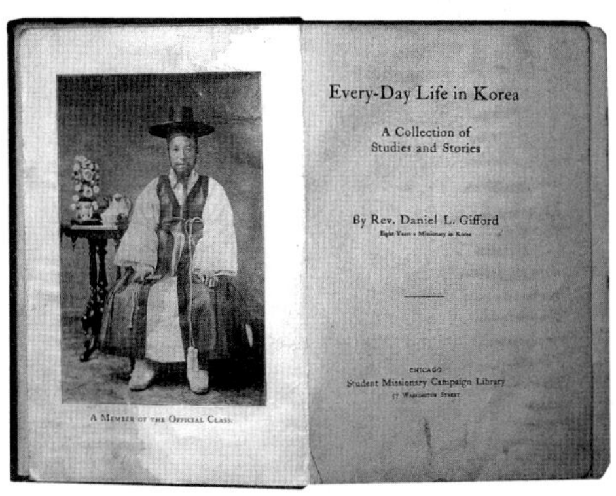

『Every-day Life in Korea』

Korea : A Collection of Studies and Stories』(1898, IA2287)를 발행하였다. 북장로회를 중심으로 한 초기 선교 상황이 잘 정리되어 있어, 이후 내한한 선교사들에게 지침서 역할을 하였다.

평양에서 활동한 의료선교사 로제타 홀 부인(R. S. Hall)은 1891년 미감리회 의료선교사로 내한하여 1984년 청일전쟁 당시 부상당한 병사를 치료하다 전염병으로 사망한 그의 남편인 홀(W. J. Hall, 賀樂) 목사의 일생을 다룬 회상기 『The Life of Rev. William James Hall, M.D.』(1897, IA6232)를 남겼다. 홀 목사의 조선에서 선교 및 의료 활동, 교육자로서의 일생을 그림 및 사진 46매와 함께 기록하였다. 조선 선교 관련 내용은 7장부터 시작되는데, 평양순회 전도, 의료 활동 등 로제타 홀 부인의 눈에 비친 조선의 모습과 생활상 및 청일전쟁 등 조선에서의 중요 사건이 비교적 상세히 서술되어 있다.

캐나다 출신의 선교사 매킨지(W. J. Mckenzie, 梅見施)는 그의 선교

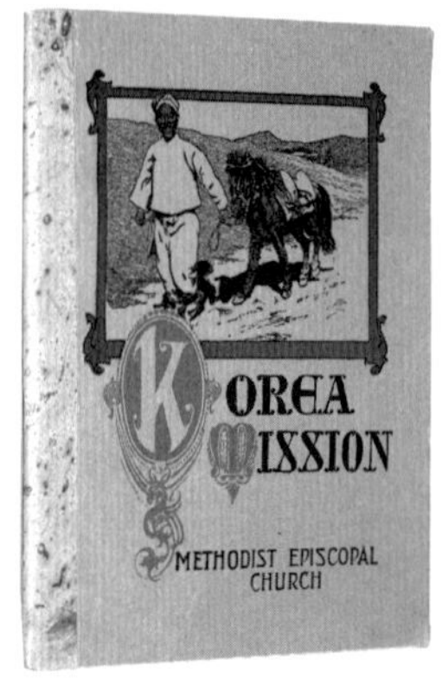

(왼쪽)『A Corn of Wheat or the Life of Rev. W. J. Mckenzie of Korea』
(오른쪽)『The Korea Mission of the Methodist Episcopal Church』

기록을 傳記 형식으로 정리하여『A Corn of Wheat or the Life of
Rev. W. J. Mckenzie of Korea』(1904, IA6252)를 발행하였다. 제1장
매킨지의 유년시절부터 시작해 제6장 서울에 도착한 이후 서울과
평양, 소래교회에서의 선교 활동 내용이 담겨 있다. 특히 그가 황해
도 지역에 머무를 때 겪었던 동학농민운동에 관한 기록이 주목되
는데, 동학군에게 복음을 전파하고 부상자를 치료하는 등 동학농
민운동을 이해하는 데에 도움을 주는 내용이 수록되어 있다.

남장로교 선교사 니스벳 부인(Mrs. Anabel Major Nisbet)은 남장로
회의 한국 선교 관련 개괄서『Day in and Day out in Korea』(1920,
IA6287)를 저술하였다. 호남 지역에서 선교 활동을 시작한 1892년부
터 1919년까지 남장로회의 선교 역사를 다섯 시기별로 정리하였
다. 1장에서 4장까지는 장로회 선교 활동의 흐름이 서술되어 있고,
마지막 5장에서 한국에 파견된 선교사들의 명단과 활동 시기 및 색

인이 첨부되어 있다. 초기 남장로회의 한국선
교와 활동 양상을 파악하는 데에 매우 유용
한 자료이다.

미국 감리교 선교사 존스는 『The Korea
Mission of the Methodist Episcopal
Church』(1910, IA6268)라는 60면의 소책자를
통해 한국을 소개하고 감리교의 한국 선교
사업을 사진과 함께 기록하였다. 당시 한국
의 국내외적 상황과 경제, 언어, 민간신앙과
종교 등을 설명하고 이어 감리교 선교사들의
노력과 여성교육, 감리교 선교사역의 증대와 확장, 한국교회의 특
징 등을 간략히 설명하였다.

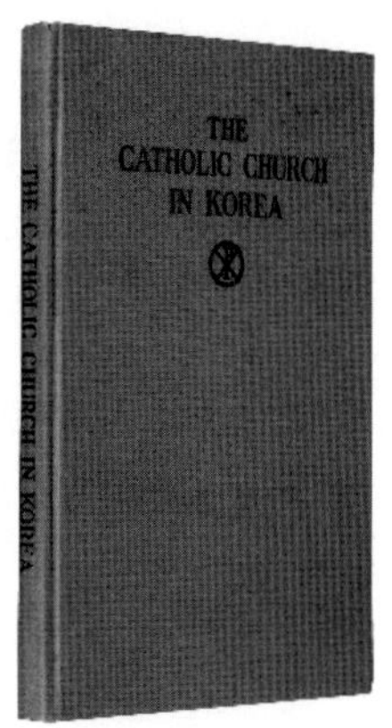

『The Catholic Church
in Korea』

미국 남감리교회는 극동 선교와 관련한 선교역사서 『History
of Southern Methodist Missions』(1926, IA6309)를 발간하였다. 총 12
장으로 구성되어 있으며 제5장에 한국 선교에 관한 내용으로 한국
의 역사와 종교, 초기 선교활동과 남감리교의 선교 역사, 선교 방
식, 일제의 한국 병합이 기독교계에 미친 영향 등이 서술되어 있다.
남감리교회는 중국 선교에 공을 들였으나 실제 한국에서 가장 호
응이 높았고 특히 한국인 스스로 만주 지역에 기독교를 전파할 정
도로 복음주의적 활력이 대단했음을 강조하였다.

미북장로회 선교회는 한국 선교 50주년을 기념하여 50년 동안
의 선교 역사를 수록한 『History of the Korea Mission : Presbyte-
rian Church, U.S.A. : 1884-1934』(1934, IA4863)를 발행하였다.

한국 천주교 연구자료로, 파리외방전교회(Paris Foreign Mission Society)는 천주교의 유입과 박해 관련 내용을 수록한 '한국 가톨릭교회'라는 제목의 『The Catholic Church in Korea』(1924, IA2449)를 홍콩에서 발행하였다.

④ 선교 문학서

이상과 같이 선교사들은 선교 체험을 토대로 한 선교체험기와 한국을 이해하기 위한 노력의 일환으로 한국역사문화 관련 저서를 남겼고, 한편으로 복음 전도 목적으로 그들의 선교 체험 과정을 반영한 문학작품을 저술하였다.

알렌 선교사는 1904년 한국 관련 소개서로 『Korea: Fact and Fancy』(IA5212)를 저술하였다. 이 책은 알렌이 1889년 이미 발간한 『Korean Tales』(한국민담)과 『A Chronological Index』(한국 근대사 연표) 등을 합본하여 발행한 것으로 '견우와 직녀, 흥부와 놀부, 춘향전, 심청전, 홍길동전' 등 전통사회에 널리 알려진 민담이 소개되어 있다.

게일 선교사는 자신의 선교 경험을 바탕으로 『The Vanguard - A Tale of Korea』(1904, IA6823)라는 소설을 창작하였다. 번역하면 '선구자 한국 이야기'라는 제목의 이 작품은 평양지방을 중심으로 한 선교활동을 소설화한 것으로, 등장인물 대부분이 실제 인물을 바탕으로 구성되었다. 제너럴셔먼호 사건에서 공을 세운 평양 감영대장 박장군의 기독교 개종과 토마스 목사의 순교, 로마 가톨릭 교회의 행패와 관련한 내용이 수록되어 있다.

애니 베어드는 1891년 남편 윌리엄 베어드(W. M. Baird)와 함께 내한하여 여성사업과 문서전도, 교육사역에 헌신했던 경험, 사건을 토대로 소설 형식으로 재구성하여 『Daybreak in Korea』(1909,

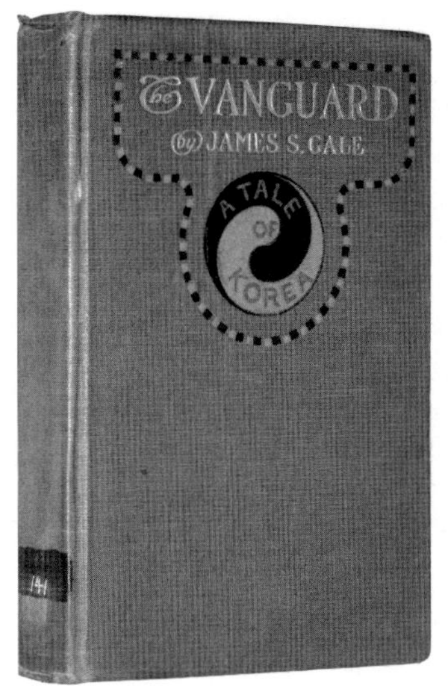

(왼쪽) 『The Vanguard - A Tale of Korea』
(오른쪽) 『KIM SU BANG』

IA4746)를 창작하였다. 조선의 여성이 처한 현실을 모티브로 하여 주인공 '보배'와 주변 인물들을 통해 유교와 전통 속에 침잠된 위기와 이를 극복해나가는 과정을 문학적 감수성으로 잘 표현하였다. 한국의 문화와 풍습을 담은 사진을 함께 수록하여 당시 생활상을 살펴보는 데에도 유익한 자료이다. 부제는 'A Tale of transformation in the Far East'이다.

한국 최초의 여성목사이자 개성 호수돈여고를 설립한 교장 와 그녀(E. C. Wagner)는 창작 소설로 '김서방'이란 제목의 『KIM SU BANG : And Other Stories of Korea』(1909, IA6271)를 저술하여 한국선교 이야기를 풀어냈다. 주인공 김서방이 기독교로 개종하는 과정을 소설형식으로 그린 것인데, 한국의 여성들이 삶과 기독교를 통해 어떤 변화를 겪었는지를 살펴볼 수 있는 내용이 담겨 있다. 소설 내용에 알맞은 시각 자료가 함께 수록되어 있다.

　일제강점기에 들어 선교사들의 한국문화에 대한 이해폭이 넓어짐에 따라 한국의 고전문학이 영문으로 번역되었다. 한국의 역사 문화에 조예가 깊었던 게일은 한국의 고전문학에도 관심이 높아 숙종 때 김만중이 지은 소설 '구운몽'을 영문으로 번역하여 『The Cloud Dream of the Nine』(1932, IA6329)을 출간하였다. 한국 고전문학을 외국어로 번역하여 서구에 소개한 첫 작품으로 평가받는 책이다.

　고종의 외교 자문역으로 한국의 독립운동을 위해 헌신하였던 헐버트 선교사는 한국의 전래동화를 엮어 『Omjee The Wizard; Korean Folk Stories』(1925, IA6318)를 미국에서 출판하였다. 이 엄지 공주 이야기는 소년 석달이와 마법사 엄지의 만남으로 시작되어, 엄지가 전하는 열두 가지 민담이 소개된다. 첫 번째는 용왕의 딸의 생명을 구하기 위해 거북이가 토끼의 간을 구하러 가는 이야기이며, 마지막은 용이 고슴도치를 이용해 개를 잡아먹는다는 이야기이다. 구술로 전해지는 한국의 민담을 영어로 번역해 서양에 소개하는 목적에서 발간되었으며, '용궁 가는 토끼' 등의 삽화가 수록되어 있다. 그리고 헐버트는 미국 청소년에게 읽히기 위해 목적으로 소설 『The Face in the Mist』(1937, IA6323)를 발행하였다. '안개 속의 얼굴'이라는 이 제목의 소설은 대한제국기 중국과 제주도를 무대 배경으로 삼은 특징이 있다. 1920년대 한국의 문화, 특히 제주도의 민속문화에 대한 관찰과 평가를 소설로 풀어내 미국사회에 알린 작품이다.

⑤ 기타 한국 관련서

아시아 전반의 상황을 소개한 자료로 미국 선교사이자 신학자인 젬머(Samuel M. Zwemer) 목사와 브라운(Arthur Judson Brown) 목사가 공동 저술한 『The Nearer and Farther East : Outline Studies of Moslem Lands and of Siam, Burma, and Korea』(1908, IA6259)가 있다. 이 책에는 이슬람과 태국, 미얀마, 한국에 대한 개략적인 내용이 수록되어 있는데, 제7장에서 한국의 지리와 문화, 종교를 상세히 다루었다. 또한 한국 기독교의 전개와 당시의 현황을 분석적으로 서술하여, 선교사적 관점에서 동아시아 기독교를 개괄한 연구서라 할 수 있다.

『Religions of Old Korea』

한국 종교에 관한 연구 성과로 클라크(C. A. Clark) 선교사 저술의 『Religions of Old Korea』(1932, IA4864)를 들 수 있다. 유교·불교·천도교·샤머니즘 등 한국의 다양한 전통 종교가 정리되어 있다.

식민지 조선 사회에 대한 선교사의 정치적 관점이 표출된 저서도 있다. 미 남감리회 선교사이자 연희전문학교 교수를 역임했던 피셔(James Earnest Fisher, 皮時阿)는 『Democracy and Mission Education in Korea』(1928, IA6573)에서 일제 식민주의와 민주주의의 상호 관련성을 논하며, 1920년대 선교교육의 관점에서 식민주의에 대한 호의적 시각을 드러냈다.

3) 여행가, 외교관, 기자 등의 한국학 출판물

앞서 살펴본 바와 같이 개화기 선교사들의 활동을 계기로 한국과 서구 사회 간의 소통이 활발해졌다. 이와 더불어 한국을 방문한 여행가, 외교관, 기자, 사업가 등도 격변기의 한국 상황에 주목하며 저술 활동을 통해 서구 사회에 한국을 소개하였다. 이들은 미지의 땅 한국을 방문하여 서구인의 시각으로 관찰한 한국의 모습을 기록으로 남겼다. 저서에 수록된 주택과 풍경, 인물 사진들은 당시 한국 사회의 실상을 생생하게 전해준다. 특히 한국이 청일전쟁과 러일전쟁을 겪으며 열강의 이해가 첨예하게 충돌하는 경쟁지가 됨에 따라 외교적 관심도 한층 고조되었다. 이에 따라 한국의 역사와 문화뿐 아니라 동아시아 3국의 정세와 더불어 일제 식민지 하에서 전개된 한국인의 독립운동까지도 서구인의 관심 대상이 되었다.

독일계 유태인 상인 오페르트(Ernst Oppert)는 1866년과 1868년 한국 서해안 일대를 탐사 여행한 뒤, 이를 바탕으로 1880년 한국여행기인 『A Forbidden Land: Voyages to the Corea』(1880, IA2297)를 발행하였다. 그는 한국에 교역을 요구하며 세 차례 한국을 방문했는데, 세 번째 방문이었던 1868년 4월에는 쇄국정책을 시행하며 천주교를 박해하던 흥선대원군의 아버지 남원군묘를 도굴하려다 실패한 바 있다. 오페르트가 세 차례의 여행 경험을 토대로 한국의 역사, 문화, 풍습 등을 정리하여 펴낸 여행기는 한국을 서양에 소개하는 계기가 되었고, 한국 입문서로 유럽사회에 널리 읽혀졌다.

잉글랜드 출신의 여행가인 이사벨라 버드 비숍(Isabella Bird Bish-

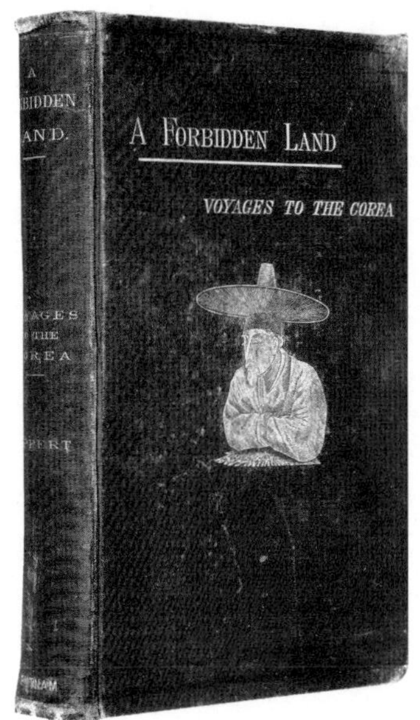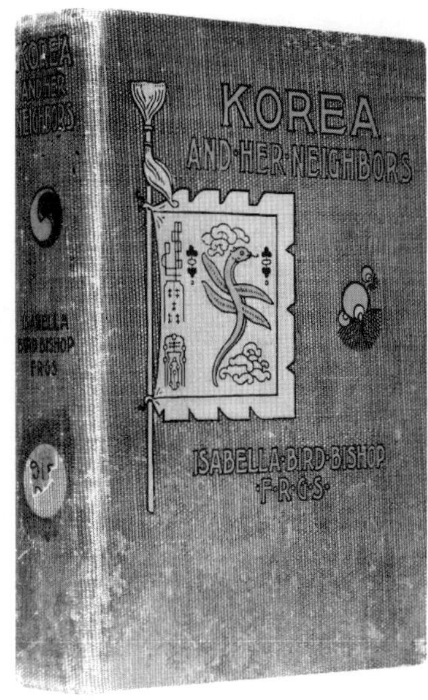

(왼쪽) 『A Forbidden Land:Voyages to the Corea』
(오른쪽) 『Korea and Her Neighbours』

OP)은 해외 여행 경험과 지리적 관심을 바탕으로 여러 여행기를 남겼는데, 1894년 1월부터 1897년 3월까지 네 번에 걸쳐 한국을 방문한 여행기로 『Korea and Her Neighbours』(1897, IA6234)를 저술하였다. 한글로는 '한국과 그 이웃나라들'이라 번역되는 이 책에는 서구 열강의 침탈 대상으로 전락해가는 한국의 국토와 동식물, 지하자원, 그리고 정치와 경제·사회·문화 등의 전반적인 상황이 기술되어 있다. 특히 명성황후 시해 전에 그녀를 직접 만났던 사실이 언급되어 있으며, 일본의 한국 침략이 본격화되는 상황에서 한국을 동정적으로 바라보는 시선이 담겨 있다. 동시에 뒤처진 한국사회의 변화와 개혁을 이루기 위해서는 외부의 도움이 필요하다는 인

(왼쪽) 『Peeps At Many Lands Korea』
(오른쪽) 『Chosön, the Land of the Morning Calm』

식도 드러난다. 부제는 'A Narrative of Travel, with an Account of the Recent Vicissitudes and Present Position of the Country' 이다.

스코틀랜드 출신의 여성 화가 테일러(C. J. D. Tayler)는 한국에서의 체류 경험을 토대로 『Koreans at Home』(1904, IA6256)을 발행하였다. 1894년부터 1901년까지 한국에 머무르며 관찰한 일상을 글과 함께 유화 5점과 드로잉 25점을 수록하였으며, 사진도 함께 실어 한국인의 생활상을 다각도로 보여주었다. 부제는 'The Impressions of a Scotswoman'이다.

영국인 화가 콜슨(C. J. D. Coulson)은 한국견문기 『Peeps At

Many Lands Korea』(1910, IA6270)를 통해 한국 사회를 소개하였다. 여성과 아동, 무속신앙, 평양 여행, 옷차림, 동화, 서울 풍경, 신앙, 주거 생활 등 한국사회 전반을 묘사하는 한편, 한국 기독교의 역사와 더불어 일제의 한국 병합에 대한 소견을 남겼다. 책 말미에는 한국이 처한 정치적 상황에 대해 다루었다. 칼라 인쇄된 유화, 수채화 12매가 함께 수록되어 있다.

미국의 여행가이자 사진가인 버튼 홈즈(Burton Holmes)가 1900년대 초 서울을 답사한 여행기『Burton Holmes Travelogues』(1920, IA6293)를 남겼다 이 책은 한국과 일본을 각각 한 단원으로 구분하여 소개하고 있으며, 한국 부분은 'Seoul, the Capital of Korea'라는 제목으로 구성되어 있다. 여기에는 서울과 인천의 일상을 담은 사진 133점이 수록되어 있다. 한국인의 삶을 객관적이면서도 따뜻한 시선으로 묘사한 점이 다른 여행기와 구별된다.

한편 한국을 방문한 외교관들은 정치·외교적 측면에서 한국을 우호적으로 소개하기도 했다. 미국 외교관 로웰(Percival Lowell)은 일본에서 근무하던 중 1886년 한국 각지를 여행하면서 느낀 것을 정리하여『Chosön, the Land of the Morning Calm : A Sketch of Korea』(1886, IA6228)를 출판하였다. 한글로는 '조용한 아침의 나라 조선'이라 번역되는 이 책은 총 33장으로 구성되어 있으며, 1장 '하루가 시작되는 곳'에서는 외부 세계에 알려져 있지 않았던 한국을 소개하면서 계절과 기후, 부산항과 제물포 등의 항구 도시의 풍경, 지역적 특색, 자연환경, 건축, 한국의 전통문화 등을 상세히 기록하였다. 로웰은 한국 정부의 대미외교 활동을 측면 지원한 인물로 알려져 있다. 권두에 고종황제의 사진이 실려 있으며, 본문에 한국지

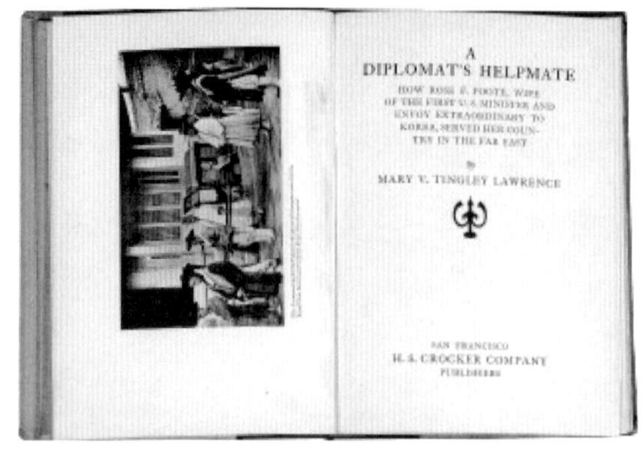
『A Diplomat's Helpmate』

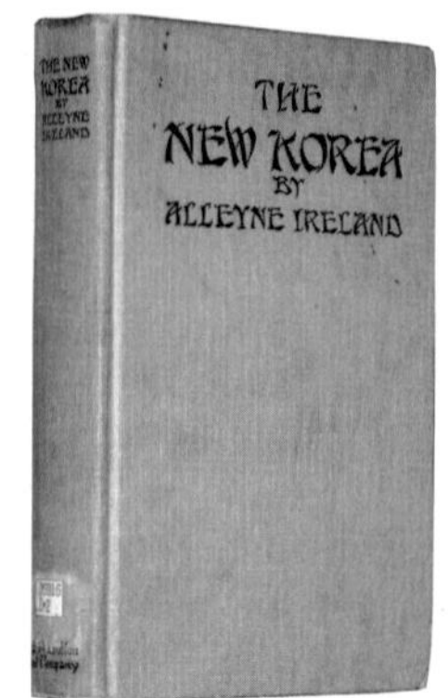
『The New Korea』

도, 부산항 선박, 외교부, 쌀가게, 빨래터, 약재상 등 다양한 풍경 사진이 함께 수록되어 있다.

영국인 기자 해밀턴(Angus Hamilton)은 대한제국기 한국 사회를 주제로 『Korea』(1904, IA6254)를 발행하였다. 그는 1899년부터 1904년까지 한국에 체류하며 겪은 경험을 토대로 한국의 역사와 풍습, 경제, 국제관계에 대해 사진을 함께 수록하여 서술하였다. 격동기의 한국 사회와 국제 정세를 면밀히 분석·정리하였다.

미국 초대 주한공사 푸트(Lucius H. Foot)의 부인 로즈 푸트(Rose H. Foot) 여사는 1882년 이후 한미관계 기록인 『A Diplomat's Helpmate』(1918, IA6282)를 저술하였다. 1883년 5월부터 1885년 1월까지의 한국 체류 경험을 기록한 것으로 공사관 생활과 궁중에서의 경험, 명성황후 알현, 1884년 갑신정변 당시의 상황을 상세히 담고 있다. 귀국 이후 발생한 명성황후 시해사건에 대해서도 언급하였다.

대한제국기 주한 미국 공사관에 근무하며 고종의 고문 역할을 맡았던 샌즈(W. F. Sands)는 7년간의 한국 경험을 바탕으로 『Undip-lomatic Memories』(1930, IA6327)를 저술하였다. '고종 비망록'이라고 불릴 만큼 개화기에서 경술국치에 이르는 격동의 정치 상황을 외교관의 시선에서 우호적으로 서술하였다. 여기에는 한국의 문화와 풍경을 담은 사진이 수록되어 있어 당시 생활상을 이해하는 데 도움이 된다.

영국 여행가이자 작가인 아일랜드(W. A. Ireland)는 한일관계와 조선총독부의 조직·인사 등 식민통치에 관한 보고서로 『The New Korea』(1926, IA6314)를 남겼다. 한국의 지리와 인구, 식민지 상황을 진단하고, 한국의 인문지리 및 역사, 총독부와 사법·경찰 조직, 재정과 교육 제도 등 식민지하 한국의 현실을 체계적으로 서술하였다. 특히 병탄 전후 한국 사회의 변화 양상을 수치와 통계로 기록하여, 여타 기행문과는 차별화된 방식으로 서술된 특징이 있다.

영국 동양학자이자 1928~1929년 경성제국대학 영어 강사를 역임한 드레이크(H. B. Drake)는 한반도 각지를 여행하면서 경험한 일제강점기의 조선의 정치경제 및 사회·문화적 상황을 진솔하게 기록한 『Korea of the Japanese』(1930, IA6311)를 남겼다. 한국의 묘지와 장례문화, 숙박문화, 서울 풍경, 교육체계, 놀이문화 등 다양한 문화와 풍습뿐 아니라 미국 선교사, 영국 성공회 신부들의 활동도 살펴볼 수 있는 자료이다.

서양인 여행가나 기자들이 주로 한국 사회를 관찰하고 이를 저술의 형태로 남겼던 것과 달리, 시베리아 출신 연구자 그라즈단제브(A. J. Grajdanzev)는 식민지 현실을 비판적으로 분석한 저술을 남겼다. 그는 만주와 북중국의 대학에서 강의를 하던 학자로, 일제의

(왼쪽) 『The War in the East : Japan, China, and Corea』
(중간) 『Thrilling Stories of the Russian-Japanese War』
(오른쪽) 『Russia and Japan, and a Complete History of the War in the Far East』

식민통치를 비판하며 『MODERN KOREA』(1944, IA6330)를 저술하였다. 저자는 한국이 오랜 역사를 지녔음에도 불구하고 일제 식민정책의 억압을 받고 있음을 지적하고, 전쟁 종결 이후 신생 독립국가로 인정되어야 한다는 문제의식으로 바탕으로 집필하였다. 본문은 한국의 지리적 환경, 한반도의 역사적 배경, 한국의 인구와 농업, 임업과 어업, 광산자원, 공업, 수송과 통신, 화폐와 금융, 재정, 무역, 행정, 사법과 경찰, 위생·교육·종교 등 한국의 전반에 대해 다루었다. 마지막 장에서 한국의 독립문제에 직접적으로 다루었다. 식민통치 체제 하에서 생산된 통계자료를 비판적으로 검토하고, 이를 토대로 식민지 현실을 종합적으로 분석하였다.

한편 서양인들은 당시 한국을 둘러싸고 전개된 청일전쟁과 러일전쟁을 집중적으로 조명하는 저술을 남겼다. 이러한 기록은 일본 제국주의 침략의 실상과 당대의 외교 관계를 파악하는 데 매우 유용하다. 청일전쟁 관련 기록으로 『The War in the East : Japan, China, and Corea』(1895, IA6225)가 있다. 종군 기자이자 역사가인 화이트(Trumbull White)는 이 책에서 중국과 일본, 한국의 역사를 소개한 뒤, 청일전쟁의 발발 배경과 평양에서의 격전 등 전쟁의 전개 과정을 상세히 묘사하였다. 또한 한·중·일의 역사와 문화를 삽화와 함께 설명하여 동북아 정세를 이해하는 데에 도움이 된다.

미국인 저술가 모리스(Charles Morrris)는 『Historical Tales : The Romance of Reality』(1904, IA6253)에서 한국을 둘러싼 청일간의 대립과 전쟁 상황을 다루었다. 전반부에 메이지유신까지 일본의 역사, 중반부에 의화단 사건까지 중국의 역사, 후반부 '한국과 이웃나라들'에서 한국의 역사를 간략히 서술하였다. 이어 청일전쟁과 중국·일본의 외교적 추이에 대해 서술하면서, 한국이 일본에 의해 강제 개항된 후 병인양요, 신미양요, 동학농민운동을 거쳐 청일전쟁으로 이어졌고, 결국 일본의 승리로 귀결된 상황을 설명하였다.

러일전쟁 참전기 『Exciting Experiences in the Japanese-Russian War』(1904, IA6257)는 1904년 2월 러일전쟁의 시작에서 1905년 8월 양국간의 강화회담과 조약 체결에 이르기까지의 과정을 상세히 살펴볼 수 있다. 본문 중 한국과 관련하여 '오래된 회색 은둔자'라는 소제목 아래 일본 중심의 편향적 시각에서 한국의 열악한 경제 상황과 국제관계에서의 무기력한 외교적 현실을 묘사하였다. 내용에 맞는 삽화가 다수 수록되어 있다.

미국의 저술가 밀러(J. M. Miller)는 『Thrilling Stories of the Russian-Japanese War』(1904, IA6258)에서 1904년 2월 8일 일본군의 러

시아 해군 공격부터 1905년 포츠머스 조약에 이르기까지 러일전쟁의 원인, 과정과 결과를 관찰자 관점에서 기록하였다. 육지와 바다에서의 전투 상황에 매우 상세히 기술되어 있으며, 이와 관련한 사진 50여 컷과 전투장면을 묘사한 일러스트 40여 컷도 함께 수록되어 있다.

러일전쟁 진상기록서로『Port Arthur – The Siege and Capitulation』(1906, IA6265)와『Russia and Japan, and a Complete History of the War in the Far East』(1905, IA6266)가 있다.『Port Arthur – The Siege and Capitulation』는 영국 출신 종군특파원 바틀렛(E. A. Bartlett)이 1904~1905년 러일전쟁의 원인과 발발, 경과, 종결에 이르기까지의 과정을 총 29개 장에 걸쳐 시간 순으로 기록한 것이다.『Russia and Japan, and a Complete History of the War in the Far East』는 미국의 종군기자 엉거(F. W. Unger)의 저술로, '러시아와 일본 그리고 극동에서의 전쟁 역사'로 번역된다. 이 책에는 표트르 대제부터 니콜라이 2세에 이르는 러시아의 근대화 과정, 러시아의 아시아 진출 과정, 페리 제독의 내항 이후 일본의 성장, 청일전쟁에서 일본의 승리와 이후 열강들의 갈등, 러일전쟁의 배경과 전개과정에 관한 내용이 수록되어 있으며, 특히 러일전쟁의 원인을 '한국 문제'에서 찾고 있는 특징이 있다.

외국인 시각에서 한국의 독립운동에 관해 기록한 것도 눈에 띤다. 중국 상해 영문대륙보 기자인 페퍼(Nathaniel Peffer)는 1919년 3·1운동 직후 한 달 동안 한국에 머물면서 현장을 취재하고, 그 결과를『The Truth about Korea』(1919, IA6285)에 담았다. 한국 독립운동 상황과 사이토 총독 인터뷰 내용, 독립운동가 고문과 한국어 말살, 기

독교 탄압 등 일제의 압제적인 통치
실상이 수록되어 있다.

영국 '런던 데일리 메일'의 종군
기자로 활동했던 멕켄지(F. A. McKenzie)
는 3·1운동을 목격하고 이를 바탕으
로 『Korea's Fight for Freedom』(1920,
IA2595), 곧 '자유를 위한 투쟁'이라는
제목의 3·1운동사를 저술하여 한국의
독립운동을 세계에 널리 알렸다. 이
책은 개항을 앞두고 발생한 병인양요,

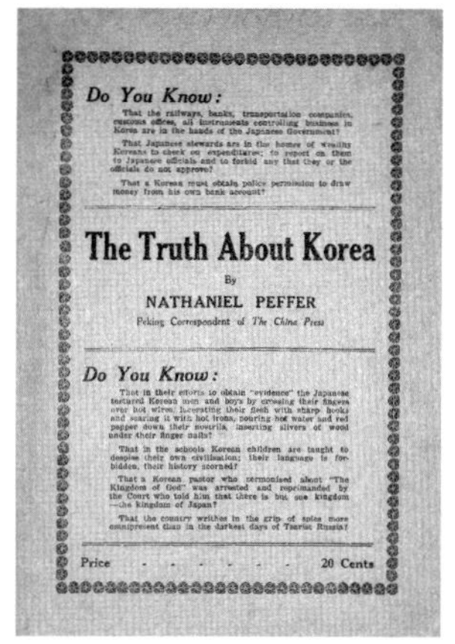

『The Truth about Korea』

신미양요부터 운요호사건, 임오군란, 갑신정변, 을미사변, 독립협
회 활동, 을사늑약, 고종 강제퇴위, 의병운동, 병탄과 식민통치, 선
교사들의 활동, 그리고 3·1운동에 이르기까지를 서술하며, 특히 한
국인의 독립운동이 비폭력, 무저항 평화운동이었음을 강조하였다.

한국선교회(Korean Mission)가 미국의회 군비제한회의에 제출한
외교청원서인 『Korea's Appeal to the Conference on Limitation
of Armament』(1922, IA6288)는 한국 체류 외국인들의 한국 독립운동
에 관한 관심을 극명하게 보여준다. 이 자료는 미국 미주리주 출신
공화당 상원의원 스펜서(Selden Palmer Spencer)가 상원에 배포한 것이
다. 워싱턴회의(1921.11.12.-1922.2.6) 참가국들에게 한국 독립의 정당
성을 호소하는 내용이 담겨있다. 한국의 독립을 외교적으로 해결
하기 위한 노력을 엿볼 수 있는 자료이다.

4) 서양인들의 동아시아학 출판물

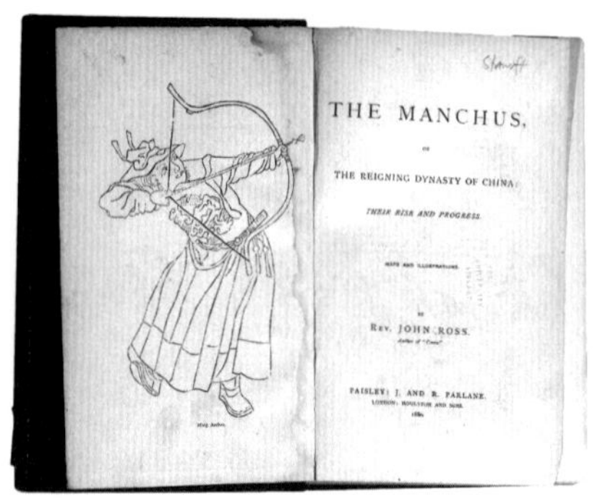

『THE MANCHUS, OR THE REIGNING
DYNASTY OF CHINA』

당시 서양인들은 한국을 비롯한 중국과 일본, 몽고, 더 나아가 필리핀, 인도네시아 등 동아시아 각국의 정치·문화·종교에 대한 관심을 저술로 남겼다. 이러한 기록들은 동아시아, 이른바 극동 지역을 바라보는 서구적 시각과 외교적 관심을 반영하고 있다. 다음은 극동문제를 다룬 주요 저작물의 목록이다.

『THE MANCHUS, OR THE REIGNING DYNASTY OF CHINA』 (1880, IA6227)

스코틀랜드 출신의 장로교 선교사 존 로스(John Ross)가 저술한 만주족 역사서이다. 누르하치의 등장부터 청나라 초기 역사에 관해 사건 중심으로 정리되어 있다.

『Notes and Sketches from the wild coast of Nipon』(1880, IA6222)

영국 해군 출신 존 헨리(St. John, Henry Craven)가 저술한 것으로, 일본과 한반도 연안, 그리고 중국의 해안 지역을 중심으로 탐사한 기록이다. 일본을 중심으로 한 동아시아 해안의 생태계를 조사하여 작성하였고 관련 삽화와 지도가 수록되어 있다.

『The Long White Mountain of a Journey in Manchuria』(1888,

IA6218)

인도 행정부 관리였던 제임스(H. E. M. James)가 1888년 백두산 등정과 만주 여행 경험을 기록한 여행기로, 한국 관련 견문록이 수록되어 있다. 제임스가 여행 도중 만났던 초기 한글 성서 번역의 주인공 존 로스(John Ross) 선교사와의 만남을 기록하여 있어 초기 한국 교회 선교의 흔적을 살펴볼 수 있는 자료이다.

『Problems of the Far East』(1894, IA6223)

영국 외교관 조지 커즌(Rt. H. G. Curzon)이 한국과 일본, 중국을 방문한 후 세 나라의 풍습과 문화, 지리적 환경, 정치 상황 등을 정리한 '극동의 제 문제'이다. 한국과 관련해서는 '조선 여행과 조선인의 생활방식', '조선의 수도와 조정', '조선의 정치와 상업적 특징' 등 세 개의 장으로 서술되어 있으며, 고종 황제 사진 등이 수록되어 있다.

『The Peoples and Politics of the Far East』(1895, IA6226)

영국 출신의 언론인이자 정치인인 헨리 노만(Henry Norman)이 1890년대 초 한국, 일본, 중국, 태국, 필리핀 등을 4년간 여행하며 기록한 저작이다. 서울 방문, 고종 면담, 한국을 둘러싼 러일간의 각축, 그리고 한국의 풍습과 서울 주민의 생활상을 상세히 묘사하였다.

『LI HONG CHANG : PUBLIC MEN OF TO-DAY』(1895, IA6215)

영국의 동양학자 더글라스(R. K. Douglas)가 李鴻章의 출생(1823)부터 1895년 5월까지의 활동을 기록한 것이다. 총 13장 가운데 제10장 임오군란, 제11장 갑신정변 등 조선과 밀접하게 관련된 사건을 다루고 있으며, 제13장에서는 조선을 둘러싼 국제관계를 설명하고 있다.

『The New Far East』(1898, IA6238)

영국의 대표적인 지일파 인사인 디오지(Arthur Diosy)가 19세기 말 극동의 정세를 소개한 여행기이다. 전반부에서 청일전쟁 이후 일본의 우위를 확인하며 '신극동'의 탄생을 설명하고, 가르마·변발·상투 등 동아시아 3국의 특징을 서술하였다. 후반부에는 러·프·독의 삼국간섭과 이를 극복하기 위한 영일 동맹의 필요성을 강조하였다. 이 책은 19세기 말~20세기 초 영국의 극동 정세에 관한 관심과 함께 일본의 문화를 서구에 알리려는 의도를 담고 있다.

『An American Cruiser in the East』(1898, IA6236)

미국 해군 장교 출신의 존 포드(John D. Ford)가 아시아 지역을 여행 경험을 바탕으로 발행한 여행기로 한국관련 부분은 제13장 한국여행, 제14장 한국의 수도 서울, 제15장 평양, 제16장 한국이다. 한국의 주거와 생활문화를 중심으로 서술하고 관련 사진 자료도 함께 수록하였다. 저자는 오랫동안 쇄국에 머물러있는 한국을 '은둔의 나라'로 표현하였고 일본과 중국에 우수한 문화를 전해 줬으며, 특히 가장 완벽한 언어를 발명하였다고 강조하였다.

『MISSION METHODS IN MANCHURIA』(1903, IA6242)

스코틀랜드 출신 선교사 존 로스(John Ross)가 만주에서의 선교 활동을 바탕으로 저술한 책이다. 만주 한인촌을 방문하여 한국인에게 세례를 주었고, 한반도 서북지역에서 교회 건설의 기초를 쌓았다는 내용이 수록되어 있다. 만주 한인들의 복음 수용 과정을 살펴볼 수 있는 자료이다.

『The Spirit of the Orient』(1906, IA6249)

미국 북장로회 목사 녹스(G. W. Knox)가 인도 · 중국 · 일본 등 동양의 역사와 풍습, 사상 등에 관해 기독교 선교 시각에서 저술한 것이다.

『Signs and Portents in the Far East』(1907, IA6264)

영국의 언론인 코츠(E. C. Cotes)가 중국, 한국, 일본을 중심으로 20세기 초 급변하는 정세를 분석한 저작이다. 한국의 어려운 상황과 미래를 언급하면서 러일전쟁 이후 일본이 한국의 발전에 많은 노력을 기울이고 있고 이토 히로부미 통감의 통치를 긍정적으로 평가하였다.

『The nearer and farther East; outline studies of Moslem lands and of Siam, Burma, and Korea』(1908, IA6259)

미국의 선교사이자 신학자인 젬머(Samuel M. Zwemer)와 브라운(Arthur Judson Brown) 목사가 선교 목적으로 저술한 기독교 연구서이다. 부제에서 드러나듯 무슬림 지역과 태국, 미얀마, 한국에 대한 개략적인 연구를 담고 있다. 제7장 'Korea' 부분은 한국의 지리와 문화에 대한 전반적인 분석과 함께 한국 기독교의 전개 과정과 당시 상황에 대해 서술하였다.

『A Scamper Through the Far East』(1909, IA6263)

영국인 어스틴(H. H. Austin)이 16주 동안 러시아, 중국, 한국, 일본 등 극동지방

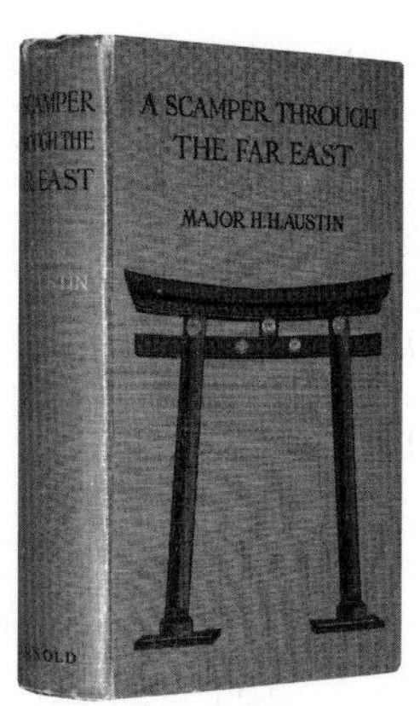

『A Scamper Through the Far East』

을 여행하며 쓴 견문기이다. 한국의 생활문화와 풍습, 지리에 대해 기록하였으며, 명성황후 시해 사건과 러일전쟁 등 일본의 침략행위에 대해 문명론적 시각으로 접근하였다.

『The Face of Manchuria, Korea & Russian Turkestan』(1910, IA6279)

영국의 여행작가 켐프(E. G. Kemp)가 시베리아 횡단 열차를 타고 여행하며 남긴 만주와 조선 그리고 중앙아시아 여행 견문록이다. 1부 만주 편, 2부 한국 편, 3부 투르키스탄 편으로 구성되어 있다. 한국 부분에서는 평양, 서울, 부산 금강산, 가톨릭 역사 등을 서술하였다. 저자가 직접 그린 삽화가 여행의 현장감을 더해준다.

『The Re-Shaping of the Far East』(1911, IA6291)

중국에서 태어났던 영국인 언론인 심슨(B. L. Simpson)이 극동문제에 관해 러일전쟁을 중심으로 쓴 '극동의 재구성'이다. '무언의 소도, 서울' 등 한국 관련 서술이 포함되어 있고, 러일전쟁을 비롯한 서양의 극동 진출과 일본의 한국 침략 과정을 설명한다. 한국 경찰, 경복궁 정문 등 다양한 사진자료도 수록되어 있다.

『Handbook and Guide to the Orient in Providence』(1911, IA6275)

1911년 9월 21일부터 10일 7일까지 로드아일랜드 프로비던스 Infantry Hall에서 개최된 선교박람회의 안내책자이다. 박람회는 한국관(Korea Scene)을 비롯해 일본관, 중국관, 국내선교부 등으로 구획되어 전시되었다. 한국관에는 헐버트가 '도입-한국의 현재 상황-주거문화, 민속 등 한국에 대한 묘사-기독교의 발전-일본에의 영향' 등이 소개되었다.

『An Eastern Miscellany』(1911, IA6278)

영국 정치인 던다스(L. J. L. Dundas)가 아시아를 주제로 기록한 여행
기이다. 아시아 일반론, 중동, 인도, 극동 등 4편으로 되어 있고,
극동 편에 '일본의 속령, 한국'을 다루며 청일전쟁 이후 한국의
식민지화 과정을 언급하고 있다.

『Painting in the Far East』(1913, IA6294)

영국의 시인이자 극작가인 로렌스 비년(Laurence Binyon)의 저술로,
부제는 'An Introduction to the History of Pictorial Art in Asia
Especially China and Japan'이다. 극동의 미술, 특히 중국 예술
의 역사에 관한 내용이 중점 소개되어 있다.

『The New-Era in Asia』(1913, IA2379)

중국과 일본에서 활동했던 선교사 셔우드 에디(Sherwod Eddy)가 쓴
'아시아의 새로운 시대'로, 군국주의 일본의 한국 침략을 비판적
으로 서술하였다.

『Popular Aspects of Oriental Religions』(1917, IA6300)

미국의 목사 하트만(L. O. Hartman)이 동양 종교에 대한 관심에서 집
필한 저작이다. 첫 장 'Korea-Spirit
Land'(조선-정령의 땅)에서 한국의 애니미
즘을 주요 연구 대상으로 삼고 삼국시
대 불교 유입 이전의 원시신앙을 분석
정리하였다.

『The Mastery of the Far East』(1919, IA
6896)

미국 장로교 선교사 브라운(A. J. Brown)
이 아시아 선교 경험을 바탕으로 저술

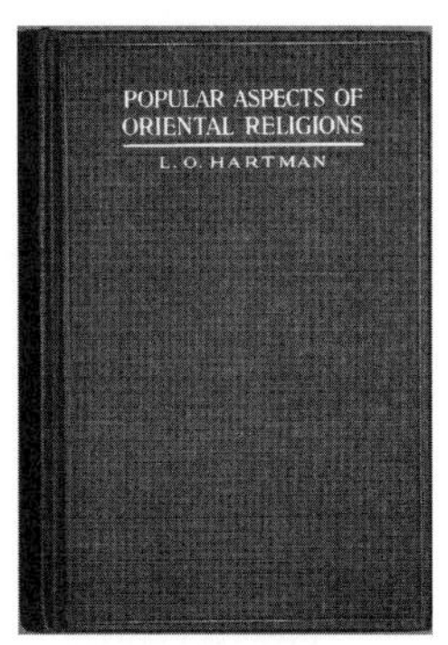

『Popular Aspects of
Oriental Religions

한 책이다. '극동의 주인'이라는 제목 하에 한국의 상황과 아시아에서 영향력을 가진 일본에 대해 설명하고 있다. 본문은 '한국-극동의 전략', '한국을 장악하기 위한 전투', '일본-극동에서의 제국의 힘', '극동 문제에서의 기독교 선교' 등 네 개의 장으로 구성되어 있다.

『North China, South Manchuria and Korea』(1920, IA6281)

토마스 쿡(Thomas Cook)이 여행 경험을 토대로 집필한 소형 여행 안내서이다. 북경과 텐진, 만주를 소개한 뒤 한국의 역사와 철도, 평양과 서울 등 도시를 간략히 다루었다. 20세기 초 동북아시아 지역의 여행 문화를 보여주는 자료이다.

『China, Japan and Korea』(1921, IA6290)

영국 작가이자 언론인 블랜드(J. O. P. Bland)가 중국에서의 경험을 바탕으로 저술한 책이다. 중국에 관한 내용이 많은 비중을 차지하고 있고, '한국의 독립운동'이라는 장에서 일제의 식민통치 상황과 한국의 독립운동 방향과 활동 등을 기록하였다.

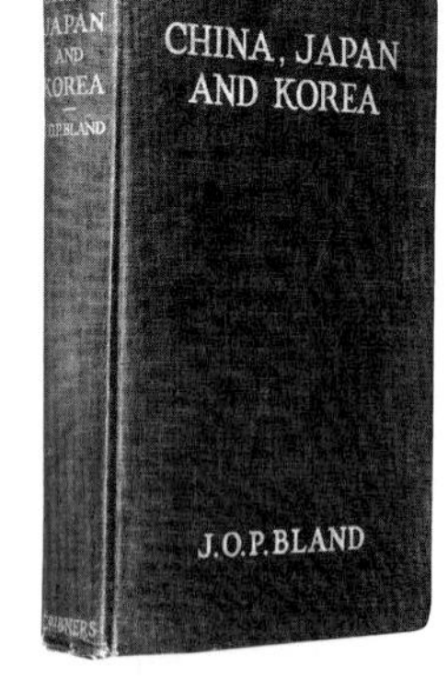

『China Japan and Korea』

『New York to Peking』(1921, IA6301)

블랜취 셀러 오트만 부인(Mrs Blanche Sellers Ortman)이 동아시아를 여행하면서 쓴 일본, 한국, 중국 여행기이다. 한국의 주거, 생활 풍습 등을 섬세한 감성으로 기록하였다.

『Gods, Goblins and Ghosts: The Weird Legends of the Far East』
(1922, IA6295)

미국인 베르타 럼(Bertha B. Lum)이 20세기 초 극동 지역의 신앙과 전설을 소개한 저작이다. 특히 일본의 주술신앙을 집중해서 소개하였다. 1900년대 초 일본 문화에 대한 서구 예술가의 인식을 엿볼 수 있다. 일본의 신앙문화와 관련된 삽화 11컷이 수록되어 있다.

『Asia at the Crossroads : Japan, Korea, China, Philippine Islands』(1922, IA6304)

미국 대통령 워런 하딩(W. G. Harding)이 군비 제한과 태평양 및 극동 문제를 위해 소집한 워싱턴회의에서 발표한 내용을 정리한 것으로, 일본, 한국, 중국, 필리핀 군도에 대한 내용을 담고 있다. 한국과 관련하여 식민지적 상황, 한국인의 특성, 병합 과정과 일제의 식민정책 등이 상세히 수록되어 있다.

『Wandering in Northern China』(1923, IA6305)

미국 여행작가 프랑크(H. A. Franck)가 한국과 중국 북부, 몽골을 여행한 뒤 기록한 저작이다. 한국과 관련하여 한국의 정경과 풍습, 한국 내 일본인과 선교사들, 험지 여행 등의 내용이 서술되어 있다.

『MANCHURIA, Land of Opportunities』(1924, IA6298)

미국에서 출간된 만주 안내서로, 만주의 지리와 역사, 정치체제, 천연자원, 제조업, 상업과 재정, 남만주철도회사에 관한 내용이 풍부한 사진과 통계자료와 함께 수록되어 있다. 서양 중심의 근대관과 문명관 및 일본 제국주의에 대해 무비판적 시각으로 서술된 특징이 있다.

『Turn to the East』(1926, IA6322)

(왼쪽) 『The Japanese Empire: a Geographical Reader』
(오른쪽) 『Japan, Korea and Formosa』

캐롤라인 싱어(Caroline Singer)가 한국, 중국, 일본을 여행하며 남긴 기록이다. 한국과 관련해 한국의 가족제도와 여성, 교육 등에 관한 서술과 한국의 인물, 풍경, 건축물 등의 채색 삽화가 수록되어 있다.

『Eastern Windows: an artist's notes of travel in Japan, Hokkaido, Korea, China and the Philippines』(1928, IA6320)

영국 화가 엘리자베스 키스(Elizabeth Keith)가 한국, 중국, 필리핀, 일본 등지를 여행하며 겪은 일화와 그림을 함께 엮은 여행기이다. 총 13장 가운데 한국 관련 내용은 '제1장 Gaiety and Fliest', '제2장 The Old Scholar and Others', '제3장 Two Women visit the diamond mountains'이다.

『A Brief Account of Diplomatic Events in Manchuria』(1929, IA6316)

영국 외교관 출신 팔럿(Harold Parlett)이 만주 외교사를 서술한 논문이다. 러시아와 중국의 침략사, 만주를 둘러싼 청일전쟁과 러일전쟁 등을 중심으로 만주 외교의 흐름을 정리하였다.

『The Japanese Empire:a Geographical Reader』(1927, IA6308)

미국 여행작가 프랭크(Harry A. Franck)가 일본과 타이완, 한국을 여행하면서 관찰한 내용을 기록한 지리 안내서이다. 한국 관련 내용은 '14장 Korea or Chosen', '15장 How the People of Korea Dress', '16장 How the Koreans Live', '17장 Korea Under Japanese Rule', '18장 Country Trips in Korea' 등 총 5장이다. 풍습과 문화, 의복, 주거문화, 무속과 기독교 등 문화적 특징, 식민지 통치 하 한국 사회의 변화, 시골 여행 경험 등을 생활문화사적으로 서술하였다.

『Japan, Korea and Formosa』(1930년대, IA6336)

사진작가 그래페(A. V. Graefe) 등 여러 작가들이 촬영한 일본, 한국, 대만의 풍경과 건축, 생활상을 담은 사진집이다. 총 256점의 사진이 수록되어 있으며, 이 중 한국 관련 풍경 사진은 24점으로 서울, 수원, 경주, 평양 등의 모습이 소개되어 있다.

『Pictorial Review of the Sino-Japanese Conflict』(1932, IA6333)

상해 사변이 발생한 1932년 1월 18일부터 일본군이 상해를 점령한 3월 5일까지의 상황을 일자별로 정리한 사진집이다. 총 64장의 사진과 설명문이 수록되어 있으며, 일본군의 폭격으로 파괴된 상해의 모습과 양국군의 전투 상황을 생생하게 전한다.

『DUGALD CHRISTIE OF MANCHURIA』(1931, IA6328)

영국 선교사 듀 갈드 크리스티(Dugald Christie)가 만주에서 32년간 의료선교 활동을 하며 겪은 경험을 토대로 기록한 책이다. 부제는 'Pioneer and Medical Missionary'이다.

『A History of the Far East in Modern Times』(1944, IA6340)

미국 신시내티대학 교수 히바크(H. M. Vinacke)가 한국과 중국, 일본의 근대사를 연대기적으로 정리한 극동의 정치외교사 사료이다. 한국의 역사는 중국, 일본, 미국 등 서구와의 관계에서 부속적으로 다뤄졌다.

영문 자료 외에도 동양을 소개한 외국어 자료가 있다. 프랑스어로 발행된 『LE JAPAN ILLUSTRE』(1915, IA6453)는 일본과 대만, 한국의 그래픽 히스토리로, 한국 관련 사진 46매가 수록되어 있다. 또한 독일어로 발행된 『Die Kunst Chinas, Japans and Koreas Wild-park-potsdam』(1929, IA6460)은 한국과 중국, 일본의 미술을 소개한 저작이다.

5) 한국인 저술의 외국어 출판물

선교사를 비롯한 서양인과의 만남과 교류는 한국 사회의 문명화를 촉진하는 계기가 되었다. 일부 한국인들은 근대문명을 적극적으로 수용하는 데서 나아가, 한국을 서구 사회에 알리기 위한 노력을 기울였다.

외국인에 의해 한국 문법서와 어학서가 편찬된 지 20여 년 지나면서, 한국인에 의한 영어회화서와 문법서 편찬이 이뤄지기 시작했다. 목회자이자 재미 독립운동가인 민찬호는 하와이 호놀룰루에서 재미 한인들의 영어 학습을 돕기 위해 1909년 『韓英實用會話獨學 A Hand-Book of Practical Conversation in English & Korean with Lists of Useful Word』(1909, IA0798)을 편찬하였다. 그는 서문에서 "우리 동포가 이곳에 와서 언어가 다르고 풍속이 같지 아니하여…말을 통하는 이가 없어 그 뜻을 풀며 이해곡직을 설명하지 못함으로 천대와 해를 받음이 비일비재라. …그러함으로 오래 연구하던 바한 방책으로 우선 한 책을 저술"하였다고 밝혔다. 본문은 'Easy Lessons, General Conversation, Common Vocabulary'로 구성되어 있어 실생활 중심의 영어 회화 학습에 중점을 두었다.

『韓英實用會話獨學』

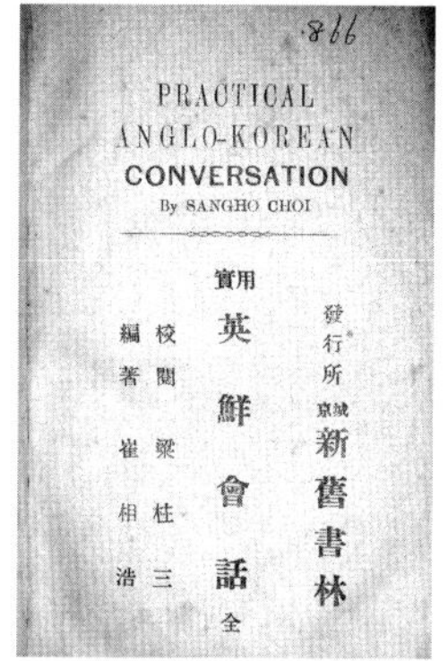

『實用英朝會話』

　일찍이 영어를 익혀 영문 일기를 남기기도 했던 윤치호는 한국인으로서는 드물게 영어 문법서를 저술하였다. 그는 1911년 『英語文法捷徑 A Short-cut in English Grammar』을 발행하였으나, 조선총독부로부터 교과용 도서로 인가받지 못하였다. 이후 이를 개정, 보완하여 조선기독교창문사에서 『實用英語文法 Practical English Grammar』(1928, IA0800)을 출간하였다. 목차는 제1편 총론, 제2편 8품사의 종류와 釋義, 제3편 조직, 제4편 요령과 부록으로 구성되어 있다. 조선인에 의한 최초의 영문 문법서는 1911년 관립한성외국어학교 영어 교사 이기룡이 저술한 『中

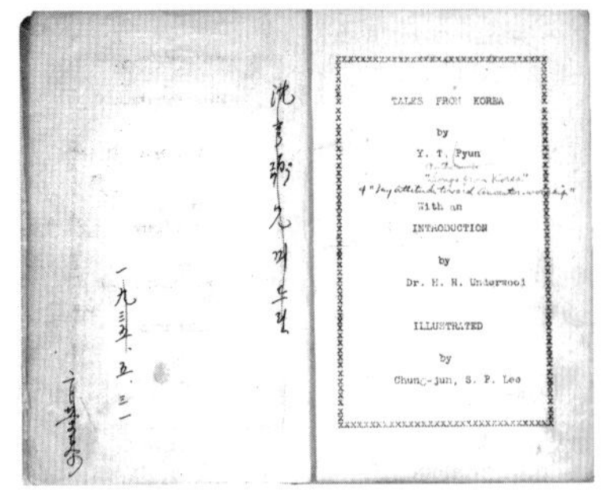

Tales from Korea

The Case of Korea

等英文典 English Grammar for Middle School』이다. 윤치호의 문법서는 이 뒤를 잇는 대표적 저술로, 한국인에 의해 간행된 두 번째 영문 문법서라는 점에서 의의를 지닌다.[11]

영어 학습서로는 장두철의 『Self-Taught English Language for Korean Students』(1917, IA2417)와 최상호 편저, 양주삼 교열의 『實用英朝會話 Practical Anglo-Korean Conversation』(1921, IA0799)이 신구서림에서 발행되었다. 『實用英朝會話』의 본문은 제1편 '單字가 天文' 등 31항목으로 구성되어 있고, 제2편 '교제회화(Socail Conversation)'는 禮語, 소개 등 44항목, 제3편 '실업회화(Commercial Conversations)'는 은행, 서포 등 16항목, 제4편 '통상회화(Familiar Phrases)'는 알파벳 A~Z 등 26항목, 제5편은 '척독(Correspondence)', '사교문(Letters of Congratulations)' 등 여섯 부분에 52항목, 제6편은 '각종 서식', '예식문'에서 각각 6항목, 제7편 '상업간판식'은 약방 등 10항목, 제8편 '광고식'은 여관 등 25항목, 제9편 '동서대조만세

11   김명배, 앞의 책, pp.17~18.

력’, 제10편 ‘각국 연대표’, 제11편 ‘략자’, 제12편 ‘각국 화폐표’, 제
13편 ‘度’로 되어 있다.

영문으로 저술한 기독교 연구서도 있다. 백낙준은 선교사관에
입각하여 한국 개신교의 전래와 발전 과정을 정리한 『The History
of Protestant Missions in Korea 1832-1910』(1929, IA6574)을 저술하
였다.

문학작품으로는 변영태가 집필한 『Tales from Korea』(1934,
IA6525)와 『Songs from Korea』(1936, IA6526)가 있다. 변영태는 이승
만 정부 시절 외교 특사 및 외무부장관(1951~1955)을 역임한 인물로,
『Tales from Korea』에서 한국의 설화 32편을 영문으로 번역해 소
개하였다. 1935년 등사판으로 발행된 초판본은 저자의 친필 서명
이 남아 있어 자료적 가치가 크며, 본문에 수록된 삽화는 화가이자
미술교육가였던 이상범이 그렸다. 『Songs from Korea』에는 고시
조 102수의 영역과 함께 「강변 마을」, 「까치 까치 설날은」 등 자작
시 32편, 그리고 시조 작가들의 약력이 수록되어 있다. 한국 시조의
본질을 탐구한 뒤 이를 영역함으로써 한국 고전문학의 세계화를
실천하려 한 점에서 의의가 크다.[12]

식민지 조선인의 독립 의지를 담은 영문 자료도 독립외교운동
의 일환으로 출판되었다. 미주 한인단체인 대한인국민회(Korean National Association)는 한국의 독립운동을 세계에 알리기 위해 1919년 5
월 1일 소형 팜플렛 『Japanese Diplomacy and Force in Korea』
(1919, IA6289)를 발행하였다. 일제의 한국 병탄을 고발하는 내용과

12　조규익, 「변영태 영역시조(英譯時調)의 성격과 의미」, 『온지논총』, 온지학회, 2011 참조.

3·1독립선언에 이르기까지의 과정, 한국 독립의 정당성을 호소하는 주장 등이 담겨 있으며, 파리평화회의에서 한국의 독립이 논의되어야 함을 강조하였다. 미주지역 민족운동단체인 대한인국민회의 독립운동 노선과 이들의 국제정세에 대한 인식 등을 잘 보여주는 자료이다.

미국 아메리칸대학에서 정치외교학 박사학위를 취득한 독립운동가 정한경은 『The Case of Korea』(1921, IA6302)를 저술하여 3·1운동과 제암리 사건 등 한국 독립운동과 관련한 기록을 중심으로 일본의 침략과 지배를 고발하였다. 총 18장으로 구성되어 있으며, 한국과 일본의 외교 관계, 일본의 정치·사법적 억압, 경제적 착취, 언론 통제 등을 상세히 서술하면서 식민지 조선의 실상을 국제사회에 알리고자 하였다.

대한민국임시정부 구미외교위원회는 1930년 미국 워싱턴 D.C.에서 영문 팜플렛 『Korea Must be Free』(1930, IA6317)를 발행하여 한국 독립의 필요성을 역설하였다. 이승만은 1941년 일본 천황주의의 기원과 실체를 해부하고자 『Japan Inside Out』(1941, IA6324)을 발행하였다. 서문에서 그는 일본의 미국 침략을 경고하며 미국이 전쟁에 대비해야 한다고 주장하였고, 일본의 야욕을 폭로하여 전쟁 억제와 대응의 필요성을 강조하였다.

한편 조선총독부는 자신들의 식민통치를 합리화하기 위해 영문 홍보물을 발간하였다. 『Annual Report on Reforms and Progress in Chosen』(1910~1911)(IA6524)는 병합 직후 조선의 '발전상'을 과시하기 위한 연례 보고서이고 『Administrative Reforms in Korea』(IA6546)는 기관지 〈Seoul Press〉에 실린 기사를 발췌하여 제작한 팜플렛이다. 또『Pictorial Chosen』(IA6523)은 조선의 주택, 교육, 근대시설, 생활풍속 등을 담은 화보집으로, 일본의 식민통치를 정치적으로 정당화하려는 목적에서 발간된 것이다.

맺음말

　본서는 숭실대학교 한국기독교박물관이 소장한 근대 자료군을 유형별·주제별로 분류하여 총괄적으로 정리하고, 개별 자료의 성격과 의미를 정리하여 연구의 기초를 제공하고자 하는 목적에서 발간된 것이다.

　박물관 소장 근대자료는 성서·찬송가·교리서 등 기독교 자료를 비롯하여 대한제국기와 일제강점기에 생산된 정치·사회사적 자료, 근대 교육 및 언론 자료, 그리고 해외에서 생산된 한국 관련 문헌까지 망라한다. 이들 자료는 근대 전환기 시대상을 해석하고 재구성할 수 있는 유용한 기억이자 근대 한국의 종교, 지식, 사회구조, 문화적 변동 양상을 이해하고 재구성하는 핵심적 단서를 제공하는 사료적 집적체이다. 이런 자료군의 총체적 정리는 한국 근대사를 다학제적으로 조망하기 위한, 즉 기독교의 수용과 전개, 근대 지식체계의 형성과 유통, 식민주의에 대한 저항과 근대 정체성의 정립 과정 등을 다층적으로 조망하기 위한 필수적인 작업이 될 것이다.

　박물관은 이런 자료적 특성을 외현화하기 위해, 소장 자료의 보존 관리 및 공개와 활용을 촉진하는 다양한 사업을 전개해 왔다. 문헌자료의 마이크로필름 제작과 디지털화 작업으로 원본의 물리적 보존을 강화하는 한편 열람용 복본을 제작하여 연구자의 수요에 적극적으로 대응해 왔다. 또한 문헌목록집을 발간하고 주제별 해제집 발간, 희귀자료의 영인해제집을 연속적으로 간행하고 있다. 이처럼 종래 박물관은 한국 근대사의 다양한 연구분야, 즉 기독교사, 교육사, 사회사, 문화사, 민족운동사 연구의 외연 학장에 기여하며, 학제 간 접근을 위한 자료적 인프라를 형성해왔다.

이와 함께 역사적으로 유의미한 자료가 소중한 문화자산이 제도권 내에서 보호되고 그 가치를 확산하기 위해 국가문화유산 지정 신청 작업을 게을리하지 않고 있다. 그리고 다양한 주제의 특별전시로 자료의 공공성을 높여 나가고 있다. 최근에는 서구 기독교 전통과 한국 기독교 수용의 역사적 만남을 조망하고 자료의 국제적 의미를 대중과 공유하는 자리를 마련한 바 있다.

그럼에도 여전히 공개되지 않은 희귀 자료의 정밀 해제 및 주제별 시리즈 발간도 박물관으로 주요 과제로 남아 있다. 초기 천주교 문헌인 『천신회과』, 『천당직로』, 『사후묵상』 등은 한글 휘갈림 궁서체 필사본으로, 텍스트 자체의 신앙사적 가치뿐 아니라 근대 이전·이행기 한글 서체사의 연구에도 필수적인 자료이다. 개신교 수용사 연구에 유의미한 자료인 단편성서와 찬송가, 신앙교리서, 특히 국내 최초 전도문서인 『성교촬리』 등과 같이 희소성과 역사성이 있는 자료, 그리고 초기 주일학교 공과 및 교회회의록 등은 비록 잔존 상태가 파편적이나 한국 기독교 공동체의 조직과 실천을 복원하는 데 중요한 자료이다. 서양 의학의 수용의 상징적 자료로, 1906년 제중원에서 등사본으로 간행된 『해부학』2책과 『생리학』8책은 근대 의학교육의 최초 교과서로 주목 받고 있다. 일제 식민통치 자료 가운데 山澤佐一郎 검사가 소장했던 각종 사법·경찰기관의 훈시·지시·보고·통계 문서는 일제의 식민 지배 기제를 재구성하는 데 실증적 근거를 제공하며, 이 중에는 국내 유일본도 적지 않다. 이런 희귀자료의 영인 보급은 박물관의 정체성을 굳건히 하는 필수 작업이 될 것이다. 근대전환기 외국인의 눈에 비친 한국과 한국인의 모습이 담겨 있는 해외 한국학 자료의 번역 출간 작업 역시 향후 중요한 과제로 지적될 수 있을 것이다.

요컨대 박물관 소장 근대자료는 탈봉건을 앞당긴 기독교의 수용, 근대 지식의 생산과 유통, 식민지와 민족운동, 근대화라는 시대 상황을 이해하는 데 도움이 되고 향후 비교사적·학제적 연구를 통해 그 의미가 더욱 확장될 것이다.

본서는 박물관 소장 근대 자료군을 영역별로 분류, 정리 및 분석을 통해 역사적·학술적 함의를 제시하고, 학계와 교계에 소개하려는 노력의 산물이다. 본서 발간을 계기로 앞으로 보다 정교한 해제가 진행되고 연구 자료로 활용되어 자료의 학술성과 공공성이 한층 높아지기를 기대한다.

참고문헌

자료

『朝鮮日報』,『皇城新聞』,『朝鮮新聞』

단행본

숭실대학교 한국기독교박물관,『한국기독교박물관 소장 기독교 자료 해제』,
2007.

___________________________,『한국기독교박물관 소장 과학·기술 자료 해제』,
2009.

___________________________,『한국기독교박물관 소장 한국학 자료 해제』,
2010.

___________________________,『한국기독교박물관 소장 민족운동 자료 해제』,
2012.

___________________________,『숭실대학교 한국기독교박물관』(전시도록), 2004.

___________________________,『한국기독교박물관 소장 고문헌 목록』, 2005.

___________________________,『근대의 기억, 신앙의 기록-예수교서회의 문서
운동』, 2015.

국립한글박물관,『나는 몸이로소이다; 개화기 한글 해부학 이야기』, 2018.

김명배,『개화기의 영어 이야기』, 국제영어대학원대학교 출판부, 2006.

김봉희,『한국 기독교문서 간행사 연구(1882-1945)』, 이화여자대학 출판부, 1987.

김승태·박혜진 엮음,『내한 선교사 총람(1884-1984)』, 한국기독교역사연구소,
1994.

盧孤樹,『韓國基督敎書誌硏究』, 藝術文化社, 1981.

노동은,『한국근대음악사(1)』, 한길사, 1995.

문옥배,『한국 찬송가 100년사』, 예솔, 2002.

박종석,『개화기 한국의 과학교과서』, 한국학술정보, 2007.

숭실대학교 100년사편찬위원회,『숭실대학교 100년사』, 숭실대 출판부, 1997.

유영렬,『한국기독교 사학자 김양선』, 숭실대학교 출판부, 2001.

유영렬·윤정란,『19세기말 서양선교사와 한국사회』, 경인문화사, 2004.

윤영실 번역 및 해제,『숭실대학교 한국기독교박물관 소장 베어드 선교사 부부의
    한국어 학습서』, 선인, 2020.

尹春炳,『韓國基督敎新聞·雜誌 百年史』(1885-1945), 대한기독교출판사, 1984.

이덕주,『푸른 눈에 비친 백의민족』, 한국기독교역사박물관, 2008.

李萬烈,『韓國基督敎文化運動史』, 大韓基督敎出版社, 1992.

李章植,『大韓基督敎書會 百年史』, 대한기독교서회, 1984.

정진석,『한국언론사』, 나남, 1990.

한국기독교역사연구소,『한국 기독교의 역사』Ⅰ·Ⅱ, 기독교문사, 1999.

한국기독교역사연구소,『내한 선교사 총람 1884-1984』, 1994.

한명근 외,『한국기독교박물관 자료를 통해 본 근대의 수용과 변용』, 선인, 2019.

한영제 편,『한국 성서 찬송가 100년』기독교문사, 1992.

해리 로즈 지음, 최재건 옮김,『미국 북장로교 한국 선교회사』Volume Ⅰ(1884-
    1934), 연세대 출판부, 2009.

논문 및 학회지

강순애,「한글성서「예수셩교요안늬복음젼서」발굴본(1882-1883년)에 관한 서지적
    연구」,『서지학연구』제44집, 2009.

권두연,「보성관(普成館)의 출판 활동 연구」,『현대문학의 연구』44, 현대문학연구
    학회, 2014.

김사랑,「'문명'의 노래, 조선인을 '위한' 음악교육: 1910년대 선교사가 만든『챵

가집』분석」, 『이화음악논집』 17-2, 이화여자대학교 음악연구소, 2013.

김봉희, 「개화기 번역서 연구」, 『근대의 첫 경험』, 이화여대 출판부, 2006.

김양선, 「新國民文化의 創造」, 『政經硏究』 27호, 1967.4.

______, 「基督敎가 韓國近代化에 미친 影響」, 『崇大學報』 1965년 3월 15일자.

______, 「受難과 榮光의 遺物을 찾아 -基督敎博物館을 마련하기까지-」, 『新東亞』 46호, 1968.6.

김영찬, 「대한제국 해산군(解散軍) 간부들의 정미의병활동에 대한 고찰」, 『군사연구』 139, 2015.

김종수, 「일제강점기 문화재 법제 연구-「 조선보물고적명승천연기념물보존령(1933년)」 제정·시행 관련 -」, 『헤리티지:역사와 과학』 88, 2020.

노관범, 「김택영과 개성 문인」, 한국고전번역원, 『民族文化』 제43집, 2014.

박경주, 「한국 어린이 찬송가의 변천과 역사성에 관한 연구」, 한국예술종합학교 예술전문사과정 석사논문, 2014.

박은경, 「이상준의 『風琴獨習中等唱歌集』 연구」, 『음악과 민족』 제12호, 1996.

박정신, 「교회사학자, 김양선은 어디 있는가」, 『한국기독교역사연구소 소식지』 31호.

박종석·정병훈·박승재, 「1895년부터 1915년까지 과학 교과서의 발행, 검정 및 사용에 관련된 법적 근거와 사용 승인 실태」, 『한국과학교육학회지』 18(3), 1998.

박준형·박형우, 「홍석후의 『신편생리교과서』(1906) 번역과 그 의미」, 『의사학』 21-3, 2012.

박형신, 「로스역 한글성경의 보급과 현재 소장본에 대한 연구」, 『한국기독교와역사』 제57호, 2022.

박형신, 「존 로스 번역본 『예수셩교요안니복음젼셔』 초판(1882)의 '간음한 여인 이야기'(요7:53-8:11) 삭제 문제」, 『한국교회사학회지』 제43집, 2016.

박혜미, 「초기 기독교 자료 해제 『혼인론』(1914)과 『교인의 혼례론』(1922)」, 『한국기독교문화연구』 제11집, 2019.6.

설한국·이상구,「이상설: 한국 근대수학교육의 아버지」,『한국수학사학회지』22, 2009.

성주현,「한국기독교박물관 소장 일제강점기 '재판 관련 자료'의 현황과 활용방안」,『한국기독교박물관 자료를 통해 본 근대의 수용과 변용』, 선인, 2019.

심의용,「윌리엄 베어드(William M.Baird)『텬문략히』해제」,『숭실대학교 한국기독교박물관 소장 텬문략히』, 선인, 2020.

오선실,「애니 베어드(A.L.A Baird)의『싱리학초권』해제」,『숭실대학교 한국기독교박물관 소장 싱리학초권』, 선인, 2020.

오지석,「애니 베어드(Annie, L. A. Baird)의『동물학』해제」,『숭실대학교 한국기독교박물관 소장 동물학』, 선인, 2020.

유영렬,「매산 김양선의 생애와 민족의식」,『崇實大學校 韓國基督敎博物館誌』 창간호, 2004.

윤경로,「梅山 金良善과 韓國基督敎史 硏究」,『崇實大學校 韓國基督敎博物館誌』 창간호, 2004.

윤정란,「근대전환기 서구 기독교윤리 교육을 위한 주일학교의 아동중심교육학 도입」,『기독교사회윤리』47, 한국기독교사회윤리학회, 2020.

______,「애니 베어드(A. L. a. Baird)의『식물도셜』해제」,『숭실대학교 한국기독교박물관 소장 식물도셜』, 선인, 2020.

이국병,『한국교회 찬송가의 역사에 관한 고찰』, 평택대학교 피어선신학전문대학원 박사학위논문, 2015.

이광린,「漢城旬報와 漢城週報에 대한 一考察」,『韓國開化史硏究』, 一潮閣, 1969.

이대형,「『매일신보』에 연재된 한문현토소설『春桃奇遇』와 작자 이보상」,『민족문학사연구』50, 민족문학사연구소, 2012.

이상구·이재화,「조선시대 산서(算書) 연구: 규장각 소장 산서 연구의 분석을 중심으로」,『수학교육 논문집』45, 한국수학교육학회, 2011.

이명화,「일제 강제합병 이데올로기와 식민지교육정책」,『한국독립운동사연구』

39, 한국독립운동사연구소, 2011.

이민석, 「1886년 博文局의 『萬國政表』 출간과 세계지리 정보의 유통」, 『한국사연구』 166, 한국사연구회, 2014.

이보고, 「The Chinese Repository와 The Middle Kingdom의 상관성 연구」, 『중어중문학』 61, 한국중어중문학회, 2015.

이상일, 「민로아 선교사의 찬송가에 관한 연구」, 『장신논단』 53-3, 2021.

이종국, 「韓國의 近代 印刷出版文化 研究」, 『印刷出版文化의 起源과 發達에 관한 研究論文集』, (社)韓國出版學會, 1996.

이준환, 「朝鮮光文會 편찬 『新字典』의 體裁, 漢字音, 뜻풀이」, 『어문연구』 40권 2호, 한국어문교육연구회, 2012.

임상석, 「統監府 發行 "普通學校 漢文讀本"의 성격과 배경」, 『대동한문학』 49, 대동한문학회, 2016.

임병태, 「한국기독교박물관 설립자 김양선 교수」, 『인물로 본 숭실 100년』, 1997.

장신, 「조선총독부의 언론통제와 동아일보·조선일보 폐간」, 『역세문제연구』 35, 2016.

전수영, 「구한말 화학교육 연구」, 고려대 교육대학원 석사학위논문, 2010.

정세현, 「일본 식민지기 한국의 한문교육-2차 조선교육령기 『普通學校漢文讀本』, 『高等朝鮮語及漢文讀本』을 중심으로」, 『漢文學報』 32-1, 우리한문학회, 2015.

조규익, 「변영태 영역시조(英譯時調)의 성격과 의미」, 『온지논총』, 온지학회, 2011.

조윤영, 「남성의 시선으로 만들어진 여성의 노래」, 『음악학』 28호, 한국음악학학회, 2015.

최식, 「1896년 俄羅斯 使行, 『環璆日記』와 『環璆唫艸』」, 『한문학보』 20, 우리한문학회, 2009.

최종고, 「韓國 最初의 『法學通論』」, 『서울대학교 법학』 22-4, 서울대학교 법학연구소, 1982.

하종희, 「한국 천주교관련 고문헌의 출간 및 출판문화사적 연구」, 숙명여대 교육대학원 석사학위논문, 1997.

허재영, 「근대 학문 발달과 新文社藏板 『최신 실용 조선백과대전』의 의미」, 『한말 연구』 제55호, 한말 연구학회, 2020.

한명근, 「예수교서회의 기독교문서 출판과 그 의의」, 『근대의 기억, 신앙의 기록 — 예수교서회의 문서운동』, 숭실대학교 한국기독교박물관, 2016.

______, 「開化期(1876-1905) 신서적 발간과 그 특징」, 『崇實史學』 20, 숭실사학회, 2007.

488

한국·중국·일본어

─────── ㄱ ───────

491

505

한국기독교박물관 근대 자료를 통해 보는

전환시대의 기억

초판 1쇄 인쇄 2026년 1월 20일
초판 1쇄 발행 2026년 1월 31일

지은이   한명근, 박혜미
펴낸이   윤관백
디자인   임예은
펴낸곳   선인
등록   제5-77호(1998.11.4)
주소   서울시 양천구 남부순환로 48길 1, 1층
전화   02)718-6252/6257
팩스   02)718-6253
이메일   suninbook@naver.com

ISBN   979-11-7606-011-0 93100
값   42,000원